AF435210

Chile país del vino

663.20983
G464c   Gilbert Ceballos, Jorge.
           Chile país del vino. Historia de la industria vitivinícola,
           1492-2014 / Jorge Gilbert Ceballos
           – 1ª. ed. – Santiago de Chile: Universitaria, 2014.
           304 p.; 15,5 x 23 cm. – (Imagen de Chile)
           Incluye notas a pie de página.
           Bibliografía: p. 293-303.

           ISBN Impreso: 978-956-11-2456-1
           ISBN Digital: 978-956-11-2735-7

1. Industria del vino - Chile. 2. Viticultura - Chile. I.t.

Texto compuesto en tipografía *Palatino 10/13*

Se terminó de imprimir esta
PRIMERA EDICIÓN
en los talleres de Salesianos Impresores S.A.,
General Gana 1486, Santiago de Chile,
en noviembre de 2014.

FOTOGRAFÍA DE PORTADA
©Jag_cz / Shutterstock.com
ID 160317470

DISEÑO Y DIAGRAMACIÓN
Norma Díaz San Martín

Proyecto financiado por
FONDO NACIONAL DE FOMENTO DEL LIBRO Y LA LECTURA,
convocatoria 2014.

w w w . u n i v e r s i t a r i a . c l
IMPRESO EN CHILE / PRINTED IN CHILE

Jorge Gilbert Ceballos

Chile país del vino
Historia de la industria vitivinícola, 1492-2014

EDITORIAL UNIVERSITARIA

Me gusta el vino,
porque el vino es bueno;
pero, cuando el agua brota,
pura y cristalina de la madre tierra,
¡más me gusta el vino!

Tito Fernández
(*El Temucano*)

Contenido

Palabras preliminares

Provengo de aquellas tierras invadidas de parras, hermosas en la primavera, preñadas de abundantes y generosos racimos de uvas durante el verano hasta el momento en que las diestras manos de los trabajadores de la Viña Santa Carolina las convertían en sublimes vinos durante las vendimias realizadas en el otoño de cada año. En ese ritual cuasi sagrado transcurrieron mi niñez y mi juventud.

Con el veloz correr del tiempo ingresé a la Escuela de Sociología de la Universidad de Chile en donde me concentré en su estudio, especializándome en sociología rural. El año 1970 ingresé a trabajar en el Servicio Agrícola y Ganadero, en la División de Alcoholes y Viñas, lo que me permitió viajar por todo el país junto a excelentes profesionales que complementaron mi pasión por la sociología rural y el vino. El día 24 de agosto de 1973 rendí mi examen de grado para recibir el título de sociólogo, con una tesis de grado titulada *Empresas vitivinícolas integradas: ¿Área social o mixta?* La defensa de mi tesis la realicé en el Canal 9 de televisión de la Universidad de Chile. El Rector y el Consejo Universitario de dicha casa de estudios habían decidido traspasar el canal de televisión universitario al sector privado. Durante la defensa de mi tesis, la cual se televisó, participaron periodistas de casi todos los medios de comunicación. El diario *La Tercera* publicó el día siguiente, 25 de agosto de 1974, un reportaje en el cual mencionaba mi nombre y defensa de mi tesis de grado. En ese intertanto nos sorprendió el Golpe de Estado del 11 de septiembre de 1973.

Tan pronto la Universidad de Chile reabrió sus puertas me acerqué a la Secretaría General de la Universidad de Chile a solicitar la entrega de mi certificado de título. Para mi sorpresa, se me comunicó que no existía acta de examen de grado ni tampoco habían records que yo hubiera estudiado sociología. Afortunadamente, cada vez que rendíamos y aprobábamos un examen los profesores debían extender una boleta firmada y timbrada por el profesor titular de la cátedra. De este modo pude reconstituir mi pasado como estudiante y probar que había cumplido con mis requisitos académicos. Sin embargo las actas del examen de grado nunca aparecieron y no aceptaron las copias que yo poseía. Es decir, me despojaron del título de sociólogo. Tampoco me dijeron qué debía hacer para recuperarlo. Dos de mis profesores me conectaron con la Universidad de Toronto, en Canadá, la que me aceptó como estudiante de graduado en el Ontario Institute for Studies in Education (OISE), donde obtuve mi maestría y doctorado en sociología de la educación.

En la bella ciudad de Vancouver, donde ejercí como profesor de estudios latinoamericanos, en la Simon Fraser University, restablecí mis lazos con el vino. Esta vez como productor de vinos tintos y blancos que preparaba con concentrados de uvas que adquiría en San Francisco y Sudáfrica. Por cada galón de concentrado producía 18 tentadoras botellas de vino, que rotulaba como "Viñedos de Tobalaba", en un lugar donde este producto no era abundante, pero que nunca escaseó entre mis varios contertulios chilenos, canadienses y latinoamericanos.

El año 1992, en uno de mis viajes a Chile, las nuevas autoridades académicas de la Universidad de Chile hicieron justicia, y en una sesión solemne cuatro de los cinco profesores de mi antiguo comité de tesis, más el decano, reintegrados ahora a sus labores académicas, me hicieron entrega, finalmente, de mi título de sociólogo. En su poder tenían mi "desaparecida" tesis de grado, que por muchos años estuvo añejándose en algún lugar de la biblioteca.

Posteriormente, ya establecido en Estados Unidos, en el bello Estado de Washington, al lado del Pacífico, y en donde por 20 años me desempeñé como académico y 15 como Cónsul Honorario de Chile, me tocó vivir el despertar y el auge del vino chileno. Esto fue el detonante que me llevó a tomar muy en serio mi conexión con nuestro vino. El Estado de Washington es un gran productor y consumidor de vinos, especialmente en las zonas de Walla Walla, Yakima Valley, Columbia Valley, entre otros, los cuales también elaboran productos de altísima calidad. A pesar de todo, el ímpetu del vino chileno fue avasallador. Precio y calidad lo posicionaron rápidamente como el "vino de la casa" en la mayoría de los *happy hours*, bares y restaurantes de la región. A pesar de la alta competencia en este competitivo mercado, los vinos y frutas chilenos entraron fuertemente en el mercado estadounidense, lo que me exigió participar activamente en su promoción. La carencia de estudios o documentos acerca de la industria del vino chileno y las barreras lingüísticas del escasísimo material existente ocuparon gran parte de mi tiempo, ofreciendo charlas, información y contactos, junto a una variedad de diligencias comerciales en representación del Gobierno chileno. Este ímpetu también incluyó mis actividades académicas investigando y enseñando a mis estudiantes y a un público cada vez más interesados en conocer acerca del vino chileno. De este modo nació el libro que usted tiene en sus manos, el cual es un reflejo de muchos años de reflexión, aprendizaje y, digamos también, de incursionar entre varias botellas de buen vino.

¡Salud!

A mis amigos y compañeros del Santa Carolina Fútbol Club

Introducción

La industria del vino chileno presenta una importante diferencia histórica respecto a otros fabricantes mundiales de este producto. Gran número de países que actualmente elaboran vino, como Australia, Sudáfrica, Nueva Zelandia, Brasil y Estados Unidos, entre otros, son relativamente nuevos y, por consiguiente, su pasado histórico como elaboradores de este producto es bastante limitado. Por el contrario, Chile muestra una tradición de casi 500 años de cultivo de la vid y elaboración de vinos. Su antigüedad en las Américas es solo comparable a la de Perú y Paraguay, aunque ambos países interrumpieron su trayectoria como productores de uva vinífera mientras que Chile logró mantener la continuidad y aumentar su producción. En este sentido, el estudio de la producción del vino chileno, desde la colonia hasta hoy día, es muy amplio y su análisis permite comprender dos características asociadas a su producción y elaboración. En primer lugar, su fabricación comenzó a desarrollarse hace ya casi cuatro siglos para abastecer el mercado interno. Segundo, el carácter internacional y su marcado auge exportador se iniciaron solo a partir de la década de 1980.

Debido a la naturaleza de este trabajo, el aspecto económico podría parecer el más importante. Sin embargo, existen otros aspectos históricos, tecnológicos, jurídicos, políticos y sociales, que también requieren ser tomados en cuenta. Siendo esta una visión sociológica, el estudio de la industria del vino requiere la incorporación de todos los elementos, desde sus inicios y posterior expansión, debido a que este proceso no ocurrió en un vacío social sino que dentro de un contexto más amplio, bajo condiciones y características muy propias.

Limitaciones del estudio

Los estudios de la industria del vino chileno presentan varias dificultades. En Europa, Norteamérica y otras regiones, académicos, investigadores y empresarios suelen y pueden recurrir a profusas fuentes primarias y secundarias de estudios regionales y nacionales que abarcan diferentes periodos históricos de la producción y elaboración de sus vinos. Este no es el caso de Chile. A pesar de su larga trayectoria productiva, para efectuar estudios y análisis sobre este tema solo es posible recurrir a muy escasas fuentes históricas. La disponibilidad de documentos y registros originales es limitada y los que están disponibles se encuentran dispersos entre algunas de las antiguas viñas, familias y regiones viníferas. La escasa información y datos disponibles desaparecieron, fueron ignorados o simplemente eliminados cuando las bodegas cambiaron de propietarios, o pusieron términos a sus actividades. Los viñedos que aún se mantienen en manos de familias tradicionales y otras no conservan registros de sus empresas o simplemente no están accesibles para este tipo de estudios. Las tesis académicas en las universidades chilenas, documentos de investigación, informes y otros manuscritos preparados por ingenieros agrónomos o expertos en vinos son una prometedora fuente de información, pero se concentran principalmente en información técnica, datos cuantitativos relativos a siembras y cultivos de la uva, tipos de terrenos, especificaciones técnicas acerca de la producción, clima, riego, pesticidas y así sucesivamente. Muy poco es lo que se puede encontrar respecto a sus referencias sociales, políticas, e incluso económicas.

Desde una perspectiva histórica, prácticamente no existe documentación ni mucho menos datos sobre la fuerza laboral de los viñedos. Estudios explícitos sobre mano de obra y condiciones laborales en las viñas también son muy difíciles de encontrar, tal vez debido a la falta de sindicatos y organizaciones de trabajadores rurales (campesinos), comparados con los amplios y abundantes estudios disponibles sobre el movimiento obrero, sus formas de organización, ideologías políticas y luchas sociales tanto en las ciudades como en los centros mineros. Información y estudios sobre el campesinado nacional comenzaron a aparecer solo alrededor de la década de 1950, una vez que los trabajadores rurales empezaron a organizarse, emigrar a los centros urbanos y participar activamente junto al resto de los sectores laborales del país. Aun así, los insuficientes estudios disponibles sobre la industria del vino se concentran sobre todo en la región central de Chile, o sea, los territorios ubicados entre Aconcagua y Concepción, principalmente las regiones entre Aconcagua y Talca. Es decir, las zonas donde se centraliza la producción de cepas francesas, que durante más de un siglo han acaparado la mayor parte del mercado interno y, en la actualidad, las exportaciones de vinos del país.

Finalmente, otra limitación, quizás más importante, es que los estudios conocidos disponibles se centran principalmente en los viñedos de gran tamaño que operaban bajo las marcas tradicionales conocidas. Sin embargo, investigadores e instituciones públicas descuidaron el estudio y recopilación de información acerca de los miles de anónimos pequeños y medianos productores que históricamente han operado en las zonas viníferas que vendían y continúan vendiendo su producción a las grandes empresas vitivinícolas establecidas en las zonas productoras. La misma situación ocurrió con las cooperativas vitivinícolas que comenzaron a aparecer a finales de la década de 1930 y las pocas que aún se mantienen en funcionamiento hasta hoy día.

Algunas consideraciones generales

Más allá que el objetivo principal de este trabajo es examinar el desarrollo de la industria del vino en Chile, resulta necesario realizar algunas observaciones relacionadas con la producción vitivinícola misma. La prehistoria de la vitivinicultura iniciada durante la colonia en la posesión española más austral, evolucionó de una manera cualitativa solo a partir de la segunda mitad del siglo diecinueve. Enriquecidos por las actividades mineras en el norte de Chile, el comercio, las finanzas y negocios especulativos, se gestó una nueva casta de aristócratas criollos que comenzaron a viajar a Francia, tal como se hace actualmente hacia Estados Unidos. Los aristócratas criollos fueron fervientes admiradores, seguidores y consumidores de la cultura, las artes y las modas francesas. De regreso en el país comenzaron a imitar lo que habían visto en Europa, construyeron palacios, adoptaron las modas y costumbres francesas y plantaron cepas viníferas de ese país en los predios que adquirieron. En este sentido, las raíces de la industria vitivinícola chilena moderna son el resultado de una conducta mimética por parte de la aristocracia criolla, más que una tradición cultural nacional o una visión empresarial de dicho sector social.

El estudio de la industria del vino no hace otra cosa que reflejar la naturaleza y comportamiento histórico de las familias aristocráticas tradicionales de Chile. Al examinar el origen de las estirpes fundadoras de la industria vitivinícola es posible observar sus conexiones históricas, sociales, políticas, religiosas y económicas entre los grandes empresarios mineros, los industriales y los banqueros con el mundo agrario. De hecho, ellos son partes de un grupo de empresarios y especuladores que obtuvieron sus fortunas fuera de la agricultura. En otras palabras, la agricultura en Chile, especialmente la producción vitivinícola, fue una actividad estrechamente vinculada a sectores económicos ajenos a dicha actividad, lo que les impidió conformar un grupo sólido de terratenientes, tal como ocurrió en otros países de América Latina, Canadá, EE.UU., o Australia. Lo anterior explica la forma que adquirió la concentración de la tierra en Chile por un sector de latifundistas "ausentes" o "ausentistas", cuyo principal interés económico y productivo no era la agricultura.

Escritos sobre los tipos de organización y las relaciones productivas establecidas entre las empresas del sector vitivinícola y sus trabajadores explicarían su limitada capacidad para funcionar como verdaderos empresarios capitalistas. El hecho que en su mayoría las empresas del sector vitivinícola se mantuvieran como empresas familiares o individuales hasta el comienzo de la década de 1960 revela las limitaciones para modernizar la agricultura del país hasta el primer cuarto del siglo 20. De este modo, la agricultura chilena funcionó, durante un largo rato, bajo la forma de un capitalismo primitivo, casi feudal paternalista, basado en la utilización de mano de obra barata.

En el plano político-económico es posible observar que durante el primer cuarto del siglo xx Chile estableció una política de apoyo a la industrialización del país conocido como "sustitución de importaciones". La agricultura no estaba en la lista de prioridades de los gobiernos de la época y los sectores agrarios se mantuvieron como en el pasado colonial, es decir, bajo el control de un grupo pequeño y cerrado de terratenientes. Esto fue particularmente evidente en el caso del sector vitivinícola, que continuó operando, por un largo tiempo, con una infraestructura industrial antigua orientada exclusivamente hacia el mercado interno. Todo lo anterior comenzaría a cambiar a partir de la década de los sesenta hasta transformarse en una industria dinámica y moderna, orientada al mercado internacional, después del golpe militar que derrocó al presidente Salvador Allende en 1973.

Jorge Gilbert Ceballos
Algarrobo Norte
2014

Capítulo I
Entorno vitivinícola de Chile

Preámbulo

Con una longitud que abarca 4.300 kilómetros (2.700 millas) y una anchura media de 180 kilómetros, Chile presenta una característica geográfica inusual. El frío hielo de la Antártida en su frontera sur, un árido desierto mineral en el norte, el océano Pacífico en la frontera occidental, y la impresionante cordillera de los Andes en la frontera oriental, Chile ofrece un escenario excepcional para el cultivo de la vid. Abundante luz gracias a su latitud, con un clima templado carente de calor excesivo gracias a las cimas montañosas nevadas andinas, junto con las frías aguas del Pacífico contribuyen a temperar el clima, complementados por un permanente viento que sopla por las tardes y que impide el desarrollo de hongos y otros parásitos de la vid.

Las características naturales de Chile han promovido un entorno vitivinícola en donde los plaguicidas para proteger la uva de depredadores y parásitos se utilizan muy poco o casi nada, un logro que se atribuye a sus excepcionales condiciones naturales, siendo el único país del mundo que no fue afectado por la *phylloxera vastatrix*[1], plaga letal que destruyó los viñedos europeos a finales del siglo XIX y ocasionó terribles estragos en los viñedos de California. La *phylloxera* es originaria del este de Estados Unidos y provocó una grave crisis vitícola mundial a partir de 1863.

El favorable entorno vitícola y relativamente bajo costo de la tierra contribuyeron a que los productores nacionales hayan logrado alcanzar ventajoso valor de precios por sus productos en el mercado nacional e internacional. Chile cuenta con 108.000 hectáreas plantadas con viñas y que corresponden al

---

[1]   *Phylloxera vastatrix* es el nombre común de la especie *Viteus vitifoliae*, insecto hemíptero y homóptero de la familia Phylloxeridae. Su origen se sitúa en Estados Unidos, región de California, donde se alimenta de las hojas y raíces de la vid americana. Los daños que produce dependen del tipo de vid, ya que no participa exclusivamente en su muerte, sino que suele venir acompañada de hongos y bacterias que ocasionan la muerte del tejido corporal de la parra y pudren las raíces. El huevo pasa el invierno entre la corteza de la planta y aparecen en marzo-abril, originando una "larva fundadora". Esta larva se dirige hacia las hojas y pica en su parte superior, formándose una agalla en su parte posterior. Puede poner hasta 600 huevos, de los que salen pulgones "neogallícolas-gallícolas".

1,4% de los viñedos del mundo. Las viñas nacionales se encuentran ubicadas entre las regiones III y VIII, incluyendo el Valle Central, abarcando un largo tramo de 1.280 kilómetros, que se extienden desde la Región de Atacama, en el norte, a la región del Biobío en el sur. El clima es variado, siendo los territorios del norte muy calurosos y secos en comparación con los fríos y húmedos territorios en el sur. El Valle Central de Santiago presenta un clima seco, con un promedio de 38 centímetros de lluvia y poco riesgo de las heladas de primavera. La cercanía de la cordillera de los Andes produce una notable variación entre las temperaturas diurnas y nocturnas. Esta variación de la temperatura es vital para el mantenimiento de los niveles de acidez de las uvas.

La mayoría de las mejores zonas vitivinícolas de Chile depende del riego para mantener los viñedos, recurso hídrico que se obtiene de los abundantes nevados de los Andes. En las regiones vitivinícolas en desarrollo a lo largo de la cordillera de la Costa y en el extremo sur, los agricultores y vinicultores no tienen mayores problemas para obtener agua de lluvia; sin embargo deben lidiar con otros factores tales como la corriente fría de Humboldt en el Pacífico, la que puede arrasar un viñedo con una colcha de aire fresco que se establece sobre el mismo. Para el resto de las regiones vitivinícolas la cordillera de la Costa actúa como un tapón para contener la Corriente Fría de Humboldt y, a la vez, como una pared, que permite aguantar la lluvia. Los viñedos en estas regiones se plantan en las llanuras de los valles ubicados en las laderas de los Andes y a lo largo de los ríos Maipo, Rapel y Maule.

Los viñedos se encuentran ubicados entre las latitudes 32 y 38 grados y que en relación con el Hemisferio Norte equivaldrían al sur de España y África del Norte. Sin embargo, el clima en las regiones vitivinícolas chilenas es mucho más templado y se asemeja más a los de California, en Estados Unidos y Burdeos en Francia. En general, se le clasifica como un clima mediterráneo, con temperaturas promedio en verano de entre 15 y 18 grados Celsius, pudiendo alcanzar los 30°C. Como resultado, Chile es probablemente uno de los países que produce vinos con los más potentes sabores.

Regiones vitivinícolas de Chile

Rodeado por una cadena de valles montañosos a lo largo de la costa suroeste de América del Sur, Chile ha experimentado un renacimiento en su patrimonio agrícola basado principalmente en la elaboración de vinos. Tomando ventajas del clima preferencial y terrenos agrícolas privilegiados, un grupo de empresarios nacionales e internacionales ha logrado producir vinos de clase mundial.

Con el fin de organizar las actividades vitivinícolas, la República de Chile se encuentra dividida en 15 regiones administrativas y constituyen el primer nivel organizativo de la nación. En diciembre de 1994 el Gobierno delimitó las regiones vitivinícolas del país y las normas establecidas para su utilización como certificaciones de origen. Los vinos chilenos, bajo esta calificación, deben contar, a lo menos, con el 75% de uvas producidas en la región. Este sistema de clasificación funciona en forma similar al de los EE.UU., más conocido como Áreas Vitivinícolas (AVAS), en donde los productores de vino deben seguir rígidas categorías geográficas y anunciarse en sus etiquetas. En este contexto, las zonas vitivinícolas de Chile incluyen las siguientes regiones: Atacama, Coquimbo, Aconcagua, el Valle Central y la Región del Biobío[2].

REGIÓN VITIVINÍCOLA DE ATACAMA

Esta primera zona vitivinícola corresponde a la III Región administrativa del país y es la zona vinífera más septentrional. Incluye dos sub-regiones: el Valle de Copiapó y el Valle del Huasco, términos colindantes con las provincias del mismo nombre. La región es particularmente calurosa y seca, en su mayoría cubierta por el desierto de Atacama, el territorio más árido del mundo.

La mayoría de la viticultura en Atacama se concentra en una estrecha franja a lo largo de la costa, donde existe acceso suficiente al agua y a la brisa fresca del océano Pacífico, dos factores que hacen posible el cultivo de uvas. La producción de vinos de mesa en la región de Atacama es mínima, especialmente la de vinos finos. La zona es más conocida por su producción de pisco, licor destilado de uva y que fue elaborado inicialmente en Perú por los conquistadores españoles durante el siglo XVI. La producción de pisco en esta zona utiliza diferentes tipos de uvas moscateles, tales como la Moscatel rosada, Moscatel de Alejandría y Moscatel de Austria, además de Torontel y Pedro Jiménez.

La región de Atacama es también un importante productor de uvas de mesa. Sus terrenos plantados cubren un área de aproximadamente 8.000 hectá-

---

reas donde 7.000 corresponden al valle de Copiapó y 1.000 al Valle del Huasco. En total, la región solo produce el 15% de la producción total de uva de mesa del país. Sin embargo, debido a razones climáticas, estas son las primeras uvas que se exportan y por consiguiente les permiten obtener los mejores precios del mercado, cifra que corresponde al 35% de los retornos totales en dólares, de acuerdo con la Corporación Chilena del Vino (2009). Del mismo modo, la zona produce diferentes tipos de semillas que se cultivan bajo condiciones bastante favorables. La variedad *Red Globe* se exporta a Asia y América Latina, mientras *Superior Seedless* se vende en los mercados de EE.UU. y de Canadá, y la variedad *Thompson Seedless* se envía a Europa. En términos generales, casi el 70% de la uva de mesa de la zona se exporta a Estados Unidos (APECO: 2007).

REGIÓN VITIVINÍCOLA DE COQUIMBO

Este distrito corresponde a la IV Región administrativa de Chile e incluye tres sub-regiones: Valle del Elqui, el Valle de Limarí y el Valle del Choapa. Todas ellas son colindantes con las provincias del mismo nombre. Al igual que Atacama, esta región es principalmente reconocida por la producción de uva de pisco y de mesa. La uva más plantada en esta zona son Chardonnay, Cabernet Franc, Cabernet Sauvignon y Merlot.

Situada a 500 kilómetros de Santiago, el Valle del Elqui constituye el límite norte de las regiones vitivinícolas de Chile. Las condiciones climáticas para el cultivo de la vid son excelentes: caliente, un poco ventoso y seco, con solo 130 milímetros de precipitación anual, un sistema de riego integrado, compuesto por grandes depósitos de agua conectados por canales, junto a un suelo que es pesado, rico en nutrientes y en agua almacenada. Las actividades incluyen *Sabores de Chile*, campaña que promueve las frutas y el vino, del mismo modo que visitas a las cosechas de uvas dulces que se utilizan en la producción de pisco. Cabernet Sauvignon, Merlot, Carménère, Syrah y Chardonnay constituyen algunos de los productos cultivados en la zona

Durante la década de 1990 se inició el cultivo de variedades de uva de primera calidad en el valle cercano al río Limarí, aunque los primeros viñedos se plantaron en la región alrededor de la mitad del siglo XVI. El empleo de tecnología moderna ha llevado a nuevos empresarios a producir vino en este territorio. El enfriamiento del océano Pacífico produce la *camanchaca*, una niebla que se moviliza en el valle desde el oeste por la mañana y se retira cuando el sol se eleva sobre los Andes, bañando a los viñedos durante la tarde. Con menos de cuatro pulgadas de lluvia al año, el uso de riego por goteo permite el florecimiento de las vides cuyas raíces se incrustan en un suelo rico en minerales. La combinación clima y suelos crea vinos frescos de sabores y aromas distintos. La zona cuenta actualmente con una superficie de 1.700 hectáreas cultivadas principalmente con Cabernet Sauvignon.

Finalmente, el Valle del Choapa se encuentra ubicado en el punto más angosto de Chile, donde se confunden los Andes y la cordillera de la Costa. Este pequeño valle está formado por dos zonas: Illapel y Salamanca. Ninguna de estas zonas cuenta con bodegas elaboradoras y sus viñedos plantados en terrenos rocosos producen limitadas cantidades de uvas de alta acidez y bajo pH[3]. También se producen mezclas de vinos Malbec y todas las variedades son 100% vinos tintos.

REGIÓN VITIVINÍCOLA DE ACONCAGUA

Situado en la zona de Valparaíso, Aconcagua corresponde a la V Región administrativa del país y posee una larga trayectoria vitícola que data del siglo XVI, cuando los conquistadores españoles colonizaron la región y plantaron las primeras vides –*vitis vinífera*. Alrededor de la mitad del siglo XVIII se introdujo varietales de vino francés tales como el Cabernet Sauvignon y el Merlot. La circunscripción comprende tres sub-regiones: el Valle de Aconcagua, el Valle de Casablanca y San Antonio.

El Valle de Aconcagua es una región vinícola situada a 100 kilómetros de Santiago y toma su nombre del río homónimo que fluye en la zona del cerro Aconcagua, situado en su extremo austral y con una altitud de 6.962 metros. Este gigante de los Andes es la montaña más alta del mundo después del Himalaya (Asia) y se diluye en las praderas que se extienden más abajo en el valle. El río Aconcagua corre en forma paralela a la montaña del Aconcagua a través del Valle Central, de este a oeste, y su deshielo en el verano proporciona más que suficientes recursos hídricos a los viñedos plantados en sus suelos.

Entre la cordillera de los Andes y la cordillera de la Costa, a unos 60 kilómetros de Santiago, se encuentra el Valle de Casablanca, al lado de la carretera principal que une Santiago con el puerto de Valparaíso, en el Pacífico. El valle está ubicado mucho más cerca del ecuador que cualquier otra viña europea y la producción vitivinícola es posible, en gran parte, debido a la influencia oceánica del Pacífico, lo que origina mañanas con niebla fría y una cobertura

---

[3]   El pH (potencial de hidrógeno) es una medida de acidez o alcalinidad de una disolución.

de nubes que las protege de los calores o fríos extremos. Este fenómeno meteorológico no se produce en las otras regiones del norte de Chile.

El Valle de Casablanca comenzó a considerarse por primera vez como un sitio ideal para la producción de vino durante la década de 1980. Esta es una zona costera irregular, situada a solo 32 kilómetros del océano Pacífico, donde las brisas marinas de la costa retienen el calor intenso de los días de verano. Los vientos de la noche, sin embargo, no son lo suficientemente fuertes como para desbalancear la temperatura ideal alcanzada durante el día. El clima está fuertemente influenciado por el mar, siempre constante de aire húmedo debido a la niebla de la mañana. Los suelos de arcilla natural son ricos en minerales como resultado del deshielo andino. El clima más frío de Casablanca lo convierten en un lugar ideal para el cultivo de uvas blancas. Casi tres cuartas partes de la superficie está plantada de Chardonnay, pero el Sauvignon Blanc, Pinot Noir y Merlot son igualmente característicos del Valle de Casablanca. También se cultiva el Riesling, variedad bastante rara en Chile, pero que se cultiva en esta área en una superficie que abarca 4.000 hectáreas de viñedos.

El Valle de San Antonio se encuentra ubicado cerca del puerto de San Antonio y a una hora en auto desde Santiago. Durante los últimos años se comenzó a producir Chardonnay, Sauvignon Blanc y Pinot Noir. Los suelos de esta región son generalmente limo-arcillosos y secos, a la vez que sus condiciones climáticas son fuertemente influenciadas por el mar. Buscando maneras de diferenciar sus productos, los productores iniciaron plantaciones de viñas y elaboración de vinos característicos de esta región. Así es como el Syrah y el Pinot Gris de Chile comenzaron a producirse por primera vez en un clima húmedo y fresco, del mismo modo que algunas variedades de Merlot y Malbec. A partir de 2002 la región pasó a ser una de las tantas zonas productoras de vinos nacionales reconocidas bajo el sello oficial de Denominación de Origen, categoría que les proporciona personalidad propia en el país y en el extranjero.

REGIÓN VITIVINÍCOLA DEL VALLE CENTRAL

El Valle Central es la región vitivinícola más grande y más importante de Chile y se extiende a través de las Regiones administrativas de O'Higgins (VI) y del Maule (VII) incluyendo a la Región Metropolitana (Santiago). El territorio incluye cuatro sub-regiones: el Valle del Maipo, el Valle de Rapel, Valle de Curicó y el Valle del Maule. Esta es la zona más productiva y conocida internacionalmente de Chile, principalmente por su proximidad a Santiago, la capital del país.

El amplio y variado Valle del Maipo se encuentra entre las cordilleras de los Andes y de la Costa. Al centro de ambos valles se encuentra Santiago. Esta región constituye el corazón tradicional de la elaboración del vino chileno, debido a la facilidad de acceso a las zonas agrícolas circundantes, establecidas en las proximidades de centros urbanos. Este es el valle más ampliamente cultivado y conocido por su Cabernet Sauvignon. Cercano a Santiago, el Valle del Maipo fue la cuna de la producción vitivinícola de Chile y aún hoy continúa siendo la región vinícola más conocida del país. En el Valle del Maipo se producen casi todos los más exitosos vinos de exportación del país. Además, registra las fechas más importantes de la tradición vitivinícola de Chile, incluyendo 1555, fecha en que la historia nacional recuerda cuando la primera producción de vino fue oficialmente reconocida y certificada por las autoridades; también incluye la introducción de variedades de vid francesa, desde 1851 hasta 1994 y, finalmente, el redescubrimiento de la desaparecida variedad francesa Carménère. Muchas de las viñas chilenas más reconocidas se encuentran situadas en el Valle del Maipo.

El clima del Valle del Maipo es estable, con veranos calurosos y secos e inviernos cortos y suaves, incluyendo precipitaciones de no más de 450 milímetros. Durante gran parte del año se producen grandes diferencias de temperatura durante el día y la noche, con días calurosos y noches frescas. Las heladas de la mañana ofrecen condiciones ideales para el cultivo de uvas para elaborar vino tinto en las laderas de sus colinas. La zona cuenta con 10.000 hectáreas de terreno, de las cuales 8.000 están cultivadas con variedades de uva tales como el Cabernet Sauvignon, Merlot, Carménère, Syrah, Cabernet Franc y Malbec. Las restantes 2.000 hectáreas están plantadas con variedades blancas tradicionales, como el Chardonnay, Sauvignon Blanc y Semillón. Su ubicación entre las dos cordilleras genera días de veranos soleados y luminosos. Algunos de los mejores viñedos están plantados en elevaciones superiores a los 2.000 metros, a lo largo de las colinas de granito de los Andes y donde la temperatura declina durante la noche, facilitando la producción de vinos complejos, equilibrados y sabrosos.

Aproximadamente un centenar de kilómetros al sur de Santiago se encuentra el Valle de Rapel, que concentra dos de las regiones vitivinícolas de Chile más reconocidas internacionalmente. Al sur de Rancagua se halla el Valle de Cachapoal cruzado por el río Cachapoal, mientras que las aguas del río Tinguiririca irrigan el Valle de Colchagua. Incrustadas entre los cerros de la cordillera de la costa se encuentra la ciudad colonial de Santa Cruz. La región se caracteriza por un clima mediterráneo propio del Valle Central de Chile, que consiste en veranos cálidos, inviernos suaves y grandes diferencias de temperatura entre el día y la noche. Dependiendo de la proximidad del océano Pacífico y los Andes, se encuentran regiones con microclimas distintivos que crean condiciones favorables para cultivar diferentes tipos de uvas. Los suelos son naturales, ricos en minerales con capas de arena y piedra caliza. La mayoría de las variedades de uva de primera clase crecen en esta región, tales como el Chardonnay, Sauvignon Blanc, Merlot, Cabernet Sauvignon, Syrah, Carménère y Malbec. Particularmente acertadas han sido las variedades de más bajo rendimiento y menos cultivadas como el Merlot y el Carménère.

Valle del Cachapoal

El Valle del Cachapoal, en particular Alto Cachapoal, ha sido el centro de atención para los inversores franceses y los sectores amantes del vino. La mayoría de las bodegas se encuentran en el frío sector este, entre la carretera Panamericana y la cordillera de los Andes, alrededor de Requingua y Rengo. Un gran número de familias viticultoras bien conocidas de Burdeos, Alsacia y la región del Loira, en Francia, se han fusionado con productores chilenos establecidos desde hace tiempo o han creado sus propias empresas para producir vinos tintos de calidad similares a los franceses. La zona conocida como la ruta del vino al Alto Cachapoal es fácilmente accesible y llena de muchas viñas famosas, como las de Altair, Morandé, Anakena, Misiones de Rengo y Chateau Los Boldos. Las apreciadas variedades de vino tinto (Merlot y Carménère) son muy concentradas, afrutadas y un poco dulce, con un suave sabor a chocolate.

Más al sur se encuentra el Valle de Curicó, región vinícola ubicada a unos 220 kilómetros de Santiago. Un moderado clima mediterráneo con días de verano cálidos y noches frías y húmedas caracterizan esta zona. Un área de alta presión en el océano Pacífico influye fuertemente en el clima especialmente durante el invierno, lo que la hace producir 720 milímetro más de precipitaciones anuales que el Valle de Rapel. Los suelos son planos, erosionados, ricos en minerales y muy permeables. En lugares más elevados los suelos son arenosos y pedregosos. Muchos canales de riego cruzan el valle atravesado por los ríos Teno y Lontué. Esta región abarca la mayor superficie de cultivo de las variedades de uva blanca en el país.

Valle de Curicó

El Valle de Curicó abarca una superficie total de 18.000 hectáreas. Los orígenes de la producción de vino en esta región datan de 1851, fecha en que la familia Correa-Albano introdujo una variedad de cepas nobles francesas. Entre los tipos de uva cultivada se hallan el Cabernet Sauvignon, Sauvignon Blanc, Merlot y Chardonnay. Cerca de la ciudad de Molina se encuentra la Viña San Pedro, la tercera más importante de Chile. El Valle de Curicó es un centro de atención que cuenta con uno de los logros tecnológicos líderes de la viticultura chilena. Durante la década de 1980 el enólogo español Miguel Torres comenzó a almacenar, por primera vez, vino en tanques de acero inoxidable, impulsando una importante modernización en la fabricación de vinos del país.

Situada 260 kilómetros al sur de Santiago se encuentra la región vitivinícola del Valle del Maule, un área un poco más fresca que la de los valles del norte, con una precipitación anual de lluvias mucho mayor, sobre todo durante los meses de invierno. Los orígenes de la viticultura en este valle, también ubicado entre los Andes y las montañas costeras, se remontan a los conquistadores españoles que arribaron en el siglo xvi y plantaron la uva "País". Hasta la fecha 8.500 hectáreas de un total de 31.000 se cultivan con la uva "País" y presentan la mayor tradición vitivinícola iniciada durante la colonización española. El frío invernal, un clima mediterráneo de lluvias, y suelos arcillosos de alta acidez, originan un bajo rendimiento, aunque también se obtienen algunos vinos de primera calidad. Las variedades más populares de uvas negras y blancas se cultivan en el Valle del Maule siendo las más apreciadas las tinto Cabernet Sauvignon, Carménère, Merlot y Malbec. Los suelos cercanos a los ríos tienden a producir vinos más afrutados que los situados en las laderas de las montañas.

Valle del Maule

El Valle del Maule incluye tres zonas principales de cultivo: Valle Río Claro, Valle de Loncomilla y Valle del Tutuvén. Esta región cuenta con un aspecto menos conocido de la viticultura chilena. Con casi 200 años de experiencia vitivinícola, esta región es la zona productora de vinos más grande de Chile, con un 43% de la superficie total cultivada del país. El clima es mediterráneo semihúmedo y presenta variaciones en sus diferentes sectores o áreas. Añádese a esto una amplia gama de tipos de suelo que en términos de producción de vinos permite obtener una diversidad de sabores y tipos de vinos cosechados en esta región del Maule. El cultivo de la vid que predomina en este ámbito es regado únicamente por aguas de lluvia. El Carménère es considerado como el vino típico de la región, y contribuyen de manera significativa a la producción de vinos tintos junto con el Merlot. Del mismo modo, Chardonnay y Sauvignon Blanc, constituyen la mayor parte de la elaboración de vinos blancos. Las variedades de uvas simples como "País" o moscatel también se cultivan, pero de una manera más rústica.

REGIÓN VITIVINÍCOLA DEL BIOBÍO

Esta zona se halla situada a unos 500 kilómetros al sur de Santiago y corresponde a la octava región administrativa de Chile, e incluye los valles de Itata y Biobío. Debido a las condiciones climáticas, la viticultura en esta área requiere una mayor persistencia, habilidad, e iniciativa que en otros valles. No obstante, algunos viticultores han dado el paso y han invertido en nuevas plantaciones de variedades viníferas de clima frío como el Sauvignon Blanc, Chardonnay y Pinot Noir.

Valle de Itata

El Valle de Itata se encuentra ubicado 400 kilómetros al sur de Santiago y 50 kilómetros al este de Concepción. La tradición vitivinícola de esta sub-región se remonta a más de 400 años y actualmente aún predomina la producción de pequeñas explotaciones para el consumo familiar. Algunos de los primeros viñedos en la zona fueron plantados cerca de la ciudad de Concepción durante la época colonial. Los viñedos ocupan una superficie aproximada de 10.800 hectáreas, siendo los vinos blancos Chardonnay y Moscatel de Alejandría y los tintos País y Cabernet Sauvignon del Campo las variedades más cultivadas. Desde hace algunos años los viticultores de la zona empezaron a producir vinos de buena calidad junto a una producción masiva de vinos de mesa sencillos.

Los ríos Itata y Ñuble cruzan el Valle Itata y el clima tiende a tener días frescos y ventosos durante el verano e inviernos lluviosos. Los suelos son arenosos y ricos en minerales permitiendo cultivar variedades de alto rendimiento. Extensos bosques se alternan con verdes plantaciones viníferas ubicadas en las laderas entre los Andes y las montañas costeras. Por la noche los viñedos son refrescados por brisas provenientes de los Andes. En esta fría latitud los días son largos y las uvas se desarrollan lentamente. Las regiones meridionales tienen más precipitaciones, la temperatura media es más baja y tienen menos horas de luz solar que las regiones vitivinícolas del norte. La vendimia se realiza en dos etapas: las uvas blancas se cosechan a partir de los últimos días de febrero hasta mediados de marzo, cuando termina el verano chileno, mientras las uvas rojas se cosechan a partir de mediados de marzo hasta finales de abril.

Valle de Biobío

El Valle de Biobío está ubicado a unos 500 kilómetros al sur de Santiago, en el límite de la zona apta para el cultivo de la uva. Las zonas de viñedos cubren cerca de 2.800 hectáreas, de las cuales cerca de 2.300 están destinadas a la producción de uvas comunes y alrededor de 500 hectáreas para uvas viníferas. Al igual que en el vecino Valle de Itata, las variedades de uva rústica País y Moscatel se han cultivado por siglos. Hasta hoy día la base de la viticultura en el Valle del Biobío ha sido la producción masiva de vinos de mesa simples. Sin embargo, basados en la experiencia adquirida en Itata y Limarí, vinos de calidad son elaborados en una serie de viñas de la zona. El clima es bastante fresco y ventoso durante todo el año, con una precipitación anual de 1.100 milímetros. Los suelos son naturales de arena y piedra. Minerales y sedimentos orgánicos del río se convierten en tierra fértil y de alto rendimiento. Estas condiciones son especialmente favorables para el cultivo de variedades de uvas nobles, que necesitan largos periodos de maduración, y que proporcionan gran acidez y frescura a los Sauvignon Blanc, Pinot Noir, Riesling, Gewürztraminer y Chardonnay.

Valle de Malleco

El Valle de Malleco se encuentra alrededor de 600 kilómetros al sur de Santiago y es la zona vinífera más austral del país, aunque viñedos experimentales se han plantado mucho más al sur, en Osorno. Por ser una de las sub regiones vitivinícolas más frescas de Chile, las variedades más cultivadas son Pinot Noir, Chardonnay y Gewürztraminer. Las abundantes precipitaciones y periodo de crecimiento más corto hacen que la zona sea muy riesgosa para el cultivo de la mayoría de las otras variedades que existen en el país.

¿Qué hace la diferencia?

La producción de vino chileno presenta más de una característica significativa y transformaciones importantes que requieren un análisis cronológico-histórico. Sin embargo, antes de comenzar dicho recorrido a través del tiempo, es necesario mencionar algunos elementos adicionales que han dado forma a su producción de vinos. Insistamos en que Chile, por mucho tiempo, ha sido el líder de la producción y exportación de vinos de América del Sur. La peculiar geografía del país y sus distintivas regiones lo han llevado elaborar vinos que se han popularizados alrededor del mundo. Varios factores parecen explicar por qué sus mostos ofrecen algunas características inusuales, que los hacen especialmente seductores y distintivos. Citemos algunas de ellas.

UNA FUERZA EXPORTADORA MOTIVADORA

En muchos aspectos, Chile podría ser considerado, históricamente, como el pionero del vino en América del Sur. Durante muchos años el país fue el único exportador y sus mostos predominaron en el mercado externo hasta que Argentina, el país vecino más grande de Chile, se insertó en el mercado internacional. Hasta la década de 1990 Chile producía más vino que cualquier otro país con la excepción de Europa, aunque la mayoría no se consideraba exportable. Sin embargo, Argentina ha comenzado gradualmente a elaborar mostos de alta calidad, que han hecho posible ingresar, cada vez más y con gran éxito, a los mercados internacionales. Al margen de estas dos naciones, también se comienza actualmente a exportar pequeñas cantidades de vino desde Uruguay.

Hasta ahora, Chile y Argentina son los dos países productores de vinos más populares de América del Sur, y han creado un nombre en los mercados mundiales, logrando grandes avances en la notoriedad de sus productos. Chile aún continúa adelante de sus vecinos de América del Sur y desde la década de 1980 se ha convertido en el cuarto mayor exportador de vino a Estados Unidos. También ha cambiado su enfoque hacia otras regiones consumidoras del planeta, encontrando el mismo éxito por su calidad y precios ventajosos. En consecuencia, Chile ha llegado a ser una verdadera potencia sudamericana y mundial en el rubro de producción y exportación de sus vinos.

AUSENCIA DE PLAGAS Y PESTES

Al igual que muchos otros productos agrícolas, la industria del vino, en todo el mundo, está plagada con el problema de enfermedades y pestes. No hay nada peor para el vino que la *phylloxera*, un insecto que ataca exclusivamente a las vides y que asoló los viñedos del mundo a mediados del siglo diecinueve. La industria vinífera de Europa tiene una historia abrumadora de encuentros con la *phylloxera* y desde entonces ha desarrollado técnicas para proteger sus viñas. Afortunadamente para Chile, la superficie vinífera no presenta el peligro de sufrir sus ataques y sus territorios poseen características muy especiales que explican la existencia de algunas viñas con parras y variedades muy antiguas. Como resultado, los viticultores no requieren implementación de estrategias costosas al momento de la plantación de parras para protegerse de la *phylloxera*, y su forma no invasiva de crecimiento se refleja en la alta calidad de sus vinos que hace que la producción sea mucho menos costosa. Factores regionales climáticos y topográficos favorables impiden, entonces, el desarrollo de la *phylloxera* y otras plagas, constituyendo una garantía para la industria vinícola y un factor que se suma a su singularidad productiva de vinos elaborados.

LA RECUPERACIÓN DE LA VARIEDAD PERDIDA DE BURDEOS

La tradición de los actuales vinos chilenos se debe en gran parte a la influencia de Francia, país donde las vides y tecnología fueron adquiridas a mediados del siglo dieciocho. Una de las especies introducidas fue una variedad de Carménère, uva de vino tinto muy popular que produce mezclas del mismo color muy acentuadas cuando se embotella. Esta variedad fue plantada originalmente en la región de Médoc de Burdeos, a principios de 1700, y se utiliza para producir vinos tintos de calidad y en ocasiones usado con el propósito de mezclarla como Petit Verdot. Sin embargo, esta variedad desapareció de los viñedos franceses a finales de 1800 debido a la *phylloxera*. Con los años, el Carménère en Chile se mezcló con el Merlot y los agricultores más tarde lo confundieron con un clon[4] del Merlot y se le perdió la pista por muchos años, creyéndose, incluso, que había desaparecido como en Europa. Sin embargo, el año 1994, un ampelographer francés experto en la identificación y clasificación de las vides, Jean-Michel Boursiquot, identificó el extraño "clon Merlot" como uva de Burdeos Carménère, desaparecida hace mucho tiempo de los viñedos europeos, incluso California. El análisis de ADN confirmó su teoría y en 1998 el Departamento de Agricultura de Chile reconoció oficialmente el Carménère como una variedad distinta en Chile.

La variedad de vino Carménère rara vez se encuentra en Francia y hasta el año 2006 la mayor área de cultivo mundial de esta exclusiva selección se encontraba en Chile, principalmente en el Valle Central, con una superficie superior a las 4.000 hectáreas. Actualmente Chile produce la gran mayoría de los vinos Carménère existentes en el mercado y al mismo tiempo que la industria del vino chileno crece internacionalmente, mayor número de experimentos se llevan a cabo para estudiar el potencial de esta variedad para

---

4   Entidad biológica (gen, cromosoma, célula u organismo) genéticamente idéntica a otra a partir de una ya existente.

mezclarla con otras, principalmente Cabernet Sauvignon. Carménère también se cultiva en el este de Italia, Veneto y las regiones de Friuli-Venezia-Giulia y en cantidades más pequeñas en California y la región este del Estado de Washington, llamado Walla Walla. En este sentido, pocos países productores de vinos pueden proclamar la reactivación de una uva casi extinta, de calidad mundial, lo que ofrece otro motivo para validar y enfatizar la singularidad de los vinos chilenos.

LOS DIVERSOS CABERNETS

La uva procedente de la región de Burdeos en el suroeste de Francia es conocida por ser el resultado de una mezcla de uva cabernet franc y sauvignon blanc. Históricamente, estos dos tipos de uvas fueron cultivados en viñedos vecinos y la uva cabernet sauvignon se ha cultivado durante varios siglos. Por muchos años, cuando Chile estaba recién iniciándose en la exportación de vinos, la atención se centraba en las variedades comunes que eran razonablemente populares. Esto incluía las variedades Merlot y Cabernet Sauvignon, importantes tipos de uva de Chile por casi 150 años. Con su éxito en las exportaciones ya más solidificadas, Chile ha comenzado a experimentar en la elaboración de diversos tipos de vinos característicos de sus múltiples regiones. Como resultado, Chile ha producido Cabernet Sauvignon con un estilo muy notable. Actualmente, el vino Cabernet Sauvignon de Chile tiende a ser elaborado más orientado hacia un público consumidor internacional, especialmente el norteamericano y europeo, quienes prefieren vinos con sabores frutosos y otros similares. Así, entonces, los Cabernet se elaboran con elementos suaves y se consideran productos fácilmente bebibles.

PREFERENCIAS CLIMÁTICAS

Las fronteras naturales de Chile que incluyen el océano Pacífico, la cordillera de los Andes, el desierto de Atacama al norte y la Antártida hacia el sur han aislado al país de otras partes del mundo, pero a la vez han probado ser muy beneficiosas en mantener la *phylloxera* y otras plagas alejadas de sus fronteras. El deshielo de los Andes ofrece abundantes recursos de agua que permiten el riego si el clima es demasiado seco. Tampoco existen muchas variaciones en sus cosechas debido a la fiabilidad de las condiciones meteorológicas favorables, con poco riesgo de heladas o lluvias de primavera y temporadas de la cosecha.

Para las regiones del vino chileno en el Valle Central, los Andes y la cordillera de la Costa producen el efecto de una cortina de lluvias que permiten atrapar el aire caliente y árido de la región. Por la noche el aire frío entra en la zona de los Andes produciendo un descenso drástico de la temperatura. Esto ayuda a mantener altos niveles de acidez de las uvas que maduran por largas horas bañadas sin interrupciones por el sol durante el día. Como resultado, la calidad de la viticultura en Chile alcanza altos niveles de excelencia que incluyen una productividad controlada, cosechas en plena madurez de las uvas que permiten mantener la frescura de la fruta, un meticuloso proceso de elaboración, uso de barriles y contenedores apropiados para almacenar sus caldos y embotellamiento ultra moderno. Más aún, la maduración se adapta a cada variedad de uva de acuerdo con el estilo requerido. En cada caso los productores se esfuerzan para reproducir las características propias de cada variedad de uva obteniéndose de esta forma vinos aromáticos, armoniosos y selectos.

Variedades de vinos producidos en Chile

Los vinos chilenos gozan de una reputación de prestigio en todo el mundo debido a las características de sus vides, sus orígenes y condiciones climáticas. Los mostos nacionales poseen cualidades muy especiales que los distinguen de otras variedades cultivadas en otros lugares. Hoy día, la diversidad de uvas cultivadas en el país es conocida internacionalmente, entre ellas las que producen los vinos de marca más exclusivos como el Chardonnay, Sauvignon Blanc, Cabernet Sauvignon o Merlot, entre muchos otros. Mencionemos algunas de las particularidades y características más destacadas de las diversas variedades producidas a lo largo del país.

Cabernet Sauvignon. Este vino se cultiva en Chile desde hace unos 150 años. Sus orígenes provienen de Burdeos, Francia, y su nombre se utiliza en todo el mundo, aunque también es conocido como Vidure, Vindure, Bouschet Petit, Cabernet, Petit Vidure y Burdeos Rojo. Aproximadamente el 50% de todas las viñas cultivadas en el país para elaborar vinos tintos son Cabernet Sauvignon. Los estilos chilenos ponen de manifiesto la intensidad del color tinto de grosella en el Cabernet Sauvignon y mezclas. Siendo una variedad fina, su característica dominante es la fuerza de sus componentes (taninos) y su notable sabor. Este mosto presenta una vida útil que puede extenderse más allá de los 20 años.

Merlot. Esta variedad proviene originalmente del suroeste de Francia, Médoc. En Chile ocupa el segundo lugar entre las variedades más importantes de uva, para producir vino tinto. Los vinos Merlot son conocidos por su intensidad del color, los altos niveles de alcohol con sabor a fruta ligera y aromas. Los vinos Merlot pueden presentar características muy similares a los Sauvignon, y aunque no son iguales en calidad, son vinos más livianos para beber. Debido a que su punto de maduración ocurre antes que otras uvas, producen un producto dulce que lo convierten en un candidato ideal para mezclar con otros vinos. Con todo, Merlot posee un sabor más suave y menos intenso que el de Cabernet Sauvignon.

Carménère. Constituye una variedad de uva característica de Chile, y se ha convertido en un símbolo de los vinos nacionales. Originalmente procedente de la región francesa de Médoc, como señaláramos anteriormente, fue prácticamente exterminada por la *phylloxera* que durante el siglo diecinueve afectó a las viñas de Europa. Largo tiempo confundido con Merlot, su verdadera identidad fue revelada por un enólogo francés que descubrió restos del Carménère originario de su país. Desde entonces Carménère se produce en las bodegas cercanas al sur de Santiago y en gran escala. Este vino tiene un color tinto-violeta vibrante y profundo junto a un aroma de chocolate notable, mezclado con café y la humedad de los suelo livianos.

Syrah. El origen de esta cepa está rodeado de controversias y dudas. Se atribuye a la ciudad persa de Shiraz, desde donde los cruzados o fenicios lo habrían llevado a la Galia (Francia). Sin embargo, las parras de Syrah han existido durante más de tres mil años. Aunque no es ampliamente plantada en Chile, Syrah han alcanzado gran aceptación entre los consumidores de vino y es uno de los productos recientemente etiquetado como "producto nuevo", obteniendo una excelente evaluación por parte de la crítica internacional. Syrah crece en climas moderadamente fríos y cálidos. La influencia del océano Pacífico y la geografía de Chile han creado un clima favorable para su cultivo. Los vinos Syrah presentan sabores gratos y aromas frutosos, junto a un color intenso, aderezados con una acidez muy agradable.

Pinot Noir. Esta es la uva de la cuales se producen los mejores vinos de la Borgoña francesa. Dado que es una variedad que requiere un clima frío específico para obtener buenos resultados, no se adapta fácilmente a cualquiera región y por lo tanto no existe una gran producción de este vino en Chile. Las principales regiones productoras de esta variedad son Francia, Alemania, Sonoma, en California, Australia y Sudáfrica. Este vino tiene un cuerpo ligero con un colorido de baja intensidad, sutiles aromas frescos y frutales, junto con un cierto nivel de acidez y se está extendiendo cada más en Chile, región capaz de producir algunos agradables Pinot Noir, con un suave sabor frutal.

País. Es la variedad de uva más antigua cultivada en Chile y se utiliza para fabricar un tipo de vino a granel rústico que se comercializa principalmente en el mercado interno. Esta variedad abarca aproximadamente la mitad de los viñedos plantados en Chile y tiene una profunda raíz en la cultura tradicional vitivinícola del país. En California se la conoce como uva Misión y en Argentina como Criolla.

Cabernet Franc. Sus orígenes provienen de Burdeos, Francia. Recientemente se descubrió que es una de las variedades que dieron origen al cultivo del Cabernet Sauvignon. Crece sobre todo en climas moderadamente fríos. Tiene un cuerpo suave y es menos tánico que el Cabernet Sauvignon, presentando un crecimiento moderado y vigoroso. Los vinos de estas uvas tienen un color morado oscuro, mientras que los caldos más jóvenes poseen sabores afrutados y suaves tonos de pimiento verde, de acuerdo con los críticos internacionales.

Malbec. Variedad de origen francés que se cultiva en el país en terrenos que abarcan alrededor de 1.000 hectáreas. Productores de vino argentino son responsables por la promoción de este vino al mercado global, especialmente Nicolás Catena, de Mendoza. El vino posee un color rojo intenso en el Malbec, que va desde los tonos púrpura al rubí. Posee un aroma a canela y frutas rojas mentoladas, con presencia de taninos suaves y dulces. Cuando se envejece en barriles adquiere notables aromas de vainilla y frutos secos.

Sauvignon Blanc. Esta variedad es originaria del sudoeste francés y produce vinos con un sabor vegetal muy atractivo. Sauvignon Blanc fue prácticamente el único vino blanco que se ofrecía en Chile hasta la aparición del Chardonnay en la década de 1990. Cosechados en los valles fríos de San Antonio y Leyda, los resultados son excelentes: los sabores son claros y bien definidos, con aromas cítricos y otras hierbas silvestres locales. Debido a su potente aroma, los mostos de este producto y su fermentación requiere mucho cuidado.

Chardonnay. Stock de uva blanca originaria del este de Francia. Las investigaciones más recientes realizadas en California que estudian su trayectoria genética identificaron su origen en las variedades Gouais Blanc y Pinot. Esta especie de uva francesa se ha extendido a nivel internacional y es cultivada especialmente en Chile, Australia, California, Argentina y Sudáfrica. Posee un aroma afrutado, con variados sabores asociados comúnmente con las características de los terrenos donde se cultivan y los toneles de roble en que se envasan durante el proceso de envejecimiento. Chardonnay es otro componente importante de una variedad de vinos espumosos, incluido el champán.

Semillón. Esta es una especie nativa de Sauternes, Francia, que permite obtener vinos dulces y secos que pueden envejecerse por un periodo entre los veinte a treinta años, incluyendo el vino conocido como Late Harvest. En Chile, pocos viñedos utilizan esta uva en forma pura y la mayoría de los productores los mezclan con otros vinos. Su aroma intenso posee tonos cítricos y miel; sus sabores se describen como productos con sabores "amielados", higos, cerezas y ciertos tonos florales.

Riesling. Originario de la región del Rhin en Alemania, el Riesling se produce principalmente en Europa, y es uno de los vinos elegantes y difíciles de encontrar en otras partes del mundo. Los vinos que se producen a partir de esta uva tienen una acidez y dulzor equilibrados. Son ligeros y refrescantes con tonalidades amarillas y verdosas. Su aroma y sabor son muy agradables tales como manzana, naranja, piña, limón, canela y otros tonos florales. En Chile, sin embargo, existen muy pocos viñedos que producen vinos elaborados con esta uva, y los pocos que lo hacen se concentran principalmente en la región del Maule.

Viognier. Especie nativa del valle del Ródano en Francia. Debido a sus dificultades de crecimiento e inestabilidad, Viognier solo se cultiva en cinco viñas chilenas. Con una estructura fuerte, una textura rica, menor acidez y un sabor más bien seco y prolongado en la boca, da la sensación de ser dulce, con sabores de melocotón, melón, frutos secos, miel y albaricoque.

Gewürztraminer. Originario de Tramin en Trentino-Alto Adige, Italia, el nombre corresponde a una variedad de uva o de un producto especial de color rosa de aroma y sabor cítricos. Esta variedad crece mejor en climas que varían entre templados a fríos, lo que le permite obtener una cantidad relativamente alta de sus propios azúcares. Vinos gruesos y de gran compleji-

dad son elaborados a partir de esta uva y que son fáciles de reconocer por
su fuerte aroma y sabor. No es raro en este vino observar burbujas de luz
característica de los vinos espumosos. En Chile su cultivo es aún marginal,
pero hay buenos representantes en el Valle de Casablanca y en la zona central.

Moscatel de Alejandría. Está considerada como una de las vides más antiguas
y los expertos en vino creen que es una de las pocas vides que quedan sin
modificar genéticamente y que aún persisten. La uva es originaria del norte
de África, y el nombre probablemente deriva de su asociación con los antiguos egipcios que la utilizaron para hacer vino. Mosto de color amarillo,
con tonos verde limón intenso, brillante, presenta delicados aromas y sabores a frutas cítricas maduras, lima con fondo de membrillo dulce con toques
de rosas y azahares. Al paladar es fino, delicado y muy frutal. Además es
un vino de muy buen balance azúcar/acidez.

***

Concluyendo, Chile se ha destacado como un productor global de excelentes
vinos. Sabor, color y largos años de experiencia, son algunas de las características
que hacen del vino chileno uno de los más populares del mundo. Los valles
de Chile reciben una combinación ideal de suelo, luz solar, temperatura y humedad, que lo han llevado a cultivar uvas y a elaborar vinos de clase mundial.
Debido a su ubicación austral, al fin del mundo, y sus condiciones climática,
los viñedos chilenos han resistidos en el tiempo y las barreras geográficas naturales han protegido al país de la llegada de la *phylloxera* y otras enfermedades fatales. La ausencia de estas amenazas les ha permitido a los productores
cultivar sus viñedos con una menor dependencia de agentes químicos.

El itinerario del vino chileno ha sido muy largo. Su historia y tradición, desde la llegada de los españoles hasta hoy, es no solo fascinante sino que, también, contradictoria y conflictiva. En las páginas que siguen intentamos ofrecer
una visión sociológica de su desarrollo a lo largo de su extenso recorrido. Para
tal efecto hemos procedido a invadir el campo de la historia y otras disciplinas
para periodizar su trayectoria dentro de la evolución del país, desde sus orígenes coloniales hasta el actual modelo neoliberal de mercado. Sin lugar a dudas,
aún queda mucho por analizar y explicar. Como dijéramos en la introducción
de este trabajo, la escasez de datos y antecedentes sobre el tema durante los
primeros periodos requiere continuar interrogando nuestra memoria histórica
para conocer lo que aún no conocemos, especialmente lo relativo a sus fuerzas
y relaciones productivas.

Capítulo II
LA PRODUCCIÓN COLONIAL: 1492-1810

El arribo de la *vitis vinífera*

La presencia de españoles y portugueses en la región que pasaría a conocerse como América, a partir de 1492, introdujo una dinámica opresiva, cruel, pero, a la vez, una interesante imposición-intercambio de culturas, alimentos, bebidas y otros productos. Entre ellos, la *vitis vinífera* llegó a América a principios del siglo XVI, procedente de las islas Canarias y Madeira, en el territorio europeo, a través del océano Atlántico vía las Antillas en Centroamérica, hasta alcanzar México en 1517. Posteriormente se extendió a San Vicente, Brasil, el año 1532, abriendo de este modo las rutas española y portuguesa.

El vino, junto a la harina de trigo, el aceite de oliva, el bacalao salado y otros productos, estaban integrados en sus dietas que constituían la alimentación fundamental de ambos grupos. Los europeos que se establecieron en los nuevos territorios de América, ahora incorporados a los reinos de Castilla y Portugal, demandaban grandes cantidades de alimentos, incluyendo el vino, producto complicado de obtener debido a las dificultades de transporte y a las distancias con los puertos de origen. Luego de largos viajes, bajo condiciones inadecuadas para la conservación de los alimentos, el vino también era escaso. Estas circunstancias determinaron que cuando el entorno del suelo y el clima fueron propicios para el cultivo de la vid y elaboración de vinos, los nuevos pobladores intentaran su cultivo. Como resultado, la producción y comercialización de este producto se expandió rápidamente a través de las nuevas regiones recién conquistadas.

Desde 1500 en adelante la elaboración del vino adquirió una activa dinámica tanto en el manejo de la tierra, el comercio, el consumo local, las relaciones mercantiles entre las metrópolis europeas y las colonias americanas, incluyendo la religión y el idioma. Españoles y portugueses no podían sentirse establecidos adecuadamente en América hasta que comenzaron a cultivar la vid. El vino, para ellos, era un producto esencial, utilizado como bebida, una alternativa al agua de dudosa calidad y para los sacramentos celebrados por la Iglesia Católica Romana. El vino también era empleado como alimento, medicina y como reponedor de fuerzas (Nava: 2004). El historiador Tim Unwin (2001) señala que después del Decreto Real expedido en 1524, la viticultura

39

comenzó a extenderse hacia el sur, desde Nueva España (México y California), a través de la costa oeste de América hasta Concepción (Chile), en un periodo de no más de 30 años.

El consumo de alcohol no era algo nuevo para los habitantes originarios de la región, pero era elaborado de plantas diferentes a la vid vinífera, según los registros de los primeros europeos que llegaron a los nuevos territorios. No obstante, desde la época precolombina los indígenas ya usaban uvas silvestres denominadas "cimarronas" para producir una bebida mezclada con frutas y miel denominada *acachul*. La acidez de esta uva no permitía la elaboración de vino, razón por la cual los misioneros españoles comenzaron a sembrar vides europeas en América y producir vinos para el consumo doméstico y celebración de rituales religiosos, especialmente la misa. Carl Sauer (1966) cita las observaciones del navegante e historiador Fernando Colón respecto a la fabricación de vino blanco y tinto de maíz, el cual mezclado con otros ingredientes obtenía un sabor agradable, con un tono a vino agrio. Sauer también menciona el uso de palmas, piñas y otras frutas para su fabricación, como a la vez, bebidas alcohólicas a base de yuca, papas, variedades de maíz y otras frutas (*Ibíd.*).

Los nativos de otras regiones del continente también elaboraban bebidas fermentadas a partir de diferentes frutas, tales como el maguey, que en México se utiliza para producir pulque y en la región andina maíz para hacer chicha. Las poblaciones indígenas de los territorios que más tarde se conocerían como Chile, preparaban bebidas alcohólicas similares obtenidas de diferentes productos como semillas (papa, maíz y quinua) y frutas (fresas y molles). A pesar de los diversos productos empleados en su elaboración, este tipo de vino era aceptado por los conquistadores, aunque lo consideraban un vino áspero (Dickenson: 1992). Sin embargo, no existen evidencias sobre la producción de vinos originarios de la vid, sino hasta que su cultivo y elaboración fueran iniciados por los conquistadores europeos.

Al igual que en otras sociedades precolombinas, la elaboración de bebidas alcohólicas locales fue generalmente una tarea femenina. Parte del proceso incluía preparar un tipo de harina que se conseguía mascando frutas y que luego se mezclaba con agua. La misma técnica era utilizada en Brasil. Sin embargo, tampoco existen claras evidencias de que existiera un gran afecto por el consumo de alcohol en el continente americano antes de la llegada de los europeos (*Ibíd.*).

Ahora bien, si el consumo de alcohol ya era usual en las Américas antes de 1492, ¿por qué el vino era totalmente desconocido? La respuesta es que la especie *vitis vinifera* (vid de la uva común) no existía en la región. En el continente americano (Indias Occidentales para los españoles) los conquistadores encontraron vides silvestres como la *vitis rupestris*, *vitis labrusca*, *vitis berlandieri*, *vitis cordifolia* y *vitis riparia*, que eran diferentes a la especie *vitis vinifera* europea, la más adecuada para producir vinos de calidad. Anterior a la llegada de los españoles estos tipos de *vitis* existían en México, América Central, algunas regiones de Colombia y Venezuela. Sin embargo, no hay razones convincentes para explicar por qué no hicieron vino de las uvas disponibles. En consecuencia, la viticultura fue una de las primeras contribuciones europeas al continente y la difusión de la *vitis vinifera* fue rápida.

Cuando Cristóbal Colón realizó su segundo viaje a América en 1493, trajo consigo las primeras parras y semillas para cultivar la vid en los nuevos territorios coloniales. Esta iniciativa fue más tarde impulsada por la Corona española mediante la promulgación de una ordenanza real, el año 1522, disponiendo que todos los barcos que se dirigían al llamado Nuevo Mundo incluyeran en sus cargas plantas de vides o parras. La procedencia de las mismas no está clara, pero algunos historiadores sostienen que su origen era español, mientras otros sustentan que provenían de las Islas Canarias (Alvarado: 2003).

Información y escritos acerca de la primera etapa del desarrollo del cultivo de la vid en América son prácticamente inexistentes, especialmente entre el periodo que transcurre desde el segundo viaje de Colón en 1493, y 1524, cuando el conquistador Hernán Cortés ordena plantar vides en México para elaborar vino común. En efecto, con fecha 20 de marzo de 1524 Hernán Cortés, investido como gobernador de la Nueva España, como se denominaron dichos territorios, emitió una ordenanza disponiendo la plantación de 1.000 pies con vides por cada 100 nativos en los *repartimientos*[1] a su cargo. Esta iniciativa fue posible en las alturas de México debido a que las estaciones climáticas en esos terrenos elevados se atenúan, disminuye la humedad relativa, y las noches son frías, generando una variedad climática ideal requerida para la maduración de la vid (Unwin: *óp. cit.*). A partir de ese momento la vid comenzó a ser cultivada con regularidad y los viticultores también empezaron a realizar injertos de *vi-*

---

[1]   A partir de 1499 la Corona española comenzó a adjudicar tierras a los conquistadores en pago a sus servicios, recibiendo al mismo tiempo nativos que vivían en ellos; estas asignaciones de tierras fueron conocidas como *encomiendas* (encomendar, otorgar, confiar), un sistema de trabajo tributario establecido en la América española por medio del repartimiento. La encomienda fue casi siempre acompañada de un sistema de trabajo forzoso y otras tareas que se exigían a los pueblos indígenas. Existieron diferentes tipos de encomiendas, pero en general todas eran otorgadas por las autoridades españolas para diferentes propósitos. Este tipo de sistema basado en el trabajo forzoso de los nativos se denominó *mita* en el Perú y *cuatequil* en México.

tis vinífera en las poblaciones nativas de parras existentes en la región, técnica no utilizada aún en otras regiones del mundo (Nava: 2001).

Los tipos de vides plantadas en la actual California, a partir de la Ordenanza de Hernán Cortés, correspondían a la variedad *Misión*, cuyo nombre proviene de las misiones franciscanas que fueron las primeras en utilizar esta vid, una variedad de la *Vitis vinifera sativa*, traída desde España a las costas occidentales del Norte y Sudamérica, durante el siglo xvi. Los primeros intentos de los españoles para cultivar vides viníferas en los territorios de la llamada Nueva España no fueron exitosos debido a dificultades ambientales y fitosanitarias. Los inviernos en ese y otros territorio eran más calientes y no tan largos como en España, situación que complicaba el crecimiento de la uva de vino (Unwin, *óp. cit.*). Otro problema consistió en que las primeras vides plantadas fueron sarmientos de parras traídas y cultivadas en España, en el hemisferio norte. Sin embargo, los sarmientos eran cortados en el invierno europeo los que al pasar por latitudes más bajas y cálidas brotaban durante esos largos viajes. De esta manera, al llegar a América del Norte se plantaban en el periodo inapropiado. Para remediar el problema se comenzó a transportar los sarmientos en macetas, pero también se presentaban problemas durante el viaje. Del mismo modo se utilizaron semillas de uva durante la plantación de los primeros viñedos, que, sin embargo, no reproducían los caracteres varietales, haciéndolos perder uniformidad en las nuevas plantaciones. Este sería el origen de numerosas variedades "criollas" que poblaron el viñedo colonial.

Una vez encontrados los terrenos apropiados para su cultivo, la viticultura aumentó considerablemente en toda la región, especialmente en aquellos que hoy día corresponden a la región de California. De igual modo, el clima tropical de América Central tampoco fue favorable para su cultivo ni mucho menos para su desarrollo, aunque Alvarado (*óp. cit.*), sostiene que también podría haberse debido a los ataques de la *phylloxera vastratix* a las plantaciones de esa región.

Los intentos por propagar la producción de vinos en el continente no solo fueron iniciativas exclusivas de españoles y portugueses. En efecto, entre los años 1562 y 1564 los hugonotes franceses también intentaron cultivar la vid en la región de Florida, pero fracasaron en su ensayo. Más tarde, en 1609, se volvió a realizar intentos similares en Virginia, pero con iguales resultados. Los historiadores de la época señalaban que los mayores problemas para el cultivo de vid fueron los ataques de plagas y otras enfermedades, incluyendo la devastadora *phylloxera* (*Ibíd.*).

La *vitis vinífera* en Sudamérica

Bajo las órdenes de Francisco Pizarro la expansión de la Conquista española continuó desde las zonas del actual México y California hacia Sudamérica, con la apropiación de los territorios en que habitaban los Incas, entre 1532 y 1534. Junto a los conquistadores también arribó la vid, cuyo cultivo se inició en la región del Cuzco, Perú. Muy pronto se esparció hacia otras regiones, utilizando tecnologías productivas similares a las empleadas en México. Luego de un corto periodo de adaptación, los viñedos mostraban rendimientos apreciables con este tipo de uvas.

La variedad de uva negra "misión" que llegó a Perú adoptó el nombre de "negra peruana". Desde ahí se extendió hacia Chile bajo el nombre "país" y hacia Argentina como "criolla grande" y aún se cosecha en ambas regiones. Con el paso del tiempo se fueron modificando, originando una diversidad de sub-variedades que se adecuaron rápidamente a los suelos y climas de esos territorios, requiriendo incluso periodos más cortos para su maduración.

Unwin (*óp. cit.*), sostiene que manuscritos de la época indican que la producción de vino en Perú se originó, también, por razones sacramentales, principalmente para celebrar misas. Otros documentos parecen apuntar que las verdaderas razones fueron proporcionar uvas frescas y vino a los españoles para no tener que depender de los irregulares envíos provenientes desde España. Insistamos en que el vino era un importante componente de la cultura social y religiosa de los españoles, razón por la cual optaron por producir sus propios mostos, junto a otros cultivos.

Alrededor de 1560 los viñedos y la producción de vinos se habían extendido tanto en México como en Perú, situación que forzó a la Corona Española a prohibir su elaboración en esas regiones de la Nueva España (México y California), para proteger a sus propios productores y comerciantes de este rubro en España. Una serie de ordenanzas reales dictadas durante el siglo xvi permitió el desarrollo de la industria vitivinícola peruana, llegando a ser, por un momento, el principal proveedor de vinos de la Nueva España. Diferentes obstáculos imperiales, dificultades productivas, económicas y comerciales regionales fueron gradualmente socavando la producción vinícola en la región de Perú, favoreciendo finalmente al nuevo Reino de Chile, otro productor colonial que comenzaba a emerger rápidamente.

Efectivamente, la ruta de la vid iniciada en las regiones de la Nueva España, que continuó hacia el sur, a los territorios del Cuzco, Perú, prosiguió más tarde hacia la última colonia del continente ubicada en el sur del mundo, pasando a conformar lo que se denominó como el Reino de Chile, con Pedro de Valdivia. A la cabeza de sus huestes, el conquistador se instaló en la región central de ese territorio, en donde fundó la ciudad de Santiago del Nuevo Extremo, el año 1541.

La información disponible de la época no permite precisar exactamente cuándo y cómo se introdujo la vid en los nuevos territorios, pero una de las versiones más aceptable indica que parece habría sido introducida por el puerto de Talcahuano, traída desde Perú por el fraile Francisco de Carabantes, el año 1548. En estas lejanas tierras la vid habría encontrado terrenos más que adecuados para crecer y desarrollarse sin dificultades. Su arribo por el sur del Reino de Chile se explicaría por la importancia que dicha región tuvo para los conquistadores españoles para asentarse en dichos territorios y someter a los indómitos mapuches, a quienes, contrario a lo sucedido con el resto de las poblaciones del continente americano, nunca pudieron contener ni mucho menos someter. Otra buena razón habría sido la abundancia de lluvias y el favorable clima de la región.

Los cronistas de la época indican que durante los primeros años de la conquista de Chile, a partir de la fundación de Santiago, transcurrieron largos periodos en que no hubo vino ni siquiera para celebrar misas, ceremonia importantísima para los devotos españoles. Frecuentemente, dicha ceremonia sacramental debió realizarse sin vino debido a su permanente escasez. Silva-Cotapos (1913) señala que el vino traído desde Perú, con gran sacrificio por los frailes mercedarios, se perdió durante un ataque realizado por el toqui Michimalongo, cuando al frente de sus guerreros asaltaron e incendiaron la recién fundada ciudad de Santiago, el 11 de septiembre de 1541. Los mismos cronistas mencionan que la primera remesa de vino arribó desde Perú solo dos años después de establecida la nueva capital de la región que más tarde sería Chile. En septiembre de 1543 llega a Valparaíso la nave *Santiaguillo* con una carga importante, en la cual se incluía vino para celebrar misa y para consumo de la población (Gana y Alvarado: 2003). Sin dudas, el arribo del galeón constituyó un gran evento si se considera que entre 1543 y 1545, de las cincuenta embarcaciones que transitaron entre la colonia chilena y Perú diez naufragaron durante la travesía (*Ibíd.*).

El cultivo de la vid también se introdujo en la zona norte y el centro de Chile, específicamente en los faldeos de Santiago, más conocida como la zona de Macul y luego, en 1557, en el norte de Argentina (Sauer, *óp. cit.*). Sin embargo, conflictos y disputas entre los conquistadores españoles, durante el siglo XVI retrasaron el desarrollo de la viticultura, aunque ello no fue un obstáculo para la elaboración exitosa de vinos en ambas regiones de Chile y Mendoza[2].

---

[2]   En sus inicios coloniales tanto Mendoza como San Juan fueron parte del territorio del Reino de Chile y que más tarde se integraron al Virreinato del Río de la Plata ubicado al otro lado de los Andes.

(Unwin, *óp. cit.*). Reiteremos que, en sus inicios coloniales, los territorios de Mendoza formaron parte del Reino de Chile y más tarde fueron integrados al Virreinato del Río de la Plata, al otro lado de los Andes (Argentina).

Las narraciones disponibles de la época no permiten determinar exactamente en qué región del Reino de Chile se iniciaron las primeras producciones vitivinícolas. Alvarado (*óp. cit.*) sostiene que estas se habrían realizado en Santiago, puesto que desde sus inicios se comenzaron a ejecutar faenas vitivinícolas por razones sacramentales ya mencionadas y el consumo doméstico. Manuel J. Gandarillas (1820), diputado por la zona de Huasco durante la independencia de Chile, sostiene en su artículo *La primera Vendimia en Chile*, que la primera cosecha de vinos en el país se realizó el año 1556, en la zona de Copiapó, situada 800 kilómetros al norte de Santiago, por el encomendero Francisco de Aguirre (Alvarado, *óp. cit.*). Otros autores indican diferentes nombres tales como Juan Jufré y Rodrigo de Araya respectivamente. El cronista Jerónimo de Vivar afirmaba que: *Plantas de España hay viñas y en ninguna parte se ha dado tan buena uva como en esta tierra; hácese muy buen vino. El primer hombre que lo hizo en esta tierra fue un vecino que se dice Rodrigo de Araya y asimismo fue el primero que trajo vino a esta tierra. Hácese ya tanto vino que basta para esta gobernación y que pueden proveer a otras partes*[3].

Ante la imposibilidad de determinar el contexto cronológico de los inicios de la actividad vitivinícola en el Reino de Chile, concluyamos en que esta actividad pasó a ser un componente primordial de la actividad agrícola, la cultura y la tradición de Chile, desde su inicio hasta nuestros días.

El Reino de Chile y la *vitis sativa*

De acuerdo con la estructura política y administrativa implementada por España en sus colonias, Chile estuvo subordinado a Perú, como reino, bajo control administrativo del Virreinato de Lima, administrado por un virrey, representante plenipotenciario del monarca español en la región. En la práctica, el Reino de Chile gozaba de autonomía casi total, teniendo en cuenta la enorme distancia que separaba a Europa y Perú, así como la lenta y difícil comunicación marítima existente entre los puertos de Lima y Valparaíso.

A pesar de la enorme lejanía entre el Reino de Chile y España, las condiciones climáticas para la producción de vino eran muy similares. De hecho, Chile

---

[3]   Jerónimo de Vivar. *Crónica y relación del reino de Chile*. Años 1539-1550.

fue la primera región colonizada durante la expansión española que contaba con un clima mediterráneo. En efecto, los conquistadores encontraron en esta región terrenos y condiciones climáticas adecuados para cultivar uvas y elaborar vinos. Las lluvias ocurrían durante los fríos inviernos mientras los veranos eran calurosos y secos como en el Mediterráneo. Los españoles percibieron, desde su arribo, que el clima de la región central de Chile, con sus días templados y noches frescas de verano, eran bastante favorables para cultivar uvas aromáticas para producir vinos.

El desarrollo de la viticultura en Chile es paralelo a su desarrollo colonial. Al igual que el resto de América, una vez que los españoles conquistaron y se establecieron en la región, introdujeron plantas, especias y animales europeos, totalmente desconocidos por los nativos. Recordemos que tanto españoles como portugueses encontraron en estas regiones los elementos que les permitieron sembrar, cultivar y cosechar con éxito prácticamente la mayoría de los productos alimenticios correspondientes a sus tradiciones agrarias del Atlántico-Mediterráneo, incluyendo las uvas viníferas.

Al margen de los límites territoriales establecidos más tarde, la ocupación de Chile se inició desde el desierto de Atacama hasta alcanzar la Región del Biobío; es decir, de norte a sur y desde los Andes hacia el océano Pacífico. Tres áreas identificadas con los nombres de sus ciudades cabecera fueron establecidas: La Serena, Santiago y Concepción. De este modo, entonces, el proceso de distribución, ocupación y producción de las tierras comenzó a gestarse alrededor de dichos territorios.

Las preocupaciones y limitaciones principales de los primeros pobladores consistieron en la posibilidad de contar con agua para riego y la comunicación entre ciudades y puertos. Nada podría haberse logrado con la creación e incorporación de nuevas áreas productivas, sin tener acceso al riego y, más tarde, a los consumidores, mercados de las ciudades y zonas rurales. A pesar de todo, amplias extensiones territoriales del Chile colonial permanecieron improductivas y despobladas por un largo periodo.

El Abate Molina (1782), sacerdote jesuita de la época, en sus escritos pioneros describía la existencia de viñedos naturales en Chile desde tiempos remotos, en la región de Curicó y en las alturas de los valles despoblados de la zona central y que lo llevó a creer, erróneamente, que la vid vinífera era nativa de Chile. Dicha afirmación no ha sido posible verificarla hasta hoy día y se cree que más bien correspondían a otras especies. Lo concreto es que durante el siglo xvi los conquistadores españoles comenzaron a plantar, copiosamente, la *vitis vinífera* europea a lo largo del Reino de Chile. La cultura del vino iniciada en esta colonia austral llegó, entonces, junto a los españoles provenientes de Andalucía y Extremadura –producto de la herencia árabe– permitiendo la transferencia de la tecnología de destilación a la naciente viticultura chilena (Cortés: 2005).

Los conquistadores españoles, a su llegada, se encontraron que los habitantes originarios de Chile elaboraban y consumían bebidas alcohólicas obtenidas de frutas nativas como las frutillas (berries) de la región, el maqui, el molle, el huigán y la murtilla, aunque también emplearon el maíz, como en el resto de América. Las técnicas empleadas consistían en masticar los granos del maíz y luego se escupían en vasijas donde el efecto del contacto del almidón con la humedad de la saliva facilitaba la fermentación. También se valían de piedras para moler los granos y luego se les agregaba agua al producto obtenido para que iniciaran el proceso de fermentación. Más tarde, con el cultivo de la vid, también comenzaron a fabricar chicha de uvas y posteriormente aguardientes, transformándose con el tiempo en bebidas bastante populares. Alrededor de 1558 la mayoría del aguardiente se elaboraba a partir de la uva, generalmente del jugo de los restos sólidos que sobraban después del prensado de la uva, más conocido como *orujo,* y que se separaban para elaborar el aguardiente. En Italia el licor producido con este método se le conoce como *grapa* (Cortés: 2005).

A los pocos años de la colonización, casi la totalidad de las casas y granjas que rodearon Santiago y los nuevos poblados colindantes plantaron parronales y comenzaron a elaborar vinos, aguardiente y chichas. Al parecer, la producción de vino se destinaba al consumo familiar y muy pequeñas cantidades eran comercializadas. Sin embargo, la situación en las afueras de las zonas urbanas el panorama era diferente y más complicado, sobre todo la comercialización de este producto. Carreteras y vías de comunicación fiables eran casi inexistentes, lo que requería que el prensado y luego la fermentación del zumo de las uvas se realizaran en el mismo lugar o muy cerca de donde se cosechaban para que no se descompusieran. Excepto en distancias cortas, la comercialización de las uvas para hacer vinos no era factible.

En el contexto anterior, el desarrollo de la viticultura tuvo un papel relevante en la urbanización y ampliación de ciertas áreas y regiones. El proceso productivo y de elaboración del vino requería tener acceso a instalaciones cercanas para su procesamiento y, luego, su comercialización. Más aún, la vitivinicultura era y continúa siendo una actividad que requiere abundante mano de obra especializada permanente y temporal, a diferencia de otras actividades agrícolas, factor que contribuyó a poblar, urbanizar y modernizar ciertas zonas rurales.

La elaboración de vinos no solo exige atención constante, situación que promovió ciertos niveles de desarrollo de sistemas de cuidado y tratamiento de las vides en las diversas etapas de maduración de las uvas, herramientas e infraestructura para operar bodegas, fabricación de contenedores para almacenar el vino, embotellamiento y equipos. Si bien al comienzo en su mayoría las instalaciones eran bastante rudimentarias, con el transcurso del tiempo se fueron haciendo más especializadas, complejas y modernas. La necesidad de elaborar, procesar, comercializar y desarrollar otras actividades originó una incipiente pero compleja cadena productiva y distributiva en el promisorio Reino de Chile.

Estructura social del Reino de Chile

La carencia de datos duros e información histórica acerca de la colonia dificultan la tarea de estudiar y conocer el desarrollo de la fuerza laboral empleada en el origen y secuencia de la producción de vinos en Chile. Esta limitante obstaculiza en cierto modo un estudio sociológico más completo sobre la fuerza laboral de la época, sus características particulares y otras referencias acerca de la industria vitivinícola chilena. Condiciones específicas y aisladas encontradas en documentos de algunas regiones, testamentos, cartas y escritos no resultan suficientes para profundizar acerca de aquellos que laboraron inicialmente los viñedos del reino.

La evolución de la economía colonial entre la conquista de Chile durante el siglo XVI (1541) y finales del siglo XVII, estuvo determinada por orientaciones de carácter mercantilista, por lo que su objetivo primordial apuntaba al mantenimiento de la soberanía y del imperio, fortaleciendo la riqueza nacional de la metrópoli europea. De allí que el logro de este objetivo dependiera, principalmente, de la abundancia de riquezas, a través de la extracción y acumulación de oro y metales preciosos. Este proceso, sin embargo, fue posible en la medida que los conquistadores lograron establecer relaciones de dominio y control de los que más tarde pasaría a constituir la República de Chile. Así, es posible concluir que este periodo corresponde a una etapa de la prehistoria de un proceso de acumulación originario, primitivo, y que posteriormente adquiriría la forma de capitalismo dependiente.

La estructura social de la colonia chilena fue rígida y jerarquizada. Sus diversos segmentos sociales fueron establecidos basados en aspectos étnicos, jurídicos y económicos, componentes básicos del poder político, económico y social de la colonia. El origen de dichos elementos emanaba principalmente de la propiedad de la tierra, sus recursos y el control sobre el aparato productivo. Como el cultivo de la tierra y la minería requerían grandes esfuerzos y trabajo, los españoles destinaron a las tareas más duras a las poblaciones indígenas que habitaban los territorios apropiados y a quienes conquistaron, sometieron y organizaron en encomiendas[4]; es decir, un número determinado de indígenas cedidos por el gobernador a cada conquistador español "para que cuidara de ellos". A cambio de los "cuidados de los españoles", los indios debían pagar tributos, en trabajo, dinero y especies.

En términos reales, la encomienda en Chile fue una institución que instauró una suerte de esclavitud de los nativos, a quienes agrupaban para realizar las actividades agrícolas y mineras contra su voluntad. Como resultado, este sistema de trabajo forzado contribuyó a generar un proceso de acumulación de riquezas para los conquistadores y sus descendientes, a los comerciantes, autoridades reales, religiosas y políticas generando un tipo de desarrollo primitivo que permitió la consolidación de sistema productivo colonial.

Uno de los efectos del sistema colonial fue la notoria disminución de la población local y un aumento significativo de los niveles de pobreza de sus habitantes. Insistamos en que la mano de obra obtenida por medio de la encomienda se basó en una especie de esclavitud, puesto que la población local era reclutada por medio de la fuerza, y aglutinados en extenuantes sistemas de explotación agrícola o minera que diezmaron considerablemente su número. Tanto fue así, que la población nativa, principal fuerza laboral, disminuyó bruscamente. El funcionamiento de las encomiendas estuvo siempre determinado por la cantidad de indígenas disponibles, lo que en momentos, debido a su rápida disminución, obligó a reemplazarlos por otros sectores sociales tales como los mestizos, negros, mulatos y zambos. Estos elementos serían los factores constitutivos del sistema de latifundio que se impuso definitivamente en la región.

La reglamentación del trabajo indígena se realizó a través de disposiciones legales más conocidas como tasas, siendo las más conocidas la Tasa de Santillán, la Tasa de Gamboa, la Tasa de Esquilache y la Tasa de Laso de la Vega. La

---

[4]   La encomienda fue un sistema de trabajo empleado por la corona española durante la colonización de América y las Filipinas. La etimología de los conceptos "encomienda" y "encomendero" proviene del verbo español "encomendar", "confiar." La encomienda fue un sistema colonial en donde las extensas porciones de tierra americana fueron puestas a disposición de los favoritos del rey. Los pueblos indígenas fueron obligados a pagar tributo o proporcionar mano de obra para sus señores, los "encomenderos", que se suponía eran individuos benevolentes que ofrecían protección y educación religiosa católica romana a los nativos. Sin embargo, los pueblos nativos fueron avasallados, explotados y esclavizados. Esta situación permitió a los españoles, un grupo relativamente pequeño, controlar y explotar grandes extensiones territoriales y sus poblaciones.

primera de ellas, la Tasa de Santillán, fue decretada en el año 1559 y señalaba que los indios encomendados debían tener entre 18 y 50 años, aplicaba el sistema de turnos o mitas y, además, concedía a los indígenas el derecho sobre la sexta parte de la producción. En el año 1580 se dictó la Tasa de Gamboa, ordenando que los indígenas pudieran cancelar sus tributos a las autoridades en oro o en especias a cambio de la libre contratación de su trabajo. En 1621 se aplicó la Tasa de Esquilache, incentivando el trabajo libre a cambio de un salario, para obtener el pago del tributo en dinero. La Tasa de Laso de la Vega, por su parte, dictada en 1635, señalaba que los indígenas eran libres de tributar en dinero, trabajo o especies y se implantó un monto anual de 10 pesos, equivalentes a 40 días de labores forzadas. Sin embargo estas disposiciones fueron escasamente aplicadas en la práctica y los encomendados nunca experimentaron un mejoramiento de sus condiciones de vida y trabajo. Finalmente, en 1791, la encomienda se abolió definitivamente por un decreto firmado por el gobernador Ambrosio O'Higgins. Sin embargo, hasta esa fecha, solo sirvió para complementar la consolidación del proceso de acumulación originaria en Chile.

Durante el periodo 1503-1660 las remesas de metales preciosos desde América hacia España alcanzaron a 181.333 kilos de oro y 16.886.815 kilos de plata, según la constancia oficial registrada en los *Libros de Cuenta y Razón y Cargo y Data de la Casa de Contratación*. Sin embargo estos datos no incluyen en los listados de navegación de la Casa de Contratación de Sevilla el cargo de los navíos clandestinos, ni las inversiones realizadas por los nobles y burgueses españoles en castillos y mansiones construidos en el territorio americano. Durante este periodo comienza a presenciarse una serie de grupos y estratos sociales que marcaron y definieron definitivamente el carácter de las clases sociales del Reino de Chile y su posterior desarrollo e inserción en su aparato productivo.

Los grupos sociales aparecidos durante este periodo fueron el resultado del encuentro de tres etnias: los blancos europeos (españoles), los indígenas americanos y los negros, aunque estos últimos no fueron muy significativos en Chile. Así, se estructuró una sociedad dividida en grupos o estamentos rígidamente separados, pero determinados por las características étnicas del individuo. Observemos brevemente algunos de los componentes sociales del Chile colonial.

LA ARISTOCRACIA: ESPAÑOLES Y CRIOLLOS

El grupo de conquistadores que se instaló en el Reino de Chile durante la colonia dio origen a una aristocracia constituida por españoles y sus descendientes criollos que forjaron sus enormes fortunas en la región. La aristocracia española que se gestó e instaló en el territorio del reino de Chile lo hizo basada en el impulso bélico y la rapiña[5] desplegada durante el transcurso de la guerra contra los araucanos para apropiarse de sus territorios y, más tarde, de su población, a quienes se les asignaron asimismo a través de mercedes de tierra[6] y encomiendas, a partir del siglo XVI. Sin embargo, la inestabilidad social de dichos territorios debido a la resistencia indígena amenazó a la autoridad, control y patrimonios obtenidos por los españoles hasta fines del siglo XVI.

La inseguridad de los comisionados reales para llevar adelante la conquista fue seguida por un periodo de relativa estabilidad hasta mediados del siglo XVII, como resultado del establecimiento de una línea fronteriza en la región del Biobío, que permitió disminuir el impacto de la guerra y frenar la resistencia de los araucanos. Este momento coincide con el profundo convencimiento por parte de los conquistadores de que la agricultura constituía una fuente de ingresos y prestigio mucho más estable y rentable. Así, durante el primer periodo colonial la aristocracia se consolidó como clase social dominante estableciendo su poder sobre el control de la principal fuente de riqueza de la época: la gran propiedad agrícola junto a la necesaria fuerza de trabajo para explotarla. En términos reales este grupo pasó a ser lo que algunos autores denominaron una aristocracia terrateniente y que otros, tomando en cuenta su origen, designaron como la aristocracia castellana-vasca.

El posesionamiento de la tierra y luego de sus habitantes nativos, permitió a los ibéricos contar con mano de obra abundante y barata que les posibilitó explotar las tierras y lavaderos de oro, origen de sus inmensas fortunas. También contaron con algunos esclavos negros e indios yanaconas. Del mismo modo, ocuparon todos los cargos públicos, fueron los responsable del gobierno y también se dedicaron al comercio. Todo esto fue acompañado por un clero y autoridades religiosas que no se diferenciaban para nada de sus coterráneos europeos en sus ímpetus por enriquecerse. Sus fanáticos fervores religiosos europeos estuvieron fuertemente ligados a las riquezas y fortuna que acumu-

---

[5]   Como lo demuestra la historia, muy pocos de los primeros conquistadores españoles provinieron de las rígidas familias aristocráticas, pero todos tenían marcadas aspiraciones nobiliarias y habían venido a América a hacerse ricos y reproducir el mismo estilo y modo de vida de este sector social peninsular.

[6]   La distribución de los indígenas en asentamientos estructurados bajo el ordenamiento de los españoles estuvo vinculada desde sus inicios a la entrega de mercedes de tierra y a la institución de la encomienda, principales causas del traslado de los indígenas desde sus pueblos hacia diversos lugares donde el encomendero necesitó mano de obra para emprender sus actividades económicas. De esta manera, los indígenas terminaron habitando en estancias, haciendas, obrajes y otros lugares de trabajo, donde muchas veces se habían establecido aldeas y pueblos indígenas.

laban con los mismos estilos y comportamientos desplegados por el resto de los conquistadores. A pesar de todo, estos grupos fueron los precursores de las plantaciones viníferas y más tarde afanados viticultores y agricultores durante el periodo colonial[7].

Los hijos de españoles nacidos en Chile pasaron a ser conocidos como criollos, y con el transcurso del tiempo las tierras, minas y otras fuentes productivas se consolidaron en sus manos a través de herencias que incluían casas, haciendas, tierras, mano de obra, viñas, mercedes de tierras y encomiendas.

Generalmente, una parte de los criollos llegó a estar formada por personajes cultos; algunos de ellos habían estudiado o fueron enviados a estudiar a Europa y que regresaron después de haber adquirido nuevos conocimientos y experiencias. De la misma forma, diversos criollos alcanzaron altos grados militares, otros se incorporaron al clero y el resto se dedicó al comercio o la política. Como dueños mayoritarios de las tierras, controlaron las actividades productivas del reino. De esta manera emergió la crema de la aristocracia chilena. Sus casas fueron grandes construcciones que poseían abundante servidumbre y sobre la puerta principal de sus viviendas solía dejarse ver un escudo que indicaba que aquella era una familia noble.

Junto a la aristocracia también se desarrolló un sector medio compuesto por españoles y criollos que no poseían fortuna, pero que luchaban por obtenerla, dedicados principalmente a la artesanía, al comercio (pequeños comerciantes), a la administración pública o simplemente se unían al ejército o tomaban las órdenes religiosas. En su mayoría estos sectores fueron, quizás, los más acérrimos y fanáticos defensores y propiciadores del sistema colonial, en su ímpetu y ambición por convertirse en terratenientes poseedores de mercedes o encomiendas y a unirse con los miembros de la aristocracia.

Los Mestizos

Los mestizos fueron el grupo social resultante de la mezcla de europeos blancos con indígenas de la región, uno de los grupos más significativos de la sociedad colonial en Hispanoamérica, a juzgar por su cantidad. Junto a ellos también están los grupos de negros traídos de África, como esclavos, para ejecutar los trabajos más rudos y pesados. Y todavía más, también se observan aquellos que llegaron deslumbrados por la posibilidad de enriquecerse rápidamente

---

[7]   El año 1558 doña Inés de Suárez traspasó terrenos al Convento de Santo Domingo, donde iniciaron la Viñita de los Padres de Santo Domingo. Fray Juan de Alcalá hizo plantar la viña en el predio y a finales de siglo ya se encontraba en plena producción y explotación (Ruiz: 2006).

de la explotación de las riquezas y recursos del mal llamado "nuevo mundo". La mezcla de conquistadores europeos blancos con la población indígena, originaria de la región, pasó a ser conocida y catalogada como mestizos. Este sector social se desarrolló rápidamente, constituyendo una población que se multiplicó velozmente, convirtiéndose muy pronto en el grupo étnico más numeroso del Reino de Chile.

La mayoría de los mestizos estuvo, generalmente, vinculada a sus antecesores indígenas, siendo la más de las veces marginados social y económicamente. Algunos de ellos se transformaron en inquilinos, con la aspiración de sumarse al auge exportador del Reino, pero, de arrendatarios de tierras, terminaron habitualmente trabajando para los grandes hacendados, traspasando sus granjas y quedándose únicamente con la porción cedida por el terrateniente para su subsistencia a cambio de trabajar en forma gratuita las suyas.

Este tipo de mano de obra que trabaja a cambio de especies resolvía, de este modo, el problema de la carencia de circulante al mismo tiempo que laboraban a cambio de vivir en la hacienda y disfrutar de una choza y un pedazo de tierra para cultivar para él mismo o su familia. Los mestizos, en general, fueron pobres y excluidos del modelo económico. Los que no lograban permanecer como inquilinos, debían buscar trabajo constantemente, ya que no poseían empleos estables. Otros vivían en el campo como peones de las haciendas y el resto trabajaba en las minas. Este sector social pasó a ser un trabajador común en la ciudad y el campo, empleándose en tareas agrícolas, incluyendo el trabajo de viñas y la elaboración de mostos y vinos. En general fueron los verdaderos creadores de la riqueza colonial.

Los indígenas

Aunque no es del agrado de muchos chilenos que prefieren refugiarse tras una variedad de nacionalidades europeas, la identidad particular de los habitantes del Reino de Chile está vinculada a los pueblos originarios que habitaron antiguamente el actual territorio nacional. Las culturas autóctonas tenían una manera específica de ver, entender y significar el mundo en que desarrollaban su existencia. Materialmente, solucionaban colectivamente los problemas prácticos de la supervivencia, se alimentaban, vestían, construían sus moradas de determinadas formas, que se transmitían y evolucionaban generacionalmente.

A partir del año 1598 casi todas las posesiones españolas ubicadas al sur del río Biobío fueron recapturadas por los araucanos, situación que forzó a la Corona española a tomar una serie de medidas para enfrentar la pérdida del control de importantes territorios en esa región. Bajo las órdenes del gobernador

Alonso de Ribera, entre los años 1601 y 1605, se implementaron dos medidas importantes. La primera consistió en la formación de una línea defensiva en el río Biobío a través de la fundación de algunos fuertes militares para protegerse de los indios. La segunda medida consistió en la organización de un ejército profesional financiado por la Corona española, a través de un impuesto especial procedente de Perú (Real Situado) para pagar sueldos y pertrechos.

A lo largo del siglo xvii, específicamente el año 1608, se dictó una ordenanza real que permitía tomar prisioneros en calidad de esclavos a los indios capturados en las guerras de la región, ley que se mantuvo en vigencia hasta 1674. Posteriormente se optó por controlar a los indios por medio de la evangelización, misión que recayó en el sacerdote jesuita Luis de Valdivia, quien propuso suspender las incursiones militares españolas para tomarlos prisioneros y hacerlos esclavos (malocas). Dicha estrategia se utilizó entre los años 1612 y 1625, pero, finalmente, también fracasó y la resistencia de los araucanos se prolongó hasta entrado el siglo xviii, cuando el nuevo Estado chileno, después de la Independencia, que desplazó a los españoles colonialistas del poder, había alcanzado su plena consolidación como república, a través de lo que se conoce como la "pacificación de la Araucanía"[8].

Abreviando, el orden colonial instaurado por los españoles en el continente durante los siglos xvi, xvii y xviii fijó nuevas pautas sociales, económicas, políticas y culturales que pasaron a regir la vida de la mayoría de los habitantes del continente americano. Los efectos para las poblaciones indígenas fueron fatales y significó un cambio radical de sus pautas culturales y laborales ancestrales. Resumiendo, el Chile colonial de los españoles, su supremacía militar, su organización política, económica y cultural se construyó luego de tres siglos de relaciones entre indígenas, europeos y sus descendientes mestizos.

Los Negros

El historiador Francisco Encina señala que el 13% de los exploradores que llegaron a Chile junto a Diego de Almagro eran africanos. Posteriormente, desde el inicio de la colonia, entre el siglo xvi hasta el siglo xix, alrededor de 6.000

---

[8]	Zona ubicada entre los ríos Biobío, por el norte, y Toltén, por el sur, fue una guerra y aculturación de los territorios de los indígenas mapuches iniciada en Chile el año 1861, durante la nueva República de Chile, después de la Independencia en 1810. La mal llamada Pacificación de la Araucanía se realizó bajo la presidencia de José Joaquín Pérez Mascayano, y que se prolongó hasta 1883, bajo el gobierno de Domingo Santa María González, dando fin a la Guerra de Arauco que se había extendido por tres siglos.

esclavos negros fueron traídos desde África para desarrollar diferentes labores en el campo y la ciudad. Los esclavos que llegaron a los puertos chilenos de Coquimbo y Valparaíso tenían un precio dos o tres veces mayor (Gallegos: 2005). El número de los esclavos negros que llegaron a Chile fue muy inferior al del resto de las regiones del continente debido a que la distancia entre África y la colonia de Chile era muy grande y el viaje muy sacrificado y costoso. Sin embargo, muchos de los que llegaron murieron por epidemias y otras enfermedades. Del mismo modo, también experimentaron enormes dificultades para aclimatarse en algunas regiones de América y, muy especialmente, en Chile. Estos factores fueron la causa principal de la escasa población de esclavos negros que llegaron al Reino de Chile.

El historiador Diego Barros Arana (2005), por su parte, menciona también que los primeros españoles que llegaron a Chile no contaban con los recursos necesarios para comprar negros por su alto precio y optaban por el trabajo de los indios, con todos sus inconvenientes, puesto que tenían la ventaja de costarles nada. El mismo historiador señala que antes de mediados del siglo XVII habían ingresado a Chile entre tres a cuatro mil esclavos de origen africano, pero debido a su alto costo algunos fueron enviados a Perú, para ser vendidos por un precio mayor (*óp. cit.* 317).

El trato general hacia los negros fue bastante diferente al de los indios, razón por la cual la mayoría no intentó huir puesto que recibían de sus amos un trato relativamente adecuado, junto a la posibilidad de que en caso de fallecimiento de sus amos podrían recuperar su libertad. En un comienzo fueron traídos para trabajar en distintas labores en el campo o la ciudad, y frecuentemente formaban parte de la servidumbre de las casas señoriales. Este fue el caso de algunos hacendados y viticultores que acostumbraban poseer esclavos.

Según Lacoste (2006), la revisión de poco más de 100 testamentos escritos entre 1726 y 1750 por los hacendados de la región del Maule, indicaba que en esa región había 77 esclavos. En promedio, prácticamente cuatro de cada cinco testadores maulinos poseían esclavos, aunque no en grandes cantidades. La cifra era más relevante si se considera el costo respecto al resto de la economía. Insistamos, un esclavo era muy costoso. Los más débiles y los más viejos tenían un valor de alrededor de $100. Los más robustos podían cotizarse en $500. Las mujeres podían ser particularmente valiosas, *como una de las esclavas del padre Antonio de Vergara, cura y vicario de Talca, cotizada en $700* (Ibíd.). En total, los 77 esclavos maulinos alcanzaban un valor de $18.600. Esta cifra representaba más del 23% del capital invertido en ganadería, principal actividad económica del Partido (región) del Maule durante la primera mitad del siglo XVIII (*Ibíd.*). Sin embargo, y a pesar de todo, Chile fue uno de los países pioneros en pasar una Ley de Abolición de la Esclavitud Absoluta, la cual fue aprobada el 24 de julio de 1823.

Mulatos y Zambos

Otro grupo importante lo constituyeron los mulatos y los zambos. Los primeros eran descendientes de la unión de blancos con negros, mientras los zambos eran descendientes de la mezcla de negros con indígenas. Ambos grupos pasaron a ser rápidamente absorbidos por los mestizos y generalmente fueron los más despreciados y humillados racialmente. Más aún, si alguno de ellos era muy obscuro de piel, se utilizaba o comercializaba como esclavo. Durante la Colonia todos los grupos eran bastante reconocibles por sus características raciales bien notorias, pero con el tiempo la mezcla entre ellos y sus rasgos diferenciadores fueron disminuyendo, derivando en individuos que fundían todas las características en una sola.

Blanco + Indio	Blanco + Negro	Negro + Indio
↓	↓	↓
Mestizo	Mulato	Zambo

Cultivo de la vid e inicios de las viñas en Chile

El cultivo de la vid se introdujo en Chile en la casi totalidad de los territorios ubicados entre las regiones de La Serena y Santiago, especialmente en la zona del Valle Central. Más tarde se expandió a la zona de Concepción, en la región del Biobío, en el sur. Del mismo modo, su cultivo también se popularizó en Cuyo, en las regiones de San Juan y Mendoza en la actual Argentina, todo esto durante los inicios de la conquista de América.

El tipo de uva país fue la materia prima manipulada para elaborar los primeros mostos, vinos y aguardientes, a lo largo de este periodo. Sus características enológicas no permitían la elaboración de vinos tintos como se conocen en la actualidad y, en consecuencia, casi en su totalidad fueron mostos blancos. Los registros de la época coinciden en expresar que gran parte de la producción de uva la mayoría de las veces correspondía a "uva negra" (Lacoste: 2007).

La variedad *misión* o *país* se popularizó debido a su fácil adaptación a las condiciones climáticas de la región, caracterizadas por periodos de calor, sequedad y humedad. También se cultivó en zonas dedicadas preferentemente a la producción y cosecha de cereales tardíos, los cuales generalmente incluían algunas hectáreas de terrenos dedicados a la vitivinicultura. De este modo, la *Vitis vinifera sativa* pasó a ser cultivada en toda la Región Central de Chile, siendo los jesuitas uno de sus principales promotores y productores de vino, entre otros. Durante los primeros años de la colonia, en casi todos los solares de Santiago y las chacras circundantes había parrones y se producía vino para el consumo personal. Con el tiempo esta práctica se extendió por el territorio desde Coquimbo hasta Concepción, y hacia 1594 se producían en el país 100 mil arrobas anuales, equivalente a 1.600 millones de litros de vino[9].

Entre 1550 y 1600 el cultivo de la vid y su explotación masiva parece haberse intensificado en la zona central, alrededor de Santiago. Carlos Ruiz (*óp. cit.*) cita a varios autores que han dejado constancia de la abundancia de vinos en ese periodo y sostiene que según Alonso González de Nájera (1889), *a principios de siglo XVII, se exportaba vino de Santiago a Lima, aunque este no se conservaba bien durante el viaje y se perdía una buena parte del mismo. Igualmente, la zona de la Chimba y Renca estaban dedicadas, casi totalmente, a la producción de vinos y aguardiente* (Ibíd.). Luego agrega que "*Ramón y Larraín no les fue posible estimar la producción de las chacras de Renca, La Chimba, Ñuñoa y Chuchunco. . .*" (Ibíd.).

Ruiz también menciona que *La chacra de Álvaro de Villagra hacia 1592 comprendía viña y olivar. En ella se fabricaban tejas, ladrillos, botijas y carretas. La fabricación de botijas (no siempre mencionada en los documentos) era un "acierto" en términos económicos, ya que esta producción encontraba constante mercado.* Por otra parte, desde el año 1595, *el arrendatario Manuel González Chaparro mantenía una viña, curtiembre, molinos, ranchos y corrales... pagaba de arriendo 800 pesos de oro mensuales. Con sus ganancias Chaparro compró la propiedad*[10].

A partir del siglo XVI se aprecia un creciente aumento del valor de los viñedos, tendencia que se mantendría hasta entrado el siglo siguiente. Sin embargo, la economía colonial se tornó bastante insegura, volátil, y sumamente dependiente de los mercados y regiones locales, como resultado de su escasa relevancia dentro de la estructura del imperio español.

El sistema comercial centralizado impuesto por la corona española restringía el intercambio comercial con otras regiones y por consiguiente afectaba el desarrollo económico del Reino de Chile. A pesar de todo, el cultivo de la vid y la producción de vinos alcanzaron ritmos bastante destacados, llegando incluso a

---

[9]   Memoria Chilena: http://www.memoriachilena.cl/602/w3-article-3511.html

[10]   Escribanos de Santiago (ES) 9, f. 160. Testamento de Manuel González Chaparro en 1618, ES 58, f. 206. Citado por Góngora, o.c. Citado por Carlos Ruiz Chamorro (*óp. cit.*).

entorpecer el fluido comercio de vinos y aguardientes entre España y América. Tanto fue así que la corona española consideraba la producción vitivinícola de sus colonias como algo pernicioso para el comercio proveniente de la Península, lo que la llevó a prohibir la plantación de nuevas viñas obligando a sus propietarios a pagar impuestos si querían conservar sus tierras. Con el tiempo, sin embargo, la autoridad real autorizó nuevamente la plantación de viñas en Chile, tomando en consideración que la oferta de vino en Santiago se había visto bastante disminuida por los continuos alzamientos indígenas, problemas climáticos, la pobreza del país y la gran distancia existente entre Chile y España.

A pesar de las diversas restricciones reales de los siglos xvii y xviii, los mercados coloniales de la región del Reino de Chile fueron capaces de subsistir, no como resultado de una planificación racional sino, más bien, como producto de las necesidades del consumo y sobrevivencia misma de la colonia. El sistema económico basado en la chacarería permitía la normal subsistencia y aún el desarrollo, lento pero creciente, de la ciudad. Esta, hasta antes del terremoto de 1647, venía creciendo en población y en calidad de vida.

Razones geopolíticas vinculaban comercialmente al Reino de Chile, los virreinatos del Perú y Río de la Plata, al otro lado de los Andes, con la España continental. Sin embargo, el mercado chileno operaba dentro de un sistema de autosuficiencia, en torno a la *hacienda*, un tipo de centro productivo con varios cientos de hectáreas de terrenos, establecido por los españoles durante el siglo xvi. Para cultivar las tierras se requería grandes cantidades de peones agrícolas para cuidar los animales, realizar las siembras y cosechas, incluyendo a los viñedos. Las *haciendas* pasaron a ser el centro de encuentro de los lugareños, grupos bastante voraces que consumían la mayor parte de lo que producían. De todos los cultivos y productos obtenidos, solo la harina, el trigo crudo, los frutos secos, el vino y otras bebidas alcohólicas eran productos exportables. El resto eran mercancías empleadas en el consumo diario.

En 1775 la exportación colonial de vinos del Reino de Chile a Lima fue de 35.000 pesos, equivalente al 5% del total de las exportaciones a Perú. De acuerdo con las declaraciones de impuestos de vitivinicultores de la región de Quillota, en 1778 los ingresos obtenidos por las exportaciones de vino fluctuaron entre 8.750 y 11.250 pesos. En 1850 la región de Concepción, por su parte, había exportado 150.000 litros de vino a los distintos puertos de Chile (Johnson: 1989). Los derivados mineros, principalmente el cobre, fueron otros de los productos exportables, también a Perú. El valor total de dichas exportaciones era de alrededor de medio millón de pesos anuales (*Ibíd.*).

La tecnología utilizada para cultivar las viñas así como los conocimientos necesarios para producir vino continuaban siendo rudimentarios. Los viñedos no se trabajaban muy frecuentemente, el suelo entre las hileras de parras nunca se araba y las raíces se podaban cada 30 años. Las vides alcanzaban una altura de 1,60 metro, se apoyaban en rodrigones (ramas o cañas clavadas en los pies de una parra para mantener erguido su tallo y ramas) y se regaban en exceso. Cada sección de terreno contenía aproximadamente 1.500 a 2.000 plantas (Couyoumdjian: 2006).

El periodo más activo de los viñedos ocurría durante la cosecha y la vendimia, iniciados a finales de abril y que en algunas zonas se extendía hasta alrededor de junio. Durante esta etapa productiva, niños y mujeres cosechaban los racimos de uvas en cestos que luego eran transportados a lomo de mula o en carretas. Los racimos eran descargados en almacenes situados cerca de los patios, donde los trabajadores exprimían la uva en recipientes de piedra, ladrillo o de cuero. El jugo era transferido a tanques de fermentación (tinajas) y una vez completado el proceso eran vaciados en contenedores impermeabilizados con brea (Cortés: 2005).

Con el fin de preservar los caldos se mezclaba una porción de vino cocido con diez porciones de vino dulce. En algunas ocasiones se añadía carne para evitar que se convirtiera en vinagre (Couyoumdjian, *óp. cit.*). Una vez completada la fermentación, el vino era trasvasijado en tinajas, barriles y cubas para su comercialización. No obstante, el sistema productivo empleado en el vino obtenido continuaba teniendo una corta duración por lo que requerían ser consumidos dentro del año para que no se avinagraran. Esta situación era resultado de la ignorancia y ausencia de técnicas para cultivar la vid y manejar el proceso de fermentación y almacenamiento de los vinos (Johnson, *óp. cit.*). A pesar de las limitaciones señaladas, su producción resultó ser un negocio rentable. Desde que este sistema productivo fue introducido por los conquistadores españoles, continuó prácticamente sin modificaciones hasta la mitad del siglo XVIII.

Contrariamente a la creencia de muchos, el consumo de vino no estaba muy acentuado entre la población local debido a su inestabilidad y, por lo tanto, la mayoría de las veces se destilaban para elaborar aguardiente y chicha cocida, ambas bebidas estables y fácil de transportar. Insistamos, las técnicas de vinificación y conservación eran antiguas y mediocres, originando que grandes cantidades de vinos de baja calidad circularan dentro del país. La situación cambió notoriamente con la llegada del ferrocarril, durante las últimas décadas del siglo XIX, agilizando su transporte y evitando que se deteriorara.

Un antecedente interesante, no bien acreditado por la historia de la industria vitivinícola chilena, es que la región de Mendoza y San Juan, extensas áreas productoras de vinos en la Argentina actual, formaban parte de la

Capitanía General de Chile durante la colonia, específicamente entre los años 1561 y 1776. Según Lacoste (2006), el Ayuntamiento (Cabildo) de Mendoza en 1706 hizo llegar una petición al Rey de España, para reducir el poder de la Capitanía General de Chile y procediera a anexar dicha región a la provincia de Tucumán. Los terratenientes locales no estaban contentos con la sustracción constante de mano de obra (nativos y esclavos) que eran enviados a Santiago de Chile por las autoridades coloniales españolas en detrimento de los productores locales de la zona. Tiempo después, el año 1776, la Corona Española fundó el Virreinato del Río de la Plata. Las regiones de Mendoza y San Juan pasaron a formar parte del Corregimiento de Cuyo, como se le llamó originalmente, siendo separados de la jurisdicción de la Capitanía General de Chile, e incorporados al Virreinato del Río de la Plata, cuya capital pasó a ser Buenos Aires (1776-1810). Durante los siglos XVIII y XIX la región se convirtió en una importante zona vitivinícola de América del Sur (*Ibíd.*).

Después de la revolución de la Independencia en 1810, Mendoza y San Juan se convirtieron en regiones de la nueva República Argentina. Algunos años más tarde, en 1835, un grupo de productores argentinos, insatisfecho con las acciones y decisiones del gobierno de Buenos Aires, inició una serie de gestiones orientadas a separarse de ese país. Entre 1830 y 1835 un sector de empresarios de las provincias de Mendoza y San Juan intentó abandonar su afiliación con Argentina, solicitando su reposición a la República de Chile, como en la época colonial. Agotados por una sanguinaria guerra civil, el caos y el desorden que afectaron a la Confederación Argentina por un largo periodo, junto a la incapacidad de sus líderes para imponer paz y orden, los productores de vino de estas dos regiones iniciaron una serie de diligencias para reinsertarse nuevamente en la nueva República de Chile. Similar a la situación de anarquía que había afectado a Chile algunos años antes y que solo fue resuelta después de la promulgación de la Constitución de 1833, encabezado por el autoritario ministro Diego Portales, los viticultores de Mendoza y San Juan pensaban que su afiliación a Chile era la única opción posible para su supervivencia empresarial. Los esfuerzos secesionistas no tuvieron éxito y tanto San Juan y Mendoza se mantuvieron como territorios argentinos.

Desarrollo de la viticultura en Chile

Resulta difícil determinar exactamente dónde se iniciaron las primeras plantaciones de viñas viníferas en el Chile colonial. Se sabe que algunos sembradíos comenzaron en pequeños terrenos regados ubicados en la actual región del

Norte Chico, en las zonas de Atacama y Coquimbo; del mismo modo, también se conoce que aparecieron alrededor de las primeras viviendas de la naciente ciudad de Santiago y que se regaban con las aguas del río Mapocho. Sin embargo, la cultura misma del vino se desarrolló especialmente en los territorios del sur del Reino de Chile, donde la lluvia hacía posible el cultivo de uvas sin tener que recurrir al riego artificial. Las zonas viníferas abarcaban desde la actual región de Concepción hasta Curicó, incluidos los sectores costeros. Tierras de regadío disponibles en la zona central del reino eran muy escasas debido a la carencia de canales y otros sistemas de regadío, característica que obligó a proporcionarles preferencia a otras actividades agrícolas más apremiantes como lo era la producción de alimentos.

Escritos de la época indican que las primeras plantaciones de vides comenzaron a efectuarse inmediatamente después que el conquistador Pedro de Valdivia tomó posesión del territorio del nuevo Reino de Chile, en nombre del Rey de España, el año 1541. Las variedades viníferas introducidas se adaptaron rápidamente a las regiones y aún es posible encontrarlas en la zona central del país, donde selecciones de los conocidos Moscatel y Torontel se cosechaban en abundancia. Más tarde, los araucanos aprendieron a fermentar las uvas para producir chicha, también elaborada a partir de las mismas variedades. De este modo, Chile se adelantó más de un siglo a Sudáfrica, Australia y otros territorios en establecer sus viñedos, llegando a ser uno de los primeros productores de vino en América, aproximadamente unos 200 años antes que California.

Otros escritos de esos años aseveran que el español Francisco de Aguirre[11] (1500-1581), conocido también como un conquistador rebelde, plantó las primeras vides en su *encomienda* de San Francisco de Copiapó de la Selva (800 kilómetros al norte de Santiago) y La Serena (480 kilómetros al norte de Santiago). El 20 de junio de 1549 Francisco de Aguirre fue nombrado teniente gobernador de la zona comprendida entre el desierto de Atacama y el río Choapa, y se le encargó la reconstrucción de La Serena, destruida por los nativos de la

---

11   Acompañó a Pedro de Valdivia en su viaje a Chile, llegando a ser su hombre de confianza. Tuvo un rol preponderante en el inicio de la nueva colonia española (1541 adelante). Nombrado teniente gobernador de la zona entre el río Choapa y Atacama, estuvo a cargo de la reconstrucción de La Serena destruida por los indios en el norte. En 1551 tomó posesión de Tucumán (Argentina), y en 1553 fundó la ciudad de Santiago del Estero (actual Argentina). Pedro de Valdivia lo nominó como su sucesor una vez que este falleciera, testamento que fue anulado el año 1555. En 1557 el nuevo Gobernador García Hurtado de Mendoza ordenó su apresamiento y destierro a Perú. En 1563 el rey de España separó definitivamente Tucumán de Chile disponiendo que Aguirre ocupara la gobernación de Tucumán. Acusado por faltas a la fe católica fue enviado a prisión hasta 1568. En 1575 volvió a la ciudad de La Serena, donde finalmente falleció.

región la noche del 11 al 12 de enero de 1549 (Barros Arana: 2007). En 1556 realiza la primera vendimia, señalada por algunos cronistas e historiadores como la primera cosecha de vinos efectuada en Chile. Sin embargo, otros estudios (Alvarado, *óp. cit.*), consideran que esta puede haber sido la *primera cosecha industrial*, puesto que el vino ya se elaboraba en las casas y haciendas de Santiago y sus alrededores. De cualquier forma, los viñedos comenzaron a sembrar la "uva negra" común, introducida por Hernán Cortés en México el año 1520. Insistamos en que esta variedad correspondía a la variedad de uva *País*, que hasta el siglo veinte fue la más cosechada en Chile.

Recordemos que en 1548 el fraile español Francisco de Carabantes había internado la variedad *País*, traída desde Perú, a través del puerto de Talcahuano. El historiador José Toribio Medina atribuye al encomendero español Rodrigo de Araya[12] haber sido el primer viticultor de Chile, según consta en el Acta de Fundación del Vino Chileno del 9 de marzo de 1555, descubierta por este historiador en el Archivo de Indias. Por esta razón, ciertos cronistas de la época como Gerónimo de Vivar, también lo señalan como el primer viticultor del Reino de Chile. De cualquier forma, el vino venía produciéndose en Chile desde hacía ya algún tiempo, aunque los documentos de la época tienden a ignorarlos, salvo a algunos connotados personajes tales como Francisco de Aguirre y Juan Terrazas (Gana y Alvarado, *óp. cit.*).

Juan Jufré de Loayza y Montesa[13] (1516-1578) fue otro de los conquistadores que alcanzó bastante connotación en el proceso de la producción de vinos, quien, en 1553, inició sus actividades como viticultor en su encomienda cerca del río Maule. Un año más tarde comenzó a plantar vides en la zona de Peñalolén, ubicada en la región central, alrededor de Santiago, específicamente en Macul, en los faldeos de los Andes. En esas tierras plantó las primeras vides, produciendo vinos que no solo se consumieron en la región, sino también en Perú, a donde era transportado junto con el sebo y los artículos de cuero que entonces eran la base del intercambio, en barcos que también le pertenecían. Los terrenos habían sido concedidos por el Teniente Gobernador Pedro de Valdivia y en ellos se desarrolló un dinámico proceso de elaboración de vinos y

---

[12]   Rodrigo de Araya nació en España en algún momento entre 1497 y 1507 y murió en Santiago de Chile en 1561. Participó en la fundación de Santiago y en 1548 se convirtió en encomendero y productor de vinos en Chile. También fue un mercader envuelto en varias empresas agrícolas, incluyendo la industria molinera.

[13]   Conquistador español que participó en la expedición de Pedro de Valdivia a Chile. Fue el primer alcalde de Santiago (en 1541) y ocupó el cargo de gobernador de la provincia de Cuyo, en donde fundó la ciudad de San Juan de la Frontera (Argentina).

que persiste hasta hoy día. A las tierras de Ñuñoa se sumaron las de Peteroa, Mataquito y Pocoa. El mismo año 1553 Jufré inició obras de regadío, instaló un molino junto al río Mapocho (Molino San Cristóbal), con bastante éxito, y creó el primer astillero de Sudamérica, junto al río Maule (*Ibíd.*). Por las numerosas encomiendas y tierras que poseyó, Juan Jufré fue una especie de señor feudal con jurisdicción política y judicial, con poderes de vida o muerte entre las regiones de Santiago y el Maule.

El año 1550 Pedro de Valdivia, en su calidad de gobernador, expandió el cultivo de la vid y concedió al conquistador Diego de Toro cuatro cuadras de terreno en la ciudad de Concepción con la indicación que *corría riesgo que se cesara la concesión si no se plantaban viñedos* (Cunningham: 1974). En cartas escritas por el mismo Pedro de Valdivia el año 1551 y más tarde, en 1556, informaban a las autoridades reales que las uvas producidas en el Reino de Chile se consumían ampliamente en Santiago y La Serena (*Ibíd.*).

Un factor concluyente en el desarrollo de los viñedos fue el acceso al agua para regarlos, especialmente los sembradíos ubicados en zonas secas y alejadas de los ríos. Desde esta perspectiva, los viñedos aumentaron, especialmente en aquellas regiones donde se reunían las condiciones o zonas con lluvias regulares durante el año. A pesar que en el norte y centro de Chile surgieron diversas plantaciones de viñas, las zonas donde se produjo el mayor desarrollo de la producción de vinos fue en la región centro sur, entre Cauquenes y Mataquito, adonde era posible cultivar viñedos sin tener que recurrir a sistemas artificiales de regadío.

El cronista Alfonso de Góngora y Marmolejo en su *Historia de todas las cosas que han acaecido en el Reino de Chile y de los que lo han gobernado* (1575), refiere que después que Jerónimo de Villegas fue enviado para reedificar y repoblar, por tercera vez, la ciudad de Concepción, destruida por los ataques de los araucanos, se plantaron viñas y otros frutales. Según los mismos cronistas, a partir de 1558 las plantaciones de viñedos se habían esparcido hacia el sur, aunque debieron enfrentar muchísimas complicaciones producto de los continuos alzamientos de la población mapuche que resistía las incursiones coloniales de los españoles. En efecto, el año 1576 el cacique Antecul encabezó un alzamiento en contra de los conquistadores españoles, destruyendo siete ciudades, entre ellas Concepción y Angol, incluyendo todos los viñedos ubicados al sur del río Biobío.

Un nuevo alzamiento indígena acontecido en la misma región, el año 1655, arrasó, una vez más, con los viñedos. Como consecuencia, se suscitó un auge de plantaciones y parronales más al norte, hasta el río Lontué, específicamente entre las zonas comprendidas entre Cauquenes y Mataquito, en donde surgieron nuevos viñedos bastante exitosos, siendo el de Diego de León, dueño de la hacienda Cantera, cerca de la ciudad de Linares, el más destacado[14]. Por su parte, los hacendados del norte, específicamente los de las regiones de Huasco, Elqui y Limarí, fueron los más beneficiados con las sublevaciones indígenas del sur, ya que sus productos pasaron a proveer la ciudad de Santiago. Al mismo tiempo, se continuó con las exportaciones de vinos hacia Perú, del mismo modo que lo efectuaban anteriormente las zonas productoras de Concepción y sus alrededores. Los obstáculos, sin embargo, no impidieron que el Reino de Chile se convirtiera en uno de los mayores productores de vino de la época, debido, en parte, a la fertilidad de sus suelos y la fuerza con que la vid se desarrollaba en dichos terrenos.

A lo largo del siglo XVI la mayor parte de la fabricación de vino, chicha y aguardiente provenía de parrones, huertos caseros y sectores rurales. La masificación de la producción suscitó un excesivo consumo de alcohol entre los diversos segmentos de la población, acrecentando el interés por fabricar bebidas alcohólicas en general. El ambiente existente para fabricar, adquirir y consumir alcohol originó numerosos trastornos sociales, principalmente embriaguez, alcoholismo y violencia, tanto en las ciudades como en los poblados.

El gobernador Martín Ruiz de Gamboa fue la primera autoridad en experimentar la dificultad del consumo excesivo y generalizado de vinos, chicha y aguardiente y para enfrentar la situación se decidió aplicar medidas bastante enérgicas, pero a la vez tremendamente arbitrarias. De esta forma se dictó la primera Ley del Alcohol, más conocida como la "Orden del 14 de octubre de 1581". Para dar cumplimiento a esta ordenanza se procedió a designar a un empleado civil responsable de ejecutar la orden, personaje que pasó a ser conocido, peyorativamente por la población, como "El alcalde de las borracheras" (Alvarado: 2008). La carencia de información y datos para evaluar los resultados de la ordenanza no permite observar los resultados de la medida adoptada, aunque parece evidente no haberse obtenido ningún mejoramiento ni resultado positivo.

Desde los inicios de la colonia, como dijéramos, la región de Cuyo incluía los valles principales de las actuales provincias de Mendoza y San Juan, actual Argentina, y por decreto real fueron parte de la Capitanía General de Chile

---

[14]   El jesuita Juan Ignacio Molina escribía en 1788: "Las uvas que maduran a lo largo de las riberas del río Itata producen el mejor vino de Chile; se le llama vino de Concepción, porque todos aquellos viñedos pertenecen a los habitantes de dicha ciudad. Este vino es de color cereza, generoso, de excelente gusto y no cede a ninguno de los mejores vinos de Europa" (Molina, 1788:199).

entre el periodo 1561 y 1776. Desde ahí se introdujeron las primeras vides en la región, principalmente en Mendoza, lugar en que las plantaciones de vides iniciales se desarrollaron favorablemente. El viaje entre ambas regiones demoraba ocho días y después de 42 años de la fundación de esa ciudad se inició la primera expedición para explorar una vía que les permitiera llegar a Buenos Aires con sus productos. Durante ese periodo el vino chileno producido en Cuyo compitió fuertemente con el vino fabricado en Buenos Aires, especialmente en las zonas de Luján y Santa Fe. Según Paredes (2004), *el vino de Chile era el más barato de los importados en Buenos Aires y uno de los de mejor calidad.* Sus valores fluctuaban de acuerdo con la Tabla 1:

TABLA 1. PRECIO VINOS IMPORTADOS FIJADOS POR EL CABILDO DE BUENOS AIRES
(24 de febrero de 1620)

VINOS IMPORTADOS	PRECIO POR ARROBA
Vinos de Castilla	12 pesos
Vinos de Paraguay	8 pesos
Vinos de Chile	6 pesos

Fuente: Navarro, Emilio Maurín, citado por Alejandro Paredes (*óp. cit.*)

De vuelta en Chile, durante el siglo XVII, la región del Maule se transformó en una nueva unidad política, luego que el Reino de Chile se organizó administrativamente en dos provincias: Santiago y Concepción. Cada una de ellas quedó compuesta por Partidos o Corregimientos, administrados por un corregidor. La provincia de Santiago incluía nueve corregimientos siendo el último de ellos el de la región del Maule. En 1769 se volvió a subdividir, incluyendo esta vez el corregimiento de Cauquenes. Como resultado, la región del Maule comenzó a poblarse bajo la dinámica de la distribución de tierras y encomiendas, dando origen a varias haciendas y ciudades, alcanzando una gran transformación durante el siglo XVIII (Lacoste: 2006). De esta forma se organizó un importante sector de productores de vinos que incluían viticultores laicos y eclesiásticos. Durante la primera mitad del siglo XVIII existían 50.000 parronales, de los cuales gran parte se destinaba a la producción de vinos que producían alrededor de 72.000 litros, sin incluir lo aportado por las órdenes religiosas (*Ibíd.*). Lacoste también señala que *la industria de la vid y el vino en el Partido del Maule tuvo un estrecho lazo con la esclavitud . . . esta actividad económica fue la que más demandó esclavos en la región.* Los mayores productores de vino fueron los grandes propietarios de esclavos, lo mismo que algunos medianos viticultores. Por el contrario, el grupo de pequeños viñateros no contó con este tipo de trabajadores[15] (*Ibíd.*).

Misiones religiosas y producción de vino

Durante los inicios de la colonización de América del Sur una de las primeras misiones religiosas que arribaron a Chile fue la Compañía de Jesús (los jesuitas), el año 1593, quienes, entre otros asuntos, se convirtieron en uno de los más activos impulsores de la viticultura en la región más austral del continente.

Iniciada primeramente en los valles costeros de Perú, donde el clima propicio, abundancia de agua y suelos adecuados, habilitados por las primeras misiones, principalmente los jesuitas, permitieron abastecer los mercados urbanos de Lima, Cuzco y Potosí. Condiciones ambientales favorables junto a las técnicas agrícolas preexistentes en esa región hicieron de Perú un importante centro productivo de vinos, y se intensificó con la participación de las misiones religiosas (Cushner: 1980).

Junto a la expansión de las incursiones coloniales y conquista de nuevos territorios hacia el sur del continente, Perú fue gradualmente siendo superado como región vinícola por los nuevos productores del nuevo Reino de Chile y el norte de Argentina. En ambas regiones el cultivo de la vid y su elaboración se desarrolló rápida y exitosamente, en relación al resto de América del Sur. Una vez que la misiones religiosas comenzaron a arribar a los nuevos territorios, los jesuitas que se instalaron en Chile, entre otros cultivos, también plantaron viñedos para elaborar vinos y brandy, no solo para celebrar la Eucaristía, sino que, además, para comercializarlos en los mercados locales. Este proceso duró hasta el momento mismo en que esta orden religiosa fue expulsada de las colonias españolas y sus bienes confiscados por las autoridades locales del Reino de Chile, el año 1767.

A mediados del siglo XVII el historiador chileno y también sacerdote jesuita, Alonso de Ovalle (1642), relataba en sus narraciones la existencia de extensos sembradíos plantados con uva negra común del tipo Moscatel, Torontel, Mollar Albilho y que luego eran vendidas al Ayuntamiento (cabildo) de Santiago, para elaborar vino de misa. Recordemos que, anteriormente, los vinos para

---

[15]   Para mayor información acerca de las características productivas del vino en esta región de Chile, ver el interesante estudio de Pablo Lacoste: *Viñas y vinos en el Maule colonial (Reino de Chile, 1700-1750)*, Universidad de Talca: Revista Universum V. 21 #1 pp. 48-67, 2006.

celebrar este sacramento se importaban de los viñedos españoles establecidos en Perú (*Ibíd.*).

De acuerdo con los registros disponibles de la época, los procesos de vinificación y la calidad de los vinos parecían ser aceptables y la actividad se expendía a lo largo de todo del Reino de Chile. Claudio Guy (*óp. cit.*) sostiene que circulaban vinos de varios tipos como los moscateles, uva torontel y uva negra –llamada mollar– más ordinaria, de la cual se hacían vinos tintos o rojos. También se destacan los sistemas de conservación y transporte de dichos productos. En efecto, para conservar el vino se empleaban vasijas de barro cubiertas con brea y se transportaban en cueros de cabras (De Ramón *et al.*).

Los patrimonios agrícolas de los jesuitas del Obispado de Concepción disponían de un considerable número de plantas, bodegas, lagares, alambiques y vasijas destinadas a la producción de vino y destilado de aguardientes, lo que confirmaba la presencia de una actividad vitivinícola habitual en una zona donde se producía el vino de mejor calidad del reino.

Escritos de la época señalan que en el sembradío La Magdalena, de 6.000 cuadras, según inventario, existían 68.626 plantas, en cuya bodega había 65 *tinajas, 24 llenas de vino, que alcanzarían a 600 arrobas de vino tinto, que era la presente cosecha, 6 piqueras, 10 arrobas de moscatel, 30 arrobas de aguardiente* (Sánchez A., *óp. cit.*).

La hacienda Cuchacucha poseía una extensión de 2.000 cuadras, ubicada en el Partido de Itata, y al momento de la expulsión de los jesuitas se inventariaron *28.070 plantas de viña corrientes, 2.000 plantas de viña corrientes de un año, un parronal de una cuadra poco más de largo y 25 a 30 varas de ancho, que fueron avaluados en 4.384 pesos.* En la bodega, de 42 ½ varas de largo, con corredores cubiertos de teja, se registraron *31 tinajas llenas de vino, que contienen 844 arrobas de vino y 2 cántaros, 3 tinajas de aguardiente, que hacen 42 arrobas y un cántaro. Tinajas varias vacías, 5 enfriaderas o pilones, embudos, revolvedores de madera para aliñar el vino.* Estimados en litros, serían 29.962 de vino y 1.491 de aguardiente (*Ibíd.*).

La hacienda San Francisco de Borja de Guanquegua, colindante con la hacienda La Magdalena en el denominado Partido de Itata, también en el sur de Chile, contaba con una extensión de 400 cuadras y su principal actividad era la producción de vinos y aguardientes. La documentación también señalaba que *disponía de plantas de viña frutal y utensilios específicos como vasijas, fondos y alambiques* (Bravo: 2000, 143). Sánchez Andaúr (*Ibíd.*) sostiene que en el mismo inventario levantado después de la expulsión de los jesuitas en agosto de 1767, había en esta hacienda *20.284 plantas de viña frutal y 2.034 de un año; 337 arrobas de vino tinto, 14 arrobas de vino moscatel y 18 de aguardiente.*

La hacienda Conuco, también de los jesuitas, ubicada al sur del río Itata, disponía de *una viña frutal de 19.000 plantas y otra viña vieja, media perdida, de 12.000 plantas. Una viña frutal de 11.500 plantas y en ella un majuelo con 14.720 plantas*, a lo que se suma que *en la bodega hay 100 arrobas de vino malísimo y... 483 arrobas de vino tratable, supuesto comprobado por la información indicada sobre la producción de 1778 de dicha hacienda, ya que... dio 144 arrobas de vino y 7 arrobas de aguardiente*[16].

Sánchez Andaúr también señala que las tierras de Rangelmo, colindantes con las de Conuco, en el sur del Reino, fueron adquiridas por la Compañía de Jesús en 1757, en $ 2.100, *con lo edificado y plantado*[17]. Su concentración productiva fue la actividad vitivinícola, y según las mismas fuentes de la época, mostraban que en 1767, *había 57.000 plantas de viña de diversas calidades, además de 583 arrobas de vino entre malísimo y tratable*[18]. Las plantas de viña, según su condición, ascenderían a $ 2.100 (*Ibíd.*).

Otra importante zona vitivinícola fue el Partido del Maule, localizado entre Santiago y Concepción. Documentos coloniales oficiales mostraban que la economía de esa región se basaba en tres pilares fundamentales: el ganado, el trigo y el vino. La industria vitivinícola registrada en dichos documentos aportaba 60.000 plantas de vid y 2.000 arrobas de vasija. Las plantas, a 4 reales cada una, valían $ 30.000; las bodegas, a $ 1 la arroba de vasija: $ 2.000; corrales de alambiques, cañones, pailas y lagares: $ 8.000 (Lacoste: 2006).

El aporte del sector eclesiástico y sus órdenes religiosas parece haber sido bastante importante. Entre los bienes también se encontraban las bodegas y viñedos del vicario de Talca, el sacerdote Antonio Vergara, quien fue propietario de las mayores viñas de esa ciudad y que contaban con 9.000 plantas y una bodega de vinos, la mayor de la región, con una capacidad de 300 arrobas (*Ibíd.*). Los grandes bodegueros de la zona eran seis, y el más importante, el cura Vergara, quien poseía *300 arrobas de vasija en su bodega en 14 tinajas con su casa de bodega de paredes y con puertas y cerrojo* (*Ibíd.*).

---

[16]   AHNS. FJ. Volumen. 4, Fojas 122 a 258 citado por Raúl E. Sánchez Andaúr, "Viticultores Jesuitas en el Obispado de Concepción" *Revista Universum* V21 #1: 92-103, 2006

[17]   AHN, FCG, volumen 388, fs. 76 y ss. Citado por Raúl E. Sánchez Andaúr, "Temporalidades jesuitas en el..." Estudios Avanzados 19 (Jun. 2013): 11-36

[18]   AHN, FJ, volumen 4, fs. 122-258. Citado por Raúl E. Sánchez Andaúr, "Temporalidades jesuitas en el..." Estudios Avanzados 19 (Jun. 2013): 11-36

El vino como elemento de circulación económica

Una peculiaridad bastante importante durante este periodo fue que el vino y los componentes del proceso vitícola se incorporaron a la circulación económica en calidad de mercancía con un valor de cambio definido[19]. En un sistema económico con escasa o casi nula moneda circulante, mercancías como el vino solían aceptarse como bienes efectivos. De esta forma, entre otros usos, el vino, las plantas de viña, las vasijas, botijas, tinajas y otros objetos vinculados al vino, pasaron a ser considerados como elementos de pagos, de arriendos, salarios y servicios o bien entraron al circuito económico como parte de donaciones o dotes matrimoniales. Las asignaciones dotales de plantas de viña o de vino cosechado constituían verdaderas donaciones de capital. Al decir de la época el vino se consideraba como "inversión y moneda de la tierra", es decir, una especie de "moneda" o "dinero", ya fuera para pagar servicios y/o adquirir bienes necesarios.

Sobre la base de algunos documentos y narraciones de la época se constatan formas y sistemas de comercialización de vinos y licores, tanto entre la población local como en el aprovisionamiento de buques y transportes marítimos, junto a otros suministros requeridos. El vino se utilizó para cancelar deudas, trabajos y favores, haciendo suponer que fue un importante componente de cambio o moneda en la sociedad colonial, sin considerar las ceremonias litúrgicas. Entre otra de las particularidades el vino también se incluía como elemento de pago adicional al salario laboral, según se desprende de un acuerdo de trabajo celebrado en 1589 entre Hernando de Escudero y Juan de Barros; el primero se contrató con el segundo, para extraer oro con una cuadrilla de indígenas, *por un salario de cien pesos de oro anuales, más 20 botijas de vino* (Jara: 1987).

Documentos, registros de productos y gastos de las haciendas de los Jesuitas de Conuco y Guanquegua indicaban que (1662-1721): *3 arrobas que se dieron a los padres de La Mocha de limosna; 3 arrobas de vino por una fanega de sal para los gastos de Guanquegua; 3 arrobas en alquileres de unas mulas ajenas que sirvieron en la vendimia (…); 8 arrobas que se dieron en paga de una imagen de la virgen del Rosario, para la iglesia de esta estancia*[20].

---

[19]   Al respecto, ver el trabajo de Raúl Sánchez Andaúr, *Viticultores Jesuitas en El Obispado de Concepción* (Chile), incluido en nuestra bibliografía.

[20]   AHNS, FJ, volumen 24, pieza. 1, fs. 18 a 20. Citado por Raúl E. Sánchez Andaúr, "Temporalidades jesuitas en el…" Estudios Avanzados 19 (Jun. 2013): 11-36.

Del mismo modo, extractos del convento San Francisco de Borja, de Guanquegua perteneciente a las misiones y colegios de Arauco y Chiloé, indicaban que se habían entregado *3 arrobas para indios que ayudaron al aliño del granero de la estancia de Arauco; pago por pescado; 10 arrobas dadas al capitán Francisco Sela; (…) se dan 59 arrobas para pagar préstamo en plata (101 pesos) al capitán Pedro de Navarrete; se paga por yeso al indio; 5 arrobas al protector por lo que se le debía de visitas; (…) a indios por trabajo de vendimia…* (Bravo, 2005).

Otras reseñas de la época también mostraban que el Colegio de Castro, localizado en el sur de Chile había comenzado a participar en la producción de vinos. Según un documento fechado el 30 de enero de 1689, establecía que *…el colegio de Arauco pagará anualmente 150 pesos en vino, al colegio de Castro, por réditos de 30 pesos con que dicho colegio concurrió a la compra de la viña.* Lo anterior se tradujo en *70 arrobas de vino y una perulera de aguardiente.* Basado en otros antecedentes disponibles de ese periodo, Sánchez Andaúr (*óp. cit.* 25,) señalaba que *el valor monetario de las plantas de viña se estimaba en 7.425 pesos y el vino y aguardientes en 1.147 pesos.*

El año 1769 el hispánico Francisco López reclama ante la Junta de Temporalidades que el colegio San Bartolomé de Chillán le adeudaba $ 175 por productos entregados, y que el padre Hilario Pietas, rector *…quedó de pagarme en cincuenta arrobas de vino, a 3 pesos 4 reales la arroba, puestas en el puerto de Talcahuano* (Ibíd.).

Al momento de su expulsión, en 1767, la congregación de la Compañía de Jesús poseía 20 valiosos viñedos a lo largo de Chile que fueron confiscados por las autoridades coloniales, junto con otras propiedades (Barros Arana, *óp. cit.*). Luego de su remoción, los viñedos y otras posesiones fueron traspasados a individuos privados (Alvarado, *óp. cit.*).

Hacia el término del siglo XVII las chichas y aguardientes continuaban siendo elaboradas profusamente, al igual que el vino. Sin embargo, durante los inicios del siglo XVIII las variedades peruanas de aguardiente de uvas y algunas chilenas, pasaron a denominarse y comercializarse bajo el nombre de *pisco*, bebida elaborada a partir de uva moscatel, originaria de Alejandría. Resistente al calor y a la sequedad, esta variedad se plantó extensamente y el pisco peruano comenzó a ser consumido copiosamente por los trabajadores mineros y los esclavos negros de ese virreinato.

Alrededor de la primera mitad del siglo XVIII la producción de vinos chilenos ya era conocida internacionalmente y según los cronistas de la época, tanto su fabricación como su calidad eran apreciadas por los viajeros extranjeros. Más aún, hacia el final del periodo colonial Chile comenzó a exportar sus vinos con más regularidad. Los primeros datos estadísticos disponibles durante dicha época corresponden al quinquenio 1784-1789, y muestran ingresos por la no despreciable cantidad de 310.666 pesos oro (Alvarado, *óp. cit.*). Los viñedos, sin embargo, no empleaban un sistema similar de cultivo. Tampoco se conservan datos ni registros respecto a sus extensiones.

Basados en la escasa información disponible de la época, se estima que a fines del siglo XVIII las plantaciones de viñedos alcanzaban a 15.000 hectáreas, cantidad bastante elevada en relación al número de habitantes de la población (Alvarado, *óp. cit.*). Su producción y distribución estuvo orientaba primeramente al comercio interno, mientras que el resto se comercializó a través de un sistema controlado por las autoridades de Perú, quienes vendieron alrededor de 40.000 arrobas de vino y 5.000 de aguardiente (*Ibíd.*).

Tras la independencia de Chile, el año 1810, las zonas viníferas recibieron nuevos estímulos, además del término de la competencia y limitaciones productivas impuestas por parte de la Corona Española. Los inmigrantes desde Europa, entre ellos los italianos que llegaron a Mendoza, trajeron consigo nuevos conocimientos productivos y aumentaron la demanda por el vino. Variedades europeas de uva como Cabernet y Pinot fueron plantadas en Argentina y Chile, junto a prácticas europeas de riego que ayudaron a ampliar las áreas cultivadas (Stevens: 1981). Los viñedos de Mendoza se expandieron de 250 acres en 1876 a 112.000 en 1910 (Scobie: 1964). En menor medida también se avanzó en la producción de vino en Brasil, en el norte de México, y en 1875 en Uruguay (West y Barrena, 1966, Stevens, *óp. cit.*).

Existen abundantes evidencias que muestran la presencia de diversas formas de promoción, comercialización y utilización del vino como moneda de cambio en el mercado colonial de Santiago, en el sur y especialmente en las ciudades de La Serena, Copiapó y Huasco, en el norte del reino. La producción, elaboración y comercialización de vinos permiten, entonces, observar la importancia de la vitivinicultura como un elemento religioso, cultural, social e incluso, económico, hasta comienzos del siglo XIX.

Componentes productivos, comercio y precio del vino

Un elemento esencial en la elaboración, comercialización y precio de los vinos durante la colonia fue la fabricación de tinajas y otros enseres, actividad que no solo ocupó abundante mano de obra, sino que, también, fue parte de la actividad productiva y comercial. En muchas ocasiones dichos productos no solo se compraban sino que algunos se arrendaban, lo que agregaba un elementó más a la cadena comercial relacionada con el vino. También se desprende que el costo de las tinajas y enseres debe haber sido elevado o simplemente su proceso de elaboración requería disponer de estos elementos, especialmente cuando las cosechas eran, año a año, sumamente variables.

Los testamentos, inventarios y legajos de la época han resultado ser valiosos archivos históricos para obtener información productiva, laboral y comercial de la época. El historiador Carlos Ruiz, basado en un estudio sobre algunos de dichos documentos entrega valiosa información al respecto. Uno de los múltiples documentos recopilados por el investigador señala: *El presbítero Alonso de Toledo al testar en 1604, declaró ser dueño de un predio de media cuadra en la* [Viña] *Chimba, un solar (suponemos de un cuarto de cuadra) y otra media cuadra, y cuatro tinajas; Toledo había pagado 25 pesos de oro por un solar en 1599 y 40 por otro en 1601, lo que nos acerca al conocimiento de la rentabilidad de los predios pequeños, suponiendo que en las cuatro tinajas cabrían unas 80 arrobas de vino*[21].

Otro documento referido por el historiador Ruiz indica que: *En la viña del maestre de campo Antonio Fernández Romo, de Quilicura, existían en 1710: 20 tinajas y una viña de 6 cuarteles cada uno con unas 35 plantas en cuadro, es decir unas 1.225 plantas por cuartel, en total 7.410 plantas*[22].

Luis Manuel de Zañartu, corregidor de Santiago entre 1762 y 1772, quien falleció diez años más tarde, el año 1782, en el inventario tomado de sus bienes y pertenencias, entre otras cosas, se punteaba que una de sus chacras contaba con cinco bodegas con 22, 11, 17, 26, y 6 tinajas respectivamente y una viña con 6.420 plantas frutales (*Ibíd.*).

Un contrato de la época, fechado el 26 de septiembre de 1804, revelaba que el monasterio del Carmen de San Rafael arrendó a Francisco Sánchez las chacras llamadas de Zañartu y Pinto, por un periodo de siete años, en $ 2.000. Según los inventarios levantados, la chacra de Zañartu existían 36.566 plantas de parra con rodrigones y 60 tinajas; la chacra de Pinto, contigua a la de Zañartu, poseía 12.618 plantas y cuatro tinajas (*Ibíd.*).

Una vez concluido el proceso de la vendimia parte del extracto o jugo de la uva se cocía en grandes pailas elaboradas de cobre, mineral que también se extraía en algunas regiones del Reino de Chile. El proceso de cocción de los caldos utilizaba abundante leña de sus propios terrenos o adquiridas a terceros. Una de las más apreciadas parece haber sido la leña de espino, árbol bastante apreciado en ese periodo y que crecían en las superficies agrestes de la zona

---

[21]   ES 26, f. 113; ES 29, f. 103 v. y 105; ES 32, f. 53. Citado por Carlos Ruiz (*óp. cit.*).
[22]   ES 953, 45 v. (*Ibíd.*)

central. Una vez producido, el vino se transportaba y vendía comúnmente en envases conocidos como botijas.

Debido a los continuos fraudes y engaños por parte de los comerciantes respecto al tamaño de las vasijas, el Cabildo de Santiago dictaminó varias ordenanzas especificando que cada botija debería ser equivalente y contener una arroba de vino. El 3 de julio de 1605 el Cabildo complementó la ordenanza con un nuevo agregado señalando que la botija debía fabricarse con la capacidad ordenada bajo pena de confiscarse aquellas que no cumplieran con la ordenanza[23].

El tamaño y crecimiento de los viñedos establecidos alrededor de Santiago y otras regiones dependieron, en gran parte, de factores estructurales tales como la capacidad de transporte, infraestructura y comercialización, elementos que incluso pudieron haber limitado su ampliación. Para comprender en qué medida la producción vitivinícola fue rentable, como parece haberlo sido para algunos, es necesario reunir nuevos datos de precios (y sus variaciones en el tiempo), que incluyan los valores de los salarios de sus trabajadores, costos de tinajas, botijas y otros implementos, transporte, construcción, mantenimiento de lagares, alambiques, animales y otros, que no resultan fácil de reunir.

Las tierras dedicadas a viñas, así como las parras, vasijas y accesorios para la producción de vino, ingresaron fácilmente en el círculo del sistema económico colonial originando nuevos capitales o incrementado otros ya existentes. Al mismo tiempo, se observa un crecimiento de la economía chacarera, a juzgar por el aumento del valor de la tierra y del número de plantas y productos cultivados en los predios. El consumo de vino también experimentó una mayor demanda en la medida que aumentaba la población. Tampoco se observa que su precio haya fluctuado demasiado a través de los diversos periodos coloniales.

Con el tiempo, el consumo de vino se extendió a lo largo del territorio del reino, desde Coquimbo hasta Concepción, y hacia 1594 se producían 100 mil arrobas anuales, equivalente a 1.600 millones de litros de vino. Durante todo el periodo colonial el precio de esta popular bebida se mantuvo entre 19 y 22 reales la arroba (35,5 litros), y solo se registraron alzas esporádicas como resultado de malas cosechas o del avance de la guerra de Arauco que afectaba constantemente la producción, especialmente las zonas viníferas ubicadas en el sur del territorio[24]. Los procedimientos introducidos y utilizados por los

---

[23]   ES 26, f. 113; ES 29, f. 103 v. y 105; ES 32, f. 53. Citado por Carlos Ruiz (*óp. cit.*).

[24]   Información tomada de Memoria Chilena. http://www.memoriachilena.cl/602/w3-article-3511.html

conquistadores españoles para la producción de vino se mantuvieron inalterables hasta mediados del siglo XIX.

El proteccionismo español

Desde la llegada de los españoles, recordemos, la producción vitivinícola se propagó a través del Reino de Chile, específicamente entre las zonas de Coquimbo y Concepción. La rápida expansión de sus viñedos y el éxito productivo se convirtieron en una constante competencia y amenaza al comercio de vinos en las regiones controlada por los comerciantes españoles. Como resultado, las autoridades coloniales decidieron limitar su producción por medio de la dictación de un decreto real ordenando a la colonia chilena adquirir y comercializar sus vinos directamente a través de España.

El año 1595 el rey Felipe II dictaminó una serie de decretos reales prohibiendo la plantación de nuevos viñedos debido a que el impulso de la producción de vinos en la colonia chilena obstaculizaba las exportaciones de vinos y licores provenientes de Sevilla. Para garantizar la participación de España en el mercado mundial de estos productos, Felipe II dispuso el pago de impuestos a los viñedos a través de las autoridades coloniales locales designadas para tales menesteres. Según el historiador Francisco Encina, una parte de los productores del Reino de Chile simplemente ignoró el decreto y continuó cultivando vides a pesar de las regulaciones reales[25].

A partir del año 1600 y durante el resto del siglo XVII, el cultivo de la vid y la producción de vinos nacionales había aumentado notablemente, alcanzando niveles bastante apreciables. La competencia generada por los vinos elaborados en las mal llamadas Indias, se fue convirtiendo, cada vez más, en un impedimento para los productores españoles y las arcas reales, situación que, como dijéramos, llevó a la Corona a prohibir su fabricación.

Un organismo que restringió fuertemente el comercio con el nuevo continente fue el Consejo de Indias. Esta institución controlaba que las colonias solo abasteciesen sus bodegas únicamente por medio de las flotas anuales que

---

[25]   De Ramón y Larraín, o.c., p. 366 citan actas del Cabildo de Santiago, en CHCH, vols. 20, pp. 63 y ss.; y vol. 21, p. 208. Citado por Carlos Rodríguez (*óp. cit.*). El historiador indica que no debía confundirse esta botija, que es medida de capacidad, con la botija como medida de peso, equivalente a dos arrobas. La arroba equivale a 35,5 litros, se dividía en cuatro cuartillas, ocho azumbres y 32 cuartillos.

llegaban de Europa. Por esta razón, durante los siglos XVI y XVII, el comercio de Chile se redujo exclusivamente al tráfico con Perú, desde donde provenían las escasas mercaderías europeas que entonces se internaban al Reino y desde donde se exportaban unos pocos productos chilenos. El tráfico con España a través del Estrecho de Magallanes y del Cabo de Hornos fue prohibido por la Corona española[26]. Nuevas ordenanzas reales dictadas por Felipe II en 1620, prohibiendo, una vez más, la plantación de viñas, fueron impartidas a los virreyes Toledo y Velasco por medio de las cédulas reales de 1628 y 1631. Una nueva ordenanza dictada en 1654, además de insistir en la prohibición de iniciar nuevas plantaciones, exigía a los propietarios de viñas pagar derechos para conservarlas[27].

A pesar de las restricciones impuestas, las plantaciones de viñas continuaron efectuándose en Chile, especialmente después del alzamiento de los araucanos, el año 1655, y que arrasó con todos los viñedos de la ciudad de Concepción (Ureta *et al.* 1992). Las autoridades locales apelaron a dicha ordenanza real arguyendo la inconveniencia de aplicar la prohibición debido a la escasez del producto en Santiago y otros lugares como resultado de las incursiones de los araucanos. También se argumentaba que las plantaciones de viñedos ayudaban a fortalecer la presencia española en la región ya que contribuían a repoblar y cultivar dichos territorios. Con el apoyo de personalidades de la época, principalmente el Obispo de Santiago y los miembros de la Real Audiencia, en 1678, la prohibición se derogó luego de un largo periodo

[26]   Un hecho que alteró el panorama comercial español fue el contrabando de los franceses, tomando en cuenta que la vía terrestre en ese entonces era un sistema bastante lento para comerciar y la vía marítima acechada por embarcaciones enemigas, afectando fuertemente el desarrollo económico chileno. Más aún, el sistema de flotas y galeones, junto a las prohibiciones de los españoles, mantuvo a la población de Chile en un estado de pobreza de modo que el contrabando de los franceses permitía darle algún alivio.

[27]   Los estudios sobre este periodo atribuyen el débil desarrollo de la industria del vino en las Américas a los fenómenos asociados principalmente con el tipo de clima y su inestabilidad socio-política. Mediante el uso de una perspectiva económica diferente, David Mishkin (1975) sostiene que el pilar principal de esta orden estuvo constituido por el sistema y marco regulador de las transacciones comerciales de bienes y servicios existentes en ese momento, conocido como mercantilismo (1500 a 1750). Mishkin argumenta que el modelo impuesto por las grandes potencias europeas fue la importación de materias primas de las Américas y la exportación a la región de productos industrializados. Esta política también se aplica a los vinos, sobre todo en las colonias dependientes de los países productores. España y Francia intentaron preservar el monopolio europeo de la industria del vino a través de restricciones a la plantación de vides en sus colonias. Como resultado, el desarrollo de la viticultura en las Américas se vio siempre enfrentado a una actitud competitiva y hostil por parte de los europeos. En este sentido, existió una lucha constante para obtener permisos y espacios dentro de un marco productivo dinámico y cambiante.

deliberativo, autorizándose nuevas plantaciones de viñedos entre el sur del río Maule y el norte del río Biobío. Sin embargo, a pesar del nuevo auge productivo en la zona, los productores continuaron utilizando las mismas técnicas e implementos inadecuados para la elaboración y conservación de los vinos, ocasionando la circulación de un volumen importante de mostos de regular calidad (*Ibíd.*).

A partir de la segunda mitad del siglo xvii las importaciones de vino procedentes de España aumentaron considerablemente. Mishkin (*óp. cit.*), sostiene que durante este periodo se exportó hacia otras colonias americanas, principalmente México y Cuba, un promedio de medio millón de litros. La mayoría de los vinos que llegaban a las colonias provenían de Andalucía, por medio de los comerciantes de Sevilla, quienes ejercieron, por un largo periodo, el control monopólico del comercio colonial a través de la Casa de Contratación de Sevilla[28]. Durante el siglo dieciocho solo una cantidad reducida de vinos provenía de otras regiones tales como Canarias y Cataluña (*Ibíd.*). A pesar de todo, las exportaciones hacia América del Sur habían disminuido notablemente como resultado de la producción de vinos en Perú, Chile y Argentina (*Ibíd.*).

La popularidad de los mostos chilenos, mientras tanto, seguían alcanzado gran notoriedad en la región y ante el temor de que los vinos españoles continuaran cediendo terreno en el resto del mercado colonial, se dictó la Real Orden del 17 de enero de 1774, prohibiendo las exportaciones a Nueva España, es decir, los territorios de Centroamérica, México y parte de Estados Unidos. Según el historiador Barros Arana (*óp. cit.*), en 1794 la Corona Real promulgó otra ordenanza, esta vez restringiendo las exportaciones de vinos chilenos a los virreinatos de Nueva España y Nueva Granada (Colombia, Ecuador, Panamá y Venezuela, además de los del norte de Perú y una región de Brasil).

---

[28]   En 1503 los Reyes Católicos crearon la Casa de Contratación de Sevilla –trasladada a Cádiz en el siglo xviii– como la primera institución encargada de los negocios con las Indias (América). Si bien al principio solo se dedicaba a reglamentar y desarrollar el comercio entre la Península y los territorios americanos, poco a poco sus funciones fueron ampliándose. La Corona Española estableció desde el principio que el único puerto de partida hacia América era Sevilla. De esta manera, la Casa de Contratación podía llevar un registro de las personas y mercaderías que cruzaban el océano una vez que habían sido autorizadas por esta institución. También debía controlar los envíos de metales preciosos provenientes de América y cobrar impuestos de avería (es decir, de permanencia en el puerto) y de aduana, entre otros. Asimismo, fue un tribunal de justicia encargado de resolver los pleitos entre comerciantes y marinos. Finalmente, fue abolida en 1790 debido a la presión de las empresas comerciales del norte de España y a consecuencia de las reformas introducidas por Carlos III respecto a las relaciones comerciales con las posesiones de América.

El sistema establecido por los ibéricos para cultivar la vid y la tecnología empleada para elaborar vinos se mantuvo sin variaciones desde la conquista hasta mediados del siglo xviii. Por su parte, los viñateros se consagraron a la producción de mostos, acrecentar el tamaño de sus propiedades, ampliar sus instalaciones y bodegas, obtener herramientas, prensas para producir vinos, chichas y aguardiente, entre otras. Como resultado, la viticultura se convirtió en un importante componente de la producción agrícola, favoreciendo la concentración de riqueza, poder y prestigio entre los conquistadores y más tarde, sus descendientes criollos.

Concluyendo, a partir del arribo de los españoles y más tarde durante la colonia, Chile desarrolló una profunda cultura vitivinícola, que se arraigó fuertemente en las tradiciones, costumbres, y economía de la nueva República, que se iniciaría a partir de 1810. Sin embargo, para alcanzar los niveles que logró conseguir, fue necesario que se superaran los innumerables obstáculos señalados a lo largo de este capítulo.

De esta manera, la producción, elaboración y consumo del vino se concentraron casi exclusivamente en el mercado nacional, debiendo competir, mano a mano, con la chicha y el aguardiente, bebidas altamente demandadas y consumidas por los sectores populares. Esta característica se prolongó por un largo periodo, incluso cuando el viñatero Silvestre Ochagavía introdujo a mediados del siglo xix, por primera vez en Chile, variedades de vides francesas en su viña de Talagante. Los nuevos parronales sustituyeron las variedades españolas con otras de Cabernet, Merlot, Pinot Noir, Sauvignon, Chardonnay, Riesling y otras que actualmente conforman la base de la producción de vinos del país.

Capítulo III
Independencia y producción de vino
1810-1880

Los inicios de la República

El Chile de los inicios del siglo XIX continuaba siendo una colonia española pobre, comparada con el resto, encerrada en el último rincón del mundo occidental. Después de un largo periodo colonial, el 18 de septiembre de 1810 se unió a otras posesiones españolas de la región para romper los lazos políticos, económicos y sociales con la Corona española. Aunque este evento ha sido considerado tradicionalmente como el inicio formal de la independencia de Chile, las fuerzas realistas fueron solo derrotadas, finalmente, en la batalla de Chacabuco, el 12 de febrero de 1817, fecha en que termina definitivamente el control español del sur de Chile. Un año después, los líderes independentistas proclamaron la independencia absoluta del nuevo país, aunque las fuerzas realistas aún controlaban casi todos los territorios del sur y en los cuales permanecieron hasta 1818. La tarea de la independencia solo se completó en 1826, cuando el ejército español fue finalmente expulsado del país.

Durante las primeras décadas después de la disociación de España, la agricultura era una de las actividades productivas más importante del Chile republicano y su progreso económico fue lento[1]. Entre 1770 a 1820 los ingresos por concepto de la agricultura aumentaron de 620.000 a 824.000 pesos (Couyoumdjian: 2006). La mayoría de la población laboraba en el campo como trabajadores *inquilinos* y trabajadores ocasionales, subordinados bajo una variedad de formas en las diversas haciendas, en donde varias de ellas incluían viñedos.

Según el historiador Francisco Encina, el año 1831 la República de Chile contaba con 19.664.901 pies de viñas a lo largo de las zonas incluidas entre Co-

---

[1]   Después de la Conquista y luego de la explotación de los lavaderos de oro, la minería desapareció casi por completo en el Chile colonial. Durante el siglo XVIII volvió a resurgir gracias a la consolidación del comercio externo, siendo los principales productos la plata, el oro y luego el cobre. La actividad ganadera predominó durante los primeros cien años de la Colonia, siendo el sebo y el cuero los principales productos. Durante el siglo XVIII la agricultura pasó a ser la actividad económica más importante como resultado de una devastadora plaga que arrasó con casi la totalidad de los cultivos peruanos, situación que aceleró la demanda de productos chilenos, especialmente del trigo.

quimbo y Concepción. Además, la gran zona productora de la región de Atacama fue finalmente sobrepasada por la de los territorios comprendidos entre Cauquenes y Concepción, en el centro sur de Chile. En dichos territorios las viñas se plantaron en las fértiles y soleadas laderas cordilleranas que las protegían de las frecuentes heladas, especialmente durante los lluviosos inviernos.

Entre 1810 y 1830 la mayoría de las haciendas y viñas eran poco rentables y contaban con mercados muy restringidos para colocar sus productos. Esta situación comenzaría a cambiar solo entre 1840 y 1860, cuando la nueva República experimentó un importante crecimiento económico. Dicho estímulo se debió a su inserción en la economía mundial como productor minero de plata y cobre y exportador de productos agrícolas, principalmente trigo y harina en los mercados de California y Australia, como resultado de la "fiebre del oro" desatada en esos países[2]. Más tarde, las exportaciones de trigo se ampliaron hacia el mercado británico, hasta finales de la década de 1870.

El auge exportador convirtió a Chile en la principal región de cultivo de trigo de la costa oeste de la región, promoviendo un fuerte impulso a la economía rural. Del mismo modo, también contribuyó a consolidar a los terratenientes vinculados a las exportaciones de trigo promoviendo, de este modo, una renovación de la agricultura, incluyendo la renovación de la viticultura. Igualmente, el país comenzó a importar productos manufacturados europeos, principalmente de Inglaterra, suscitando de este modo una corriente comercial bastante dinámica entre ambos países.

Las transformaciones mencionadas originaron que un nuevo grupo empresarial, bastante diferente a los comerciantes coloniales y terratenientes tradicionales, pasara rápidamente a controlar las zonas más productivas de la economía. El nuevo sector empresarial asumió la tarea de modernizar al emergente Chile, apoyando el crecimiento de un dinámico sector minero exportador. Del mismo modo, el país se vio favorecido por el estímulo y surgimiento de una infraestructura de transporte terrestre (ferrocarriles) y marítimo (barcos y puertos), la renovación urbana (calles y nuevos distritos), la creación

---

[2]   La fiebre del oro de California ocurrió en Estados Unidos entre 1848 y 1855 atrayendo una gran cantidad de inmigrantes que llegaron a las cercanías de San Francisco, California, en busca de dicho metal. Este fenómeno comenzó cerca del pueblo de Coloma cuando se descubrió oro en Sutter's Mill. Alrededor de trescientas mil personas emigraron a California desde el resto de Estados Unidos y de otros países, incluyendo a Chile. Un proceso similar ocurrió alrededor del año 1850, cuando Australia sufrió la denominada fiebre del oro, una situación que se ha conocido como Eureka Stockade y que propició la llegada de inmigrantes británicos, irlandeses, europeos, chinos, americanos, incluyendo chilenos, todos atraídos por el oro.

de un sistema financiero (bancos y sociedades anónimas), y la renovación de ciertas actividades agrícolas (viñedos y molinos).

Diversos personajes provenientes de diferentes sectores empresariales nacionales comenzaron a invertir y organizar empresas vitivinícolas modernas, apoyados por expertos extranjeros que mejoraron notablemente la calidad y las características de los vinos chilenos. Al inicio de la década de 1850 un conjunto de empresarios-terratenientes comenzó a plantar cepas francesas, sentando las bases de una gran tradición vitivinícola que perdura hasta hoy día. En consecuencia, el desarrollo de un mercado exportador en auge, el comportamiento de los propietarios de viñas, la relación de estos grupos con el resto de la sociedad chilena y el Estado, influyeron en el concepto de modernización y renovación del país iniciada durante este periodo. De entre ellos emergería el sector, que si bien sus capitales provenían de otras áreas económicas y productivas, dio impulso al desarrollo viticultor del país.

En síntesis, la vitivinicultura tradicional en Chile se explayó a lo largo de 300 años, desde mediados del siglo XVI hasta mediados del XIX. Al culminar este proceso se habían consolidado siete sub-polos productivos principales. De acuerdo con Claudio Gay (*óp. cit.*) la región de Concepción pasó a ser el principal centro vitivinícola, con 15.500 hectáreas, es decir, más del 50% del total de los territorios vitícolas; le seguía el Valle del Aconcagua con 5.000 hectáreas; Cauquenes tenía 4.500 y Santiago otras 2.000. Por su parte, Coquimbo cultivaba 1.600 hectáreas; Colchagua 1.240 y Talca 700 hectáreas. En total, la región del Valle Central tenía en producción 30.000 hectáreas de viñas (*Ibíd.*). Con la aparición y consolidación de numerosas viñas y bodegas, Chile pasó a fortalecerse como el principal polo vitivinícola de América Latina durante este periodo.

La influencia francesa

Como ex colonia española, Chile irrumpió bajo la forma de una república constituida por una sociedad altamente fragmentada en diversas clases sociales, con un sector fuertemente vinculado a la vieja aristocracia española con linajes coloniales, pretensiones aristocráticas y buscadores de fortunas. Prácticamente, ninguno de los conquistadores españoles que llegaron a Chile provenía de la alta nobleza o del alto clero ibérico, y la mayoría de los terratenientes que se establecieron en la región estaba conformada por una legión de aventureros, buscadores de fortunas, curas del bajo clero y militares de muy bajo rango. En pago por los servicios prestados, sin embargo, la Corona Real Española les otorgó privilegios especiales junto a un estatus respetable en los territorios en que se establecieron. Como resultado, un extenso grupo de ambiciosos conquistadores se convirtió en personajes influyentes en diversas regiones del continente y lograron controlar abundantes y provechosos terrenos agrícolas y mineros.

Los terratenientes hispanos y luego sus descendientes, durante sus inicios en Chile, lograron instaurar una casta exclusiva con poder y prestigio, similar al del resto de las colonias de la región. En este escenario se establecieron las bases para la formación y desarrollo de un capitalismo primitivo, y más tarde dependiente y atrasado, tal como ocurrió en el resto del continente. Más aún, las fortunas y capitales iniciados y consolidados en Chile fueron bastante inferiores comparados con los que se instalaron en otras regiones de América. Del mismo modo, entonces, Chile también pasó a contribuir al desarrollo, expansión y consolidación del capitalismo europeo bajo su nuevo ropaje imperial.

A partir de la independencia en 1810 un grupo privilegiado de magnates de origen o descendencia española y europea, sus descendientes criollos que amasaron inmensas fortunas con la explotación de las minas de cobre, oro y plata en el norte de Chile y otras empresas, invirtieron en terrenos agrícolas. Comerciantes, mineros, empresarios, terratenientes, todos ellos, conformaron una elite privilegiada a pesar que los títulos de nobleza fueron abolidos muy tempranamente, después de la independencia (Collier: 2003).

Desde la independencia en 1810, ya existía en el Chile de la época una aristocracia criolla bien establecida a nivel social, político, económico e ideológico. Sin embargo, esta aristocracia chilena del siglo xix constituyó una, pero, a la vez, diferentes aristocracias simultáneamente. Como clase social y a pesar de sus diferencias, fueron capaces de mantener el control de la nueva República de Chile, con mayor o menor énfasis, aceptando cambios en la medida que no perjudicaran o amenazaran el orden institucional que los beneficiaba. Como resultado, los recursos económicos y financieros utilizados para modernizar y ampliar los viñedos y la producción de vinos durante los inicios de la nueva república provinieron de dichos sectores sociales.

De igual manera que los primeros conquistadores españoles que arribaron a las colonias americanas aspiraban visiblemente a convertirse en miembros de la nobleza española, las elites criollas del país se organizaron y desplegaron históricamente en torno a las mismas ambiciones. Con el paso de los años la elite chilena había convertido esta aspiración en una exclusividad aristocrática, con la misma dependencia emocional en la búsqueda de destacarse y mostrarse como alguien ostensiblemente de alto rango europeo. Desde sus inicios la elite criolla chilena estuvo fuertemente atraída por un ideal de pertenencia a familias nobles de la Europa continental, especialmente España, y que más tarde, a mediados del siglo xix, se *afrancesó*.

En efecto, a partir de la segunda mitad del siglo XIX los personajes de la elite chilena, más allá de expresar gran admiración por la sociedad y cultura francesas viajaban frecuentemente a visitar o residir en dicho país por largos periodos. Francia ejercía una seductora influencia en sus formas de comportamiento, estilos, modas y vestuarios tanto masculinas y femeninas, su sistema culinario, mobiliarios, modas literarias y cultura, las prácticas religiosas católicas y la retórica política[3]. En este aspecto y otros, el impacto anglo-francés fue notable. El vínculo con la alta sociedad francesa, sus hábitos y rutinas ejercieron una fuerte influencia en los estilos de conductas de vida y social de las elites chilenas, incluido el gusto por el consumo de vinos importados de Francia. Como resultado, las familias criollas que prosperaron en el mundo de los negocios que viajaban y retornaban de Francia adquirieron nuevos terrenos en donde construyeron lujosas residencias, inspirados en el mejor estilo francés, incluyendo sus *Châteaux*.

Cuando el periodista norteamericano James S. Whitman visitó Santiago, en 1889, quedó impresionado con el afrancesamiento, extremadamente imitativo de las elites chilenas. En uno de sus reportajes expresaba que: *A los santiaguinos les gusta imitar en todo a los franceses y particularmente en su forma de vivir... Todo lo que proviene de Francia es particularmente bien recibido en Santiago. Las casas se amueblan al estilo francés, los productores son los que dan el atractivo principal a las tiendas... El gobierno envía a los jóvenes más prometedores a estudiar a París y la mayoría de los que reclaman una buena posición en la sociedad han visto al menos algo de la vida en la 'capital de la alegría'.* (http://urbatorium.blogspot.com/2012/03/un-acapite-sobre-la-estetica.html).

La nota anterior no incluía la penetrante e importante presencia de ciudadanos franceses en Chile durante el siglo XIX, atestiguada por Benjamín Vicuña Mackenna en su obra *Historia crítica y social de Santiago*. En 1848 fue contratado por el Gobierno de Chile el arquitecto francés Claude François Brunet des Baines. Poco después le siguieron sus compatriotas Lucient Hénault y Paul Lathoud, quienes dejaron su huella en importantes edificios de la ciudad de Santiago que se preservan hasta hoy día. Lo mismo puede decirse acerca de la producción de vinos y otras materias como la educación y la cultura.

---

[3]   Ostentación, elegancia, cosmopolitanismo y afrancesamiento fueron las principales características de este sector social del país. La cultura, arquitectura y hábitos franceses pasaron a predominar entre este segmento social y que fue genialmente retratado por el escritor Alberto Blest Gana en su novela *Martín Rivas*. En efecto, en esta novela chilena del género realista del siglo XIX, Blest Gana retrata fielmente la sociedad santiaguina de entonces y el encuentro entre dos mundos opuestos y disímiles de las condiciones sociales y políticas de la época.

La elaboración de vino en Francia, de una larga y antigua data productiva, experimentaba durante el siglo xix un auge impresionante. Del Pozo (1998) sostiene que esta característica facilitó el interés y más tarde la importación de cepas francesas, las cuales comenzaron a ser plantadas y reproducidas a nivel local por los propietarios de viñedos en Chile. La producción de vinos franceses, en general, requería una selección de variedades de vides que se adaptaran a las diferentes regiones del país, tarea que se llevó a cabo con éxito mediante la utilización de los mejores procedimientos de plantación, cultivo, crecimiento, podas, vendimias y elaboración de vinos. Ciertos productores criollos también iniciaron el empleo de métodos similares de cultivo traídos de otras regiones de Europa, principalmente Francia.

En algún momento, durante la segunda mitad del siglo xix, la influencia francesa pasó a jugar un papel decisivo en la consolidación de la producción de vinos en la región central de Chile. Los propietarios de viñedos comenzaron a contratar expertos franceses para trabajar en sus nuevos parronales, al mismo tiempo que el gobierno chileno impulsaba esfuerzos similares para ampliar y modernizar la capacidad agrícola y vitivinícola del país.

El proceso de modernización de la vitivinicultura no solo incluyó las importaciones de variedades francesas de vides y la contratación de expertos de ese país, sino que, al mismo tiempo, la adquisición de herramientas, utensilios, equipos y otros materiales utilizados en Europa. Entre otros, se importaron equipos de envasado moderno, envases, botellas y corchos. Del mismo modo, también se importó maquinaria para cubrir y encapsular botellas e instrumentos para podar y prensar la uva. Nuevos implementos y máquinas para fabricar fuelles para azufrar las parras y parronales, arados especiales para labrar las viñas, fueron también adquiridos, como, a la vez, el uso de postes metálicos para sostener rejas de alambre que permitían apuntalar el crecimiento de las parras, sistema más conocido como *empalizamiento*.

Resumiendo, los productores chilenos construyeron edificios e incorporaron la infraestructura necesaria para elaborar productos de calidad para competir en los mercados internacionales de vinos. Del mismo modo, construyeron depósitos subterráneos para proteger y almacenar los productos en envases y botellas de diferentes tamaños y luego comercializarlos en el mercado nacional e internacional (Briones: 2006).

Modernización de la industria del vino

A lo largo del siglo xix uno de los sectores de mayor interés y rentabilidad creciente para aquellos concentrados alrededor de las actividades agrícolas y que contaban con capitales suficientes, fue la plantación de viñedos, alrededor de la zona central del nuevo Chile, especialmente en lugares donde existían terrenos aptos, buen riego y clima, para el cultivo de vides vitícolas.

El desarrollo vinícola a lo largo del siglo continuó realizándose en aquellos plantíos de origen colonial, con la conocida cepa País y que se utilizó en la producción de chicha, chacolí y mosto. Si bien la producción estuvo dirigida a un mercado muy reducido, generaban una ventajosa utilidad para aquellos que se atrevieron a invertir en este rubro. Superada y consolidada la primera etapa, alrededor de la década de 1860 aparecieron una nueva fase y modelo viñatero con la introducción, ahora, de cepas y tecnología francesa.

El elevado rendimiento obtenido de una viña de este tipo era notable, insistamos, especialmente aquellas localizadas alrededor de los canales de riego y favorecidas, simultáneamente, por factores geográficos y climáticos. Según Aránguiz y Rodríguez (1996), en una cuadra equivalente a 1,57 hectárea regada, con parras empotradas a una distancia entre 1,80 a 2,40 metros, era posible plantar hasta 3.000 vides por cuadra y obtener una producción media de alrededor de 5 y medio litros por parra. En total, equivalía a una producción de 16.500 litros por cuadra o aproximadamente 464 arrobas (alrededor de una arroba = 35,5 litros). La Tabla 1 ofrece antecedentes interesantes.

TABLA 1. INGRESOS POR UNA CUADRA DE VIÑA EN SAN FELIPE-LOS ANDES 1874

	Chacolí	Chicha	Mosto
San Felipe	812	928	1.392
Los Andes	696	928	1.856

Fuente: Anuario Estadístico, Vol. xvi, 1874. Valores expresados en pesos (Cit. Aránguiz *et al.*).

A lo largo del periodo, hasta 1870, existió una variedad de factores que afectaron la oferta y producción de vinos. Uno de ellos fue el alto costo de la inversión para plantar y producir mostos; un segundo elemento fue la escasa demanda por el vino, puesto que el pueblo consumía masivamente aguardiente y chichas, además de ser menos costosas que el vino. El problema del consumo y demanda del vino pudo ser superado cuando Santiago entró a demandarlo y consumirlo masivamente durante los periodos venideros, cuando la población alcanzó un consumo ascendente hasta lograr los 90 litros per cápita en 1903.

También se sumaron lugares como Valparaíso y los centros mineros del norte todos ellos mercados bastante rentables (Tabla 2).

Tabla 2. Precio de una arroba de vino en San Felipe-Los Andes 1874

	Chacolí	Chicha	Mosto
San Felipe	1,75	2,0	3,0
Los Andes	1,50	2,0	4,0

Fuente: Anuario Estadístico, Vol. xvi, 1874. Valores expresados en pesos (Cit. Aránguiz *et al.*)

El cambio y desarrollo hacia la modernización vitivinícola del país se inició en la viña Marshal y Tocornal, inicialmente de propiedad de Ismael y Manuel Antonio Tocornal. En 1851 la viña fue adquirida por Silvestre Ochagavía, quien tuvo el mérito de ser el primer viticultor en introducir variedades de cepas francesas, procurando las bases para la sustitución de las vides españolas tradicionales por variedades de Cabernet, Merlot, Pinot Noir, Sauvignon, Chardonnay, Riesling, entre otros, y que actualmente constituyen la base de la producción del vino nacional.

En 1860 aparecieron la Viña Santa Teresa de propiedad de Macario Ossa, y la Viña Urmeneta, de propiedad de José Tomás Urmeneta. Cinco años más tarde el terrateniente Pedro Correa comenzó la Viña San Pedro. Otros viñedos similares fueron la Viña Lontué, fundada en 1870, la Viña Errázuriz Panquehue, fundada en 1875 por Maximiano Errázuriz, y la Viña Cousiño Macul. Entre 1880 y 1890 otras viñas nacionales surgieron, tales como la Viña Santa Rita (1880), Concha y Toro (1883) y Undurraga (1890).

El inicio de nuevas viñas con sistemas productivos modernos contribuyó al proceso de industrialización que se comenzaba a gestar en el país, a partir de mediados de siglo. La inversión realizada en maquinarias y tecnología avanzada fortaleció al sector agrario que a esa altura había perdido el mercado externo del trigo. Este momento corresponde a la coyuntura en que comienza a emerger la vitivinicultura francesa en el país como una nueva, dinámica y atractiva alternativa. Es decir, el momento en que los productores nacionales se dieron cuenta que podían obtener buenas utilidades con un producto nuevo, de calidad y que participara tanto en el mercado nacional como internacional.

Entre 1850 y 1880 se plantó una gran variedad de cepas tintos o rojos, incluyendo Cabernet Franc, Cabernet Sauvignon, Malbec, Pinot, Merlot y Carménère. También se importaron variedades para elaborar vinos blancos de Sauvignon Blanc, Chardonnay, Semillón y Riesling. Esta iniciativa se llevó a cabo en el momento preciso, puesto que algunos años más tarde las variedades francesas originales serían totalmente destruidas por una epidemia de *phylloxera vastatrix* que devastó la producción mundial de vinos. Chile no fue afectado por esta plaga, posiblemente debido a su aislamiento geográfico y su ubicación entre los Andes al este y el Pacífico al oeste, o tal vez fue una combinación de clima y suelo inhóspito o porque el gobierno estuvo alerta para restringir la importación de vides que portaban el germen (Lacoste: 2004). Al margen de las explicaciones científicas, lo concreto fue que la tenebrosa plaga no ha atacado nunca a las plantaciones vitivinícolas chilenas, desde su aparición en Europa durante la segunda mitad del siglo xix, hasta hoy día.

Para acomodar las recomendaciones de los enólogos y técnicos franceses contratados por los viñateros nacionales, diversas casas comerciales iniciaron la importación de maquinaria, herramientas, y barriles desde Francia y los Estados Unidos. La adquisición de estos dispositivos y su uso para el cultivo de la vid y la elaboración del vino fueron fundamentales en el desarrollo de esta industria. Los nuevos procedimientos utilizados requerían el uso de maquinaria y herramientas modernas, pero que no se fabricaban en el país. Sin embargo, maestranzas y fundiciones nacionales encontraron la manera de imitar, modificar o adaptar los equipos extranjeros requeridos por la industria elaboradora de vino local.

Según Briones (*óp. cit.*), a principios de la década de 1870 ya se podían encontrar en el país industrias que construían y reparaban maquinarias y equipos agrícolas. Maestranzas y fundiciones fueron abiertas en Valparaíso, Santiago, Talca, Concepción y Limache. Del mismo modo, prensas de residuos de uva para la industria vitivinícola, arados para viñedos, bombas de elevación de líquidos y equipos para cosechar uvas, también comenzaron a ser fabricadas en el país. Otra industria nacional, la Fundición Las Rosas, comenzó a producir máquinas especialmente fabricadas para la viticultura chilena basada en modelos franceses (*Ibíd.*).

Durante la década siguiente de 1880 se crearon nuevas industrias tales como la Calderería Nacional, que inició la fabricación de calderas, alambiques, rectificadores, evaporadores, equipos pasteurizadores y refrigerantes. Otra importante iniciativa fue la apertura de una fábrica de vidrio para producir botellas y otros envases (Couyoumdjian, *óp. cit.*). Además de las fábricas, también se instalaron algunas casas comerciales que importaban y vendían maquinarias para cosechar las uvas, envasado, lavado de botellas, prensas para uvas y residuos de las mismas, incluyendo otros equipos y maquinarias empleados en la industria vinífera, ubicados principalmente en Valparaíso y Santiago.

Nuevos proyectos de infraestructura, incluyendo la construcción de canales, acequias, lagunas artificiales y drenaje, principalmente en las zonas montañosas de los Andes, se realizaron en este periodo. Más aún, también se acentuó la formación de ingenieros agrícolas especializados en proyectos de irrigación, iniciativa que fue asumida durante esta etapa de modernización de la agricultura chilena. Las innovaciones anteriores permitieron la incorporación de nuevas tierras a la producción agrícola en donde una variedad de plantaciones de viñedos comenzaron a desarrollarse y ampliarse.

El año 1851 empresarios privados chilenos introdujeron el primer ferrocarril de América del Sur, en el norte de Chile, para el transporte de minerales desde la región de Copiapó hasta el puerto de Caldera. Más tarde, en 1860, el ferrocarril se había expandido hacia la región central del país, resolviendo así el problema del transporte y comunicación entre el campo, las grandes ciudades, los centros de consumo y los puertos principales.

La mayoría de las transformaciones en la agricultura, a partir de la segunda mitad del siglo XIX, se desarrollaron en torno al uso y extensión del ferrocarril. Insistamos en que esta iniciativa fue un importante factor para el desarrollo de la industria del vino, permitiendo abaratar los costos de transporte, reducir los tiempos de entrega y distribución de vinos a los diferentes destinos y mercados, a la vez que preservarlo por periodos más largos. De igual forma, la rebaja de costos y rapidez de los envíos facilitaron la integración de regiones apartadas de los puertos, zonas urbanas y otros lugares. Como resultado, la producción agrícola, incluido el vino, las frutas y hortalizas, se diversificó enormemente.

La progresión productiva del país fue seguida por una innovación tecnológica, que incluyó la construcción de represas, canales de regadío, puentes, carreteras, junto a la mecanización e ingreso de otros cultivos. Nuevas oportunidades de empleo y mano de obra se abrieron para amplios sectores laborales e industriales de la población. A finales de la década de 1880 las redes ferroviarias se habían propagado a través de varias regiones del país, seguidas también por la instalación e implementación de una vasta red de líneas telefónicas.

Las innovaciones tecnológicas y la modernización del país tuvieron un efecto muy positivo en la expansión de la viticultura, simultáneamente con la dispersión geográfica de la población a través de todo el país. En términos generales, este nuevo panorama llevó al Estado a introducir importantes modificaciones en las estructuras administrativas regionales del país, que incluyeron un moderno sistema fiscal para reasignar los recursos económicos y humanos requeridos por la nueva dinámica que sobrevenía en Chile.

Iniciativas públicas y privadas

La labor emprendida por el Estado en el proceso de modernización de la vitivinicultura del país fue muy importante. Entre ellas destaca la creación de Escuelas Agrícolas, en donde se comenzó a enseñar las nuevas disciplinas agronómicas. De esta forma, se preparó a los futuros prácticos agrícolas especializados en el rubro vitivinícola y a los ingenieros agrícolas, quienes serían los encargados de aplicar las nuevas técnicas e innovaciones en los viñedos nacionales. En este sentido, se destacaron la Escuela Práctica de Agricultura de Santiago y el Instituto Agrícola, ambos dependientes de la Quinta Normal de Agricultura en Santiago, y a fines del siglo xix la creación de la Escuela de Vitivinicultura de Cauquenes, inaugurada en 1895 (Briones: 2007).

La fundación de la Escuela de Vitivinicultura de Cauquenes fue una iniciativa de gran importancia para el desarrollo de la actividad vitivinícola de la zona centro-sur del país. Su creación permitió integrar una aspiración de los habitantes de la región, puesto que tanto las plantaciones de viñas y la producción de vino eran una de las actividades más destacadas de la región. Los viñateros aspiraban no solo a solucionar el problema de elaborar vinos de calidad que les permitieran competir con los vinos del valle del Maipo, sino que, también, a resaltar esta actividad basada, principalmente, en el manejo de la cepa "país" y Moscatel de Alejandría. En menor escala, el trabajo de las viñas plantadas con nuevas cepas francesas.

Debido a su proximidad a la ciudad de Concepción, y especialmente al valle de Itata, la Escuela de Vitivinicultura de Cauquenes también contribuyó a perfeccionar la calidad del resto del vino elaborado en esa zona[4]. Sin embargo, la escuela fue cerrada diez años más tarde, en 1905. Como resultado la calidad del vino no mejoró mucho y su consumo continuó restringido solo al mercado local y nacional (*Ibíd.*).

[4] El primero de abril de 1895 la Escuela de Vitivinicultura de Cauquenes abrió sus puertas para cumplir una función social, ya que formaba jóvenes de escasos recursos para luego trabajar en los fundos dedicados a la producción de la vid. La formación comprendía un plan de estudios de dos años, en los cuales los jóvenes aprendían del uso de la tierra, las diversas clases de plantas, manejo de maquinarias y aparatos de transformación de productos. Desde sus inicios la Escuela pasó por diferentes etapas, pero con el transcurso de los años la situación se fue haciendo cada vez más compleja. Los ingresos que percibía no alcanzaban para solventar los gastos. Debido a la falta de recursos y mala administración, la Escuela no se proyectó como una institución educacional importante y trascendente en el tiempo y fue cerrada finalmente el año 1905.

Otro factor favorable y central en la renovación de la industria del vino y la agricultura en general, durante este periodo, fue el apoyo brindado por el Estado de Chile, cuando el año 1885 estableció un crédito agrario para aquellos productores de bajos recursos. Las condiciones de los préstamos fueron bastante favorables puesto que la entidad crediticia autorizó préstamos pagaderos en un periodo de 21 años, incentivo bastante conveniente, orientado a aumentar la producción rural (Del Pozo, *óp. cit.*).

Nuevas instituciones como la Sociedad Nacional de Agricultura (SNA), fundada en 1838 por productores agrícolas privados, y la estación agrícola estatal, conocida como Quinta Normal de Agricultura, fundada en 1842, fueron dos pilares fundamentales para la reorganización y modernización de la agricultura del país. Ambas instituciones participaron en asuntos públicos y privados para generar debates, intercambio de información, promoción de iniciativas y mejoras agrarias (Briones, *óp. cit.*).

En 1850, dentro de un nuevo marco más liberal del sistema legal de Chile, se abolieron los mayorazgos[5] junto al pago de peajes por el uso de puentes y carreteras. Del mismo modo, la eliminación del diezmo, es decir, el pago del 10% de los ingresos y su sustitución por un impuesto agrícola, facilitó la recolección de tributos y que ahora podían cancelarse con productos agrarios básicos. Sin embargo, una de las lagunas de la nueva ley fue que la tasa de impuesto gravaba solamente la producción agrícola y no los terrenos, por lo que los propietarios de tierras improductivas no estaban obligados a pagar impuestos. Esta situación contribuyó a la especulación, puesto que sembrar los predios parcialmente permitía a los propietarios crear artificialmente escasez de productos cosechados y, por lo tanto, aumentar sus precios de venta cuando se comercializaban en el mercado. Es decir, a través de este sistema especulativo se obtenían mayores utilidades sin necesidad de invertir y trabajar más de lo necesario, y todo esto sin pagar impuestos por las tierras ociosas. Las utilidades de los terratenientes también eran favorecidas con la contratación

---

[5]   Las mercedes de tierra fueron sucedidas por los Mayorazgos que permitían a personas de grandes recursos comprar numerosas tierras y destinar algunas de ellas, a través de los testamentos, a alguno de sus descendientes, con la imposibilidad de venderla o dividirla. Se le llamó mayorazgo porque casi siempre el familiar beneficiado era el hijo mayor. Los mayorazgos fueron la base social y económica durante el último siglo de la Colonia y buena parte del siglo XIX. En Chile hubo 20 mayorazgos constituyendo grandes propiedades en el valle central. Tres grandes haciendas vinculadas a los mayorazgos fueron las de Pullally, La Ligua y Quillota. Los mayorazgos fueron suprimidos por Bernardo O'Higgins pero, en la práctica, subsistieron hasta finales del siglo XIX.

de la abundante mano de obra campesina disponible, por la cual cancelaban salarios por debajo de los niveles de subsistencia y/o con especies varias.

A pesar de las expectativas económicas puestas en el mercado internacional del vino los esfuerzos de los productores nacionales no prosperaron, situación que los forzó a replegarse y refugiarse en el mercado nacional. Los viñateros optaron por invertir y aprovechar la infraestructura disponible, como, a la vez, por la construcción de depósitos subterráneos instalados en sus viñedos para preservar y almacenar vinos. De igual forma, comenzaron a adquirir maquinarias con tecnología reciente para sustituir equipos de generaciones anteriores, fertilizar, combatir y prevenir las enfermedades que afectaban a las vides; todas ellas iniciativas que ayudaron a mejorar la elaboración y calidad de sus productos.

Otras iniciativas adoptadas consistieron en la aplicación de una serie de medidas para reducir la fabricación de vinos adulterados que circulaban por todo el país. Del mismo modo, se perfeccionaron los métodos de utilización de la mano de obra disponible, sin que necesariamente hubiera que aumentar los salarios y regalías o contratar a más trabajadores. Este nuevo panorama productivo permitió a los empresarios vitivinícolas criollos competir con los vinos importados, principalmente los franceses que circulaban abundantemente en el mercado nacional. Como resultado, la industria vitivinícola nacional fue capaz de mantener una evolución productiva constantemente, incorporando nuevas técnicas de elaboración de vinos para producir productos de calidad y más baratos, y de este modo competir con los vinos extranjeros, junto a la búsqueda de nuevas formas para exportar sus productos.

Otras iniciativas manejadas especialmente por los propietarios de nuevos viñedos fue la contratación de técnicos agrícolas y enólogos para ocuparse de sus terrenos. El Estado también implementó medidas para favorecer la expansión de esta nueva actividad agrícola y económica que les permitió contratar expertos extranjeros especializados en producción de vinos, preparar estudiantes y técnicos de posgrado del Instituto Agrícola y otras escuelas de agricultura a lo largo del país (Briones: 2006). Uno de los expertos contratados fue el enólogo francés René F. Feuvre, quien llegó al país en 1873, contratado por el Gobierno de Chile, para realizar varios estudios.

Los instructores extranjeros se concentraron en la enseñanza de nuevas técnicas del cultivo de la vid y la producción de vinos. René Feuvre, por su parte, instruyó a sus estudiantes en diversas técnicas para operar una variedad de implementos, incluyendo los fuelles para azufrar las parras. También fue un entusiasta promotor de variedades de vid francesas que más tarde fueron la base de la producción vitivinícola chilena. Como resultado, la expansión de la vid francesa se popularizó a lo largo del país. Las variedades de vides para elaborar vino País prácticamente desaparecieron de la zona central de Chile. Sin embargo, esta cepa criolla continuó cultivándose en su forma tradicional desde la región del Maule hacia el sur (Lacoste: 2006).

El Gobierno de Chile también implementó una variedad de medidas preventivas con el fin de regular y controlar la entrada de plantas y frutas al país para, de este modo, prevenir el ingreso de la devastadora *Phylloxera vastatrix*, tal como había ocurrido en Europa y otras regiones. El 16 de junio de 1874 las autoridades criollas prohibieron, por medio de un decreto legal, el ingreso de cualquier tipo de brotes de uva o vides de Francia. Tres años más tarde, el 18 de mayo de 1877, se prohibió también el ingreso de todas las especies de vides extranjeras. Las medidas adoptadas fueron efectivas y preservaron a las viñas chilenas de la acción devastadora de la destructiva plaga foránea (Briones: 2006).

Finalmente, el año 1897, el Gobierno creó el Laboratorio de Patología Vegetal, cuya misión consistió en examinar y experimentar con semillas agrícolas utilizadas en los diversos cultivos del país. Esta iniciativa fue fundamental para el estudio de enfermedades que pudieran afectar a los numerosos cultivos existentes a lo largo del territorio nacional, principalmente las vides.

Empresarios viticultores

Los empresarios vitivinícolas criollos, descendientes de las diversas familias que se establecieron en Chile a partir del siglo XVIII y los que lo hicieron más tarde, coincidieron en la explotación de la vid francesa para cultivar uvas y elaborar sus vinos. A lo menos la mitad de estos vitivinicultores provenía del norte de los Países Vascos de Galicia y Navarra. Según Virgilio Figueroa (1925), aproximadamente doce familias formaban parte del grupo más connotado de productores vitícolas de Chile, tal como lo indica la Tabla 3.

Como indicáramos anteriormente, la mayoría de los capitales invertidos en la adquisición, producción y renovación de las viñas provenía de otros sectores productivos ajenos a la agricultura. Solamente las familias Correa y Undurraga, asentadas al sur de Santiago, cimentaron sus fortunas directamente a través de la industria del vino; el resto fueron mineros, comerciantes, especuladores o banqueros que adquirieron terrenos agrícolas, sin ser agricultores.

Considerando la información disponible durante este periodo, no es posible establecer si la elaboración de vinos era un negocio lucrativo o no, a excepción de las familias Correa y Undurraga ya señaladas, quienes hicieron sus fortunas de la tierra. Lo que sí resulta claro es que poseer viñedos otorgaba un alto nivel de prestigio social en la sociedad chilena de la época. La Tabla 4 denota el perfil empresarial y/o financiero de los principales productores de vino de aquella época.

TABLA 3. ORÍGENES DE LOS PRODUCTORES DE VINO EN CHILE

Nombre familias	Lugar de origen	Fecha arribo a Chile	Nombre de la viña/año
Concha y Toro	España	Comienzo Siglo 16	Concha y Toro (1883)
Correa	España (Castilla)	Comienzo Siglo 17	San Pedro Lontué
Cousiño	España (Galicia)	—	Cousiño Macul
Errázuriz	España (Navarra)	Año 1750	Errázuriz/Panquehue
Fernández	—	—	Santa Rita (1880)
Ochagavía	Portugal	Comienzo Siglo 18	Ochagavía (1851)
Ossa	España (Vizcaya)	Comienzo Siglo 18	Santa Teresa (1860)
Pereira	España (Galicia)	Comienzo Siglo 18	Santa Carolina (1875)
Subercaseaux	Francia	Año 1750	Concha y Toro
Tocornal	España	—	Mariscal
Undurraga	España (Vasco)	Finales Siglo 18	Undurraga (1890)
Urmeneta	España (Vasco)	Finales Siglo 18	Urmeneta (1860)

Fuente: Virgilio Figueroa, *Diccionario histórico, biográfico y bibliográfico de Chile 1800-1928.*

TABLA 4. RUBRO PRINCIPAL DE LOS VITICULTORES DE LA ÉPOCA

Nombre	Actividad principal	Empresas
Melchor Concha y Toro	Minería	Huanchaca
Pedro Correa Ovalle	Finanzas, Transportes	Banco Chile, Ferrocarriles
Familia Cousiño	Minería	Lota (carbón)
Matías Cousiño Jorquera	Transportes	Accionista
Alberto Cousiño Goyenechea	Industria, Cerveza	Chile
Max Errázuriz Valdivieso	Minería	Guayacán (cobre) Lebu (carbón)
Domingo Fernández Concha	Bancos	Valparaíso, Santiago, Popular, Chile
Silverio Ochagavía Echaurren	Periodismo	Diario *La Unión*
Ismael Pereira Iñiguez	Livevine y Agroindustria	Cía. Ganadera Río Cisne y Cía. Azucarera de Tacna
José T. Urmeneta García	Minería, Transporte Marítimos y Servicios	Guayacán (cobre), Compañía Gas de Santiago

Fuente: Virgilio Figueroa, *Diccionario histórico, biográfico y bibliográfico de Chile 1800-1928.*

La creación de empresas vitivinícolas modernas requería grandes inversiones, incluyendo la contratación de técnicos y especialistas que, tal como hemos indicado anteriormente, provenían mayoritariamente de Francia. De igual forma, resultaba inevitable la adquisición de maquinaria agraria y la construcción de nueva infraestructura tales como bodegas, lagares, estanques de almacenamientos y otros. Los empresarios con suficientes recursos económicos se permitían incluso realizar inversiones en costosas obras arquitectónicas en sus predios que incluían residencias de lujo, capillas, parques y frecuentemente caminos, junto a sus correspondientes sistemas de transporte. Sin embargo, insistamos una vez más que junto al valor financiero invertido, la propiedad de una viña añadía una enorme cuantía de prestigio social y político, algo no observado con otras propiedades agrícolas. Esta característica, aportaba un perfil y estatus individual, un alto nivel en la escala societal y un símbolo aristocrático, señorial.

Aunque las viñas no eran una residencia permanente, ofrecían la oportunidad de invitar huéspedes y visitas convenientes que podían disfrutar en una especie de castillo de estilo francés. Las mansiones incluían parques para pasear, montar a caballo y otras diversiones similares. También se utilizaban para organizar banquetes, fiestas y todo tipo de reuniones sociales. Arquitectos famosos construyeron espacios escénicos para picnic y sus parques eran un símbolo de opulencia, estatus y poder. En la actualidad, varias de estas construcciones han sido declaradas monumentos nacionales, bajo la protección del Estado (Del Pozo, *óp. cit.*).

En su mayoría, los grandes propietarios de viñas fueron tradicionalmente conservadores y apoyaron o ellos mismos fueron políticos que representaron dicha tendencia en el parlamento, incluida la Presidencia de la República. También se unieron en matrimonio con miembros de sus propias familias (endogamia), de otros viñateros y/o integrantes de la aristocracia criolla, reproduciendo un entorno social y económico que les permitió mantener sus propiedades, privilegios o estatus, incluyendo el inicio de nuevas empresas, producto de este vínculo.

Aquellos que no pertenecían a la elite e hicieron fortuna, rápidamente se incorporaron o asociaron con estos grupos. En consecuencia, desde el comienzo de la República, la producción de vino comenzó a disfrutar de una connotación de prestigio no solo por su calidad, sino también por su asociación con grandes nombres y personajes de altos rangos sociales, políticos y religiosos de las elites del poder en Chile. Los elementos anteriores constituyen algunas de las características distintivas de los propietarios y empresarios que innovaron la vitivinicultura chilena a partir de la segunda mitad del siglo xix.

Como resultado de la estabilidad institucional alcanzada por Chile después de 1830[6] y la victoria militar sobre la Confederación Peru-Boliviana, durante la guerra de 1837-1839[7], también se facilitó este proceso. Económicamente hablando, la aparición de las nuevas empresas vitivinícolas se podría presumir como parte del proceso de "modernización" del sistema productivo chileno. Políticamente, sin embargo, solo generó una renovación parcial de los líderes de la clase política criolla. El gobierno continuó bajo el control de los mismos sectores conservadores a pesar de los intentos desplegados por algunos grupos progresistas y las acciones desarrolladas por organizaciones de trabajadores, principalmente los mineros del norte del país.

Las últimas dos décadas de siglo XIX concluyeron con dos sucesos que cambiaron la forma y el carácter de la nación: la Guerra del Pacífico (1879-1883)[8], y la revolución de 1891, que puso fin al gobierno del presidente Manuel Balmaceda[9]. Como resultado de ambos acontecimientos los sectores más tradicio-

[6]   Con el triunfo de los "pelucones" (conservadores) en la guerra civil de 1829, sobre los "pipiolos" o liberales, se inauguró el periodo de los gobiernos autoritarios (1831-1861) de los generales José Joaquín Prieto (1831-1841), Manuel Bulnes (1841-1851) y Manuel Montt Torres (1851-1861). Su principal ideólogo fue Diego Portales, quien impuso un nuevo orden basado en la Constitución de 1833. De este modo comenzó a gestarse la llamada República Autoritaria que otorgó al primer mandatario amplios poderes a través de la nueva constitución. Los resultados de tales disposiciones se tradujeron en exilio, censura a la prensa y persecución a los adversarios políticos, pero que introdujo un tipo de ordenamiento institucional.

[7]   La creación en 1836 de la Confederación Perú-Boliviana por el mariscal Andrés de Santa Cruz causó gran consternación en los países vecinos, principalmente Argentina y Chile. El poder potencial de esta confederación alarmó a ambas naciones, debido no solo a su gran extensión territorial, sino que también a la posible amenaza percibida por la existencia y significado de un Estado tan rico en la zona. En un nivel más profundo, tanto en Perú y Chile enfrentaban una acalorada competencia por el control de las rutas comerciales a través del Pacífico, centrados en la rivalidad entre el puerto peruano de El Callao y el puerto chileno de Valparaíso. El conflicto bélico iniciado en 1836 terminó en 1839 con la victoria del Ejército de Chile.

[8]   El resultado de la guerra estimuló el desarrollo de la economía industrial de Chile, y consolidó su presencia en el norte del país al aumentar su territorio. De esta manera logró riquezas naturales que impulsaron la actividad económica nacional, entre las que destacan los territorios con salitre que pasaron a ser explotados por capitales extranjeros.

[9]   Como resultado de una serie de disputas entre el Poder Ejecutivo y el Legislativo por la discusión y aprobación del presupuesto fiscal del año 1891, se generó el estallido del conflicto entre ambos sectores. Las fuerzas del Ejército de Chile se dividieron, mientras la Armada se unió a los congresistas. Desde Iquique los sectores insurreccionales, apoyados por los británicos, iniciaron una serie de campañas con el fin de derrocar a Balmaceda, que estableció una férrea opresión sobre sus opositores. Como resultado, las fuerzas leales al Presidente fueron derrotadas, y Balmaceda terminó suicidándose en la legación argentina, donde se había asilado. Políticamente, se reemplazó la Constitución de 1833 por una reforma liberal que estuvo en vigencia hasta 1925.

nales acrecentaron sus ventajas económicas y consolidaron el control total del aparato político, económico y religioso de la nación.

Los efectos de las transformaciones introducidas a la industria vitivinícola, principalmente durante el periodo 1850 y 1880, fueron notables. La producción aumentó en gran medida y los nuevos viñedos que aparecieron fueron un gran éxito. Los vinos elaborados se posicionaron en el mercado nacional, comenzando así una tradición que continuaría hasta nuestros días. Las operaciones de los grandes viñedos de la región central, a partir de la segunda mitad del siglo XIX, resultaron ser un curso de acción que modificó y perfeccionó notablemente la estructura productiva, la elaboración y la calidad de los vinos nacionales.

Si bien la aparición de nuevos empresarios provenientes de otras ramas productivas, ajenas a la agricultura, resultó ser un factor importante en la modernización de las viñas, dicha renovación también puso de manifiesto importantes debilidades, principalmente en el campo laboral y administrativo. A pesar de sus energías empresariales, los viticultores, en general, no se diferenciaron del resto de los propietarios agrícolas y la situación del agro en el país continuó exponiendo las enormes diferencias sociales y económicas existentes entre terratenientes y campesinos, entre productores y trabajadores, caracterizado por la enorme concentración de la tierra en pocas manos y el conservadurismo extremo de las formas administrativas y manejo de los viñedos.

Producción del vino

Hasta mediados del siglo XIX, insistamos, la viticultura chilena venía produciendo un tipo de vino que desde la época colonial era elaborado en forma rudimentaria, sin mostrar ninguna evolución en particular, especialmente en las técnicas utilizadas en el pasado. Esta característica productiva mantenía a los vinos nacionales en una situación de desventaja frente a productos de mayor calidad importados de Europa.

Couyoumdjian (*óp. cit.*), señala que los testimonios de viajeros de la época indicaban que mientras el vino criollo disfrutaba de una alta demanda entre la población, su calidad era solo de mediana para abajo, comparada con los vinos producidos en Mendoza, Argentina. La carencia de una organización técnica adecuada que permitiera perfeccionar la calidad y conservación de los vinos nativos fue una de sus principales dificultades. Otras imperfecciones incluían el uso de equipos antiguos e inadecuados, como, a la vez, la utilización de un deplorable sistema de guarda, transporte y distribución.

Durante los primeros 40 años transcurridos a partir de la proclamación de la independencia en 1810 y mediados del siglo xix, la producción, importación y consumo de vino del país, en general, se mantuvo prácticamente sin alteraciones. Por otro lado, desde el periodo colonial hasta casi finales del siglo xix, los chilenos aún consumían, preferentemente, chicha y aguardiente, costumbre que comenzó a cambiar con la introducción y uso generalizado del ferrocarril, años más tarde.

El impulso viñatero desplegado durante gran parte del mismo siglo se realizó basado en el uso de la cepa "país", empleada preferentemente para la producción de chicha, chacolí, aguardiente y vinos mostos, que producía una no despreciable rentabilidad para aquellos con capitales necesarios para su inversión. Insistamos, la inestabilidad de los vinos y su escaza calidad favorecían la preferencia por el consumo de los diversos tipos de chichas y aguardientes.

La producción vinícola en algunas zonas cercanas a Santiago, como la Ligua y otras, promovió actividades comerciales de cierta importancia. Realizadas al comienzo con un carácter doméstico, con el tiempo fueron adquiriendo importancia estimulada por su cercanía a ciertos centros mineros en el norte y a Santiago. El año 1778 la zona de La Ligua contaba con 27.054 parras. Sin embargo, solo el 40% de dichas vides se encontraba en explotación (Mellafe *et al.*, 1988). Las plantaciones más importantes del área correspondían a viñedos cultivados, pero que aún no iniciaban su producción de vinos. En 1822 dichas viñas ya se encontraban produciendo en su totalidad y se habían agregado otras más (*Ibíd.*). La Tabla 5 resume algunas características productivas de la zona.

TABLA 5. NÚMERO DE PLANTAS DE VIÑA Y PRODUCCIÓN ESTIMADA EN LA LIGUA
1778-1862

Año	Número de plantas	Producción
1778	27.054	-
1836	56.000	2.750 arrobas
1853	80.247	-
1855	91.000	-
1862	-	2.858 arrobas

Fuente: Sociedad y Población Rural en la Formación de Chile Actual: La Ligua 1700-1850.

Mellafe y Salinas (*Ibíd*.) señalan que los terrenos agrícolas no eran aptos para este tipo de plantaciones y el clima tampoco favorecía su fácil desarrollo. Las previsiones que exigía su mantención requerían conocimientos y técnicas más perfeccionados como "poda", renovación de plantas, uso de abonos, y otras. La elaboración de vino, más conocido como "sancochado", por la técnica empleada en su preparación, requería también contar con vasijas, herramientas, bodegas, etc., que encarecían el costo de preservación (*Ibíd*.).

El valor de los terrenos de La Ligua era revelador. En 1848 el costo del arriendo de una viña con 5.000 parras era de $ 400 anuales, una cifra bastante elevada para la época. La producción de la viña se estimada en 600 arrobas. Algunos años después, en 1853, su valor se tasaba en $ 500 y el terreno plantado con vides eran dos cuadras. Durante el mismo periodo la superficie total destinada a la viticultura en la Ligua alcanzaba a 45 hectáreas. La mayoría del resto de las viñas eran plantíos particulares dedicados únicamente al cultivo de la vid, que no excedían las dos hectáreas de superficie (*Ibíd*.).

Otro sector productivo de la zona central, localizado en los alrededores de Santiago, fue del corregimiento de Colchagua, región que había comenzado su producción durante el siglo xvi. Se estimaba que durante el año 1778 la elaboración de vinos alcanzó a veinte mil arrobas, superando en el doble a la producción de Quillota y en casi la mitad a la del área de Santiago (Carvallo y Goyeneche: 1861). Una nueva etapa productiva se inició a partir de la segunda mitad del siglo xix con la aplicación de un nuevo modelo viñatero moderno y cepas de origen francés, suscitando una mayor demanda por los vinos de la región y la apertura de nuevos mercados en Santiago, Valparaíso y, especialmente, en el norte minero (*Ibíd*.).

Los vinos nacionales más acreditados, sin embargo, seguían procediendo de la región de Concepción. Claudio Gay (1873) señala que mientras en la zona de Chillán, ubicada entre Santiago y Concepción, seis parras en plena producción rendían un galón de vino, en Santiago se obtenían seis litros y ocho en Aconcagua (al norte de Santiago). Esta particularidad se debía al uso del riego artificial adicional empleado en la región central de Chile. Por el contrario, las viñas del sur eran terrenos de secano (*Ibíd*.). De cualquier forma, los vinos de Concepción continuaban siendo bastante demandados y muy apreciados en todo el país.

Las superficies de terrenos plantados con vides viníferas utilizadas para hacer vinos, chichas y aguardientes se pueden observar en los resultados del primer censo del vino de 1830, realizado por el científico francés Claudio Gay (Tabla 6).

TABLA 6. SUPERFICIES VINÍFERAS POR REGIONES: 1830

REGIÓN	HECTÁREAS
Coquimbo	1.600
Aconcagua	5.000
Santiago	2.000
Talca	700
Cauquenes	4.500
Concepción	15.000
TOTAL	28.8000

Fuente: Claudio Gay. *Censo 1830.* Cap. XIII

Las cifras señaladas por Gay permiten observar que desde antes del siglo XIX el mayor potencial de la viticultura criolla se hallaba aún en las regiones del sur. La zona de Atacama, especialmente la región de Coquimbo, en el norte de Chile y uno de los principales centros productores de vino durante los siglos XVII y XVIII, con el paso de los años disminuyeron su potencial productivo considerablemente. Por el contrario, más del 67% de los territorios de Concepción y Cauquenes, en el sur, estaban plantados con viñas, distribuidas sobre una superficie de 19.500 hectáreas (Gay, *óp. cit.*).

Las frecuentes noches frías, principalmente durante el invierno, afectaban a las cosechas de uvas y posterior producción de vinos. Para remediar el problema los viñateros quemaban paja mojada para proteger sus plantaciones de las heladas con el humo. A partir de 1850, sin embargo, el cultivo de variedades nobles importadas de Europa en la zona central, el aumento de territorios vitivinícolas irrigados y, más tarde, la ampliación de la vía férrea, produjeron un notable descenso de la producción de vinos en la región de Concepción y el Biobío, y de lo cual nunca pudieron recuperarse nuevamente.

Recordemos que la introducción de una serie de transformaciones que modernizaron la agricultura chilena, especialmente entre 1840 y 1870, permitió que algunos productos, principalmente el trigo, junto a la extracción de cobre, accediera al mercado mundial, situación que promovió la renovación radical de la producción y consumo de vinos en el país. Variedades francesas importadas durante este periodo comenzaron a reemplazar la tradicional cepa *País*, al mismo tiempo que nuevos y extensos viñedos comenzaron a emerger en el Valle Central, con Silvestre Ochagavía en 1850.

La carencia de datos empíricos y estadísticas oficiales hace difícil realizar un análisis más profundo. Inventarios y datos agrícolas disponibles de este

99

periodo, principalmente los relativos a la producción de vinos y otras bebidas alcohólicas, contenían muchos errores y omisiones. Las incesantes solicitudes requeridas para conseguir material estadístico sobre materias agrícolas de los viñateros, a las autoridades pertinentes y a la Sociedad Nacional de Agricultura, no siempre hicieron posible acceder a ellos. Los agricultores eran reacios a proporcionar información sobre sus operaciones productivas y datos contables; a la vez, los informes facilitados por las agencias gubernamentales tampoco eran más creíbles o exactos (González: 2003). La mayoría de las veces eran incompletos o simplemente no se publicaban. En cualquier caso, a partir de cierta información y otros documentos dispersos obtenidos en algunas provincias y centros regionales, se pueden extrapolar algunas conclusiones y aproximaciones acerca del desarrollo de la producción de vino de algunas regiones.

Insistamos en que las principales remesas de vino nativo provenían de las regiones localizadas al sur del río Maule. Datos estadísticos de la época confirman que durante el quinquenio 1861-1865 las provincias de Linares, Maule, Ñuble, Biobío y Concepción abastecían más del 80% de la producción nacional de vinos. Con todo, durante el mismo periodo, la región centro-norte también empezó a adquirir una relevancia productiva cada vez mayor. En efecto, a comienzos del siglo xx la producción de las provincias del sur alcanzó a un poco menos del 70%, mientras que durante el quinquenio 1916-1920 disminuyó al 54% (Couyoumdjian: 2006). Este descenso productivo estuvo directamente relacionado con la renovación del cultivo de la uva chilena en la zona central.

Otro elemento destacable de esta época fueron los altos niveles de calidad logrados por los nuevos vinos producidos como resultado de la implementación de las técnicas francesas, las que no solo incluyeron la elaboración de una selección de vinos de ese país, sino, a la vez, la reproducción casi perfecta de los afamados mostos de la región de Bordeaux. En 1870, un año después que comenzara el nuevo ciclo elaborativo, la zona productora más importante de vinos Bordeaux pasaron a ser Santiago y Puente Alto, esta última conocida también como Victoria. En secuencia de volumen, seguían las regiones de Los Andes, San Fernando, Quillota e Illapel, también ubicadas en el centro de Chile (*Ibíd.*)

Hacia 1870 la producción anual de Bordeaux nacional y otros vinos franceses superaba los dos millones y medio de litros, mientras que los vinos tintos importados alcanzaban a un poco más de un millón y medio de litros (Boletín sna: 2006). Durante la primera mitad de la década, específicamente 1871-1875, la producción llegó a casi 5,5% del total de los vinos elaborados especialmente en la provincia de Santiago. Diez años más tarde, durante el quinquenio siguiente, 1881-1885, los vinos Bordeaux representaban el 15% de la producción total del país (Boletín SNA: 1897).

Desde un enfoque enológico, durante la segunda mitad del siglo XIX encontramos un país dividido en dos regiones productivas. La primera, una zona vitícola central situada entre los ríos Aconcagua por el norte y Maule por el sur y en los cuales predominaban los viñedos franceses. La segunda región vitícola, la del sur, situada entre los ríos Maule por el norte y Biobío por el sur, dedicada principalmente al cultivo de la cepa "país". Es decir, por un lado operaba una vitivinicultura que utilizaba tecnología moderna que incluía sistemas de riegos renovados, bodegas, almacenamiento y procesados avanzados y, por el otro, observamos una región en donde prevalecen las viñas de rulo o secano que no alteraron su forma tradicional de elaborar vinos. Posteriormente, adentrado ya en el siglo siguiente, la situación comenzaría a cambiar, una vez que en la zona del Biobío también comenzara a plantarse variedades francesas, con excelentes resultados en la calidad del producto. Conjuntamente, utilizando la misma cepa país, también comenzaría a producir un vino orientado a la exportación (Briones: 2008: 61).

Resumiendo: como resultado de las nuevas técnicas francesas la producción de vinos nacionales mejoró y aumentó notablemente su calidad y su demanda, especialmente entre los sectores de mayores ingresos económicos. El reconocimiento a su calidad también fue destacado por algunos galardones y premios obtenidos en algunos certámenes internacionales de vinos, como la exposición de Burdeos de 1883. Con el apoyo de la Sociedad Nacional de Agricultura, 30 expositores nacionales que participaron en dicho evento obtuvieron en su conjunto cuatro medallas de oro, siete de plata, siete de bronce y cinco menciones honrosas (Couyoumdjian: 2006). Lo mismo ocurrió en otros eventos como la exposición de vinos celebrada en Liverpool el año 1886, en la cual diversos vinos tinto y blanco fueron premiados con medallas de oro y plata (*Ibíd.*). El año 1889 los vinos chilenos serían nuevamente distinguidos, esta vez en París.

ENVASADO DEL VINO

La calidad de la producción de vinos también estuvo enlazada con la calidad de los envases. Desde sus inicios, la elaboración del vino y aguardientes en Chile requirió la disponibilidad de instalaciones y equipamiento especial. A partir del inicio de la elaboración de vinos nacionales durante el siglo XVI, y a lo largo de los siglos XVII y XVIII, los viticultores debieron trabajar en resolver las diversas etapas productivas mediante la adopción y acomodo de los métodos europeos. El proceso elaborativo requería de lagares, áreas donde se molía la uva y se separaba el mosto del hollejo. También se requerían recipientes para conservar, criar, madurar y transportar el vino.

Los envases empleados en América española variaron según las regiones, particularmente en el Virreinato del Perú, lugar donde los españoles instalaron la costumbre de almacenar los vinos en recipientes de barro cocido. La disponibilidad de implementos locales y probablemente los recursos y habilidades de los pueblos originarios en trabajos de cerámica y otros, inclinaron a los conquistadores a emplear botijas de barro cocido para guardar sus vinos. Esta técnica se inició desde la llegada de Francisco Pizarro al Perú. Según Lacoste (2006), *los documentos de la época señalan que, en la primera mitad del siglo* xvi, *ya se utilizaban "botijas de buen vino", práctica que se propagó posteriormente al Reino de Chile en general y Mendoza en particular.*

El estudio de Juan Guillermo Muñoz (2001) permite recoger algunos de los aspectos tecnológicos de la vitivinicultura chilena de la época. En él se indica que la totalidad de la vasija vinaria de Chile estaba compuesta por botijas y tinajas de greda y por lo tanto, durante el siglo xvi, aún no se utilizaban los envases de madera. En general, los monjes dejaban el vino un par de meses en vasijas antes del consumo para las misas.

Los lagares chilenos del siglo xvii podían ser fabricados de tres diferentes materiales: de madera, de adobe y teja, y de ladrillo. Los más frecuentes eran los de madera y ladrillo, mientras que los de adobe y tejas eran muy excepcionales. Para construir los lagares de madera se utilizaban el roble o tablas de patagua, árboles típicos de la región. A fines del siglo xviii, barriles y pipas de madera comenzaron a reemplazar las tradicionales botijas (Lacoste: 2006).

En Europa este proceso tuvo sus hitos en las ánforas romanas, los barriles de madera y, finalmente, la botella de vidrio tapada con corcho, innovación introducida en 1653 por un comerciante británico que trasladaba vinos del sur de Europa hacia Inglaterra. Con esta innovación se puso en marcha un proceso de cambio que, con el correr del tiempo, llegaría a todo el mundo vitivinícola. Sin embargo, en Chile, cada una de las regiones vineras tuvo sus propios procesos.

El mercado interno

Durante este periodo los productores de vinos nacionales abastecían principalmente a los compradores locales, y en menor medida a los mercados extranjeros. El consumo interno había aumentado notablemente debido al rápido incremento de la población y su tendencia a concentrarse en las grandes zonas urbanas, principalmente Santiago, Valparaíso y Concepción, ya convertidos en importantes centros urbanos, poblacionales, administrativos, comerciales, financieros e industriales del país. Sin embargo, los vinos criollos debían competir fuertemente con los vinos extranjeros y principalmente con productos adulterados que circulaban a lo largo del país.

El desafío para los productores nacionales pasó a ser la elaboración de vinos de calidad, a bajo costo, para sobrevivir tanto en el mercado interno como en el extranjero. Este obstáculo, insistamos, se resolvió favorablemente mejorando la calidad a través de la incorporación de las cepas francesas, nuevos procedimientos técnicos y la contratación de expertos también franceses. Las innovaciones impulsadas por los enólogos y técnicos franceses incluyeron desde la plantación de nuevas viñas hasta la elaboración y embotellamiento del vino. Sin embargo, pareciera ser que muy poco se aprendió y avanzó en términos de comercio exterior.

Como es de suponer, el consumo y venta de vinos nacionales tuvo una gran recepción en las zonas urbanas de la región centro-sur del país y, más tarde, en el nuevo mercado generado por las actividades mineras del norte, especialmente en las provincias de Coquimbo y Atacama. Una vez concluida la Guerra del Pacífico, en 1885, las nuevas regiones incorporadas al territorio nacional, Tarapacá y Antofagasta, también pasaron a ser parte de este círculo comercial, convirtiéndose, de este modo, en los mercados más seguros y rentables de productos agrícolas chilenos, incluyendo el vino.

Entre 1844 y 1876 el vino transportado desde los puertos de Valparaíso, Talcahuano, Constitución y Tomé hacia las provincias de Atacama y Coquimbo alcanzó un volumen de 61.603.079 litros, incluyendo diferentes variedades de tintos, blancos y otros. Por su parte, los envíos hacia los puertos de la región de Atacama sumaron 17.852.448 litros, equivalentes al 29% del comercio total del país, mientras que los enviados a la provincia de Coquimbo alcanzaron a 1.712.634 litros, correspondientes al 2,8% del comercio total nacional (Briones, *óp. cit.*).

El vino consignado a las provincias del norte de Atacama y Coquimbo durante este periodo llegó a 19.565.082 litros, es decir, 31,8% del total del transporte de mercancías (cabotaje) del país (*Ibíd.*). El puerto principal de embarque de vinos hacia las provincias del norte fue Valparaíso, con 17.605.871 litros, cifra correspondiente al 28,6% del transporte nacional de productos y el 90% de los productos nacionales recibidos en Atacama y Coquimbo (*Ibíd.*). Más tarde y durante el resto de los siglos xix y xx aumentarían significativamente.

Importaciones de vino

Si bien las importaciones de vino en Chile datan de la llegada de los españoles en el siglo xvi, la apertura al comercio exterior después de la independencia en 1810 facilitó el arribo de vinos extranjeros. Sin embargo, solo representaban una pequeña parte del consumo nacional y a principio de 1870 alcanzaban un promedio de 6,4%. A pesar de todo, su significado social y cultural era mucho mayor que su volumen (Couyoumdjian, *óp. cit.*).

Claudio Gay (*óp. cit.*), señala en sus escritos que casi todos los vinos importados ingresaban por el puerto de Valparaíso y el año 1834 totalizaba la cantidad de 96.000 litros; diez años más tarde habían aumentado a 236.000 litros, según el mismo autor. Datos disponibles de los siguientes quinquenios aportan información relevante acerca de las importaciones y producción local de mostos, tal como lo podemos observar en la Tabla 7.

Tabla 7. Importaciones y producción local de vinos 1846-1900

Quinquenios	Total vinos, mostos & Bordeaux nacional	Total vinos importados Miles de litros Promedio	% Vino importado
1846-1850	250	—	—
1851-1855	616	—	—
1856-1860	677	—	—
1861-1865	13.872	430	3,01
1866-1870	16.278	640	3,79
1871-1875	19.799	1.353	6,39
1876-1880	19.970	904	4,33
1881-1895	19.464	833	4,10
1896-1900	10.256	711	4,47

Fuente: Anuario Estadístico de la República de Chile. Sinopsis Estadística Comercial de la República de Chile.

Según Couyoumdjian (*óp. cit.*), la mayoría de los vinos extranjeros procedían de Francia, España, Italia y Alemania. En el caso de los vinos tintos, el país exportador líder era Portugal, aunque Inglaterra y Alemania reexportaban importantes cantidades de este producto. España, por su parte, había perdido casi toda su predominancia en el mercado internacional de ese periodo, controlado ahora por Francia, país que pasó a ser el más importante proveedor de vinos durante el siglo xix (*Ibíd.*).

Los consumidores de vinos importados en Chile también experimentaron transformaciones notables en sus preferencias de consumo. Como aseveráramos anteriormente, en algún momento, durante la década de 1880, la calidad de los vinos nacionales progresó considerablemente y, en consecuencia, la demanda nacional por estos mostos también aumentó en igual medida. Los cambios en las conductas de consumo de vino nacional de la población por productos importados no se debieron entonces a problemas del poder adquisitivo de los consumidores nacionales, como algunos podrían sugerir. La prosperidad creada por la industria del salitre, después de la Guerra del Pacífico, tampoco cambió la tendencia de consumo, sin dejar de lado que los costos de las importaciones, incluyendo el vino, podrían haber sido afectados por la guerra y el aumento de impuestos a su consumo como resultado del conflicto.

Más allá de las ventajas efectivas en la relación calidad/precio de los vinos nacionales sobre los europeos, aún seguía existiendo un innegable elemento de prestigio social y distinción de los productos importados, en particular los de origen francés. Este elemento explica la amplia presencia de vinos franceses o, al menos, con nombres franceses en los banquetes y recepciones sociales de la época. Pero, sin lugar a dudas, la tendencia que favoreció el consumo de vinos nacionales también fue beneficiada por las restricciones impuestas por las autoridades al comercio exterior durante las décadas venideras. Sin embargo, a fines del siglo xix, la calidad de los vinos chilenos de marca había alcanzado niveles bastante aceptables como para ser consumidos por los paladares más exigentes en el extranjero. En 1876 vinos blancos y tintos Subercaseaux eran exportados a Perú y se vendían bajo la marca Bordeaux, compitiendo con los vinos peruanos y franceses (Martiniere: 1996).

Las importaciones de vino venían experimentando un aumento constante hasta 1876, momento en que comienzan a declinar debido al deterioro de la economía chilena y la consiguiente pérdida de valor de su moneda nacional, situación que afectó fuertemente a los productos importados (Coy: 1995). Otro elemento, ya mencionado, fue el poderoso impacto de la epidemia de la *Phylloxera,* que perjudicó seriamente la producción de vinos franceses y europeos, condiciones que ocurren en un momento cuando la excelencia del vino chileno había mejorado notablemente. Estos factores restringieron notoriamente las importaciones de vino del país.

Briones (*óp. cit.*) señala que en las estadísticas comerciales entre 1844 a 1900 las importaciones de vino alcanzaron a 37.287.655 litros. Como indicáramos, el principal exportador de tintos y blancos era Francia, y correspondían al 60% de las importaciones de dichos productos, durante este periodo (Tabla 8).

País	Vino blancos	Vinos tintos
Francia	4.812.217	16.525.937
Inglaterra	3.756.093	4.199.595
España	1.389.119	2.081.899
Alemania	1.126.013	94.280
Italia	964.061	882.198
Portugal	120.471	489.198
TOTAL	12.167.974	25.119.681

Fuente: Félix Briones-Quiroz *Vitivinicultura Chilena: 1850-1900.*

Resumiendo, durante la última mitad del siglo xix el mercado nacional fue bastante competitivo como resultado de las importaciones de vinos procedentes de Europa, principalmente Francia, a pesar de la alta calidad alcanzada por los mostos nacionales del país. Por el contrario, el mercado externo continuó siendo bastante débil a pesar de algunos intentos llevados a cabo con relativo éxito. Esta situación cambiaría drásticamente a fines del siglo siguiente.

Exportaciones de vino nacional

Según Bauer (*óp. cit.*), durante los cien años transcurridos entre 1750 y 1850 ocurrieron escasos cambios en los mercados externos de la agricultura de la ahora naciente república de Chile. Su ubicación geográfica, aislada al sur del mundo, la escasez de población a lo largo de las costas del Pacífico para demandar productos como los europeos, como trigo, ganado y vino, mantuvieron las exportaciones del Reino de Chile muy bajas. En efecto, el único cambio significativo había ocurrido a fines del siglo xvii, cuando Chile empezó a enviar trigo y, en mucho menor medida, vinos al Perú, después del terremoto de 1687. Después de la Independencia, ocurrida el año 1810, el cuadro productivo de la época colonial fue modificado, donde la producción y exportación de productos cambió, incluyendo la producción colonial de vinos.

Los cambios efectuados en la industria del vino después de la proclamación de la independencia conjuntamente con las medidas adoptadas por la naciente república para captar otros mercados extranjeros, aumentaron fuertemente. Dentro de la nueva organización institucional, el comercio exterior pasó a tener prioridad y el 21 de febrero de 1811 las nuevas autoridades criollas abrieron las puertas a la comercialización de ida y vuelta con naciones amigas o neutrales. Esta medida se realizó a través de la dictación de la primera Ordenanza de Aduanas, la cual sustituía la prohibición anterior dictada por la corona española restringiendo el comercio de Chile con otras regiones (*Ibíd.*).

Entre 1815 y 1820 el Gobierno chileno impulsó un dinámico proceso de transformación de sus exportaciones, incluyendo el vino, facilitando de este modo que naciones interesadas se incorporaran a este nuevo escenario mercantil nacional. Uno de los primeros en integrarse fueron los ingleses, quienes desde hacía tiempo venían demostrando estar interesados en invertir y comercializar algunos recursos naturales nacionales, principalmente cobre[10]. El alto nivel industrial alcanzado por esa nación en su etapa superior del capitalismo, el imperialismo, al decir de V. I. Lenin, era avasallante. Carente de materias primas y recursos naturales propios, su visión internacional se dirigió rápidamente hacia sus colonias en otros continentes y América Latina.

Entre 1844 y 1898 el valor total del conjunto de las importaciones procedentes de Gran Bretaña excedía el monto del conjunto de las de Francia, Alemania y Estados Unidos[11]. Las bases de la supremacía comercial británica con la nueva República de Chile se habían establecido desde muy temprano. En 1820 por lo menos doce firmas británicas habían abierto sucursales en el puerto de Valparaíso[12]. Hacia 1860 Gran Bretaña y sus colonias se habían hecho cargo de más del 50% de las exportaciones chilenas al mismo tiempo que abastecían el 33% de las importaciones del país. En 1875 las cifras se incrementaron al 60% y casi al 40% respectivamente[13].

Dentro de este auge comercial el país también se fortaleció como un respetable productor de vinos, aunque sus exportaciones se limitaban únicamente a los mercados sudamericanos como Perú, Ecuador, Bolivia y a las repúblicas

---

[10] Durante el periodo 1840-1870 se invirtió una suma considerable de capital británico en el cobre chileno, siendo la Copiapó Mining Company (Compañía Minera de Copiapó) la firma más importante. Otra importante conexión comercial fue la importación de carbón de Inglaterra, que alcanzó hacia 1883 nueve décimos de la importación total de ese producto.

[11] C. W. Centner, "Relaciones comerciales de Gran Bretaña con Chile 1810-1830, *Revista Chilena de Historia y Geografía* (RCEG), N9 103~(1943), p. 106.

[12] J. A. Gibbs, *The History of Antony and Dorothea Gibbs and the early years of Antony Gibbs and Son* (Londres, 1922), pp. 393-4.

[13] Porcentajes calculados de cifras de Martner, *Estudio de la política comercial*, 1, 299, y 11, 351-2. Respecto al comercio colonial británico con Chile, ver T. W. Keeble, *Comercial Relations between British Overseas Territories and South America*, 1806-1914 (Londres, Institute of Latin American Studies, Monographs N9 3, 1970), *pássim*.

del Río de la Plata. A finales de la década de 1840 también comenzó a exportar vino y trigo a California, durante la llamada "fiebre del oro". En 1877 comenzaron las exportaciones de vinos chilenos a Europa, y su calidad fue destacada en las exposiciones de Burdeos (1882), Liverpool (1885) y París (1889), ya mencionadas.

Los mercados extranjeros para los vinos nacionales no fueron fáciles de conquistar y, como sostuviéramos anteriormente, debieron competir fuertemente con los vinos franceses, españoles e italianos, incluso dentro del mismo territorio nacional. En general, los vinos nacionales experimentaron múltiples dificultades debido a que aún no poseían las cualidades suficientes requeridas por los consumidores internacionales. El vino criollo continuaba siendo elaborado con las mismas cepas originales, técnicas e implementos introducidos por los españoles durante la colonia.

Algunos años más tarde, específicamente durante la etapa 1844-1900, el total de las exportaciones de vinos y otros mostos habían logrado aumentar su presencia en el mercado internacional, alcanzado un total de 13.841.168 litros exportados, según estadísticas comerciales disponibles (Briones, *óp. cit.*). De esa cantidad, 215.237 litros fueron exportados durante el decenio 1844-1854 y durante el periodo 1844 y 1866 aumentó a 1.374.759 litros. Desde otra perspectiva, entre 1844 y 1900 se exportaron 674.569 litros de vino blanco y 11.576.603 litros de vino tinto (*Ibíd.*) (Tabla 9).

TABLA 9. EXPORTACIONES DE VINOS A LATINOAMÉRICA Y EUROPA 1844-1900

COUNTRY	LITROS
Perú	4.075.640
Bolivia	2.587.387
Ecuador	2.330.986
Uruguay	1.101.776
Alemania	639.414
Francia	635.320
Inglaterra	108.059
Rancho*	1.297.161
TOTAL	12.775.743

Fuente: Tomado de Félix Briones-Quiroz. *Vitivinicultura Chilena: 1850-1900.*
* Rancho se refiere a productos utilizados para abastecer barcos extranjeros navegando en aguas chilenas y que se consideraban como exportados a la nación propietaria del navío.

De acuerdo con las cifras indicadas, la cantidad total de vino exportado representaba un 92,3%, cuyo mercado principal se encontraba en América Latina, con un 72,9%, siendo el más importante el mercado de Perú, con un 29,4%. El mercado europeo solo recibía el 10% del vino nacional y Alemania era su principal destino. Finalmente, *Rancho* representaba el 9,4% de la cantidad total del vino exportado (*Ibíd.*).

No obstante los intentos por penetrar el atractivo mercado internacional, principalmente el exigente mercado europeo, no fue posible lograr plenamente los objetivos esperados. La producción nacional estaba aún muy lejos de alcanzar los estándares internacionales requeridos. Por otra parte el mercado sudamericano era bastante irregular y reducido, por consiguiente, los productores chilenos obtenían bajas utilidades a pesar del enorme esfuerzo exportador invertido, razón por la que finalmente prefirieron optar por concentrarse en el mercado nacional.

Limitaciones de la industria del vino nacional

La aparición de nuevos y modernos viñedos, especialmente a partir de la segunda mitad del siglo xx, fue un factor que renovó a fondo los mecanismos para la elaboración y comercialización de vinos en algunas regiones de Chile. Esta actividad se convirtió en un tipo de agroindustria que movilizó importantes capitales y contribuyó a la mecanización de la agricultura elevando, de este modo, sus niveles tecnológico-productivos. También constituyó un incentivo para promover la fabricación de botellas, barriles y otros implementos necesarios para la industria del vino, proporcionando así un impulso adicional a un incipiente y primitivo desarrollo industrial que se iniciaba en el país.

A pesar de los innegables progresos alcanzados en las técnicas productivas, de elaboración y almacenamiento, la renovación de los nuevos viñedos fue solo parcial. El vino chileno continuó siendo, por un largo rato, un producto destinado principalmente al mercado interno y ciertas exportaciones espurias, debido a la falta de iniciativas y conocimientos para capturar y operar en los nuevos mercados, especialmente los internacionales. Más aún, la industria vitivinícola nacional presentaba también otras limitaciones importantes, a lo menos en dos aspectos: la fuerza laboral y los sistemas de administración.

Mientras los viñateros se mostraron bastante abiertos a las innovaciones y avances tecnológicos, su relación con los trabajadores fue exactamente lo contrario. La característica más notoria de la mayoría de estos trabajadores consistía en su permanente inestabilidad laboral forzándolos, junto a sus familias, a vivir en condiciones de extrema pobreza. Leyes laborales, sindicatos u organizaciones de trabajadores rurales eran prácticamente inexistentes debido a la tenaz oposición y hostigamiento de los terratenientes agrícolas, incluyendo a los viñateros. De hecho, los trabajadores rurales constituyeron el último segmento de la clase trabajadora de Chile en desarrollar ciertas formas de organización sindical, situación que contó con el abierto respaldo de los gobiernos de la época para favorecer a los agricultores. Este sistema laboral opresivo se mantuvo hasta casi la mitad del siglo xx, cuando se formaron los primeros sindicatos de trabajadores rurales. En consecuencia, desde antes del establecimiento de la República de Chile la mayoría de los campesinos trabajaron bajo una forma de relación laboral basada en una mezcla de paternalismo y abuso por parte de los terratenientes.

A pesar de la insatisfacción laboral, los bajos salarios, abusos por parte de los viticultores, las huelgas y movimientos para presionar por mejores salarios fueron casi desconocidos hasta antes de la Segunda Guerra Mundial. Esta situación permitió a los viñateros prolongar las prácticas laborales tradicionales del trabajo agrario y mantener bajo control laboral, político y económico a los campesinos y otros trabajadores rurales, desde los inicios de la República de Chile hasta la mitad del siglo xx. En el Capítulo siguiente discutimos con más detalle acerca de la fuerza laboral de las viñas de la época.

Otra limitación importante fue la administración de los viñedos, puesto que la mayoría de ellos eran manejados como empresas familiares. Los núcleos propietarios de las viñas estaban a cargo de la administración y los beneficios se distribuían de acuerdo a sus criterios. Por su parte, la única fuente de capitalización de los propietarios de viñas era el dinero de la familia y los préstamos que obtenían de los bancos. En consecuencia, los viñateros eran responsables solo ante sí mismos de las decisiones técnicas, pagos e inversiones realizadas. Por consiguiente, los encargados de los aspectos financieros familiares no siempre contaban con el conocimiento y/o estudios en administración de empresas, contabilidad, agricultura o comercio. El primer intento de trabajar una viña de una manera profesional ocurrió en 1923, con la Viña Concha y Toro, cuando se transformó en la primera sociedad anónima vitivinícola del país. El resto de las empresas del sector continuó operando de la misma manera hasta mediados del siglo xx, cuando se implementó la reforma agraria, la cual entró en vigor durante la década de 1960, la que examinamos en los capítulos siguientes.

Concluyendo, el desarrollo de los nuevos tipos de viñedos en la zona central de Chile, a partir de la segunda mitad del siglo xix, contribuyó a modificar la estructura y la calidad de la producción de vino en el país. La iniciativa de un grupo de empresarios, insistamos, ajenos a la agricultura, no solo aportó capitales sino, a la vez, modernizaron la elaboración de este producto. Esta renovación fue el resultado del cultivo de nuevas variedades europeas de uvas seguido por una verdadera revolución tecnológica en la elaboración de vinos del país. El nuevo proceso productivo tuvo una fuerte influencia francesa y se concentró principalmente en las regiones de Aconcagua a Talca, permitiendo, de este modo, alcanzar una creciente importancia en las diversas empresas nacionales productoras de vino.

Finalmente, la renovación y modernización de la industria vitivinícola chilena también expuso importantes limitaciones tanto en materias laborales y administrativas. Las viñas no fueron diferentes al manejo de la situación general de la agricultura en el país. Esta continuó caracterizándose por sus profundas diferencias sociales y económicas entre terratenientes y campesinos, la concentración de la tierra en pocas manos, y por el conservadurismo en los estilos de administración de sus empresas. Tecnológicamente hablando, a pesar de los innegables avances logrados por las ahora renovadas empresas vinícolas, fue solo parcial. Los vinos criollos continuaron siendo, por mucho tiempo más, productos destinados solo al mercado nacional, con pocos beneficios procedentes de las exportaciones, debido a que aún no habían logrado alcanzar sus mejores niveles operativos de calidad, administrativos y comercialización, fuera de sus fronteras.

Capítulo IV
MODERNIZACIÓN Y REGULACIÓN DEL VINO
1880-1938

La coyuntura

En el capítulo anterior comentamos que hasta mediados del siglo XIX la viticultura chilena venía produciendo vinos que desde la época colonial era fabricado de manera artesanal y rudimentaria, sin mostrar evoluciones sustanciales en su proceso de elaboración. Sosteníamos que la causa principal había sido la falta de técnicas adecuadas que permitieran la preparación y conservación de caldos de buena calidad, situación que los puso en una condición de desventaja respecto a los vinos importados de Europa. La introducción de nuevas variedades de uvas, tecnologías y enólogos franceses fueron factores fundamentales y a partir de la segunda mitad del siglo XIX modernizaron y cambiaron totalmente la industria vitivinícola del país.

El empresario Silvestre Ochagavía[1] fue el pionero en el cultivo de variedades francesas de Cabernet Sauvignon, Cot, Merlot, Pinot Noir y Semillón, el año 1851, para elaborar vinos de alta calidad en su fundo. Otros personajes, provenientes de diversos ámbitos productivos como la minería, banqueros, empresarios y comerciantes, como ya señaláramos, continuaron la tendencia iniciada por Silvestre Ochagavía.

---

[1]   Abogado, empresario vitícola y político, fue miembro del Partido Conservador, diputado entre 1894-1897 (Rere y Puchuncaví) y 1897-1900 (Llanquihue, Curelmapu y Osorno). Electo senador por Chiloé entre 1912 y 1918, presidente del Senado, desde el 14 de octubre 1914 al 2 de junio 1915, senador reemplazante en la Comisión Permanente de Relaciones Exteriores; e integró la Comisión Permanente de Instrucción Pública; la de Guerra y Marina y la de Policía Interior. Reelecto senador por Chiloé, periodo 1918-1924; fue senador reemplazante en la Comisión Permanente de Relaciones Exteriores y Culto e integró la Comisión Permanente de Policía Interior. Junto al arzobispo Juan González Eyzaguirre y de Joaquín Echenique y Alberto González, compraron *El Diario Ilustrado*. También fue uno de los propietarios y directores del diario *La Unión* de Valparaíso. Fue reelecto senador, pero ahora por la Tercera Agrupación Provincial Aconcagua y Valparaíso, periodo 1926-1934; integró la Comisión Permanente de Obras Públicas y Vías de Comunicación, y la de Trabajo y Previsión Social; y fue senador reemplazante en la Comisión Permanente de Relaciones Exteriores. En 1916 fue nombrado ministro de Relaciones Exteriores, Culto y Colonización del 30 de abril al 1 de julio de 1916, en el gobierno del presidente Juan Luis Sanfuentes; renunció al cargo por desavenencias internas del partido Conservador. En 1925 le tocó presidir el Tribunal Calificador de Elecciones.

113

Según Bengoa (1990), el arribo de inversiones de otros grupos ajenos a la agricultura obedeció a factores económicos y sociales. El elemento económico correspondía a las dificultades existentes para invertir en otras áreas productivas como la industria, debido a que prácticamente aún no existían en el país. Las empresas especulativas urbanas eran limitadas y las existentes no eran suficientes para absorber las florecientes inversiones mineras. El elemento social correspondió a la incesante búsqueda de prestigio social por parte de algunos sectores acaudalados del país, a través de la agricultura y más concretamente la viticultura. La elaboración de vinos finos permitió a varios empresarios mineros y otros grupos pudientes nacionales reproducir algunas de las apariencias de la nobleza aristocrática europea que tanto admiraban. Además, constituir parte de las clases altas también incluía incursionar en el terreno político, otro espacio importante que facilitó la promoción y protección de los intereses financieros, prestigio, influencia y poder[2].

Otro componente atractivo para las inversiones en la agricultura fueron, simultáneamente, uno pragmático y otro visionario. En efecto, los centros mineros del norte de Chile fueron uno de los mercados más florecientes por su alta demanda de productos agrícolas, carnes y vino. Tiendas, mercados y bares ubicados alrededor de las regiones mineras fueron algunos de los mecanismos

2   Virgilio Figueroa (1928) identifica algunos empresarios vitivinícolas y sus actividades políticas en el país. Melchor Concha y Toro, fundador de la Viña Concha y Toro, fue representante del Congreso Nacional (1869) y Ministro de Hacienda. Su hijo Carlo Concha Subercaseaux, fue también representante en el Congreso (1890-1899) y Ministro de Guerra; otro de sus hijos, Juan Enrique Concha Subercaseaux, fue Alcalde de Santiago (1919). Matías Cousiño Jorquera, fundador de la Viña Cousiño Macul, fue diputado (1849-1852 y 1852-1855), luego senador (1855 y 1864). Maximiano Errázuriz Valdivieso, fundador de Viña Errázuriz, fue elegido diputado por tres periodos y, posteriormente, senador de la República durante nueve años. También participó activamente como representante del gobierno chileno en tareas diplomáticas en Estados Unidos y en el Reino Unido. Su suegro, José Tomás Urmeneta, compitió contra su medio hermano mayor Federico Errázuriz Zañartu, quien fue elegido Presidente de Chile entre 1871 y 1876. Su hijo Rafael Errázuriz Urmeneta también fue un representante de la Cámara de Diputados, luego Senador, Ministro de Relaciones Exteriores y finalmente Embajador en el Vaticano. Silvestre Ochagavía Errázuriz, fundador de Viña Ochagavía, fue Ministro de Justicia (1852-1855); su hijo Silvestre Ochagavía Echaurren, miembro de la Cámara de Diputados (1891) y senador (1912 y 1926). Su nieto Silvestre Ochagavía Hurtado fue alcalde de Talagante y Santiago. Ramón Subercaseaux Mercado, propietario de Viña Subercaseaux fue senador (1840-1859). Manuel Antonio Tocornal, dueño de la Viña Tocornal, fue Ministro de Justicia en 1840 y Ministro de Relaciones Exteriores en 1860. Su hijo Ismael Tocornal fue Ministro del Interior (1909), Presidente del Senado de la República y del Banco Central de Chile. José Tomás Urmeneta García, propietario de la Viña Urmeneta, fue senador (1855-1864) y en 1870 candidato a la presidencia de la república, pero no fue elegido. Su hermano Jerónimo Urmeneta García fue Ministro de Hacienda (1850-1852).

que permitieron recuperar el capital empleado en los salarios de los trabajadores rurales, costo de los productos agrícolas, transporte, y acrecentar sus fortunas. Esta característica de las élites rurales de Chile se basaba en la posesión de la tierra, el uso extensivo de mano de obra barata y las influencias políticas. La existencia de una abundante mano de obra y la contratación de campesinos con salarios exiguos explican la falta de iniciativas y esfuerzos para modernizar la agricultura durante ese periodo, al contrario a lo que ocurrió en otras regiones emergentes, como Estados Unidos, Australia y Canadá (Benavente, 2006).

La aparición de nuevos y modernos viñedos entre 1851 y 1880 ratificó a la viticultura como una importante actividad agrícola del país. El periodo siguiente, comprendido entre 1880 y 1938, correspondió a un momento de modernización de la industria del vino, que coincide con algunos importantes sucesos a nivel nacional e internacional, que estimularon la expansión de la industria vitivinícola del país.

En primer lugar, se produjo un significativo impacto económico como consecuencia de la revolución industrial europea y la fiebre del oro en California, factores que abrieron la puerta a las exportaciones chilenas de trigo, metales y otras mercancías, incluido el vino. Dichos factores facilitaron el interés por participar e invertir en empresas agrícolas y mineras en el país. En segundo lugar, la dinámica abierta por la revolución industrial internacional generó grandes oportunidades para las exportaciones mineras y agilizó el comercio mundial, permitiendo la configuración de nuevos grupos empresariales criollos adinerados, que invirtieron en la viticultura y la agricultura principalmente. En tercer lugar, los países productores de vino europeos y de otros lugares enfrentaron una profunda crisis como resultado del ataque de la *Phylloxera vastatrix*, que destruyó la industria elaborativa de vinos de la mayoría de los centros productores en todo el mundo (Morel-Astorga: 2002).

Ante la crisis mundial, las viñas chilenas se reorganizaron rápidamente para evitar el contagio de sus parronales y se tomaron varias medidas preventivas, adquirieron nuevas tecnologías para mejorar la calidad y rendimiento de las viñas, y se renovaron los canales comerciales para distribuir sus productos. Como resultado, la producción de vino se transformó en uno de los sectores más desarrollados de la producción agrícola del país (Bengoa: 1990).

Este momento también coincide con el término de la Guerra del Pacífico (1879-1885). El triunfo favorable a Chile abrió un floreciente mercado en los ricos territorios peruanos y bolivianos anexados. Como resultado del conflicto, la bonanza de la industria del salitre, supuestamente ahora "bajo control de Chile", fue otro elemento que promovió la expansión de la agricultura y la industria del vino[3]. La Guerra del Pacífico demandó abundantes productos agrarios y, entre otros efectos, facilitó la apertura de una infraestructura ferroviaria que ampliara el mercado y el aumento de la rentabilidad de los predios agrícolas. El desarrollo y consiguiente expansión de Santiago y otras ciudades urbanas, cuyas poblaciones consumían elevadas cantidades de productos agrícolas y ganaderos, incluido el vino, también fortaleció esta tendencia. Finalmente, la ocupación y posterior incorporación oficial y definitiva de la región de la Araucanía al territorio nacional, el año 1883, aportaron nuevas tierras fértiles para el cultivo agrícola[4]. Todos estos elementos tuvieron un fuerte impacto en la agricultura, incluyendo la industria del vino, especialmente durante las primeras décadas del siglo xx (*Ibíd.*).

Finalmente, este periodo también coincide con el ataque de la *phylloxera vastatrix*, un pulgón voraz que atacó las raíces de las vides viníferas, devastando los viñedos de casi toda Europa, durante la década de 1860. Sin embargo, antes del inicio de la epidemia, los viticultores criollos ya habían traído y plantado brotes de las vides francesas.

Renovación de la Industria del Vino

El intervalo entre el último cuarto del siglo xix y 1938, en general, fue bastante fructífero para la agricultura chilena, especialmente la industria vitivinícola. Los propietarios de viñedos realizaron numerosas inversiones en maquinarias, equipos, tecnología, construcciones, conservación y transporte de sus productos. Las viñas operaban exitosamente con los expertos franceses contratados y las nuevas técnicas de producción y equipos también importados de ese país

---

[3]   Durante el periodo entre 1879 a 1930 la enorme expansión de la actividad salitrera en el Norte Grande relegó a un segundo plano las exportaciones de harina y trigo provenientes de la zona centro-sur, y a las de cobre y yodo provenientes del Norte Chico, actividad que se desarrolló a través de una creciente participación extranjera (británica fundamentalmente). Algunos escritores como Vítale, Necochea, Frank y otros plantean que Chile se transformó en un enclave foráneo, aislado del resto de la economía y sociedad chilenas. Desde 1883 en adelante la propiedad del salitre pasó a ser prácticamente europea y el año 1890 los británicos controlaban el 70% de esta industria, directa e indirectamente.

[4]   La ocupación de la Araucanía implicó una serie de campañas militares (1861-1883), incursiones del ejército chileno y más tarde la introducción de colonos que facilitaron la incorporación de esa región y sus habitantes, los mapuches, al territorio nacional. La "Pacificación de la Araucanía" fue la expresión utilizada por las autoridades chilenas para denominar este proceso de anexión de la región. Los mapuches habían resistido con éxito por más de 300 años el intento español de la conquista de la región (Vitale: 2002).

en el periodo anterior ya discutido. Este proceso de modernización había sido una necesidad urgente y concluyó alrededor de 1880, cuando los que optaron por esta alternativa sustituyeron los equipos antiguos y construyeron modernas bodegas.

La modernización de la industria del vino se inició con la venta de la Viña Mariscal y que fue adquirida por Silvestre Ochagavía en 1851, bajo el nombre de Viña Tocornal. En 1860 se crearon las bodegas Santa Teresa y Urmeneta. Cinco años más tarde apareció la Viña San Pedro y en 1875 la Viña Lontué. En 1870 también se inauguró la Viña Errázuriz Panquehue, seguida por la Viña Cousiño-Macul. Entre 1880 y 1890 aparecieron la Viña Santa Rita en 1880, y las viñas Concha y Toro en 1883 y Undurraga en 1890 (*Ibíd.*).

La característica más importante antes que se consolidaran estos viñedos fue la iniciativa de algunos agricultores de la zona central en la ejecución de proyectos de infraestructura modernos, entre ellos la construcción de canales de riego y más tarde la introducción del ferrocarril, elementos fundamentales en la producción, comercialización y valorización de la agricultura y la viticultura. En efecto, el año 1827, los terratenientes agrícolas en los alrededores de Santiago crearon la Asociación de Canalistas del Maipo, la cual, a lo largo del siglo xix, cumplió una función provechosa captando la aguas del río Maipo y aumentando la red de canales de irrigación que se desprendían del canal San Carlos, haciendo posible irrigar casi 100.000 hectáreas de terrenos cerca de Santiago (Asselot: 2003). En enero de 1889 Domingo Concha y Toro obtuvo del Estado de Chile la concesión para la construcción de un ferrocarril desde la Plaza Baquedano, en el centro de Santiago, hasta sus viñedos ubicados en la zona de Pirque. La obra se concluyó en 1893 (*Ibíd.*).

Las formas administrativas y manejo de los viñedos se mantuvieron casi inalterables, sin modificaciones, y en su mayoría los propietarios continuaron dedicados a otras actividades económicas, empresariales y políticas, además de producir vino. En efecto, a principios del siglo xx, Pedro Correa, uno de los propietarios de Viña San Pedro, era a la vez el director del Banco de Chile; Domingo Fernández Concha era propietario y copropietario de dos bancos: Valparaíso y Popular; Ismael Pereira, dueño de Viña Santa Carolina, tenía intereses económicos en la Compañía Ganadera Río Cisnes y la Compañía Azucarera de Tacna. La familia Cousiño, propietaria de la Viña Cousiño-Macul, poseía la importante mina de carbón de Lota, una compañía naviera y otras empresas.

La particularidad de los empresarios viñateros de Chile es difícil de analizar debido a la falta de datos disponibles, para no perder de vista las conexiones existentes entre sus diferentes actividades económicas, comerciales y políticas en relación con el manejo de sus viñedos. Sin embargo, insistamos, ser propietario de una viña era más que un negocio: también equivalía estar en posesión de un título honorífico que otorgaba un enorme prestigio social. Esta práctica tampoco era algo original puesto que provenía de Francia, en donde acaudalados empresarios y banqueros adquirieron viñedos que elaboraban diversos productos a los cuales se les añadía el nombre de sus propietarios. A pesar de todo, la vitivinicultura fue una actividad agrícola bastante floreciente, como lo demuestran los niveles de producción en donde la elaboración de vinos aumentó de 51 millones de litros en 1875 a 110 millones en 1884. Es decir, en un periodo de casi diez años su producción se había más que duplicado (Alvarado: 2003).

La transformación de la industria del vino también promovió la aparición y consolidación de nuevos grupos económicos en el país. Algunas viñas tradicionales fueron vendidas o se fusionaron con otras viñas o empresas. Otras se convirtieron en sociedades corporativas y comenzaron a transar sus acciones en el mercado de valores después de permanecer durante muchos años en manos de las familias aristocráticas. La nueva orientación productiva permitió observar la aparición de un nuevo grupo de viñas-empresas que comenzaron a operar en gran escala.

En última instancia, es posible afirmar que la renovación o formación de nuevos viñedos modernos fue el resultado de múltiples factores económicos, sociales, culturales y políticos. Sin embargo, insistamos, la mayoría de los viticultores seguían siendo un grupo de productores que a la vez eran miembros de una misma clase social, pertenecían a las mismas agrupaciones políticas y a menudo, unidos por los mismos lazos familiares. La mayoría eran militantes activos del Partido Conservador, que representaba el catolicismo más puro y fanático de la sociedad chilena. Los miembros pertenecientes a las extensas familias de viticultores se casaban entre sí (endogamia), fortaleciendo así sus vínculos de parentesco, religiosos y políticos[5].

---

[5] Luis Undurraga, nieto del fundador de la Viña Undurraga, se casó con Amalia Fernández, hija del precursor de la Viña Santa Rita. Maximiano Errázuriz Valdivieso, fundador de la Viña Errázuriz, se casó con Amelia Urmeneta, hija de José Tomás Urmeneta, quien además fue su socio en diversos negocios y candidato a la Presidencia de la República. Después de enviudar, se casó con Carmen Valdés, perteneciente a la familia propietaria de la Viña San Carlos de Cunaco. Una hermana de Maximiano Errázuriz fue la esposa de Bonifacio Correa, fundador y propietario de la Viña San Pedro y Francisco Javier Errázuriz se casó con Luz Pereira, de la familia propietaria de la Viña Santa Carolina. Entre sus miembros las familias viñateras también incluían gran número de monjas, sacerdotes y otras autoridades eclesiásticas católicas, tales como Monseñor Crescente Errázuriz, Arzobispo de Santiago (Del Pozo: 2004).

Lo que sigue es un breve resumen cronológico de la formación y desarrollo de las viñas más características que comenzaron a operar en Chile durante este periodo. Una vez más, insistamos en la insuficiencia de referencias, información histórica y datos empíricos acerca de estas viñas, para apuntar nuevos aspectos sociológicos y analíticos de esta interesante actividad. La información disponible proporcionada actualmente por la mayoría de los viñedos enfatiza, principalmente, las bondades personales de sus propietarios-fundadores y aspectos de comercialización, poniendo un gran énfasis en la herencia francesa de sus productos, que parece ser el elemento referencial para medir la calidad de un vino fino.

Viña Cousiño Macul

Ubicada en la antigua zona de Macul en Santiago, Viña Cousiño Macul es uno de los viñedos más antiguos del país. En un principio perteneció al soldado español Juan Jufré de Loayza y Montesa, a quien, después de haber servido con el conquistador Pedro de Valdivia, fundador de Santiago, en 1546, este le adjudicó dichas tierras (encomienda) en pago por sus servicios. En 1550 su viña ya exportaba vinos a Perú.

Hasta antes de 1856 los terrenos de esta viña habían tenido diferentes propietarios cuando Matías Cousiño Jorquera adquirió 1.100 hectáreas de terrenos a lo largo de la cordillera de los Andes, al sur de Santiago, incluyendo 53 hectáreas plantadas con vides de la variedad País.

Entre otras de sus empresas comerciales, Matías Cousiño poseía terrenos plantados con árboles en Lota que finalmente dieron origen a la industria forestal chilena; también patrocinó un parque público en Santiago de 38 hectáreas y otro de 15 hectáreas en Lota. Los Cousiño aún conservan un parque privado en su residencia, en la zona de Macul (Bengoa, *óp. cit.*).

En el campo industrial, los Cousiño fueron propietarios de las minas de carbón de Lota, de plata en Chañarcillo y de cobre en la Disputada. También iniciaron una empresa cervecera, una fábrica de ladrillos refractarios en Lota y la primera planta eléctrica de Chile. Fueron propietarios de una flota naviera que exportaba productos chilenos a California durante la fiebre del oro y participaron en los proyectos del ferrocarril entre Caldera y Copiapó y Santiago a Valparaíso.

En 1863 Matías Cousiño, hijo de Luis y su esposa Isidora, asumen la tarea de expandir la empresa, viajan a Francia y contratan a expertos para renovar los viñedos, rediseñar sus bodegas y renovar sus instalaciones. De Burdeos, trajeron sarmientos y vástagos de Cabernet Sauvignon, Merlot de Pauillac,

Margaux, así como Sauvignon y Semillón de Martillac de Graves. También introdujeron variedades de Borgoña Chardonnay y Riesling Johannesburgo, de la región de Rheingau en Alemania. A lo largo de los años expandieron la viña y adquirieron terrenos en la zona de Buin, donde actualmente también continúan produciendo vinos finos, de alta calidad.

Luis Cousiño falleció en la guerra contra Perú el año 1868. Su viuda, doña Isidora Goyenechea Cousiño, se hizo cargo de la gestión de todas las empresas familiares y durante los siguientes 24 años completó gran parte de los proyectos iniciados por su marido en Santiago, incluyendo los viñedos, bodegas, destilerías y parques. Para el diseño y construcción de las bodegas, instalaciones y un sistema de ventilación que permitía mantener la temperatura constante todo el año, en sus bodegas de guarda, contrató arquitectos y técnicos franceses. La obra finalizó en 1878 y constituye hasta la actualidad una verdadera atracción turística popular.

En 1887 Arturo Cousiño, el hijo menor de Luis e Isidora, importó roble desde Estados Unidos para construir barriles usados en el envejecimiento de los vinos y para la flota de buques que transportaban el carbón exportado desde las minas de Lota a California. En 1927 se realizó la primera cosecha de Antiguas Reservas Cabernet y la viña se amplió mediante la compra de "derechos de cultivo" a otros productores, al mismo tiempo que se disminuyeron las actividades agrícolas de la familia en otros rubros tales como trigo, leche y frutas. La viña fue renovada y modernizada nuevamente en 1969. Con la apertura de nuevos mercados internacionales la familia Cousiño empezó a exportar vinos finos y hoy día circulan exitosamente por casi todos los continentes.

En la medida que la ciudad de Santiago comenzó a expandirse, la zona de Macul se convirtió en un suburbio bastante poblado. Los Cousiño decidieron entonces reducir los viñedos en esa zona a sus actuales 131 hectáreas y plantar nuevos terrenos en la zona de Buin, ubicada 32 kilómetros al sur de Santiago y también en la región del Alto Maipo. Su suelo calcáreo, pedregoso, clima ideal y su alto potencial para el cultivo de uvas de calidad fueron las razones más importantes consideradas para seleccionar Alto Maipo. La zona de Buin, ubicada cerca de la cordillera de los Andes, en la subregión del Alto Maipo, posee un microclima en donde se producen algunos de los mejores vinos de Chile. Así, entre 1996 y 2003 se plantaron en los terrenos adquiridos nuevas variedades de uva. El resto de los viñedos de Macul se redujo y tanto las plantaciones de vides viejas y nuevas plantaciones se reorganizaron manteniendo una estricta separación para aumentar la calidad de los mismos, incluyendo la producción de vinos orgánicos.

José Tomás de Urmeneta García nació en Santiago de Chile en octubre de 1808 y fue el iniciador de la viña que lleva su nombre. Llegó a ser una de los personajes más acaudalado del país y obtuvo su fortuna en la explotación minera de cobre. Entre 1861 y 1870 construyó la vía férrea y fue el propietario del ferrocarril que corría entre Tamaya y Tongoy; también fue el principal accionista de la Compañía de Gas de Santiago, asociado con su yerno Adolfo Eastman, entre otros negocios.

José Tomás Urmeneta fue miembro de la Cámara de Diputados por la región de Ovalle (1846-1849) y Elqui (1852-1855); miembro del Senado de la República (1855-1864) y candidato a la Presidencia de la República en 1871 (Bengoa: 1990). En 1858 subastó la finca Hacienda de Limache por la cantidad de 252.000 pesos y fundó la Viña Urmeneta, en 1860 (Nazer: 1993). Una parte de los terrenos se asignó a la plantación de viñedos y 115.000 vides francesas fueron plantadas para producir vinos y aguardientes. Variedades traídas directamente de Francia, como el Pinot Noir, Malbec, Cabernet Sauvignon junto a otras poblaciones de uvas blancas como Semillón, Sauvignon Blanc y Moscatel comenzaron a cultivarse en sus terrenos. El vino empezó a ser elaborado perseverantemente y bodegas con grandes subterráneos fueron construidas para almacenar barriles de vinos para su fermentación y conservación. Los productos alcanzaron muy pronto gran fama en Santiago y Valparaíso, obteniendo reconocimiento nacional e internacional durante muchos años.

En septiembre de 2002 Viña Urmeneta se constituyó como sociedad anónima. Sus actividades incluyen la producción, industrialización, comercialización, distribución, importación y exportación de todo tipo de productos agrícolas, especialmente las relacionadas con la producción de vino. La reorganización también incluyó un tipo de representación integrada de empresas nacionales y extranjeras para la distribución y comercialización de productos nacionales o importados y productos alimenticios en general.

Otro rubro consistió en efectuar inversiones en sociedades dedicadas a la producción, compra, venta, distribución, importación, exportación y comercialización de todo tipo de vinos, licores, cervezas y bebidas no alcohólicas y las materias primas necesarias (Memoria Anual: 2002). El año 2003 la nueva Viña Urmeneta SA se ensambló a la estructura comercial establecida por Viña San Pedro, que más tarde, en 2008, se unió a la Viña Tarapacá. Actualmente Viña Urmeneta SA es una asociación empresarial que comercializa la línea de vinos que Viña San Pedro SA produce bajo la marca Urmeneta. Además, este consorcio está a cargo de las inversiones de Viña San Pedro SA en el extranjero (*Ibíd.*).

La viña fue fundada el año 1865 por los hermanos Bonifacio y José Gregorio Correa Albanoy, aunque sus orígenes se remontan a 1701, cuando Cayetano Correa compró los terrenos ubicados en Molina, 200 kilómetros al sur de Santiago. Después de un siglo y medio en manos de la familia, los hermanos Correa Albanoy, quinta generación de una familia agrícola, controlaban todas las tierras plantadas por sus antepasados y en las cuales comenzaron a elaborar vinos con uvas locales.

En 1865 Bonifacio Correa inició la Viña San Pedro y más tarde, entre 1873 y 1876, se convirtió en un representante en la Cámara de Diputados por la región de Lontué. Su hermano José Gregorio Correa, agricultor y propietario de varios predios, creó la Viña Lontué en 1875. En el periodo 1891 y 1894 fue elegido representante de Talca, Curepto y Lontué, por el Partido Conservador. Al mismo tiempo, fue propietario de predios incluyendo el fundo Yungay; fundo San Pedro; fundo Lontué; fundo El Álamo; fundo Parral; fundo Pirigüinco en Chimbarongo; fundo Maitenes en San Vicente de Tagua Tagua, fundo Las Acacias en Coltauco, fundo Santa Cruz de Marruecos (Padre Hurtado) y el fundo La Granja, ubicado en la Isla de Lontué (BCN).

Los hermanos Correa Albano produjeron sus primeros vinos con uvas traídas por los españoles y que más tarde fueron reemplazadas por variedades nobles del sur de Francia y Alemania. Esta actividad productiva se convirtió en una característica importante de la zona de Curicó (Vinos de Chile: 2009). La viña también contaba con amplias bodegas y se elaboraban vinos de todas las clases, envejecidos y comercializados en el país y en el extranjero. Las actividades técnicas de producción y elaboración estuvieron a cargo de un enólogo francés (BCN).

La evolución de sus plantaciones de uva permitió la elaboración de vinos que en 1914 alcanzaron la impresionante cantidad de 2,6 millones de litros, que más tarde, en 1940, comenzaron a exportarse a Estados Unidos, Canadá, Alemania y Japón. Entre los años 1960 y 1980 dos tipos emblemáticos de vinos entraron al mercado: en 1960 los conocidos *Gato Negro* y *Gato Blanco* y en 1980 el vino Castillo de Molina. En la actualidad, la marca Gato incluye *Gato Premium* (en todas sus variedades), *Gato Negro* y *Gato Blanco* y en todos sus formatos y el *Gato* de exportación. Todos ellos representan aproximadamente el 50% de las ventas nacionales de Viña San Pedro, equivalente al casi 7% del mercado local (*El Mercurio* 28/7/2001). Hacia el final de la década de 1990 se implementó un amplio proyecto de inversiones sustentado en la producción de vino envasado, capacidad de almacenamiento y nuevas plantaciones, lo que permitió aumentar la expansión productiva, enológica y comercial.

Utilizando una nueva marca, Viña San Pedro S.A., comenzó a realizar transacciones de sus acciones en la bolsa de valores de Santiago y la Bolsa Electrónica de Chile. En 1994 Compañía Cervecerías Unidas S.A. (CCU) adquirió el 48% del capital de acciones que aumentaron hasta el 60,3% (Memoria anual: 2008). El año 2008 Viña San Pedro se fusionó con Viña Tarapacá, constituyendo, de este modo, un nuevo consorcio vitivinícola, Viña San Pedro-Tarapacá, transformándose en una de las compañías líder de vinos seleccionados, tipo reservas, en el mercado nacional y el segundo exportador más grande del país (*Ibíd.*).

Viña Errázuriz

La Viña Errázuriz se encuentra ubicada en el valle del río Aconcagua, 150 kilómetros al norte de Santiago, una región fría y lluviosa en invierno, pero cálida y seca en verano, fuertemente influenciada por brisas húmedas procedentes del océano Pacífico. La zona es un lugar bastante apropiado para el crecimiento de las uvas y la viña fue fundada por Maximiano Errázuriz Valdivieso, nacido en Santiago en 1832. El año 1870 adquirió los terrenos de Panquehue y plantó 300 hectáreas transformándolas en una viña fértil y próspera, introduciendo variedades nobles de Francia y tecnología moderna para producir vinos finos seleccionados. Otro de sus aportes fue la construcción de una bodega con subterráneos que permitían obtener una variación mínima de la temperatura de sus vinos de guarda. Más tarde, su hijo Rafael aumentó la superficie sembrada a 1.000 hectáreas, convirtiéndolo en uno de los viñedos más grandes del mundo en manos de un solo propietario (Ureta *et al.*, 1992).

Maximiano Errázuriz no dependió solo de la viticultura pues sus actividades incluyeron incursiones políticas y en la diplomacia chilena. Fue elegido diputado por tres periodos y, posteriormente, senador de la República, por un periodo de nueve años. También participó, activamente, como representante del Gobierno de Chile en misiones diplomáticas en Estados Unidos y en el Reino Unido. Dos de sus hermanas fueron monjas y su hermano Crescente Errázuriz Valdivieso, un sacerdote católico, llegó a ser Arzobispo de Santiago entre 1918 y 1931. En 1855 se casó con Amalia Urmeneta, hija de José Tomás Urmeneta García, propietario de Viña Urmeneta, con quien tuvo cuatro hijos, pero doña Amalia falleció en 1861, cuando solo tenía 24 años de edad. Diez años más tarde, en 1871, conoció a Carmen Valdés, hija del Gobernador de Valparaíso, con quien contrajo matrimonio.

Maximiano Errázuriz también se había asociado con su ex suegro, José Tomás Urmeneta, para explotar y organizar una compañía de cobre, uno de los mayores recursos naturales de exportación de Chile. En algún momento esta empresa llegó a extraer un tercio de la producción mundial de ese metal. El año 1856 fue miembro fundador de la Compañía de Gas de Santiago, empresa abastecedora del sistema de alumbrado público de la ciudad (Bengoa, *óp. cit.*). Falleció en 1890, a la edad de 58 años.

Actualmente, la tradición productiva de vinos aún continúa a través de sus descendientes, la familia Chadwick, quienes llegaron a Chile, procedentes de Inglaterra, en 1830. La viña continúa utilizando la misma marca registrada Errázuriz y sus productos son comercializados a nivel internacional, exportando más del 50% de su producción de vinos a diversas regiones de Europa, Norteamérica, y Sudamérica. Viña Errázuriz aún continúa elaborando vinos de alta calidad mediante el control de todas las etapas del proceso de vinificación procedentes de sus predios localizados en el Valle de Aconcagua, Casablanca y los valles de Curicó (*Ibíd.*)

Viña Tarapacá

La Viña Tarapacá Ex Zavala se inició en el siglo xix, más precisamente, el año 1874 y era conocida como Viña de Rojas, como su creador, Francisco de Rojas y Salamanca, un conocido empresario de la época. Utilizando variedades finas importadas de Francia, Francisco de Rojas inició su viña el año 1874, en las lomas de la cordillera de los Andes, con variedades de Cabernet Sauvignon, Merlot y Petit Verdot, para los tintos, y Chardonnay, Sauvignon Blanc y Semillón para los vinos blancos (chileoutdoors: 2008).

Algunos años más tarde la viña fue vendida a Antonio Zavala, quien la rebautizó como Viña Zavala y puso su nombre en las etiquetas. El matrimonio de Antonio Zavala no funcionó y ambos esposos decidieron divorciarse. Como parte del acuerdo de separación, la esposa recibió la viña, quien decidió cambiarle el nombre rebautizándola como Viña Tarapacá Ex Zavala, en reconocimiento al que fuera Presidente de la República, Arturo Alessandri Palma, conocido como el "León de Tarapacá", quien estuvo a cargo de resolver los problemas legales entre ambos esposos, una vez que decidieron poner fin a su matrimonio (Southernwines). Años más tarde Viña Tarapacá adquirió El Rosario de Naltagua, una viña de 2.600 hectáreas ubicada en el Valle del Maipo, de las cuales 600 hectáreas son llanuras regadas por el río Maipo.

Las instalaciones de la Viña Tarapacá Ex Zavala se encuentran ubicadas en Isla de Maipo, en la zona de Talagante, a solo 40 minutos de Santiago, un ecosistema que posee grandes condiciones para la elaboración de vinos de calidad. Con el río Maipo en la frontera de sus viñedos, rodeado por las cadenas montañosas de los Andes y la cordillera de la Costa, la región goza de un microclima ideal para la producción de vinos. Los terrenos son regados por el agua proveniente de la cordillera de los Andes durante la primavera. Por otra parte, las condiciones climáticas del Valle del Maipo incluyen cuatro estaciones bien definidas, con abundantes lluvias en el invierno, seguidas por veranos secos, asoleados y con grandes diferencias de temperatura entre el día y la noche, generando un entorno ideal para la elaboración de los vinos finos (*Ibíd.*).

En 1992 José Luis Zavala vendió la viña al holding Compañía Chilena de Fósforo. Las operaciones para producir vinos continuaron bajos los nuevos propietarios, a la vez que se puso en marcha un ambicioso programa de desarrollo para colocar sus productos en los mercados internacionales. Al amparo de la Viña Tarapacá se agruparon otras viñas con el fin de mejorar la oferta de vinos siguiendo las tendencias del consumo nacional e internacional, como a la vez, el aprovechamiento de otras regiones vinícolas de Chile y del extranjero. De este modo nació El Southern Sun Wine Group, con la misión de evaluar las oportunidades de negocio sobre una base regular, mejorar la cartera de productos ofrecidos a los mercados de exportación y para exportar sus productos a todo el mundo (Memoria anual: 2008).

El año 1995 se organizó Vitivinícola del Maipo para comercializar y exportar vinos. El año 2000 se añadió la Viña Misiones de Rengo, ubicada en el Valle de Rapel, una zona con clima mediterráneo y otro lugar apropiado para producir vinos de calidad. En 2002 se incorporó el viñedo Viñamar, ubicado en el Valle de Casablanca. El mismo año 2002 se abrió una sucursal en la zona de Mendoza, Argentina, conocida como Bodega Tamarí, dedicada a la elaboración de vinos Malbec, una variedad bastante emblemática entre los vinos argentinos. El año 2005 Southern Sun Wine Group adquirió la Casa Rivas, situada en María Pinto, en el Valle del Maipo, para mejorar su portafolio de marcas que ofrecen vinos de calidad de otra denominación de origen (D.O). Finalmente, el año 2008, Viña Tarapacá se fusionó con la Viña San Pedro (*Ibíd.*).

A pesar de ser una de las viñas líderes en el mercado chileno, Viña Tarapacá Ex Zavala actualmente se ha convertido en uno de los mayores exportadores, llegando con sus productos a más de 60 países (Sun Group: 2009). En términos de volumen, durante el año 2007, Viña Tarapacá fue el cuarto grupo exportador de vinos del país, con más de 1.474.000 cajas de vino. En 2008 las exportaciones ascendieron a US$ 40 millones, un incremento del 38% con respecto al año 2006 (*El Mercurio*: 02/07/2008).

Luis Pereyra Cotapos, connotado hombre público de la época, inició el proyecto de elaboración de vino en Chile el año 1875 y el nombre Santa Carolina provino de su esposa, Carolina Iñiguez Vicuña. Ocupó los cargos de Senador de la República y Ministro de Estado, pero siguiendo la modalidad de la época, invirtió parte de su fortuna en los terrenos en que más tarde fundaría la Viña Santa Carolina. Con el fin de consolidar su empresa, Luis Pereyra Cotapos invitó a Chile a un grupo de profesionales franceses, liderados por el enólogo Germaine Bachelet, quien estuvo a cargo de la selección y plantación de cepas nobles traídas de los viñedos de la región de Bordeaux, Francia.

Otro de los franceses contratados fue un ingeniero que se encargó de construir las bodegas para almacenar los vinos, fabricadas con ladrillos y piedras pegadas con cal y clara de huevos. Junto a sus familias, los expertos franceses se establecieron en Chile e iniciaron la plantación y producción de vinos en el nuevo viñedo. Las variedades de Cabernet Sauvignon, Merlot, Sauvignon Blanc y Chardonnay fueron plantadas en las tierras del valle central de Chile, específicamente en Santiago. El arquitecto francés Emile Doyeré fue contratado para diseñar y construir la bodega principal de la viña, la que aún se conserva intacta y funcional hasta hoy día. En 1973 fue declarada Monumento Nacional por su belleza arquitectónica y el excelente estado de conservación. (www.santacarolina.cl).

Similar a otras compañías del sector vitivinícola, Santa Carolina se mantuvo como una empresa familiar hasta 1963, cuando Pereira Iñiguez decidió transformarla en sociedad anónima. Más tarde, el año 1974, el Grupo Cruzat-Larraín compró la empresa adquiriendo el control de más del 95% de sus activos. Algunos años más tarde la viña pasó a ser propiedad exclusiva de Fernando Larraín Peña (*Ibíd.*). Desde 1995 forma parte de Empresas Santa Carolina S.A. y sus acciones son transadas en el Mercado de Valores de Santiago, ahora como parte del Grupo Watt.

En 1996 Viña Santa Carolina S.A. adquirió Bodegas Santa Ana, en Mendoza, Argentina, una de las cuatro empresas de vinos más grande de ese país. Tres años después la empresa fue vendida al Grupo Peñaflor. En la actualidad el Grupo Larraín posee 830 hectáreas en esa región. En 2006 se creó Carolina Wine Brands agrupando a la Viña Santa Carolina, Viña Casablanca, Antares, Viña Ochagavía y Finca El Origen de Argentina (WineScores.ca).

En la actualidad, Viña Santa Carolina posee 700 hectáreas de viñedos y a través de contratos con otros productores controla, además, una superficie cercana a las 2.000 hectáreas. Estos viñedos se encuentran en los principales valles vitivinícolas de Colchagua, Cachapoal y Lontué, donde se cultivan las variedades de uvas viníferas más demandadas por los mercados internacionales, como el Cabernet Sauvignon, Merlot, Malbec, Pinot Noir, Sauvignon Blanc, Chardonnay, Syrah, Carménère, Semillón, Gewürztraminer y Chenin Blanc (*Ibíd.*). Viña Santa Carolina también compra uvas a otros productores individuales ubicados en las mismas zonas donde se encuentran las instalaciones para elaborar sus vinos. Después de la cosecha las uvas son sometidas al proceso de vinificación en sus propias centrales y el vino se almacena en tanques de acero inoxidable y pequeños barriles de roble, hasta que es embotellado. Para el proceso de embotellamiento, Santa Carolina ha incorporado las tecnologías más avanzadas, con un sistema automático que es enteramente higiénico y altamente eficiente (*Ibíd.*).

Viña Santa Rita

La propiedad rural conocida originalmente como fundo Santa Rita comenzó su producción alrededor del siglo XVII. Sin embargo, la información sobre sus propietarios originales no es posible rastrearla sino hasta el siglo XVIII, con tres nombres que aparecen en algunos documentos de la época: Ignacio de Olivos, Pedro García de la Huerta y Paula Jaraquemada. Durante el tiempo de doña Paula Jaraquemada el nombre de la propiedad era Hacienda de Paine y tenía una extensión de cuatro mil hectáreas dedicadas principalmente a la ganadería. Después de la muerte de doña Paula la propiedad continuó durante algún tiempo en manos de la familia hasta que Manuel María Figueroa la compró. Su viuda, Enriqueta Fornes, la vendió más tarde al empresario Domingo Fernández Concha, quien inició la Viña Santa Rita en 1880, en la zona de Alto Jahuel, en donde actualmente aún se encuentran ubicadas sus instalaciones principales. En 1880 Santa Rita tenía una superficie de 2.598 hectáreas destinadas a pastos, cultivos, corrales, comederos, bosques y viviendas para los trabajadores (inquilinos). La superficie dedicada a viñedos no tenía más de veintidós hectáreas.

Al igual que otros productores de vino, Domingo Fernández Concha hizo su fortuna en otros rubros, comprando y vendiendo propiedades y tierras en Santiago. Después de adquirir el fundo Santa Rita, invirtió en maquinaria especializada, enólogos y variedades finas de uvas de Francia para mejorar la calidad de los vinos. Esta iniciativa le permitió elaborar vino con técnicas y resultados superiores que innovaron la forma de hacer vinos en Chile (Viña Santa Rita: 2009).

Desde el comienzo de la primera década del siglo XX, específicamente entre 1911 y mediados de la década de 1970, el administrador de la Viña Santa Rita fue Vicente García-Huidobro, quien contrajo matrimonio con la hija de Domingo Fernández. Más tarde compró la viña a su suegro. En 1980 fue adquirida por el Grupo Claro, quienes le proporcionaron un fuerte impulso introduciendo nuevos mejoramientos productivos y técnicos para elaborar vinos desconocidos en Chile hasta ese momento. A finales de la década de 1980 se inició un nuevo periodo expansivo de Viña Santa Rita, apoyada por el enorme empuje experimentado por las exportaciones y la reputación adquirida por sus productos en el extranjero, obteniendo importantes premios y reconocimiento en todo el mundo (Palm Bay Internacional). A partir de 1985 se puso en marcha un agresivo programa de exportaciones aumentando de 20.000 cajas en 1985 a 500.000 cajas en 1992. Como resultado, la Viña Santa Rita pasó a ocupar una posición de liderazgo en la lista de las exportaciones de vino del país hacia los mercados europeos y de América del Norte (*Ibíd.*).

Sus instalaciones principales se encuentran ubicadas en la zona de Alto Jahuel, en las laderas de la cordillera de los Andes, a un costado de la cuenca del río Maipo. Viña Santa Rita también posee viñedos en las zonas de Casablanca, Palmilla, Peralillo y Curicó e instalaciones y bodegas en Los Lirios, la hondonada del río Rapel, Lontué y río Mataquito, en la zona del Maule. Sin lugar a dudas, Viña Santa Rita constituye actualmente una empresa líder en el rubro vitivinícola

Viña Concha y Toro

Melchor Concha y Toro junto a su suegro, Ramón Subercaseaux Mercado, fueron los iniciadores de esta viña, el año 1883. Digamos que los miembros de la familia Concha y Toro fueron acaudalados propietarios de minas de plata en Bolivia. Por su parte, Ramón Subercaseaux también fue un personaje inmensamente rico, cuya fortuna provenía de las minas de plata en el norte de Chile. El matrimonio de Melchor Concha y Toro y Emiliana Subercaseaux conectó a la familia de Melchor Concha y Toro con el padre de su esposa, propietario de tierras de cultivo en la región de Pirque, emplazadas en la frontera del río Maipo, a unos 20 kilómetros al sur de Santiago.

Después de la muerte de su suegro, Melchor Concha y Toro y su esposa contrataron los servicios de un enólogo francés para plantar y cultivar nuevas parras viníferas tradicionales de la región de Bordeaux, que entre otras incluían Cabernet Sauvignon, Merlot, Sauvignon Blanc y Semillón y que fueron traídas a Chile antes que el pulgón de la *phylloxera vastatric* devastara los viñedos franceses durante la década de 1860. Tras el fallecimiento de Melchor Concha y Toro, el año 1892, su viuda e hijo, Juan Enrique Concha Subercaseaux, se hicieron cargo de la empresa. En 1923 la familia tomó la iniciativa de incorporarla como sociedad anónima y sus acciones comenzaron a transarse en el mercado de valores de Santiago.

Su primera exportación de vinos desembarcó en el puerto de Rotterdam, Holanda, en marzo de 1933. Fue un comienzo modesto, pero sirvió para fijar el rumbo de la empresa. Desde entonces, Viña Concha y Toro comenzó a concentrar sus esfuerzos en la exportación de vinos de calidad, al principio lentamente y, con el paso de los años, con una vertiginosa dinámica. Sin embargo, la etapa verdaderamente moderna de la viña solo comenzó a finales de la década de 1950, cuando sus administradores decidieron adquirir nuevos terrenos y adecuar el negocio hacia otros mercados foráneos. En 1957 las superficies plantadas se incrementaron de 330 hectáreas en 1947 a 765 hectáreas en 1969. La producción de vino aumentó de 3,6 millones de litros a 18,5 millones de litros en este periodo, comercializado principalmente en el mercado interno. A partir de 1968 la situación dio un nuevo giro y las exportaciones representaban un tercio de los vinos chilenos comercializados en el extranjero. A pesar de todo, Concha y Toro producía solamente 30% de su propio vino y el resto era adquirido a otros productores que luego se comercializaban bajo su marca registrada.

En 1972 los trabajadores, quienes se habían sindicalizado en 1966, acordaron ocupar la viña para respaldar sus demandas. Un interventor designado por el gobierno del presidente Salvador Allende tomó el control de la empresa hasta su derrocamiento por los militares el año 1973, quienes la devolvieron a sus antiguos propietarios. En 1987 la Viña Concha y Toro se asoció con la firma Banfi Vintners de Estados Unidos, relación que permitió acelerar su modernización mediante la incorporación de tecnología avanzada en todas sus etapas productivas, sus instalaciones y la comercialización de sus productos.

Bajo esta nueva modalidad empresarial, las exportaciones a Europa se reiniciaron en 1989 y entre ese año y 1992 los ingresos netos de la compañía más que se doblaron, en gran medida, gracias a sus exportaciones. En Chile, por su parte, pasaron a controlar el 22% del mercado nacional. En 1993 Viña Concha y Toro ocupaba el 5° lugar entre los países exportadores de vino a Estados Unidos. Para financiar las operaciones de la compañía recurrieron a Wall Street, recaudando US$ 53 millones producto de la venta de American Depositary Receipts (ADR) en la Bolsa de Nueva York.

En 1996 Viña Concha y Toro cruzó las fronteras de los Andes, y adquirió una viña en la privilegiada región vitivinícola de Mendoza, Argentina, equipándola con modernos dispositivos para elaborar vinos y una bodega con capacidad para 4.500.000 litros de vino. El año siguiente la compañía se asoció con la empresa francesa Barón Philippe de Rothschild SA, para producir vino con las prototipos de la región de Bordeaux. En 1998 Viña Concha y Toro S.A. ocupaba el segundo lugar entre los exportadores de vinos de mesa a Estados Unidos; las ventas al exterior aumentaron 30% ese año y las ventas a Japón se triplicaron.

Al inicio del nuevo siglo, Viña Concha y Toro S.A. poseía 15 viñedos y arrendaba otros tres. Cinco de estas propiedades se encuentran en los seis valles vitivinícolas más grandes de Chile, más las 417 hectáreas propiedad de la compañía en Mendoza, Argentina. Ese mismo año, la empresa Concha y Toro controlaba el 24% del mercado interno chileno. También se elaboraban vinos populares, comercializados principalmente en envases de cartón rectangular de un litro y representaban el 73% de la producción. Las ventas de exportación representaron el 55,3% y los vinos nacionales 32,5%. Del total de las exportaciones, casi todos eran vinos Premium de mesa, de los cuales el 34,6% se vendía en Estados Unidos y el 29,5% en Europa.

Viña Concha y Toro S.A. constituye actualmente una de las empresas vinícolas más importante del país junto a un enorme prestigio adquirido en los mercados internacionales de todo el mundo como empresa productora, comercializadora y exportadora de vinos. Sus productos han sido objeto de múltiples reconocimientos tanto en Chile como internacionalmente, expresados en premios a la calidad de sus mostos.

En los últimos tiempos el mercado de Estados Unidos también concentró la atención de los ejecutivos de Concha y Toro. La empresa realizó su primera gran adquisición con la compra por US$ 234 millones de Fetzer Vineyards a Brown-Forman, multinacional de Louisville, en Kentucky, más conocida por su marca Jack Daniel's y otras bebidas alcohólicas. Concha y Toro adquirió 429 hectáreas de viñedos en la costa norte de California, diversos depósitos e instalaciones de producción, además de seis marcas Fetzer. Como resultado, Concha y Toro pasó del octavo al sexto lugar en el ranking internacional de productores de vino de excelente calidad.

Viña Undurraga

Francisco Undurraga Vicuña, fundador de la viña que también lleva su apellido, nació en Chile el año 1855. Todavía joven, viajó a Europa donde estudió derecho y pintura. Además de graduarse como abogado en Italia, fue miembro del Congreso de Chile, escritor y agricultor. A diferencia de la mayoría de los viñateros de ese periodo, la fortuna de Francisco Undurraga Vicuña no provenía de la minería, negocios u otras actividades, sino de la fortuna de su esposa,

Ana Fernández Iñiguez (chileoutdoors: 2008). Alrededor de 1882-1883 adquirió en una subasta pública la propiedad de San Vicente de Talagante, aunque los terrenos no contaban con viña, la que se creó el año 1885 (*Ibíd.*).

Visitante continuo de Europa, en uno de sus viajes, Francisco Undurraga trajo consigo la variedad Riesling, a su retorno desde Alemania, y Sauvignon Blanc, Cabernet Sauvignon, Merlot y Pinot Noir, de Francia. En 1881, bajo la supervisión de los expertos franceses M. Pressac y Dalbaie, dos técnicos oriundos de Francia, se iniciaron las primeras plantaciones de variedades finas francesas que se empotraron en un terreno de 105 hectáreas (*Ibíd.*). Del mismo modo, también se puso especial empeño en la fabricación de barriles para almacenar los vinos. La madera era roble proveniente de Kentucky y encina de Bosnia, los cuales habían sido utilizados para embalar cañones Krupp adquiridos por el ejército chileno. A partir de su fundación en 1885, varias generaciones de la familia Undurraga se dedicaron a trabajar y mantener la viña. En la actualidad, sin embargo, se encuentra organizada como sociedad anónima abierta (Undurraga: 1943).

Viña Undurraga fue uno de los viñedos chilenos pioneros que iniciaron la exportación de vinos. Sus primeros envíos fueron hacia Estados Unidos, en 1903. Hoy día cuenta con 120 hectáreas de Cabernet Sauvignon, Cabernet Franc, Merlot, Pinot Noir, Riesling y Sauvignon Blanc del Rin y se encuentran plantados en suelos con gran potencial para producir vinos. Actualmente, Viña Undurraga posee 150 hectáreas de parronales en Palmilla, región del Aconcagua, y 150 hectáreas en Talagante, a 34 kilómetros de Santiago, en el camino a Melipilla Antiguo, cerca de la ciudad de Santa Ana, en el centro de la cuenca del río Maipo. Como resultado del aumento de las exportaciones, se adquirieron en la región de Colchagua otras 180 hectáreas plantadas con variedades nobles de Chardonnay Pinot, Cabernet Sauvignon, Sauvignon Blanc y Riesling. La zona posee un microclima ideal para producir vinos de alta calidad (Vinos de Chile: 2009).

Actualmente, Viña Undurraga exporta sus productos a más de 50 países, incluyendo entre otros, Estados Unidos, Nueva Zelandia y la República Federal de Alemania. Por otro lado, sus vinos más conocidos son Old Oak, un tinto Cabernet Sauvignon de cuatro años y muy seco. Además, la viña también produce vino del Rhin.

Producción nacional e importaciones

Durante este periodo la producción nacional de vinos y mostos aumentó considerablemente. Entre 1873 y 1938 el número de hectáreas plantadas con vides se expandió rápidamente. Durante la primera parte del siglo xx Chile contaba con más de 40.000 hectáreas de viñedos que producían alrededor de 110 millones de litros y para 1940 la producción se había casi triplicado (Morel-Astorga: 2002).

En 1910 Chile poseía 52.300 hectáreas cultivadas; 9.500 hectáreas estaban plantadas con cepas francesas y 42.800 con la vid País. En 1923 se amplió a 68.200 hectáreas y en 1936 aumentó a 100.900 hectáreas. La superficie destinada a la producción de vinos continuó ampliándose hasta 1938, alcanzando a 108.000 hectáreas (Vinos de Chile: 2010). En 1926 el valor de la producción total de vinos fue de $ 89,4 millones de pesos, ubicándose como el segundo producto nacional más importante después del trigo, cuyas ventas habían alcanzado a $267 millones de pesos, no obstante que este cultivo ocupaba una superficie de tierra dos veces más grande, es decir, 516.000 hectáreas (Vergara, *óp. cit.*).

El año 1883 Chile había producido 41,7 millones de litros de vino; 99 millones en 1910, aumentando a 219 millones en 1929 y a 308 millones en 1927 (Del Pozo, *óp. cit.*). Durante la Gran Depresión que afectó a la economía mundial en 1932, la producción de vinos se redujo a 231 millones de litros, para recuperarse nuevamente, en 1938, alcanzando la cifra récord de 359 millones de litros (*Ibíd.*). El crecimiento constante de la producción vinícola mantuvo casi estable los precios conseguidos desde la última década del siglo xix hasta la segunda década del siglo xx, sin considerar el efecto de la inflación. Del Pozo (*óp. cit.*), sostiene que la rentabilidad del negocio del vino parecía depender más de la cantidad vendida que de su valor de mercados (precio). La Tabla 1 nos entrega una visión más general de la viticultura chilena a principios del siglo xx.

TABLA 1. ESTRUCTURA DE LA VITIVINICULTURA CHILENA AÑO 1908

Tipos Viñas	Tipos Uvas	Hectáreas	%	Productividad Hectolitro/hectáreas	Productividad Total
Irrigadas	Francesas	31.450	37%	50	1.572.500 hectol.
No Irrigadas	País	53.550	63%	30	1.606.500 hectol.
Total		85.000	100%	80	3.179.000 hectol.

Fuente: Pablo Lacoste. *La vid y el vino en América del Sur: el desplazamiento de los polos vitivinícolas (siglos xvi al xx). 2004.*

Los vinos importados representaban una pequeña fracción del consumo nacional, y alcanzaban a un promedio máximo de 6,4% al comienzo de los años 1870. Sin embargo su connotación social y cultural era mucho mayor que su cantidad (Morel-Astorga: 2002).

Las importaciones de vinos muestran un incremento constante, hasta 1876. Los años siguientes revelan una disminución en volumen, lo que coincide con el deterioro de la economía chilena y su moneda nacional. Como resultado, tanto los costos como los precios de los productos importados aumentaron considerablemente. Sin embargo, el efecto de la *phylloxera*, que había afectado a los viñedos europeos, junto al progreso de la calidad de los vinos nacionales, contribuyó a disminuir notoriamente las importaciones de mostos extranjeros.

Couyoumdjian (2006) indica que después de la Guerra del Pacífico el volumen total de vinos importados se mantuvo casi en los mismos niveles de los años anteriores. Por otro lado, la disminución de las importaciones de vinos tintos a granel fue compensada con el aumento de importaciones de vinos blancos embotellados. Sin embargo, los precios de los vinos importados aumentaron nuevamente, durante la segunda mitad de la década de 1890, debido a una nueva crisis económica que afectó a Europa y que duró hasta principios del siglo xx (*Ibíd.*). La Tabla 2 proporciona un panorama más nítido respecto a los vinos importados y la producción nacional.

TABLA 2. IMPORTACIONES DE VINO Y PRODUCCIÓN LOCAL 1881-1913

QUINQUENIO	TOTAL VINOS, MOSTOS & BORDEAUX NACIONAL	TOTAL VINOS IMPORTADOS MILES DE LITROS	% DE VINOS IMPORTADOS
1846-1850	250		
1851-1855	616		
1856-1860	677		
1861-1865	13.872	430	3,01
1866-1870	16.278	640	3,79
1871-1875	19.799	1.353	6,39
1876-1880	19.970	904	4,33
1881-1885	19.464	833	4,10
1886-1890	15.179	711	4,47
1891-1895	13.293	770	5,48
1896-1900	10.256	358	3,37
1901-1905	26.825	339	1,25
1906-1910	14.831	700	4,51
1911-1913	11.545	528	4,37

Fuente: Anuario Estadístico de la República de Chile. Sinopsis Estadística Comercial de la República de Chile: 1846-1913.

Las estadísticas de fines del siglo xix no especifican los diversos tipos y calidades de vinos. Sin embargo, a partir de 1905 las autoridades comenzaron a diferenciar las importaciones de oporto, champán, vermuts y vinos de Jerez, también consumidos abundantemente junto con el vino (*Ibíd.*). Insistamos en que los vinos importados procedían mayoritariamente de Francia, España, Italia y Alemania, y, en el caso de los tintos, de Portugal. Información de la época también indica que Gran Bretaña ocupó un lugar importante en esta materia a pesar que consistía en reexportaciones solamente, algo que también sucedió con vinos procedentes de Alemania. Esta característica aumentaba la cantidad de las exportaciones registradas (*Ibíd.*).

Alrededor de mediados de 1870 la producción anual de vinos Bordeaux o de estilo francés alcanzó a dos y medio millones de litros, mientras que los vinos importados tintos, en sus diferentes tipos y paquetes, fue un poco más de medio millón de litros (Moore, *óp. cit.*). La mejor evidencia del nivel de calidad alcanzado por los vinos nacionales, particularmente los tintos, fue la fuerte caída de las importaciones de productos similares a los producidos en el país, a partir de la década de 1880. Sin embargo otros licores, como el champaña, jerez y oporto, se importaban bastante y se consumían en grandes cantidades. Esta situación fue más evidente al comienzo del siglo xx, momento en que las importaciones crecieron considerablemente.

Couyoumdjian (*óp. cit.*), por su parte, argumenta que la sustitución de vinos importados por nacionales no fue consecuencia de la disminución del poder adquisitivo de los consumidores locales, como tampoco resultado del inicio del *boom* del salitre desatado después de la guerra contra Perú y Bolivia. Por el contrario, los vinos chilenos continuaron siendo exportados con gran éxito y su calidad reconocida internacionalmente, como ocurrió durante las exposiciones a Bordeaux en 1882, Liverpool en 1895 y París en 1889 ya mencionadas.

Más allá de la ventaja efectiva de los vinos nacionales sobre los europeos en su relación precio-calidad, existía un factor indiscutible de prestigio y distinción social vinculados a los productos importados consumidos en el país, especialmente los de origen francés. Sin embargo, la tendencia en favor de los vinos chilenos terminó prevaleciendo a lo largo del tiempo. Posteriormente, las restricciones aplicadas a las importaciones durante las décadas venideras terminaron consolidando esta tendencia.

Consumo doméstico y comercialización

A finales del siglo xix y principios del xx la población rural continuaba predominando a lo largo de Chile. La mayoría de la fuerza de trabajo se concentraba en la producción agrícola y la minería. Sin embargo, las ciudades también comenzaron a crecer aceleradamente y la urbanización aumentó velozmente atrayendo a nuevos pobladores, generando nuevos mercados urbanos que, sin embargo, no tuvieron un gran impacto en la modernizada industria nacional del vino (Morel-Astorga: 2002). La urbanización se intensificó principalmente en la ciudad-capital de Santiago y otras pocas urbes, mientras que importantes segmentos de la población continuaban viviendo en los alrededores, bajo severas condiciones de pobreza, restringidos a consumir únicamente productos alimenticios básicos.

A pesar que la urbanización del país comenzó a aumentar notoriamente, a partir de 1880, el mercado de vinos más costosos no era posible aún (*Ibíd.*). Todo esto produjo una sobreproducción de vinos nacionales que no fue posible canalizarlos a través de las exportaciones durante este periodo, originando, como consecuencia, una caída de sus precios. Sin embargo, antes y después de la Guerra del Pacífico se exportaron abundantes cantidades de vino al norte de Chile. En efecto, una vez anexados los ricos territorios salitreros de Antofagasta y otras comarcas, al final del conflicto bélico, estos continuaron siendo un mercado importante que demandaba grandes cantidades de vino nacional, aunque no lo suficiente como para consumir la mayor parte de este. El resto se comercializaba internamente en otras regiones del país. Para ello, el papel de los comerciantes mayoristas para distribuirlo legal o ilegalmente a través de Chile fue fundamental (Del Pozo, *óp. cit.*).

El alto nivel de consumo de alcohol derivó, también, en altos índices de alcoholismo a lo largo del país. Esta alarmante situación llevó a las autoridades a establecer "zonas secas" en las regiones mineras del norte de Chile, entre los años 1919 y 1939 (*Ibíd.*). Dicha ley prohibió el consumo, comercio y circulación de bebidas alcohólicas en esas zonas como una estrategia para restringir su demanda inmoderada, como a la vez, contener los problemas sociales y salud derivados del alcoholismo. Sin embargo, tanto los mineros como las industrias productoras de bebidas alcohólicas solían oponerse, resistir y rechazar fuertemente dichas leyes. Marcos Fernández (2005) sostiene que una ley dictada en agosto de 1891, entre varias otras, prohibía el consumo de alcohol en las regiones de Pisagua, Arica, Iquique, Antofagasta, Iquique, Copiapó y Chañaral. Para mantener un estricto control sobre el expendio de vinos, licores y cervezas en dichos territorios las licencias y patentes se subastaban únicamente entre aquellos comerciantes que no habían violado las normas vigentes.

Durante el siglo xx la población nacional aumentó progresivamente y el vino se consagró como un producto tradicionalmente regular en los almuerzos y cenas, costumbre que influyó potentemente en la ampliación del mercado criollo. Por otra parte, los sectores más acomodados que consumían vinos franceses comenzaron a acostumbrase a las variedades del país, generando una interesante competencia entre las viñas nacionales por dicho mercado. Del mismo modo, los consumidores locales, por su parte, comenzaron gradualmente a abandonar la costumbre generalizada de preferir aguardiente y chicha, bebidas que, como dijéramos anteriormente, eran bastante populares en el país. Como resultado, sostengamos que la industria vitivinícola chilena a lo largo del siglo xx estuvo orientada casi por completo al consumo del mercado interno (Lacoste: 2004). De este modo, la demanda y consumo nacional pasaron a ser un importante complemento, considerando los elevados niveles de consumo de la población. Sebastián Vergara (2001) afirma que hasta el primer tercio del siglo xx el consumo de vino superaba los 90 litros por habitante.

Los hábitos de consumo de alcohol de la población continuaron creando problemas, atribuidos principalmente al vino, puesto que el consumo de chichas, aguardientes y otros productos ya se había reducido extensamente. El año 1938 se modificó la Ley de Alcoholes contando con el apoyo unánime de los parlamentarios de todos los sectores políticos. Entre otras cosas, la nueva ley del vino limitaba su consumo hasta 60 litros por habitante al año. El cultivo de vides nuevas o trasplante de las variedades viejas se prohibieron y el gobierno aplicó una serie de incentivos para reducir los viñedos. Como resultado, de un total de 106.000 hectáreas plantadas con vides en 1938, al comienzo de la década de 1940, se redujeron a 92.000 hectáreas (Moore-Alvarado: 2006). Estos factores contribuyeron a compensar el bajo rendimiento de los viñedos durante la crisis mundial de los años treinta que afectó seriamente la economía del país, situación que influyó para que algunos viñateros buscaran recursos económicos para financiar inversiones necesarias y realizar modificaciones técnicas en sus viñedos. Los pequeños productores también se sumaron a los esfuerzos por conseguir apoyo del Estado, al mismo tiempo que la industria del vino, en general, realizaba esfuerzos para adaptarse a las nuevas regulaciones legales, comerciales y económicas (*Ibíd.*).

La urbanización y modernización experimentadas por el país durante este periodo generaron un dinámico sistema de distribución y comercialización de vinos. A comienzos del siglo xx un grupo de españoles asentados en el país, más conocidos como los "catalanes", pasaron prácticamente a controlar la distribución y ventas de los vinos nacionales. Ubicados estratégicamente en el área de Vicuña Mackenna, en Santiago, alrededor del terminal ferroviario San

Eugenio, conectado a la red de ferrocarriles del sur del país, les permitía operar y controlar la compra, distribución y ventas de vinos provenientes de las regiones. El grupo de los "catalanes" se especializó en la adquisición de vinos en cantidades y que luego suministraban a los comerciantes minoristas, bares, tabernas, cantinas, pulperías y almacenes para, a su vez, ser vendidos individualmente a los consumidores locales.

El abastecimiento consistía en venta de vinos de granel elaborados por grandes y medianos productores y que luego eran envasados en contenedores de 15 litros (chuicos), 10 litros (damajuanas) y 5 litros (garrafas). Los productos eran distribuidos directamente a los bares, tiendas y restaurantes, intercambiándose los envases vacíos por nuevos, al mismo tiempo que los pagos se realizaban al contado. Las relaciones entre productores y distribuidores de vinos, no siempre ideales y colaborativas, se efectuaban a través de los llamados "corredores de vino", cuya función era facilitar y servir de intermediarios comerciales entre compradores y productores. Los "corredores" ejecutaban diferentes funciones, desde hacer los contactos hasta redactar los contratos de compra-venta, efectuar negociaciones bancarias, actuar como depositarios de documentos cambiarios, cobrar y depositar los pagos en las cuentas de los vendedores (Alvarado, *óp. cit.*).

El sistema de comercialización comenzó a decaer alrededor del final de la década de los sesenta por diferentes razones. Una de ellas fue la creciente competencia entre las viñas tradicionales como Concha y Toro, Santa Carolina San Pedro y Santa Rita, entre otras. Del mismo modo, las viñas comenzaron a realizar su propia distribución de vinos, y encargarse directamente de las ventas y cobranzas, lo que les permitió eliminar a los corredores de vinos o intermediarios (los "catalanes" ya mencionados).

Otro elemento que influyó en la desaparición de los "corredores de vinos" fue el reemplazo, por parte del gobierno, del impuesto a la producción de alcoholes cancelado por los viñateros, por otro nuevo denominado "impuesto a la compraventa", donde el vendedor debía cobrar y retener el impuesto correspondiente para luego ser cancelado a la organización tributaria fiscal, la Oficina de Impuestos Internos. Por último, el consumo de vinos disminuyó como resultado del fuerte aumento de la demanda por la cerveza, el pisco y otras bebidas (*Ibíd.*). De este modo, el sistema de comercialización del vino adquirió nuevas características de acuerdo con las evoluciones y modificaciones del mercado durante los periodos venideros.

Exportaciones de vinos

Recordemos que las exportaciones de vinos tuvieron solo una relativa importancia durante el periodo colonial y decayeron cuando las relaciones comerciales con Perú comenzaron a declinar. Más tarde, después de la independencia, se realizaron algunos esfuerzos para exportar vinos a América Latina, Europa y los mercados de Estados Unidos. Este es el caso de los envíos hacia los mercados de California y luego Australia, durante la llamada fiebre del oro, a finales de 1840. Posteriormente, y de una manera limitada, las exportaciones se reiniciaron, esta vez, hacia a los países de la costa del Pacífico, durante la segunda la mitad del siglo xix, como resultado de la introducción de nuevas variedades de cepas viníferas traídas de Francia y la posterior elaboración de vinos embotellados de calidad (Briones-Quiroz: 1995).

Chile realizó sus primeras exportaciones de vinos a Europa en 1869, entrando en dicho mercado poco tiempo después (Morel-Ortega, *óp. cit.*). Durante el periodo 1875-1878 la producción de vinos aumentó de 54 millones de litros a 110 millones (Duijker: 2000). Luis Correa Vergara (1945) afirma que la primera iniciativa para exportar vinos a Europa provino del magnate Macario Ossa, quien, por medio de Graham Rowe y Compañía, comenzó a exportar algunos de sus vinos cosechados en la viña de su propiedad, Santa Teresa, a la ciudad de Bordeaux, Francia, el año 1877.

Según Correa-Vergara (*Ibíd.*), los vinos exportados por otros productores, también tuvieron buena recepción en los mercados externos, obteniendo entre 600 a 800 francos por cada 1.000 litros; es decir, entre 24 a 26 centavos de dólar por litro. Más tarde, a partir de 1883, una vez que aparecieron las nuevas viñas, se exportaron 200.000 litros, cantidad equivalente al 0,5% de la producción total del país; en 1904 las exportaciones declinaron a la mitad, es decir, 100.000 litros y en 1925 volvió a aumentar, esta vez alcanzando la cantidad de 600.000 litros, equivalente al 5% del total de la producción nacional. En 1937 las exportaciones se incrementaron a 13,3 millones de litros, equivalente esta vez a solo el 3,9% de la producción nacional (*Ibíd.*).

El año 1883 Chile produjo 41,7 millones de litros de vino, 40 millones de litros de chicha y 31 millones de litros de chacolí (Briones, *óp. cit.*). En 1923 la producción de vino alcanzaba a los 243 millones de litros, 32 millones de litros de chicha y 57 millones de litros de chacolí (*Ibíd.*). Del Pozo señala que la producción de vino se había multiplicado seis veces y posesionado ventajosamente en el mercado nacional, por sobre la chicha y el chacolí, su principal competidor (*óp. cit.*). Sin embargo, este impulso que podría haber significado que el país se convirtiera en el principal productor y exportador de vinos no fue aprovechado por los productores locales. De todas formas, los viñateros hicieron un gran esfuerzo para promocionar sus vinos en el exterior y participaron con gran éxito en varias ferias internacionales importantes y eventos similares. En estas actividades contaron con la colaboración del Gobierno chileno para promover sus productos. Así, por ejemplo, las exportaciones hacia Alemania en 1890 se organizaron con el apoyo de la misión diplomática chilena en ese país y los costos del transporte por ferrocarril hacia los puertos de embarque fueron liberados (*Ibíd.*).

En 1928 los productores de vino propusieron la creación de una organización exportadora controlada por el Estado, financiada con bonos que pagarían 7% de interés, libres de impuestos. Los fondos se utilizarían para alquilar bodegas de vino para adquirir y almacenar vinos para ser exportados al extranjero. Los viñateros estimaban que, de este modo, podrían exportar 45 millones de litros anuales, es decir, 15% de la producción anual (*Ibíd.*).

La idea no se concretó debido a que la producción de vinos nunca alcanzó las cuotas propuestas. Algunos culparon a la falta de bodegas de almacenamiento de los vinos de exportación en los puertos de embarque, mientras que otros indicaron problemas técnicos, tales como la calidad de los contenedores y barriles para almacenar el vino en las viñas, el sistema de embotellado, el tipo de corchos, etc. El escrutinio de todos estos factores conduce a Del Pozo (*óp. cit.*) a concluir que el principal obstáculo para exportar vinos durante este periodo no fue una cuestión técnica sino que, más bien, organizativa.

Morel-Astorga identifica el periodo 1850-1930 como "la primera ola de innovación [del vino]" de Chile y sostiene que *el mercado nacional brindó algún apoyo, pero no la cantidad suficiente para promover su expansión* (*Ibíd.*). Este primer periodo de crecimiento (modernización) terminó a causa del nacionalismo económico europeo, la política de prohibir el consumo de alcoholes en Estados Unidos y la imposibilidad de establecer una presencia permanente para los vinos chilenos en Europa (*Ibíd.*). La carencia de restricciones oficiales y el estímulo del Estado nacional a la industria del vino posibilitaron el rápido desarrollo y expansión de este sector, sin limitaciones. Además, modificaciones importantes al sistema legal-comercial facilitaron el acceso a créditos para financiar sus inversiones agrícolas.

A medida que la importancia de la industria vitivinícola aumentaba, el Gobierno puso en funcionamiento una nueva reglamentación regulatoria y a partir de 1930 el Estado de Chile comenzó a limitar la producción de vinos y las nuevas plantaciones de vides. Así, a pesar de los esfuerzos y medidas aplicadas para mejorar la calidad de los vinos nacionales, los productores no fueron capaces de ampliar sus expectativas comerciales en el mercado internacional.

Uno de los principales obstáculos fueron los altos costos de los fletes hasta el puerto de Valparaíso y otros lugares de destino en Europa o América. Todo esto se complicaba, aún más, cuando se agregaban los altos impuestos que los vinos chilenos debían cancelar en los países europeos, los elevados costos de importación de implementos para elaborar vinos, y la adquisición de contenedores y recipientes de roble americano apropiados, de acuerdo con las exigencias del mercado internacional. Un último factor fue la dura competencia que debieron enfrentar con los vinos y productos importados de Francia, Alemania, Italia, España y Portugal. Dentro de este panorama, la mejor alternativa era, entonces, concentrarse en el mercado interno, principalmente los centros urbanos de Chile Central y los sectores mineros del norte, quienes ofrecían mejores condiciones y oportunidades para el consumo del vino nacional.

Organización de productores de vino y la legislación

Los viticultores locales formaron parte de la Sociedad Nacional de Agricultura, la primera asociación gremial chilena, creada en 1838, y la segunda entidad empresarial agrícola más antigua del mundo. Intentos para organizar una asociación propia se llevaron a cabo en diversas ocasiones, pero con limitado éxito. En efecto, a pesar de ser considerada como la más promisoria actividad agrícola chilena, la viticultura fue criticada sistemáticamente por su falta de innovación, desarrollo y calidad de sus productos (Fernández, 2005).

Las dificultades para producir vino se extendieron a lo largo del siglo xix, hasta principios de la década de 1880, una vez que aparecieron nuevas y favorables oportunidades de mercado como resultado de la Guerra del Pacífico. Más tarde, con la inclusión de moderna maquinaria y variedades de uvas viníferas francesas por algunas viñas, la necesidad de contar con una mejor organización se hizo manifiesta (*Ibíd.*). Dichos intentos coincidieron con la vigorización de la participación del Estado en la industria vitivinícola, a veces bajo la iniciativa misma de los productores de vino o por parte de algunas entidades públicas.

En 1888 un grupo de viticultores nacionales tomó la iniciativa de adoptar todas las medidas posibles para evitar que entraran al país productos contaminados con enfermedades que devastaron los campos de Europa y promover el desarrollo de la viticultura nacional y el comercio de exportación de vinos nacionales (Schneider: 1904). Con este fin se formó, aunque con poco éxito, una comisión de productores permanentes, pero la iniciativa debió esperar hasta 1895, cuando se realizó el primer Congreso de Viticultores, organizado por el Ministerio de Industria y Obras Públicas (Ministerio de Agricultura no existía toda-

vía), y al que asistieron cerca de 200 productores de vinos (Fernández, *óp. cit.*).
El gobierno, entonces, propuso la creación de una Sociedad Nacional de Viticultores. Sin embargo, la Sociedad Nacional de Agricultura (SNA), que congregaba
al grupo de vitivinicultores más importantes del país, se opuso a esta iniciativa.

Los principales objetivos de la Sociedad Nacional de Viticultores propuesta
por el Gobierno incluían, entre otros, los siguientes puntos:

- Terminar y perseguir a los que se dedicaban a la falsificación de vinos;
- Introducir los mejores sistemas para el cultivo de la vid y la elaboración
  de vinos;
- Prevenir las enfermedades de la vid y control de nuevas plagas;
- Utilizar los mejores equipos e implementos de trabajo;
- Investigar acerca de los mejores mercados para los vinos nacionales
  (Briones, *óp. cit.*)

En 1898 los miembros afiliados a la Sociedad Nacional de Viticultores poseían
en total 4.710 hectáreas plantadas con vides, correspondiente a casi el 5% de
los productores de uva del país. Sus miembros provenían de las provincias de
Santiago, Talca, Curicó e Itata y la organización estuvo operativa hasta 1907
(Del Pozo, *óp. cit.*).

La nueva organización perdió, así, su continuidad cuando sus asociados
decidieron separarse de la Sociedad Nacional de Agricultura (SNA), organización que ponía gran énfasis a la independencia y oposición a la intervención
del Estado en materias agrícolas, valorando los estímulos e iniciativas individuales de los agricultores. Esta política, entonces, obstaculizaba las intencio-
nes de los productores de uvas afiliados a la Sociedad Nacional de Viticultores,
quienes expresaban claramente sus preferencias de trabajar relacionados con
las entidades del Estado (BSNA: 1914).

Bajo la cobertura de la Sociedad Nacional de Agricultura (SNA) la Asociación Chilena de Viticultores volvió a reactivarse, una vez más, el año 1914, con
el objetivo de maximizar sus recursos y operar como un órgano de negociación
y presión efectivo (*lobbys*). Sin embargo, tensiones entre las estrategias de coordinación y otros desacuerdos continuaron entorpeciendo las relaciones entre
ambas instituciones. La Sociedad Nacional de Agricultura (SNA) enfatizaba y
promovía el desarrollo de un modelo de organización centralizada a nivel nacional, mientras que la Asociación Chilena de Viticultores se inclinaba por un
modelo descentralizado que operara separadamente en cada una de las diferentes zonas vinícolas del país. Con el tiempo, la alternativa predominante fue
la que promovía la centralización en torno a la Sociedad Nacional de Agricultura (SNA) para negociar colectivamente a nombre de todos los productores de
bebidas alcohólicas elaboradas con uvas en el país (Fernández, *óp. cit.*).

En 1920 se creó una nueva organización, la Asociación de Viticultores, con la misión de abocarse a asuntos relacionados con las exportaciones de vino; pero también tuvo una corta existencia. Algunos años más tarde, en 1927, empezó a operar la Asociación Central de Productores de Vino, encargada de proteger la industria vinícola de resoluciones del Estado tales como determinar la producción, precios e impuestos (*Ibíd.*). El año 1931 se reorganizó la Sociedad Nacional de Viticultores, la misma institución creada en 1895, la cual se mantuvo operativa hasta 1950. Sin embargo, a partir de 1933 había cambiado de nombre y pasó a llamarse Sindicato Nacional de Viticultores, cuya actividad principal fue organizar el Primer Congreso Nacional del Vino (BSNA: 1938).

Entre los múltiples asuntos discutidos en dicho evento se realizaron duras críticas a la sobreproducción y suministro de vinos en un momento en que el consumo nacional per cápita alcanzaba los 90 litros (Moore: 2009). Durante los años venideros también se llevaron a cabo varias discusiones entre productores y autoridades gubernamentales sobre iniciativas y demandas relativas a la producción de este producto, regulaciones, precios e impuestos a las bebidas alcohólicas.

Finalmente, el año 1938, el Gobierno aprobó una ley que, entre otras cosas, limitaba el consumo de alcohol hasta 60 litros por habitante al año. La nueva reglamentación también prohibía la plantación de nuevos viñedo y se impusieron restricciones a las cuotas establecidas para cada productor, por lo que muchos de ellos optaron por eliminar los viñedos. Como resultado, de 106.000 hectáreas plantadas con vides en 1938, dos años más tarde, en 1940, se habían reducido a 92.000 hectáreas (Moore, 2006).

Impuestos y otros asuntos

Hasta la década de 1870 las propiedades dedicadas a la fabricación de bebidas alcohólicas destiladas y los viñedos productores de vinos no pagaban más impuestos que las contribuciones territoriales señaladas por la ley por propiedad industrial o catastro por propiedad de la tierra. Según Labbé (2006), la primera propuesta para modificar esta situación emanó desde la Sociedad de Fomento Fabril[6] (SOFOFA), cuando en septiembre de 1887 presentó a las autoridades un

---

[6]   La Sociedad de Fomento Fabril –SOFOFA– fue fundada el 7 de octubre de 1883, época en que Chile era un país fundamentalmente minero y agrícola. La tarea se encargó a la Sociedad Nacional de Agricultura (SNA) y surgió como una necesidad de reforzar al sector industrial nacional y

programa-propuesta para establecer un impuesto de cincuenta centavos por litro a todos los aguardientes producidos en el país, en donde el 60% sería para el Fisco y el restante 40% quedaría a disposición de los municipios, entidades encargadas de su cobro.

Una década más tarde, el año 1897, el Ministerio de Hacienda tomó la tarea de elaborar una legislación en relación al consumo de bebidas alcohólicas en el país centrado en dos elementos que incluían medidas tendientes a frenar el alcoholismo y el pago de un impuesto fiscal al Estado para financiar algunas obras.

Respecto a impuestos, se aprobó la Ley de Alcoholes 1.515, y a partir de enero del año 1902 se comenzó a tributar elevados gravámenes por la comercialización de bebidas alcohólicas, con la excepción de vinos y cervezas. La ley, indudablemente, desalentó la elaboración y consumo de otras bebidas con contenidos alcohólicos. La ordenanza estuvo vigente hasta el año 1916, cuando fue modificada para esta vez incluir vinos y cervezas, para que también comenzaran a tributar como el resto de los productores de otras bebidas alcohólicas. Sin embargo los industriales de vinos demostraron una y otra vez su capacidad de influencia sobre las discusiones parlamentarias logrando postergar hasta el año 1925 la aplicación de un impuesto efectivo sobre su producción.

La nueva reglamentación tributaria a los alcoholes era algo desconocido en el país, y los productores de vinos habían estado exentos de aranceles tributarios por la venta de sus mostos, desde el año 1831. El único impuesto que cancelaban era por sus terrenos plantados con viñas, tal como lo hacía el conjunto de propietarios de tierras en Chile. Las explicaciones esgrimidas por las autoridades justificando la nueva tributación, apuntaban a dotar al Estado de nuevos ingresos requeridos y restringir el consumo excesivo de alcohol. Para llevar a cabo la primera tarea el Gobierno diseñó e instituyó una burocracia dando origen a la nueva agencia estatal, la Administración de Impuestos sobre Alcoholes, que más tarde pasaría a ser la oficina del Servicio de Impuestos Internos (SII), la actual agencia tributaria chilena.

---

transformar a Chile en un país eminentemente industrial. El emergente sector industrial nacional de la época mostraba su preocupación frente a la fuerte competencia de los productos extranjeros que obstaculizaba el incipiente desarrollo de la industria nacional. Para el periodo 1883-1884 se eligió como presidente a Agustín Edwards Ross. Esta iniciativa se fijó como prioridad que la industria nacional abasteciera al país de productos industriales propios a sus necesidades. Si bien la institución existe hasta hoy día, su función ha estado históricamente ligada al carácter dependiente de la economía chilena, sin que hasta hoy se haya logrado consolidar un verdadero desarrollo industrial nacional.

El mismo año 1938 las autoridades agrícolas nacionales también prohibieron la plantación de nuevos viñedos y la importación de tecnología para la producción de vino, medida que estuvo en vigencia hasta 1974. La nueva ley establecía los valores de los distintos impuestos en función al número de hectáreas plantadas con vides y su ubicación geográfica. Así, los viñedos localizados al norte de la región del Maule pagaban un impuesto de $ 30 por hectárea de tierras de regadío y $ 15 por las de secano. Desde el sur del Maule los valores tributarios a cancelar fueron $ 20 y $ 10 respectivamente por las tierras de regadío y de secano (Morel-Astorga: 2002).

En términos generales, desde el año 1938, hasta poco tiempo después del golpe militar de 1973, la industria vitivinícola chilena operó dentro de un marco limitado, cuyos efectos se reflejaron en una lenta evolución de la vitivinicultura del país. Del Pozo (*óp. cit.*) sostiene que las limitaciones a la producción de vino fueron resultado de la influencia de las oficinas regionales sobre el Estado. Morel-Astorga (*óp. cit.*), por su parte, señala que el escenario internacional, el nacionalismo económico europeo, la prohibición del alcohol en Estados Unidos y la sobreproducción de vinos, también contribuyeron a frenar su desarrollo. Considerando que la industria europea del vino había progresado durante el siglo xx gracias a las nuevas tecnologías y sistemas comerciales, la inestabilidad política y el aislamiento de Chile del resto del mundo –especialmente después de la construcción del Canal de Panamá en 1913– mantuvo su producción de vinos nacionales estancada.

Entre los años 1870 y 1930 los productores de alcoholes y vinos de origen agrícola como las uvas, se mantuvieron siempre en una posición de privilegio respecto a sus competidores directos (importadores, destiladores industriales o cervecerías), incluso cuando las condiciones tributarias y reglamentación del gasto afectaran a todo el conjunto de la producción. En términos generales, los viñateros resultaron siempre favorecidos y sus productos finalmente pasaron a ser los sustitutos reales del resto de las bebidas alcohólicas afectadas por el alza de impuestos y, consiguientemente, sus precios.

Todo lo anterior fue posible gracias a la manifiesta presencia de los intereses de la industria del vino en la agenda de los diversos gobiernos, como resultado del constante *lobby* y la poderosa influencia que los viticultores ejercían sobre las autoridades administrativas, políticas y legislativas del país. Más aún, y tal como hemos señalado insistentemente a lo largo de este estudio, la mayoría de los grandes viticultores de la época fueron, a la vez, poderosos e influyentes políticos y/o legisladores, incluyendo a un ex Presidente de la República como el radical Pedro Aguirre Cerda, uno de los viñateros más poderosos de la Comuna de Conchalí, apodado incluso como "Don Tinto".

Aunque el poderoso núcleo de esta verdadera "oligarquía del vino" no gobernaba directamente el país, consiguieron en forma sistemática que las diversas reglamentaciones legislativas que los afectaban fueran desechadas o compensadas. Todo esto se efectuó a través de excepciones tributarias, estímulos a las exportaciones y otros resquicios legales, como el fomento al desarrollo productivo, que no existían ni mucho menos favorecían o eran menores para el resto los sectores productivos. A fin de cuentas, el vino era visto como una industria en desarrollo, aunque fuera solo para exportarlo. Por el contrario, las destilerías industriales, sin mayor presencia política en el Parlamento, parecían destinadas a extinguirse, dada la potencia de las medidas en su contra y la carencia casi total de estrategias factibles de transformación, como el uso industrial, la exportación o los desnaturalizantes (Labbé: 2006) (Tabla 3).

TABLA 3. INGRESOS FISCALES POR CONCEPTO DE IMPUESTOS A LOS ALCOHOLES 1902-1914 Y 1920-1924 (EN PESOS Y LIBRAS ESTERLINAS)

AÑO	INGRESOS EN PESOS	INGRESOS LIBRAS ESTERLINAS
1902	712.661	45.105
1903	768.300	53.243
1904	869.580	59.316
1905	1.429.459	93.063
1906	1.929.160	115.518
1907	2.915.412	154.910
1908	2.607.772	104.561
1909	1.762.487	79.177
1910	2.066.972	92.855
1911	2.855.952	126.425
1912	3.742.093	157.894
1913	3.626.940	147.316
1914	2.651.673	99.090
1920	6.669.959	335.342
1921	6.013.450	183.336
1922	6.264.252	171.435
1923	6.923.356	186.764
1924	7.621.735	183.869

Fuente: Cifras calculadas por Markos Mamalakis y aportadas por Marcos Labbé Fernández.

Finalmente, la legislación de 1938, insistamos, tuvo graves repercusiones en la industria vitivinícola nacional, crisis que se prolongó hasta después del golpe militar del año 1973. Efectivamente, durante este periodo se prohibió la plantación total de nuevas cepas y la importación de tecnología para la producción. Del mismo modo, y por razones económicas, se dejó de lado el uso de barricas hechas de roble. En su reemplazo se comenzó a emplear la madera de raulí, un producto chileno de buena calidad, pero que carecía de las cualidades especiales que proporcionaba el roble. Hay que señalar también que la producción de vino de cepas País suplía las demandas del mercado interno, siendo desde siempre muy populares en sus tipos pipeño y chicha, todos los cuales cancelaban sus impuestos correspondientes (*Ibíd.*).

La fuerza laboral

El desarrollo y características de los trabajadores vitivinícolas es, tal vez, la parte más complicada de cualquier estudio acerca de la industria del vino en Chile. Como se ha mencionado reiteradamente a lo largo de este trabajo, datos e información sobre la mano de obra en las industrias del vino son difíciles de encontrar a menos que los investigadores recurran a testimonios personales, orales, entrevistas e incluso a la literatura. Las empresas vitivinícolas escasamente se refieren a sus trabajadores en sus registros. Cuando existen, es para especificar detalles básicos en sus apuntes y documentos contables. La mayoría de los estudios se concentran en otros grupos más notorios pero no menos participativos de la clase trabajadora de Chile, como los mineros y obreros industriales. Sin embargo, al explorar el proceso productivo de la industria del vino y algunos otros elementos dispersos, es posible obtener una visión general de los trabajadores de este importante segmento agrícola.

Los innegables mejoramientos técnicos y productivos observado en la industria del vino no incluían las condiciones de trabajo ni mucho menos los salarios de sus trabajadores. Al igual que en el resto de los campesinos, el sector conocido como *inquilinos*, los trabajadores de las viñas realizaban larguísimas y extenuantes jornadas laborales y sus salarios eran cancelados, parte en dinero y parte en especies, comúnmente conocidas como *regalías*. Estas incluían consentimiento para alimentar algunos animales o una porción de talaje, recibir algunas provisiones o alimentos y la posibilidad de vivir con sus familias en una casa dentro de la viña o predio (Domínguez 1965). Cada *inquilino* debía aportar otro trabajador para reemplazarlo durante sus vacaciones, fines de semana o cuando se enfermaba. El trabajador substituto se conocía como el *obligado* y también recibía ciertos beneficios, tales como leña y talaje (Moore, 2006).

El *inquilinaje* fue un antiguo sistema impuesto durante la colonia, a principios del siglo xviii, y con el tiempo se transformó en un tipo de trabajador semiasalariado durante el siglo siguiente y que desapareció durante la década de 1960 con la implementación de la reforma agraria. En el caso de las viñas también se incluía en esta categoría al bodeguero, el tonelero y el trabajador viñatero (Bengoa, *óp. cit.*).

Otro grupo de trabajadores fueron los *trateros*, es decir, individuos contratadas por un agricultor por un periodo determinado para ejecutar tareas como limpieza de los campos, riego, cosecha, poda y otros, dependiendo de la estación del año. Además, el *tratero* podía contratar a otros trabajadores para realizar o ayudar en las faenas en ciertas labores durante periodos ocasionales (Pizarro, 2005). En otras ocasiones, los propietarios agrícolas empleaban a familiares de los *trateros* e *inquilinos* para trabajar por salarios más bajos, pero que les permitían obtener ingresos adicionales para su núcleo familiar.

La contratación de mujeres y el trabajo infantil fue, a la vez, otra práctica común, especialmente en épocas de cosecha. En vez de cancelar salarios o beneficios extras a los trabajadores de planta o contratar a trateros u otros trabajadores temporales, el empleo de mujeres y niños resultaba más conveniente y barato, obteniéndose, de este modo, una mayor o igual productividad pero a un costo muchísimo más barato puesto que sus salarios eran muchísimo más bajos. Otra ventaja de este sistema era que la mayoría de las veces la contratación de *trateros* y otros no era realizada directamente por los viñateros o propietarios del predio, sino que por los propios *inquilinos* (Del Pozo, *óp. cit.*).

Junto a los *inquilinos* y trateros estaban los *afuerinos*, la mayoría de las veces pequeños propietarios o colonos de las aldeas rurales vecinas y cercanas a las predios y viñas, también para realizar faenas estacionales o temporales. Por lo general, se les reclutaba durante las épocas de cosecha o para la limpieza de canales, arroyos y tierras durante el otoño o invierno (Bengoa, *óp. cit.*). Con la introducción de maquinaria agrícola moderna y la mecanización de las actividades rurales, los *afuerinos* fueron poco a poco perdiendo importancia y pasaron a ser sustituidos por trabajadores permanentes.

Este sector representaba alrededor del 15% de los trabajadores agrícolas empleados por los grandes agricultores y viñateros bajo la forma de la mano de obra no calificada y barata, sin posibilidades de ejecutar actividades más productivas. Para sobrevivir trabajaban en otras actividades, como construcción de carreteras, pequeño comercio, artesanías y otras formas de trabajo encubiertas. El *afuerino* terminó jugando un importante papel en la mantención de salarios bajos y reducir el valor del trabajo humano debido a la sobreabundancia de campesinos disponibles para ejecutar las tareas agrícolas.

Finalmente estaba el *peón* o *gañán*, también conocido como *allegado*, otro trabajador temporal que vivía con el *inquilino* u otras personas en el predio. En muchos casos estos fueron hijos, familiares o trabajadores del inquilino (*Ibíd.*).

Bauer (1994) sostiene que de acuerdo con el censo de población de 1935-1936 existían en Chile 58.701 *inquilinos* (entendidos como cabezas de familia), 54.785 *afuerinos*, 64.889 *peones* o *gañanes* y 18.492 empleados, como herreros, carpinteros, comerciantes y otros oficios. A pesar de estas cifras, aún resulta muy difícil saber cuántos de estos trabajadores rurales laboraban en los viñedos. Del Pozo, correctamente, señala que la información y documentación disponibles hasta antes de 1960 no eran lo suficientemente precisas para especificar claramente el tipo de trabajo y sus condiciones de vida. Por ejemplo, algunos documentos disponibles mostraban que los viñedos de gran tamaño (más de 100 hectáreas), tales como Viña Santa Rita, tenían una plantilla de 600 trabajadores, mientras que Viña Casablanca ocupaba a 27 empleados y 400 trabajadores (*Ibíd.*). La información, según el investigador, no especifica el año, tipo de trabajo realizado, los salarios que recibían y así sucesivamente.

Larenas (1910) da cuenta que el año 1901 laboraban en la viña Cousiño-Macul 450 *inquilinos* y cerca de un centenar de *afuerinos* en los meses de mayor demanda de mano de obra. Los *inquilinos* recibían casa, un pedazo de tierra, derecho a talaje y leña, y a cambio estaban obligados a aportar su trabajo y proporcionar un trabajador. Los *inquilinos* recibían un pequeño salario ($ 1 con ración), inferior al que recibían los *afuerinos* ($ 1,40 con ración). El trabajo de las mujeres y los niños, en esta viña, tenía un carácter permanente y era considerado parte de las obligaciones de los *inquilinos*. Por ello las mujeres recibían un jornal de $ 0,90 y los niños $ 0,50 además de raciones de galletas (pan) y frijoles. Los niños varones desempeñaban funciones similares a partir de los 12 años, en diversas tareas de la viña, en la bodega y el parque[7].

Del Pozo (*óp. cit.*) señala que uno de los registros de la Viña Santa Rita indicaba que el trabajo realizado por niños consistía en "azufrar las parras" para prevenir las plagas y también trabajaban en varias otras actividades. El mismo autor indica que en el año 1919 la Viña Errázuriz Panquehue pagaba a sus inquilinos $ 1,40 al día, además de las regalías, pero solamente un peso a las mujeres.

---

[7]   Pablo Larenas Salvo, "La Hacienda Macul", tesis de ingeniero agrónomo, Instituto Agronómico, Universidad de Chile, Santiago, 1910, citado por José Bengoa, *Historia social*, Tomo II, Editorial Sur, pp. 52-58.

La Sociedad de Vinos del Sur, en Concepción, el año 1919, ofrecía trabajo y un salario de 50 centavos diarios, más beneficios, aunque se excluía a las mujeres casadas; el resto de la familia también podía ser contratado en diferentes tareas. A los hombres se les pagaba 80 centavos diarios, sin beneficios, mientras que las mujeres solteras y sus hijos se contrataban por 50 centavos al día (*Ibíd.*).

Hacia el final de la década de 1930 la Viña Conchalí empleaba durante la temporada regular 80 hombres, 70 mujeres y 50 niños. En los periodos de cosecha contrataba por un corto periodo entre 15 a 20 trabajadores temporeros. Las faenas laborales eran realizadas de acuerdo al sexo: los hombres trabajaban en el campo y las mujeres en las bodegas de vino (*Ibíd.*).

Para enfrentar las injusticias laborales de los trabajadores agrícolas, el año 1933 se organizó la Liga de Campesinos Pobres, integrada por pequeños productores, parceleros, medieros, inquilinos y jornaleros agrícolas y se mantuvo operativa hasta 1938 actuando en defensa de los campesinos. La organización se extendió a través del país y llegó a reunir un apreciable número de miembros. Sin embargo, el gobierno del presidente Pedro Aguirre Cerda puso fin a esta agrupación por medio de un convenio firmado con la Sociedad Nacional de Agricultura, la más fuerte organización de los terratenientes del país, apoyado por los partidos Radical, Socialista y Comunista, organizados en el llamado gobierno del Frente Popular. Solo 30 años después, con motivo de la Reforma Agraria de Eduardo Frei, se vino a dictar la Ley que concedió al campesino el derecho de organizarse y sindicalizarse legalmente.

En resumen, señalemos que las condiciones de vida de los trabajadores de las viñas en particular y el agro, en general, no fueron muy prometedoras y contrastaban fuertemente con la modernidad de otras labores agrícolas ejecutadas por los campesinos y trabajadores rurales en otras áreas. Las diferencias entre campesinos y propietarios de los viñedos, durante este periodo, continuaron mostrando una abismante brecha social, política y económica existente entre ellos. Aunque las escuelas públicas estaban disponibles en las zonas rurales, alrededor del 80% de hombres, mujeres y niños que laboraban en los viñedos no sabían leer ni escribir (Bengoa, *óp. cit.*).

Mientras las tasas de analfabetismo continuaron bastante elevadas entre la población campesina, los hijos e hijas de esta aristocracia del vino eran educados en escuelas exclusivas y privadas de Santiago y Europa. En su mayoría los campesinos vivían en casas muy pobres y ni siquiera contaban con elementos básicos, como agua potable, sanitarios, luz y otros beneficios. Por su parte, los propietarios de las viñas habían construido costosas y lujosas residencias, de estilo francés, con capillas de lujo, rodeadas de hermosos parques y jardines, también diseñados por artistas europeos y que ocupaban muy pocas veces. El resto del año residían en Santiago y otras ciudades modernas.

Concluyamos en que el sector de propietario de viñas constituyó una fracción de terratenientes "ausentistas". En cuanto a los campesinos y trabajadores agrícolas, terminaron finalmente emigrando masivamente hacia los centros urbanos y grandes ciudades, especialmente los más jóvenes, en busca de mejores oportunidades que aquellas que les negara la agricultura. A partir de estas migraciones se originaría en las grandes ciudades un importante proceso de marginalización que daría origen a un interesante proceso político y que con Salvador Allende alcanzaría una etapa prerrevolucionaria y prosocialista.

Capítulo V

DE LA SEGUNDA LEY DE ALCOHOLES A LA REFORMA AGRARIA 1938-1973

La coyuntura

Para explicar la evolución de la producción de vino durante este periodo resulta necesario examinar algunos acontecimientos políticos que ocurrieron en Chile durante este periodo, los cuales tuvieron importantes efectos en la estructura agraria y desarrollo de la industria vitivinícola del país. El inicio de esta etapa se llevó a cabo dentro del marco general de la dictación de la segunda Ley de Alcoholes, aprobada en 1938 y que prohibía la plantación de nuevas viñas o trasplante de las antiguas. Dicha legislación estuvo operativa hasta 1973, cuando las fuerzas armadas derrocaron al gobierno del presidente Salvador Allende.

La Ley de Alcoholes de 1938 fue una ampliación de la Ley Orgánica de Alcoholes aprobada por el Gobierno el año 1902, y que gravó fuertemente los vinos y otras bebidas alcohólicas. Dicha ley produjo un gran impacto en la industria vitivinícola, puesto que reglamentaba la apertura de viñedos, al mismo tiempo que estipulaba las cantidades de vino que se podían producir en el país, en un momento en que su consumo nacional alcanzaba un promedio de 60 litros por habitante, comparados con 7 a 8 litros en Estados Unidos. El objetivo de esta nueva regulación era mantener la producción a los mismos niveles reinantes y restringir la expansión de la industria (Crowley: 200).

El mismo año 1938 el gobierno del presidente Pedro Aguirre Cerda puso en marcha un programa nacional conocido como *sustitución de importaciones*, con el fin de estimular el crecimiento industrial del país[1]. Bajo estas regulaciones, la importación de maquinaria y equipos se volvió muy complicada para las empresas vitivinícolas, especialmente para adquirir los elementos requeridos para modernizar la producción de vinos. Pszczólkowski (1991) indica que las políticas de sustitución de importaciones complicaron el establecimiento de

---

[1]   El principal objetivo de este programa fue la implementación de una política de desarrollo con el propósito de industrializar el país a través de la estrategia de eliminar la importación de equipos y maquinarias, para estimular el crecimiento de la industria nacional y generar nuevas fuentes de empleo. A través de este proyecto el Gobierno trató de mejorar las condiciones de vida de la población chilena y evitar el descontento social que amenazaba el orden institucional.

nuevas viñas puesto que la mayoría de los componentes tecnológicos requeridos por dichas empresas procedían del exterior, debido a que la industria nacional no poseía la capacidad para proveerlos. Como resultado, la industria vitivinícola nacional quedó aislada e imposibilitada de renovar sus equipos e infraestructura hasta la década de los ochenta, cuando la economía se abrió a las importaciones.

Las viñas establecidas con anterioridad a la dictación de la ley de 1938, por el contrario, resultaron bastante beneficiadas debido a que impedía el surgimiento de nuevas empresas que compitieran con sus productos. Posteriormente, durante la década de 1960, algunos equipos y maquinarias fueron adquiridos en Argentina o en industrias locales que habían iniciado la fabricación de ciertos dispositivos básicos. Sin embargo, los nuevos progresos tecnológicos desarrollados en Europa, como las prensas de vino, contenedores de acero inoxidable y equipos de envasado automático, no estuvieron disponibles para los productores chilenos entre las décadas de los años 1950 y 80.

Dentro del marco legal y productivo anterior que se prolongó por tres décadas, la industria vitivinícola chilena se tornó muy conservadora. La inexistencia de competencia interna y externa suscitó escasas motivaciones para realizar transformaciones, de modo que la producción agrícola, en general, experimentó un fuerte descenso durante este periodo. Algunos sectores culparon a los gobiernos socialdemócratas que administraron Chile entre 1938-1952, argumentando que la agricultura había sido relegada a un segundo plano para apoyar al sector manufacturero y el proceso de sustitución de importaciones.

Las zonas vitivinícolas, por el contrario, se mantuvieron casi igual y solo durante la década de 1960 experimentaron un pequeño aumento con la implementación de la Ley de Reforma Agraria, cuando se permitió la plantación de 10 hectáreas de viñas por predio agrícola. A finales de los años setenta las superficies plantadas de vides alcanzaban a 108.000 hectáreas, prácticamente la misma cantidad que existía en 1938, pero ahora con una población que se había duplicado (Zamora y Bravo, 2002).

La Ley de Reforma Agraria de 1960, iniciada bajo el gobierno del presidente Jorge Alessandri Rodríguez (1958-1964), fue patrocinada por la Alianza para el Progreso durante el mandato del presidente John F. Kennedy y que con el tiempo provocaría notables transformaciones en la agricultura del país. Los propietarios de viñedos comenzaron a abandonar gradualmente el antiguo sistema del inquilinaje, al mismo tiempo que se crearon las primeras cooperativas vitivinícolas del país que hasta principios de la década de 1960 carecían de organización (Gilbert: 1978).

A lo largo de este periodo se organizaron por primeras vez sindicatos y organizaciones campesinas tanto en las viñas como en el resto de los predios agrícolas. Entre toda esta conmoción política, el democratacristiano Eduardo Frei Montalva se convirtió en Presidente de Chile, el año 1964, generando una nueva dinámica política, social y económica, algo nunca antes visto en el pasado. Esta situación alcanzó su punto más álgido durante el gobierno siguiente, de la Unidad Popular, encabezado por Salvador Allende, entre 1970 y 1973, momento en que su mandato fue abruptamente terminado por un Golpe de Estado.

Panorama agrícola

Durante el siglo xx, tras un largo periodo, la agricultura chilena en general había retrocedido enormemente del escenario productivo del país. Mientras que durante la década de 1930 las actividades agrícolas representaban aproximadamente el 10% del PIB, durante la década de 1960 alcanzó solo al 5,5% (Díaz: 2002). En otras palabras, en 30 años la producción agrícola se había reducido casi a la mitad, situación que mostraba un fuerte estancamiento debido a su bajo rendimiento productivo por habitante.

La situación era crítica, puesto que el país enfrentaba un gran déficit de alimentos que impedía la expansión de otros sectores de la economía. Uno de los problemas era el impacto sobre los precios de los artículos que consumía la población, generando una alta inflación no deseada. El otro problema era la necesidad, por parte del gobierno, de recurrir a las reservas de divisas en moneda extranjera para cubrir el déficit de alimentos, cuando podrían haberse utilizado para adquirir otros bienes como maquinarias o equipos para apoyar el desarrollo de nuevas áreas productivas. Ciertas explicaciones atribuían la disminución de la producción agrícola nacional a la posición dominante de los sectores terratenientes, quienes centralizaban las tierras más productivas del país en pocas manos junto a una explotación ineficiente de sus predios. Efectivamente, la concentración de la tierra en Chile fue un hecho histórico que permitió a sus propietarios especular con la producción de alimentos, de acuerdo con sus intereses particulares y conveniencia.

Díaz (2002) sostiene que a principios de la década de 1930 el 0,2% de los agricultores controlaba el 62% de la superficie agrícola del país. En 1955 nuevas cifras mostraban que el 4,4% de los propietarios agrarios poseían y controlaban el 43,8% de las tierras irrigadas del territorio nacional. Por el contrario, 36,9% de otros terratenientes poseían solamente 2,3% de las tierras de secano (Correa *et al.*, 2007). Esta posición dominante, basada en la propiedad de la tierra, se tradujo en un control del mercado de trabajo agrícola, el acceso a créditos y la productividad de los mismos.

La población campesina se redujo de 37,3% a 23,9%. En comparación con el resto de América Latina, los ingresos de la agricultura en Chile, entre 1950 y 1965, fueron solo la mitad de la de otros países regionales. Lo anterior no implicaba que la productividad fuera negativa, puesto que entre 1936 y 1965 el país mostró una tasa positiva de crecimiento de 1,6% y 2,3% respectivamente entre los años 1956 y 1965. El problema consistía en que el aumento productivo era inferior al crecimiento de la población, puesto que la producción agrícola presentaba tasas negativas de crecimiento por habitante: – 0,6% durante 1936-1965 y – 0,2% entre 1956-1965.

Para resolver el problema el país se vio obligado a importar alimentos, mientras que las exportaciones agrícolas nacionales se mantuvieron estancadas. En efecto, entre 1936 y 1938 Chile exportaba un total de $ 26.600 millones en productos agrarios, mientras que las importaciones domésticas de los mismos sumaban $ 17.600 millones; es decir, existía un superávit de $ 9.000 millones. Sin embargo, durante 1963-1965 las cifras, esta vez, mostraban $ 29.900 millones en exportaciones y $ 154.300 millones en importaciones, es decir, un déficit de $ 124,4 millones (Benavente, 2006).

La necesidad de realizar cambios para reestructurar el sector agrario abrió un gran debate que se expresó a través de la aplicación de una reforma agraria a finales de 1950. La reforma alcanzó una enorme relevancia, especialmente durante el periodo 1964-1973, proceso que transformó profundamente las relaciones de tenencia de la tierra y las relaciones de poder del sector agrícola. Más aún, la reforma agraria produjo un profundo debate político y polémica que involucró a todo los sectores del país, ocasionando una profunda división y enfrentamientos entre los chilenos. A pesar de los desacuerdos sobre cómo la reforma se llevó a cabo, la mayoría de la población compartía el diagnóstico de las circunstancias que originaron el conflicto. Es decir, desde finales de la década de 1950 la agricultura chilena había entrado en una profunda crisis y estancamiento, por lo que el país debía invertir millones de dólares para importar alimentos que se podían producir localmente (*Ibíd.*).

Algunos productores argumentaban que el atraso de la agricultura se debía a las barreras arancelarias existentes, que impedían la adquisición de tecnología moderna en el extranjero para producir, participar y competir con el comercio agrícola internacional. A lo anterior también se sumó la aplicación de un tipo cambiario desventajoso entre el peso y el dólar, originando una competencia desleal y negativa para con los productos nacionales.

Para otros sectores, el atraso de la agricultura obedecía simplemente a la estructura de la tenencia y concentración de la tierra, bajo la forma de latifundio, que impedían explotar los terrenos agrícolas con mayor intensidad y de acuerdo con las necesidades requeridas por el país. A lo anterior se agregaban, también, factores económicos, políticos y sociales, que, entre otras formas, se expresaban en las altas tasas de analfabetismo de los campesinos, la existencia de una sistema electoral paternalista y fraudulento, que permitía la elección de políticos que favorecían la elaboración de leyes que excluían la participación de los campesinos, prohibían la organización de sindicatos y facilitaban el control electoral de las zonas agrícolas por los partidos de derecha y las alianzas políticas establecidas con las élites mineras, agrícolas e industriales urbanos (Gómez, 2006).

El diagnóstico sobre la necesidad de cambios estructurales se extendió hacia toda América Latina, reforzada por un clima social que anunciaba profundas transformaciones, especialmente cuando la experiencia de la revolución cubana, a partir de 1960, estaba aún muy presente. La coyuntura internacional parecía radicalizar la lucha política en la región pero, más importante, la convertían en una situación bastante explosiva para las élites regionales y para Estados Unidos. La necesidad y urgencia de frenar la influencia cubana que se esparcía velozmente por América Latina llevó al gobierno del presidente John F. Kennedy a ofrecer ayuda económica para realizar modificaciones y reformas respecto a la posesión y producción de la tierra, a fin de evitar nuevas insurrecciones revolucionarias "a la cubana" en la región. Este programa de ayuda fue más conocido como Alianza para el Progreso.

El presidente Jorge Alessandri Rodríguez fue el primer mandatario chileno en presentar al Congreso Nacional un proyecto de reforma agraria: la Ley 15.020 y que fue aprobada el 15 de noviembre de 1962. La normativa facultaba al gobierno para comprar y fragmentar las propiedades agrícolas del país. Para la derecha chilena, especialmente los grandes agricultores, la dictación de esta ley agraria fue considerada como un grave error del gobierno nacional encabezado por el presidente derechista, Jorge Alessandri Rodríguez, que si bien no avanzó mucho en términos de reforma agraria durante su mandato, proporcionó a los gobiernos que vinieron los instrumentos jurídicos y legales necesarios para iniciar las expropiaciones de la tierra[2].

Con la elección de Eduardo Frei Montalva para gobernar el país entre 1964 y 1970 se intentó modernizar el mundo agrario por medio de la distribución

---

[2]   El presidente Jorge Alessandri (1958-1964) promulgó la primera ley de Reforma Agraria el año 1962, la cual se limitó a repartir unas pocas tierras de propiedades estatales a los campesinos, siendo más conocida como la "reforma de macetero". Al concluir su mandato el año 1964 solamente unas 5.000 hectáreas habían sido redistribuidas.

de la tierra y la sindicalización campesina, por lo que el proceso de reforma agraria logró un vertiginoso impulso. Bajo el lema "la tierra para el que la trabaja", el programa reformista del nuevo gobierno buscó la renovación del mundo agrario. Para lograr este objetivo, el 26 de abril de 1967 se promulgó la ley 16.625 que aprobaba la sindicalización campesina, y el 28 de julio la nueva ley de Reforma Agraria, 16.640.

A partir de noviembre de 1964 hasta septiembre de 1969 el gobierno de Eduardo Frei Montalva expropió un total de 2.500.000 hectáreas, equivalentes a 1.000 predios. Sin embargo, sus oponentes sostenían que el gobierno, a pesar de las reformas en la agricultura, había sido incapaz de mejorar la producción puesto que al final de su mandato el déficit de alimentos alcanzó al 30%; tampoco se habían repartido tierras a 100.000 campesinos como se había prometido durante la campaña presidencial. Al final del gobierno del presidente Frei, solo 28.700 campesinos se habían beneficiado con la ley y de ellos muy pocos recibieron sus títulos de propiedad de la tierra (*Ibíd.*).

Durante el gobierno del presidente Salvador Allende (1970-1973), o sea, hasta antes del golpe militar de 1973, existían 308 cooperativas de campesinos con más de 90.000 miembros afiliados, 207 cooperativas de la reforma agraria, con 9.900 miembros, 2.811 asentamientos campesinos y 870 sindicatos con 229 mil miembros. Esto significaba que hasta el 11 de septiembre de 1973 el 65% de los campesinos se encontraban constituidos en diferentes tipos de organizaciones a lo largo del país. En un periodo de casi 10 años un total de 5.809 predios habían sido expropiados, equivalente a 10 millones de hectáreas (CORA: 1973).

Reforma Agraria y radicalización del campesinado

La historia rural de Chile revela que el latifundio ha sido la institución más antigua del país, y que se propagó a través del tiempo, desde el siglo XVI hasta el siglo XX. Este sistema productivo-laboral, que incluía grandes extensiones de tierras concentradas en muy pocas manos, se conoció a lo largo de las Américas como hacienda, plantación, fincas, fundos, entre otros. Creadas a comienzos de la colonización española bajo las formas de mercedes de tierras, o encomiendas, o repartimientos, o mitas y otras formas similares, como pago a los servicios prestados por los conquistadores a la Corona Real, adoptó la forma de latifundio en Chile durante la primera mitad del siglo XIX, cuando se independizó de España. Este sistema se prolongó hasta mediados de 1960, cuando la Ley de Reforma Agraria entró en vigencia.

Durante las primeras décadas del siglo xx la sociedad rural chilena aún mantenía su estructura agraria tradicional del pasado, con una fuerte presencia latifundista y una rígida, autoritaria y paternalista jerarquía social que recordaba la época de la Edad Media en Europa. En vista de la situación, junto con el arribo del nuevo siglo se alzó un clamor general por parte de los campesinos y otros sectores oprimidos del país exigiendo cambios en el agro, las zonas mineras y la ciudad.

Los primeros arranques organizativos de los campesinos se iniciaron a finales de la Primera Guerra Mundial (1919), con el apoyo de la Federación Obrera de Chile[3] (FOCH). Durante este periodo acontecieron los primeros conflictos laborales masivos y también las primeras huelgas campesinas, despertando un enorme interés por la creación de organizaciones que representaran a los trabajadores del agro de las regiones de Catemu y el Valle de Aconcagua, el año 1919. Este nuevo ambiente laboral en el agro produjo una gran intranquilidad entre los propietarios de predios y productores de vinos, quienes estaban representados por la Sociedad Nacional de Agricultura.

Varios intentos de huelgas y organización sindical ocurrieron durante las décadas siguientes y en 1932, durante la instauración de la llamada República Socialista de Chile[4], se intentó organizar los primeros sindicatos de trabajadores de viñas del país, bajo la iniciativa de los campesinos de las viñas Molina, Lontué y Santiago (Radovic, 2005). Moisés Poblete (1945), por su parte, corrobora esta información agregando que ese mismo año 1932 comenzaron a

---

[3]   La primera organización sindical de carácter nacional, para agrupar al conjunto de la clase trabajadora en sus diferentes sectores, fue la Federación Obrera de Chile (FOCH), que nació originalmente en el gremio de los ferroviarios, en 1909, con el nombre de Gran Federación Obrera de Chile (GFOCH), con una orientación de colaboración de clases, y un estandarte bendecido por la Iglesia Católica. A partir de 1916 Luis Emilio Recabarren comienza un proceso de reconstruir esta organización con el resto de los sectores de los trabajadores, transformándola en una verdadera central sindical. Años más tarde, en 1919, Recabarren pasó a ser la base de esta organización, y le imprimió nuevos principios, especialmente los de la independencia de clases, los de la lucha contra el sistema capitalista y la propiedad privada sobre los medios de producción. Incluso llegó a proclamar la necesidad de luchar por una sociedad socialista, sin explotados ni explotadores.

[4]   El 4 de junio de 1932 el país fue sorprendido por un intento revolucionario para derribar al Gobierno del Presidente don Juan Esteban Montero e instaurar la primera "República Socialista de Chile". El presidente Montero llevaba solamente 6 meses de Gobierno. Había asumido el cargo para el cual fue elegido el 4 de diciembre de 1931, en medio de una grave situación derivada de la crisis económica mundial que se había extendido por diversos países del mundo. Uno de los líderes del movimiento insurreccional fue el comodoro del aire Marmaduque Grove Vallejos, dirigente del Partido Socialista, junto al periodista Carlos Dávila Espinoza y al abogado Eugenio Matte Hurtado. Se constituyó una Junta de Gobierno que alcanzó a durar solo 14 días, y fue derribada por otro grupo insurgente.

organizarse los trabajadores de viñas, fundando el Sindicato Industrial Viña Casablanca, el Sindicato Industrial Viña Lontué, el Sindicato Industrial Jorge Broaquaire, el Sindicato Industrial Viña San Pedro, el Sindicato Profesional de Viticultores y otros.

Después de la elección del gobierno del Frente Popular, encabezado por Pedro Aguirre Cerda el año 1939, se desarrolló una corta pero intensa actividad sindical, aunque el nuevo presidente Aguirre Cerda (también productor de vinos), optó por limitarlos y desmovilizarlos. El Frente Popular, coalición que gobernó hasta 1952, prefirió privilegiar el proceso de industrialización en los sectores urbanos en desmedro de la agricultura. Como resultado, miles de campesinos emigraron a las ciudades en busca de mejores oportunidades, mientras que el sector agrario comenzó a experimentar una profunda crisis productiva, forzando a las autoridades gubernamentales a importar alimentos a partir de la década de los años 1950.

Varios intentos fallidos para organizar nuevas uniones campesinas, incluyendo las de los trabajadores de viñas, se promovieron entre 1940 y 1960. Registros históricos indican que en 1940 se constituyó la Unión Provincial de Sindicatos Vitivinícolas. Entre otros factores, la organización promovía reivindicaciones económicas y el total cumplimiento del Código de Trabajo. El año 1952 se reiniciaron los esfuerzos de organización laboral, en la zona de Molina, otra región vitícola, de los cuales resultó la constitución de la Federación Sindical Cristiana de la Tierra, con sede en la Viña San Pedro[5]. Un año más tarde, en 1953, se realizó el Congreso Sindical de Obreros Campesinos de Molina, en el cual participaron trabajadores agrícolas de 20 fundos, entre ellos los trabajadores de la Viña Casablanca[6]. El 6 de julio de 1958 se declaró una nueva huelga, en la misma zona de Molina. Su objetivo, esta vez, era reunirse con el Presidente de la República Carlos Ibáñez del Campo, con el fin de resolver el conflicto por la no cancelación de 2 meses de salarios y sus correspondientes asignaciones (Radovic: 2005).

---

[5]   *Iglesia, Intelectuales y Campesinos.* Landsberger, Henry y Canitrot, Fernando-INSORA-Editorial del Pacífico, Santiago de Chile, 1967.

[6]   Durante la primera gran huelga de 1953 el gobierno hizo encarcelar a los dirigentes campesinos de Molina. En ese momento la ASICH (Acción Sindical Chilena) fundada por el sacerdote jesuita Alberto Hurtado, el año 1947, tomó a su cargo la continuación del movimiento huelguístico, en el terreno. Una actuación inolvidable para los campesinos fue la del Cardenal monseñor José María Caro, quien defendió el derecho de los obreros confrontando al Gobierno del General Carlos Ibáñez, que al comienzo del conflicto intentó detenerlo por medio de la fuerza.

El triunfo de la revolución cubana, al inicio de la década de 1960, trajo consigo nuevas expectativas para presionar nuevamente por una reforma agraria. Esta vez las demandas contaron con el respaldo de la Iglesia Católica, la que distribuyó algunos terrenos agrícolas de su propiedad entre los campesinos, y el apoyo de Estados Unidos a través de la Alianza para el Progreso. El principal objetivo era reestructurar la tenencia de la tierra, factores que lograron impulsar un proceso reformador moderado de una región del agro.

El apoyo reformista de la Iglesia Católica se llevó a cabo junto al Partido Demócrata Cristiano y la mayor parte del tiempo compitiendo con las organizaciones agrarias controladas por los socialistas y comunistas. La Iglesia Católica, por su parte, publicaba frecuentemente denuncias acerca de los abusos que padecían los católicos en Hungría y otros países socialistas de Europa del este, bajo el régimen de la Unión Soviética.

El 5 de mayo de 1962 el cardenal Raúl Silva Henríquez anuncia públicamente que la Iglesia chilena entregará a los campesinos sus fundos del Obispado de Talca, provincia de Linares a través de un proceso de reforma agraria propio. Por su parte, el Episcopado nacional hacía pública una Pastoral Colectiva cuyo nombre era *La Iglesia y el Problema Campesino* (Arroyo: 1962).

El 15 de noviembre del mismo año 1962 el gobierno de Jorge Alessandri promulgó, oficialmente, la primera ley de Reforma Agraria del país. La nueva legislación hacía posible la expropiación y la subdivisión de extensos terrenos operados por sus propietarios de manera deficiente. Sin embargo, las expropiaciones realizadas por su gobierno fueron bastante restringidas y no alteraron para nada la antigua, injusta e ineficaz estructura agraria del país.

Durante el periodo siguiente, comprendido entre 1962 y 1973, la reforma agraria se convirtió en uno de los temas políticos y sociales más controversiales y conflictivos de Chile. Aunque de manera bastante limitada, insistamos, el primer paso para implementarla ocurrió en 1962, casi al final del gobierno conservador de Jorge Alessandri (1958-1964). Más tarde, durante la administración del democratacristiano Eduardo Frei (1964-1970) adquirió una acelerada dinámica que continuaría más tarde, durante el gobierno del socialista Salvador Allende (1970-1973).

La reforma agraria produjo un impulso nunca antes visto en Chile respecto a la formación de sindicatos y organizaciones campesinas, que hasta entonces, insistamos, había sido el sector menos organizado y atrasado de todos los trabajadores del país. Como hemos señalado, solo algunos grupos muy pequeños de campesinos localizados en ciertas viñas de los alrededores de Santiago habían intentado desarrollar incipientes tipos de organizaciones sindicales. Sin embargo, a partir de la década de 1960 comenzaron a constituirse masivamente, exigir mejores salarios, mayores beneficios y, más tarde, tierras para los campesinos. El lema y luego demanda "la tierra para el que la trabaja" pasó a ser una exigencia popular y masiva por parte del ahora combativo y organizado movimiento campesino. Como resultado, los sindicatos agrarios se multiplicaron a lo largo de todo el país, especialmente a partir de la elección a la Presidencia de Chile de Eduardo Frei Montalva el año 1964.

El año 1967 el gobierno de Frei promulgó una nueva Ley de Sindicalización Campesina, en reemplazo de la de su antecesor. La nueva legislación agraria impulsó el desarrollo de originales y revolucionarias formas de organización social entre los trabajadores rurales, quienes se transformaron en poderosos detonante para el desarrollo de innumerables movimientos sociales y demandas reivindicativas, a través de la sindicalización campesina.

Cuando el presidente Eduardo Frei inició su mandato no existían más de 24 sindicatos campesinos en el país y aglutinaban a un poco más de 1.652 miembros, correspondiente al 0,7% del total de la población rural (Gilbert: 1973). A medida que avanza su gobierno, la sindicalización campesina y la aplicación de la reforma agraria comienza a observar un fuerte ascenso de la lucha social en el agro chileno, proceso que se extiende entre 1968 y 1973. Las huelgas y tomas campesinas aumentaron significativamente: de 3 en 1960, a 142 en 1965, y a 1.580 en 1970. Por su parte, la toma u ocupaciones de predios aumentaron de cero en 1960 a 13 en 1965 y a 456 en 1970 (Affonso *et al.*, 1971).

La antigua Ley de Sindicalización Campesina era extremadamente compleja y prácticamente impedía la formación de organizaciones sindicales en el agro. Sin embargo, los efectos de la modificación a la antigua legislación agraria causaron que en 1968 hubiera 83.255 trabajadores rurales organizados en sindicatos y más tarde 207.910 en 1973. En otras palabras, como resultado de esta nueva ley agraria, la proporción de trabajadores rurales afiliados a organizaciones campesinas aumentó de un 0,7% en 1964 a 24,6% en 1973 (Barraclough: 1971).

El gobierno de Frei creó varias agencias gubernamentales para apoyar la aplicación legal, técnica y económica de la Reforma Agraria, a través de préstamos, créditos y asistencia técnica a los campesinos[7]. Las organizaciones sindicales rurales y las movilizaciones de trabajadores agrícolas e industriales de

---

[7] Después que la Reforma Agraria entró en funcionamiento se crearon las siguientes organizaciones agrarias: CORA (Corporación de la Reforma Agraria) en 1962, INDAP (Instituto Nacional de Desarrollo Agropecuario) en 1965, el INIA (Instituto Nacional de Investigación Agropecuaria) creado en 1964, el SAG (Servicio Agrícola y Ganadero), creado en 1967, INFOR (Instituto de Investigación Forestal de Chile), en 1965; COREF (Corporación de Reforestación), creado en 1970.

las empresas vitivinícolas ubicadas de la ciudad y el campo también aumentaron de una manera inusual. El año 1967, únicamente, ocurrieron 693 huelgas y como resultado de su radicalización, aumentaron a 1.758 durante el año 1971. Una situación similar se observa con las ocupaciones de predios agrícolas: de nueve predios "tomados" por los trabajadores del campo en 1967 aumentaron a 1.278 en 1971 (*Ibíd.*).

La Ley de Reforma Agraria establecía que las causales de expropiación de predios agrícolas incluían la tenencia excesiva de tierras, subdivisión y mal funcionamiento de los predios, entre otras cosas. En el caso de posesión de grandes extensiones de terrenos, es decir, explotaciones agrícolas con más de 80 hectáreas de riego básico, podrían ser expropiadas por la Corporación de Reforma Agraria (CORA), teniendo en consideración las características especiales de cada región agrícola o ganadera. Basado en esta nueva legislación, el gobierno del presidente Eduardo Frei expropió y distribuyó entre los campesinos alrededor de 3.400.000 hectáreas (*Ibíd.*). El apoyo económico y técnico a los nuevos propietarios favorecidos por la reforma tuvo como resultado un rápido incremento de la producción agrícola.

La transformación de la estructura agraria durante este periodo, sin embargo, no estuvo exenta de problemas, especialmente a fines de la década de 1960. Los terratenientes resistieron tenazmente las expropiaciones de sus propiedades, mientras que los campesinos procedían a ocupar los predios con el propósito de acelerar el proceso de enajenación de los mismos. Esta situación derivó en una súbita radicalización de los campesinos, en gran medida por la actitud de los sectores políticos del gobierno (el Partido Demócrata Cristiano) y sus competidores de la izquierda (partidos Comunista y Socialista), para atraer a los votantes rurales que tradicionalmente habían seguido las directrices políticas de los partidos de derecha. En el marco de este proceso, los campesinos comenzaron a adoptar posturas cada vez más radicales, exigiendo transformaciones y expropiación de los predios, situación que más tarde, durante el gobierno de Salvador Allende, adquirió características prerrevolucionarias a lo largo del país. Como resultado, se comienza a generar y consolidar una alianza política entre obreros industriales de las ciudades y los campesinos, adoptando, insistamos, claras tendencias y formas de organización prerrevolucionarias. Sin lugar a dudas, el movimiento y alianza obrero-campesina alcanzaron niveles de organización y radicalización jamás antes vistos en Chile.

El nuevo gobierno de Salvador Allende y su coalición política, la Unidad Popular, continuaron utilizando todos los instrumentos jurídicos promulgados por el gobierno anterior con la finalidad de expropiar los grandes latifundios y reinsertarlos bajo la administración del Estado a través de las cooperativas agrícolas y los *asentamientos campesinos*[8]. Este proceso produjo gran efervescencia entre los campesinos y se hizo manifiesto a través de la ocupación masiva de tierras, estimulando un clima de violencia y confrontación en la mayoría de las zonas rurales.

El 21 de diciembre de 1970 el gobierno de la Unidad Popular suscribió el Decreto Supremo N° 481, que creaba los Consejos Campesinos, cuyo objetivo central era otorgar a los trabajadores rurales una participación más decisiva en la Reforma Agraria. En 1971 el gobierno intensificó este proceso de reformas procediendo a la expropiación masiva de nuevos terrenos agrícolas. Al momento del golpe de Estado del 11 de septiembre de 1973, el gobierno popular había expropiado cerca de 4.400 predios agrícolas, equivalentes a más de 6,4 millones de hectáreas. Entre 1965 y 1973 alrededor del 43% de la tierra de Chile, incluyendo algunos de los predios más extensos del país, habían sido expropiados.

La ley de Reforma Agraria incluía formas de pagos a los propietarios agrícolas expropiados, bajo la forma de bonos a largo plazo, no indexados a la inflación, pero que, con el paso del tiempo, iban perdiendo valor. Esta situación fue un golpe bastante fuerte a los intereses económicos de los propietarios agrícolas, quienes resistieron tenazmente al gobierno de la Unidad Popular. Tampoco es menos cierto que el viejo orden agrario chileno que se había prolongado por más de 400 años, bajo la forma de latifundios, llegó prácticamente a su fin.

Durante las décadas siguientes, luego que los militares y el gobierno de Nixon-Kissinger derrocaran a Salvador Allende, un nuevo modelo neoliberal irrumpió agresivamente en el mundo rural, facilitando la transferencia de gran parte de los predios y terrenos expropiados a inversionistas privados, quienes modernizaron la producción agrícola y la producción vitivinícola del país. Del mismo modo, los campesinos se convirtieron en simples trabajadores asalariados como el resto de los trabajadores del país.

Reforma Agraria y las empresas vitivinícolas

Como resultado de los innumerables inconvenientes enfrentadas por los propietarios productores de vinos durante este periodo, muy pocas modificaciones o transformaciones se realizaron en las empresas vitivinícolas, tal como

---

[8]   Los asentamientos campesinos fueron formas transicionales de organización agrícola del sector reformado a través de una asociación entre los campesinos y la Corporación de la Reforma Agraria (CORA) por un periodo de entre 3 a 5 años.

aconteció con algunos propietarios de predios que intentaron producir vino o ampliar la extensión de sus viñedos que ya poseían. La agricultura, en general, y la producción de vino en particular, debieron enfrentar situaciones políticas bastante críticas, en un corto periodo.

Efectivamente, entre 1938 y 1960 la mayoría de los viñedos y la industria del vino se habían mantenido prácticamente iguales, sin mayores modificaciones. La única excepción había sido la Viña Concha y Toro, la cual se había convertido en una sociedad anónima y sus acciones se cotizaban en la Bolsa de Valores de Santiago desde 1933. El resto de las viñas continuó operando como empresas familiares o individuales. Esta situación comenzó a cambiar alrededor de mediados de 1960, cuando la mayoría de ellas empezaron a modificar sus formas organizativas influenciadas por el fantasma de la reforma agraria.

Durante la década de 1960 la agricultura había pasado a ser el centro de las discusiones y ataques por parte de políticos, analistas y trabajadores del agro, como resultado de su limitada contribución a la economía nacional. La idea de una reforma agraria amplia se convirtió en un clamor popular, cada vez más insistente, motivado por una deficiente administración y aprovechamiento de las superficies agrícolas del país.

En 1969 un grupo de viñas se transformó en sociedades anónimas, acreditadas legalmente como Empresas Vinícolas Integradas. Sin embargo, este cambio no pasó más allá de ser algo nominal puesto que el control de las empresas se mantuvo en manos de las mismas familias, sin mayores modificaciones. Las escasas transformaciones no fueron más allá de ser un simple artificio legal utilizado por los propietarios de las viñas para evitar la expropiación de sus tierras, ahora bajo la amenaza de la Ley de Reforma Agraria.

Una vez que Salvador Allende fue elegido Presidente de la República, en 1970, algunos propietarios de viñedos vendieron o pensaron vender sus propiedades para evitar ser expropiados, bajo la presión de sus trabajadores o la ley de reforma agraria de 1962. Otros predios sembrados con vides desaparecieron o trasladaron hacia otras regiones debido a la rápida expansión urbana de algunas zonas alrededor de Santiago. Sin embargo, las grandes empresas viñeras continuaron operando tal como lo venían haciendo de costumbre. Los financistas extranjeros tampoco se mostraban interesados en invertir en este tipo de empresas, sobre todo cuando la situación política de Chile no era favorable, para nada, a las inversiones extranjeras. Por el contrario, una de las primeras medidas adoptada por el nuevo gobierno de Salvador Allende fue la nacionalización de los grandes yacimientos cupríferos del país, en manos de compañías estadounidenses desde comienzos del siglo xx.

Por otra parte, los problemas políticos, económicos y legales que venían afectando a la industria del vino, principalmente a las Empresas Vitivinícolas Integradas, ocurrieron y se agravaron precisamente durante el gobierno del presidente Salvador Allende (1970-1973). En efecto, de acuerdo al Programa Básico de Gobierno elaborado por la Unidad Popular, junto a la Ley de Reforma Agraria, comenzó a realizarse una serie de encuentros, negociaciones y discusiones en torno a si el Estado debería asociarse con los empresarios vitivinícolas o simplemente expropiar sus empresas.

El Programa Básico del gobierno de la Unidad Popular (UP) incluía 40 medidas, consideradas el punto de partida para superar la crisis económica, política y social que venía afectando al país desde hacía ya varios años. Conjuntamente, la UP intentaba debilitar el actual sistema político para crear condiciones favorables, romper la cadena que lo ataba al "capitalismo dependiente" y mover al país, gradualmente, por etapas, hacia una sociedad socialista. La particularidad de este programa político era que sus promotores intentaban establecer una sociedad socialista utilizando el mismo sistema constitucional vigente, elaborado por los mismos grupos dominantes tradicionales y no a través de una revolución armada, al estilo cubano.

Esta estrategia, vigorosamente defendida por el Partido Comunista chileno, se basaba en la interpretación soviética acontecida en Europa Oriental durante la instauración de dicho modelo. El programa de la Unidad Popular proponía implementar el modelo socialista, avanzando por etapas hasta alcanzar finalmente el ansiado socialismo. De este modo, el programa básico del presidente Allende y su coalición política contemplaba la formación de tres áreas de la economía para establecer un nuevo modelo productivo del país: ellas eran las áreas social, mixta y privada (Gilbert: 1973).

Hasta antes que Salvador Allende asumiera oficialmente el cargo de Presidente de Chile, el 4 de octubre de 1970, la Ley de Reforma Agraria no había afectado a las empresas vitivinícolas, especialmente a las más grandes y tradicionales, las cuales continuaban en su totalidad en manos privadas. Sin embargo, desde el inicio mismo del gobierno de la UP se entabló un conflicto entre los viticultores, el gobierno y los trabajadores de los viñedos. La controversia en cuestión pasaba por decidir si el Estado debía asociarse con las Empresas Vitivinícolas Integradas en la llamada Área Mixta o simplemente expropiarlas y pasarlas al Área Social controlada por el Estado y los trabajadores. El planteamiento de los empresarios vitivinícolas, obviamente, era continuar operando dentro del sector privado, sin interferencia del gobierno.

Enfrentados a condiciones laborales y políticas diferentes, los trabajadores agrícolas exigían la expropiación de las viñas, aunque un sector de las nuevas autoridades agrarias del nuevo gobierno pensaba que las Empresas Vitivinícolas Integradas poseían una serie de elementos que complicaban la decisión a tomar. En efecto, la ley las definía como *empresas que poseen viñedos, bodegas para elaborar, almacenar y embotellar el vino, oficinas industriales y administrativas y la infraestructura necesaria para comercializar el vino* (Comité Agroindustrial CORFO). Desde esta perspectiva legal, las Empresas Vitivinícolas Integradas eran complejos agroindustriales que poseían viñedos e infraestructura para la elaboración y producción de vinos.

En la mayoría de los casos las empresas agroindustriales comercializaban sus productos tanto en el mercado nacional como en el internacional. De acuerdo con el mandato legal, la función y supervisión del Estado, a través del Ministerio de Agricultura, consistía en preservar la individualidad de cada una de estas viñas, con el fin de mantener su calidad y prestigio, principalmente las que elaboraban vinos comercializados en el extranjero. Desde esta perspectiva, el Ministerio de Agricultura catalogaba a 15 viñas bajo el rótulo de Empresas Vitivinícolas Integradas, todas ellas conocidas a nivel nacional e internacional. El recuadro siguiente incluye el nombre y marca de cada una de dichas viñas y rótulo comercial (Tabla 1).

TABLA 1. PRINCIPALES VIÑAS INTEGRADAS: 1971

EMPRESAS	MARCA COMERCIAL
Viña Concha y Toro	Concha y Toro, Tocornal
Viña Santa Teresa	Santa Teresa
Viña Santa Rita	Santa Rita
Viña Santa Carolina	Santa Carolina
Viña Undurraga	Undurraga
Agrícola y Comercial Viña Santa Catalina	Santa Catalina
Wagner Stein y Compañía	San Pedro
Viñedos y Huertos José Cánepa y Compañía	Cánepa
Viña Cousiño Macul	Cousiño Macul
Viña Las Acacias Limitada	Las Acacias y Urmeneta
Suc. Emma Ramila Vda. de Merry Viña Carmen	Carmen
Viñedos Ortiz	Vizcaya
Viña Santa Rosa del Peral	Planella
Sociedad Viña Tarapacá Ex Zavala	Tarapacá Ex Zavala
Viña Manquehue y Compañía Limitada	Manquehue

Fuente: Asociación de Exportadores y Embotelladores de Vino de Chile.

La superficie agraria ocupada por estas 15 empresas sumaba 9.470 hectáreas, mientras que 3.380 hectáreas (casi el 3,5%) estaban asignadas a terrenos plantados con "uvas nobles" y ubicadas en terrenos de regadío de la zona central de Chile. La producción promedio, entre 1969 y 1971, fue de 90 millones de litros, aproximadamente el 20% de la producción nacional. Sin embargo, solo 33 millones de litros o el 35% eran producidos por dichas empresas vitivinícolas, mientras que el resto era comprado a pequeños y medianos productores (Gilbert: 1973).

La maquinaria y equipos utilizados en la elaboración del vino eran antiguos e incapaces de satisfacer los requerimientos productivos modernos. La calidad de sus vinos y el prestigio adquirido en el pasado les había permitido organizar su propio sistema de comercialización, especialmente a nivel nacional e internacional. El Servicio Agrícola y Ganadero (1970) indicaba que las exportaciones de sus vinos, en 1969, alcanzaron a US$ 12,6 millones, cifra que fácilmente podría haberse aumentado, según la misma fuente.

Financieramente, las Empresas Vitivinícolas Integradas constituían importantes fuentes de poder económico. Algunas de ellas superaban el nivel máximo establecido por las autoridades en su definición de las áreas de la economía. La Asociación de Exportadores y Embotelladores de Vino de Chile, en 1969, indicaba que siete de estas empresas operaban con más de 146 millones de escudos (moneda de la época), concentrado en las manos de no más de 10 accionistas por empresa[9] (*Ibíd.*). La mano de obra ocupada por estas empresas incluía 5.371 personas: 2.391 eran trabajadores agrícolas permanentes, 1.372 trabajadores temporales, 904 obreros industriales y 704 empleados, siendo algunos de ellos trabajadores experimentados y calificados (*Ibíd.*). El reporte anual de la Asociación de Exportadores y Embotelladores de Vinos, indicaba que durante la temporada correspondiente al año 1970 un total de 2.400 trabajadores permanentes y 1.300 trabajadores temporales laboraron en estas 15 empresas durante los periodos de poda, cosecha y vendimia, tal como lo muestra la Tabla 2.

---

[9]   Para determinar los límites entre los tres sectores de la economía (áreas privada, mixta y social) el Ministerio de Economía estableció que las industrias cuyo capital y reservas hasta el 31 de diciembre de 1969 no superaran los 14 millones de escudos no serían objeto de expropiación ni transferidas al área social controlada por el Estado.

TABLA 2. EMPRESAS VITIVINÍCOLAS INTEGRADAS: FUERZA DE TRABAJO 1969-1970

MARCA COMERCIAL	TRABAJADORES PERMANENTES	TRABAJADORES TEMPORALES	TRABAJADORES INDUSTRIALES	EMPLEADOS	TOTAL
Concha y Toro	305*	—	250	185	740
Santa Teresa	69	60	96	57	282
Santa Rita	250*	—	16	62	368
Santa Carolina	135	250	32**	—	467
Santa Catalina	135	37	51	7	234
San Pedro	277	350	208	164	999
Undurraga	59	34	82	17	192
Cánepa	445	501	47	37	1.070
Cousiño Macul	162	50	—	20***	242
Las Acacias	97	35	37	46	215
Carmen	58	10	—	7	75
Vizcaya	91	20	14	15	140
Planella	150	—	—	14 ***	164
Tarapacá	94	—	—	18 ***	112
Manquehue	22	15	21	5	63
TOTAL	2.391	1.372	904	704	5.371

Fuente: Asociación de exportadores y embotelladores de vino de Chile
* Incluye trabajadores temporales
** Incluye empleados
*** Incluye trabajadores industriales

La Ley de Reforma Agraria establecía que "solo aquellas empresas vitivinícolas incorporadas como sociedades anónimas que cumplieran además con los requisitos especificados por los artículos 21 y 23, y que poseían un decreto supremo firmado por el Presidente de la República no podrían ser expropiadas" (Gilbert: 1973).

Hasta el instante que se llevaron a cabo las discusiones al interior del Comité Agroindustrial de CORFO, de las 15 compañías de vinos clasificados como Empresas Vitivinícolas Integradas solo siete estaban constituidas como sociedades anónimas conforme a la ley. Estas eran la Viña Concha y Toro, Santa Carolina, Santa Rita, Santa Teresa, Santa Catalina, Santa Rosa del Peral, y Undurraga. Sin embargo, el resto, un grupo de ocho viñas no cumplía con este requisito pero no fueron expropiadas y se incluyeron con el resto que sí los cumplían. Estas eran la Viña San Pedro, Cánepa, Cousiño Macul, Las Acacias y Urmeneta, Carmen, Vizcaya, Planella y Tarapacá Ex Zavala (AEEV: 1970).

Desde el punto de vista legal, la Ley de Reforma Agraria establecía, expresamente, un conjunto de regulaciones para autorizar y otorgar el estatus de Empresa Vitivinícola Integrada y que detallamos a continuación.

- Estar constituida como sociedad anónima.

- La empresa debía poseer terrenos plantados con vides, más un 20% para rotación de la tierra, desde antes del 22 de noviembre 1965.

- El 50% de los viñedos debían estar plantados con variedades de vides aprobadas por el Ministerio de Agricultura.

- El artículo 22 de la Ley de Reforma Agraria especificaba, expresamente, que los terrenos plantados con uvas de vino debían producir y comercializar al menos 50% de su producción con vinos finos de alta calidad.

- La empresa debía poseer un capital equivalente a cuatro veces el avalúo fiscal de la viña.

- Los trabajadores y empleados que laboraban en las empresas vitivinícolas, con excepción de los especificados por la ley (trabajadores temporales) debían estar en posesión del 10% de las acciones y también tenían derecho a elegir a un representante para que los representara en el Consejo de Administración de la empresa.

- Los salarios y otros beneficios sociales se fijarían de acuerdo con los requisitos y límites establecidos por la ley.

- Las empresas vitivinícolas debían cumplir los reglamentos vigentes en materias como vivienda, educación y salud. Además, cada empresa debía respetar los derechos sindicales y las organizaciones de trabajadores, el acceso a préstamos, contratos de trabajo, negociación colectiva y prestaciones sociales. Las autoridades de gobierno correspondientes se encargarían de velar, regular y controlar todos los requisitos establecidos por la ley.

- La empresa debería controlar y supervisar todos estos aspectos y aplicar todos los requisitos establecidos por el Ministerio de Agricultura, institución responsable de esta materia.

En el caso que alguna de las Empresas Vitivinícolas Integradas dejara de cumplir una sola de las reglamentaciones estipuladas anteriormente, sin excepción, la ley facultaba a las autoridades para intervenir y proceder a la expropiación. Bajo esta normativa, sin embargo, la ley facultaba a las autoridades para confiscar, únicamente, los terrenos pero no las instalaciones industriales, equipos y bodegas.

La Ley de Reforma Agraria, sin embargo, puntualizaba explícitamente que la inexpropiabilidad de los terrenos debería ser legalizada por la dictación de un decreto supremo, firmado por el Presidente de la República, especificándose el tamaño de los viñedos sujetos a dicho beneficio, por un periodo de 20 años. Sin embargo, la ley también señalaba, claramente, que el Decreto Supremo Presidencial *cesaría automáticamente si por casualidad y en cualquier momento, una sola de estas regulaciones no se cumplían* (CORFO: 1970).

Empresas Vitivinícolas Integradas: ¿área social o mixta?

Durante el proceso de negociación entre los propietarios de las Empresas Vitivinícolas Integradas y el Comité Agroindustrial de CORFO, la agencia gubernamental encargada de las negociaciones, surgieron innumerables complicaciones que impidieron alcanzar un acuerdo.

El mandato del comité de CORFO consistía en asesorar a las autoridades agrarias para tomar decisiones en esta materia, basados en los planteamientos especificados en el Programa Básico de gobierno. Un grupo de expertos y autoridades se reunió en una comisión de trabajo con el mandato de estudiar los mecanismos para expropiar la mayor parte de los viñedos para fines de 1971. El sector, encabezado por el Partido Socialista, sugería que para esa fecha prácticamente la totalidad de la producción de vinos del país debería ser controlada por el Estado. De este modo, los ingresos generados no terminarían en los bolsillos de los grandes productores, sino que en las arcas del Estado, obteniéndose, de este modo, un atractivo superávit económico para invertir en el desarrollo de otras áreas productivas del país.

La interpretación y estrategia propuesta por los socialistas fueron ampliamente discutidas, pero, a la vez, resistidas por otros sectores políticos dentro de la Unidad Popular representados en el Comité Agroindustrial de CORFO (Partido Comunista, MAPU, Radicales e Izquierda Cristiana). Sin embargo, y por razones estratégicas, la mayoría del Comité Agroindustrial se inclinaba por una maniobra diferente, argumentando que resultaba más conveniente para la estrategia del gobierno que las 15 empresas vitivinícolas integradas se asociaran con el Estado en la llamada Área Mixta de la Economía[10] (ver Tabla 1).

---

[10]   El objetivo central del gobierno de la Unidad Popular era reemplazar la estructura económica del país para acabar con "el poder monopólico del capital nacional e internacional". En consecuencia, la Unidad Popular organizó la economía del país en tres áreas. El Área Social, que

Las propuestas divergentes entre los miembros del Comité Agrícola derivaron en intensas polémicas y confrontaciones al interior del gobierno, los viticultores y la opinión pública nacional, las que persistieron hasta el mismo día en que el gobierno del presidente Allende fue derrocado, el 11 de septiembre de 1973.

¿Cuáles fueron las razones para no expropiar, cuando la decisión de incorporar a las Empresas Vitivinícolas Integradas en el Área Mixta no se ajustaba al espíritu del Programa Básico de gobierno y tampoco cumplían con los requisitos establecidos por la Ley de Reforma Agraria 16.640?

La decisión tomada parece haber sido una concesión política a los productores de vinos con el fin de atraerlos hacia las filas de la Unidad Popular, de acuerdo con la estrategia de la "revolución por etapas"[11]. Para fundamentar su propuesta alternativa, el Comité Agroindustrial argumentaba que la legislación chilena permitía solo la expropiación de terrenos agrícolas y no confiscar las instalaciones industriales ubicadas en zonas no agrícolas, en las ciudades. En consecuencia, si el gobierno expropiaba una de estas empresas y la incorporaba al área social, solo podía enajenar los terrenos agrícolas. Sin embargo, las plantas industriales, administrativas y comerciales, continuarían en manos de sus propietarios privados. El Comité Agroindustrial evaluaba que esta medida sería perjudicial para los trabajadores y para la economía debido a que el control de la producción de vino, la parte más lucrativa del negocio, permanecería en manos de sus antiguos propietarios privados.

---

incluía las empresas de interés nacional que serían expropiadas e incorporadas en esta categoría bajo el control directo del Estado. Este era el caso de la gran minería del cobre y otros productos, la mayoría de ellos en manos de capitales extranjeros, que generaban importantes recursos para el país y con ellos mejorar la calidad de vida de los chilenos. El Área Mixta, que estaría formaba por empresas que combinan capitales aportados por el Estado y el sector privado. El Estado sería el principal accionista, situación que beneficiaría a los pequeños y medianos empresarios con escasos recursos financieros y crédito. Finalmente, el Área Privada compuesta por capitales privados exclusivamente, quienes podrían invertir en sus propias empresas, siempre y cuando no afectaran a los intereses del Estado y a la economía del país (Programa Básico de la Unidad Popular).

[11]   Un importante segmento de la coalición de Gobierno (Unidad Popular) estaba bajo la impresión que al interior del sector empresarial chileno ("burguesía industrial"), las fuerzas armadas y la policía, existía un importante sector progresista, nacionalista y patriótico, respetuoso del orden constitucional del país. El objetivo del gobierno era atraer a dichos grupos haciendo concesiones para facilitar el acercamiento. La estrategia buscaba avanzar pacíficamente hacia el socialismo, de una manera gradual, sin que necesariamente tener que recurrir a la violecia revolucionaria. El golpe de estado militar vino a demostrar que esta evaluación y estrategia no era realista ya que los llamados "sectores burgueses progresistas y nacionalistas" apoyaron y se sumaron desde el primer día a los sectores golpistas.

El informe del comité también agregaba que *los compañeros de trabajo que continuaran trabajando en la parte industrial de las empresas y que no podían ser expropiadas, continuarían sometidos a las injusticias de las empresas privadas.* Del mismo modo sostenían que la incorporación de dichas empresas al Área Social tampoco les permitiría mantener sus marcas comerciales registradas las cuales *...poseen una reputación internacional que ayuda al país a recibir recursos económicos que han permitido aumentar el nivel de vida de la población (Ibíd.).* Finalmente, el Comité señalaba que de no aplicarse estas medidas también se perderían otros beneficios como la participación de los trabajadores en las empresas, mejores salarios y beneficios sociales, la negociación colectiva, mejores condiciones de trabajo y disciplina, entrenamientos, etc.

Los sectores opuestos a esta estrategia consideraban que si bien el planteamiento parecía ser correcto, existía otra solución. Los representantes socialistas y otros grupos políticos dentro y fuera de la coalición de gobierno proponían expropiar los terrenos y comprar las marcas comerciales, junto a sus instalaciones industriales. La propuesta fue estudiada y documentada por sus proponentes. Sostenían que los viñedos eran uno de los negocios más rentables en el agro. Una hectárea de terreno de regadío producía más de 10.000 litros de vino, lo que representa cerca de 23 millones de escudos, moneda de la época. En consecuencia, estudios preliminares realizados estimaban que la inversión para adquirir la infraestructura de las viñas podría ser recuperada en un plazo de tres años (Gilbert: 1973).

Por otra parte, también se enfatizaba y criticaba el enorme poderío y control económico que las empresas vinícolas habían alcanzado sobre el resto de otros productores nacionales. Efectivamente, la producción nacional de vinos en 1970 ascendió a 400 millones de litros. De esta cantidad, únicamente 100 millones procedían de las propias Empresas Vitivinícolas Integradas; es decir, solo el 33% del total del vino producido en el país era elaborado con sus propias uvas. El resto, o sea el 67%, provenía de uvas compradas a pequeños y medianos productores u otros viñateros agrupados en los comités de campesinos y centros de producción más conocidos como CERAS; es decir, terrenos expropiados por el gobierno y ahora trabajados y controlados por sus trabajadores (AEEV: 1970).

Finalmente, agreguemos que el hecho que las 15 Empresas Vitivinícolas Integradas fueran las únicas que poseían la infraestructura necesaria para el procesamiento, almacenamiento y comercialización de los vinos, les permitió imponer un tipo de monopolio sobre la producción de vinos y fijar precios de compra y venta de acuerdo a su conveniencia, tal como se observa en la Tabla 3.

TABLA 3. EMPRESAS VITIVINÍCOLAS INTEGRADAS: PRODUCCIÓN 1969

MARCA COMERCIAL	PRODUCCIÓN TOTAL (Millones litros)	PRODUCCIÓN PROPIA (Millones litros)	PRODUCCIÓN PROPIA (%)	VINO COMPRADO AFUERA (%)	UVAS COMPRADAS AFUERA (%)
Concha y Toro	18.500.000	7.400.000	40	60	00
Santa Teresa	9.655.536	1.500.000	15	78	07
Santa Rita	4.540.281	860.000	19	62	19
Santa Carolina	4.860.000	2.700.000	55	30	15
Santa Catalina	17.060.000	4.270.000	25	75	00
San Pedro	11.198.400	3.360.000	30	30	06
Undurraga	2.942.444	480.000	17	83	00
Cánepa	6.713.130	5.160.000	71	29	00
Cousiño Macul	2.198.000	2.200.000	100	—	25
Las Acacias	6.589.000	1.400.000	25	75	00
Carmen	607.020	290.000	48	27	00
Vizcaya	1.705.000	1.360.000	80	20	00
Planella	2.448.000	2.200.000	90	10	00
Tarapacá	512.950	410.000	80	20	00
Manquehue	2.283.870	530.000	23	77	00
TOTAL	91.813.000	34.120.000			

Fuente: Asociación de Exportadores y Embotelladores de Vino en Chile (1970).

Desde un punto de vista jurídico, el sector en favor de la expropiación objetaba que la resolución alcanzada por el Comité Agroindustrial de CORFO era incorrecta, puesto que imposibilitaban la expropiación de 15 empresas que podrían haber sido incorporadas al Área Social en lugar del Área Mixta de la economía. Para apoyar su argumentación, puntualizaban que ocho de dichas empresas no cumplían con el requisito de la Ley 16.640; es decir, estar incorporadas como sociedades anónimas. Sin embargo, ignorando totalmente la ley, el Comité Agroindustrial recomendaba transferirlas al Área Mixta para asociarse con el Estado.

Más aún, también denunciaban que el resto de las viñas clasificadas bajo el rótulo de Empresas Vitivinícolas Integradas tampoco cumplían otros requisitos especificados en la ley. Por ejemplo, la Tabla 4 aportada por la misma AEEV (1970) incluida más abajo, expone que en siete de estas empresas, los 10 mayores accionistas eran todos miembros de las mismas familias, quienes, además, mantenían el control sobre casi el total de las acciones. Este era el caso de la Viña Santa Teresa, donde los 10 mayores accionistas/familiares controlaban el 97,9% de las acciones y el 92,8% en el caso de la Viña Santa Rosa del Peral. La Viña Santa Catalina, por su parte, era controlada totalmente por una sola familia. Concluyendo con este aspecto de la ley, añadamos que, en todo caso, ninguno de los grupos de trabajadores y empleados que laboraban en estas 15 Empresas Vitivinícolas Integradas estaba en posesión del 10% de las acciones, de acuerdo al mandato de la misma ley.

TABLA 4. VIÑAS INCORPORADAS COMO SOCIEDADES ANÓNIMAS

VIÑAS	NÚMERO DE ACCIONISTAS	% ACCIONES CONTROLADAS POR LOS 10 MAYORES ACCIONISTAS
Concha y Toro	1.648	39,09
Santa Carolina	41	61,40
Santa Rita	67	55,14
Santa Teresa	35	97,90
Santa Catalina	10	100,0
Santa Rosa del Peral	12	92,75
Undurraga	56	79,91

Fuente: Información tomada de la Asociación de Exportadores y Embotelladores de Vinos de Chile, 1970.

Quizás una de las normativas más importante no considerada aún en las negociaciones fue que ninguna de estas empresas se encontraba en posesión del Supremo Decreto Presidencial que garantizara la inexpropiabilidad de la tierra. Y no podían tenerlo. La ley establecía claramente que si un solo requisito de la misma no se cumplía, el decreto presidencial no podía ser otorgado.

A pesar de todos los elementos mencionados anteriormente, el Comité Agroindustrial de CORFO ofreció a las empresas vitivinícolas asociarse y trabajar conjuntamente en el Área Mixta. El Estado pasaría a controlar el 51% de las acciones, mientras que los propietarios de las viñas integradas mantendrían el 49% adicional. Antiguos propietarios, trabajadores y el Estado asociados compartirían el control y la administración de las empresas, en donde sus trabajadores junto con los representantes del Estado conformarían la mayor parte de la junta directiva. Para expresar y demostrar su interés en la industria del vino, las autoridades agrícolas del gobierno negociaron con la empresa Seagram, una de las mayores destilerías de bebidas alcohólicas en el mundo, las exportaciones de vino chileno hacia América del Norte (EE.UU. y Canadá).

Mirada desde afuera, la asociación con el Estado no solo era un buen negocio, sino también un gran seguro para los propietarios de las Empresas Vitivinícolas Integradas, teniendo en cuenta el tumultuoso y conflictivo momento político por el que Chile atravesaba durante este periodo. La inestabilidad política, la ocupación cada vez más acelerada de tierras, viñedos e industrias por parte de los obreros y campesinos, la situación del país estaba prácticamente fuera de control. Más aún, dado que el Gobierno del presidente Allende había nacionalizado el sistema bancario, tanto la producción de vinos como la obtención de créditos y moneda dura pasarían ahora a ser de la exclusiva responsabilidad del socio Estado y no de los empresarios.

Otro aspecto conveniente de esta asociación era que al socio Estado le correspondería también prestarles asistencia técnica y profesional a través de sus instituciones fiscales, tales como INDAP (fondos y asistencia para la planificación), la CORA (Instituto de Reforma Agraria) y el Servicio Agrícola y Ganadero (control técnico y jurídico).

Por último, a partir de ese momento, el Estado pasaría a ser responsable de resolver y manejar todos los conflictos laborales, una de las tareas más difíciles y complicadas para los empresarios en ese momento. Como resultado, los propietarios de las Empresas Vitivinícolas Integradas obtendrían todos los beneficios ya mencionados a cambio de aportar sus marcas comerciales y plantas industriales equipadas con maquinaria muy antigua que obviamente el socio-Estado debería contribuir a su reemplazo.

Discusiones y diferencias políticas entre la línea dura de la coalición de gobierno, que querían avanzar más rápido, sin conciliar con los que apoyaban los convenios y asociación con los productores privados, se hicieron cada vez más frecuentes y profundas. Curiosamente, la mayor parte de la discusión e implementación de estas decisiones, por parte de la Unidad Popular, se realizó en los comités de los partidos políticos de la izquierda, dentro de los ministerios, e incluso a nivel presidencial, con muy escasa participación de la gran mayoría de los trabajadores que propugnaban la incorporación de las viñas en el Área Social.

Los empresarios vitícolas, por su parte, observaron cautelosamente los problemas al interior del gobierno entre las agrupaciones políticas y los trabajadores, desde afuera. De hecho, nunca confiaron en el proyecto del Estado y estuvieron siempre bajo la convicción de que se trataba solo de una estrategia momentánea para finalmente tomar el control de todas las industrias del país. En consecuencia, su posición fue negociar pausadamente, evitando cualquier compromiso con aquellos que en el Gobierno querían asociarse para aumentar la productividad y las exportaciones y los que querían acabar con el poder y el control de los productores de vino (Gilbert, *óp. cit.*). La situación fue resuelta finalmente con el golpe militar que derrocó al presidente Salvador Allende, poniendo fin a la disputa y negociaciones. Una nueva etapa para la industria del vino estaba a punto de comenzar.

Pequeños productores y las cooperativas

La mayoría de los análisis y estudios de la industria del vino chilena se centran casi exclusivamente en los grandes productores, a pesar que desde el siglo pasado recurrían y aún recurren actualmente al aporte de los pequeños y medianos viñateros para alcanzar sus propias cuotas productivas. Insistamos: desde el inicio de la gran industria del vino en el siglo pasado, las grandes compañías vitivinícolas nacionales no habían sido capaces de producir las cuotas de vino necesarias para completar sus stocks y, por lo tanto, compraban la producción de viñedos más pequeños que luego comercializaban bajo sus propias marcas (ver Tabla 3).

Numerosos productores de vino en Chile establecieron pequeñas y medianas empresas en una cantidad limitada de tierras. Según la AEEV (*óp. cit.*), alrededor del 67% de los vinos producidos por estos pequeños y medianos viñateros eran dependientes de las grandes empresas vitivinícolas para comercializar sus uvas y vinos. Esta situación se complicaba aún más, puesto que las grandes empresas eran las únicas que poseían la infraestructura necesaria para elaborar y almacenar el vino. Insistamos en que estas empresas eran también las únicas que poseían la autorización legal para producir, procesar y vender este producto (Gilbert: 1973).

La aparición y organización de cooperativas vitivinícolas fue un esfuerzo alternativo para superar la situación que afectaba a los pequeños productores, con el fin de apoyarse mutuamente en la elaboración de sus propios vinos y desarrollar los canales apropiados y convenientes para comercializar sus productos en mejores y más favorables condiciones. Sin embargo, repetimos, la casi totalidad de los pequeños productores no contaba con bodegas de vino propias para guardar, envejecer y comercializar sus vinos en mejores condiciones.

Una pequeña porción de pequeños productores durante este periodo consiguió el apoyo del Gobierno para operar ciertas cooperativas vitivinícolas, iniciativa que ya había comenzado el año 1929. Recordemos que en 1940 nació la Cooperativa de Cauquenes, seguida por la Cooperativa de Curicó en 1943 y la Cooperativa de Chillán, en 1956. A finales de la década de 1940 el Estado había contribuido con $ 13,4 millones para la formación de las cooperativas vitivinícolas (Caro, 2006). Información disponible en el Ministerio de Agricultura (1970) indicaba que durante la década de 1960 un conjunto de cooperativas operaba en el país, presentando las características que se resumen en la Tabla 5.

Tabla 5. Cooperativas vinícolas: 1960

Cooperativas	Producción anual 1960-1964 (litros)	Número de asociados
Valle Central	3.560.000	15
Curicó	6.987.000	63
Mataquito	204.000	5
Talca	3.866.000	42
Loncomilla	3.220.000	43
Cauquenes	9.619.000	171
Linares	3.624.000	83
Quillón	2.399.000	81
Ñuble	n/a	n/a
Coelemu	n/a	n/a
Total	67.598.000	553

Fuente: Ministerio de Agricultura 1970.

Como puede observarse en esta tabla, a principios de la década de 1960 el vino producido en las cooperativas representaba el 15% de la producción nacional total. En 1973 había aumentado al 20%, equivalente a 98 millones de litros, un incremento significativo puesto que en 1965 fue solo del uno% (Caro, *óp. cit.*) La mayor parte de esta producción consistió en vino listo para ser comercializado.

El número de pequeños productores registrados en las cooperativas se elevó rápidamente y durante el periodo 1960 y 1973 contaba con 1.500 afiliados. Un último elemento a considerar fue la existencia de un sinnúmero de diferencias entre pequeños y medianos productores no solo en términos de producción, sino que, también, en el tipo de variedades de vides plantadas. En efecto, casi el 91% de los viñedos de secano empleaban la variedad País para la producción de vino tinto. Por el contrario, el 43% de las viñas de regadío utilizaban las variedades de Cabernet y otras cepas francesas como Cot y Merlot (Del Pozo, *óp. cit.*). Esta situación cambiaría drásticamente durante el régimen de Augusto Pinochet.

Producción de vinos e impuestos

La Dirección Nacional de Estadísticas indicaba que existía en el país un poco más de 42.000 hectáreas plantadas con viñedos de regadío y 59.400 hectáreas de secano durante este periodo. Por su parte, la Dirección General de Impuestos Internos indicaba que la producción de vinos y chichas presentaba las siguientes cifras:

TABLA 6. PRODUCCIÓN DE VINOS Y CHICHAS

AÑOS	LITROS PRODUCIDOS	IMPUESTOS EN PESOS
1927	308.496.505	4.664.022
1928	345.144.908	5.166.537
1929	327.797.267	6.656.247
1930	320.196.863	6.812.601
1931	242.481.580	3.993.259
1932	231.520.168	3.885.023
1933	325.552.572	8.409.589
1934	292.506.587	4.686.667
1935	221.979.877	3.339.115
1936	343.779.149	5.451.208
1937	354.658.402	5.674.915
1938	359.463.476	7.884.168
1939	281.836.443	6.756.734
1940	265.547.007	7.084.975
1941	264.390.591	58.834.969
1942	271.020.219	68.668.223
1943	284.876.635	78.062.892

Fuente: Dirección General de Impuestos Internos 1945.

La tabla anterior indica que la mayor producción de vino correspondía a los años 1937 y 1938, con casi 355 y 360 millones de litros, respectivamente. Sin embargo, con el correr del tiempo, la cifra disminuyó drásticamente como resultado de la dictación de la nueva Ley Orgánica de Alcoholes y que entró en operación el año 1938. El Estado obtenía buena parte de sus ingresos vía impuestos y entre 1941 y 1943 la tributación fue significativamente mayor, tal como lo muestra la Tabla 6.

Posteriormente, hasta 1957, la evolución de los viñedos y las viñas fue muy lenta, debido a que la ley aprobada el año 1938 regulaba la producción de vinos y limitaba el consumo a solo 60 litros por habitante al año. Los excedentes de vinos elaborados tenían que ser desechados o convertidos en vinagre o alcohol industrial. Esta ley, sumada al proteccionismo europeo y otras restricciones que acompañaron a la Gran Depresión a nivel mundial, desalentaron las inversiones en la industria nacional de vinos.

El escenario anterior, sin embargo, no debe considerarse como algo negativo puesto que un buen número de productores intentaba limitar o reducir su producción con el fin de conseguir mejores precios para sus productos. Diversos exportadores lograron el objetivo y el mercado comenzó a determinar gradualmente los precios, situación que duró hasta el año 1965, cuando el gobierno decidió intervenir y regular directamente la fijación de precios. Los impuestos establecidos por las autoridades se aplicaban a lo que en Chile se conocía como *botella familiar* (1 litro), *garrafas* (5 litros), *damajuanas* (10 litros) y *chuicos* (15 litros), todos considerados como "vino regular" o "vino corriente", vendidos o comercializados por comerciantes minoristas.

La misma política, sin embargo, no se aplicó a los vinos elaborados, embotellados, filtrados y comercializados con etiquetas correspondientes a las viñas productoras. Curiosamente, sin embargo, solo el 6% de la producción total de vinos de Chile se vendían embotellados. El resto se comerciaba mayoritariamente bajo las formas ya mencionadas anteriormente (familiar, garrafa, damajuana y chuico). El precio variaba cada año de acuerdo al incremento del costo de vida y también era determinado por una oficina pública especializada.

Durante gran parte del siglo xx las políticas y procedimientos gubernamentales en relación con los vinos nacionales mostraron dos características. En primer lugar, el vino era fuertemente gravado con impuestos. Segundo, varias agencias del gobierno, principalmente corfo[12] (Corporación de Fomento Fabril), habían comenzado a promover la agricultura en general, incluyendo la producción de uvas. corfo incorporó a sus filas un directorio agrícola a cargo de un par de programas, siendo uno de ellos el Plan de Desarrollo Frutícola, el

[12]   corfo, creada en 1939 por el presidente Pedro Aguirre Cerda, es el organismo del Estado chileno encargado de promover el desarrollo productivo nacional. Inicialmente, el objetivo principal era poner en práctica acciones para sentar las bases para la industrialización del país. A través de planes especiales de desarrollo, que incluía una política de crédito activa, aportes de capital y las intervenciones directas, corfo dio un fuerte impulso a actividades tales como la minería, la electrificación del país, la agricultura, el transporte, las carreteras, la silvicultura y las industrias estatales entre muchas otras empresas y proyectos nacionales.

cual tuvo una notable repercusión entre las empresas vitivinícolas (Benavente, 2006).

Hasta mediados de 1960 el negocio del vino fue relativamente bueno, aunque la situación variaba considerablemente entre las viñas de regadío y las de secano. En efecto, los ingresos netos de las viñas irrigadas, después de cancelar los impuestos correspondientes, eran 159,3 escudos (moneda chilena de la época) por hectárea, mientras que las viñas de secano solo obtenían 16,9 escudos (Del Pozo: 1998).

Los precios de los vinos que se consumían internamente no siempre fueron los más convenientes, aunque muy poco se hizo para diversificar el mercado, como, por ejemplo, ampliar las exportaciones. Datos de la época muestran que las exportaciones de vino fueron considerablemente más bajas en relación con el mercado interno y correspondían a no más de un 2% de la producción total del país (SAG: 1969). Uno de los principales exportadores fue la Viña Concha y Toro y en 1968 comercializó fuera de las fronteras nacionales un tercio de las exportaciones de vino del país y durante varias décadas exportó sus productos a Estados Unidos. Como señaláramos en el capítulo anterior, con el fin de diversificar sus actividades, el año 1940 Viña Concha y Toro pasó a ser el distribuidor de la Coca-Cola en Chile. Sin embargo, algunos años más tarde la representación comercial fue concluida debido a su baja rentabilidad (Del Pozo: 1998).

A partir de 1972 el consumo de vino se redujo, drásticamente, de 60 litros per cápita a 13,1 litros en 1997, aumentando ligeramente a 14,6 litros el año 2001. Aunque las empresas vitivinícolas continuaron elaborando sus productos, el consumo interno fue un cuarto menos que el de 40 años atrás y 20% menos que la década anterior (Zamora y Bravo: 2002).

Junto con la fijación de precios, el asunto de los impuestos al vino fue otro tema polémico durante este periodo. Como indicáramos anteriormente, a principios del siglo xx el Gobierno había establecido un sistema arancelario directo para los vinos. Más tarde, en 1938, se le sumó la Ley Orgánica de Alcoholes, la cual limitaba la extensión de las plantaciones de viña incluyéndose un impuesto de 45.000 pesos por hectárea a las tierras de regadío y 30.000 pesos a las de secano. En 1925 el Gobierno promulgó una nueva ley estipulando un pago adicional de dos centavos de impuesto a los vinos producidos al norte del río Maule y un centavo a las viñas ubicadas al sur del mismo río Maule. Esta situación duró hasta 1941, cuando las autoridades fiscales agregaron una nueva modificación especial a la ley con el fin de aumentar los impuestos para financiar los salarios de las Fuerzas Armadas.

En 1947 el impuesto a la producción de vinos fue, una vez más, modificado y en lugar de cancelarse una cantidad fija de impuesto se sustituyó por un porcentaje de recuperación incluido en el precio de venta. La comisión fijada fue de 10%, pero si el precio del producto oscilaba entre 3 y 4 pesos el valor del impuesto aumentaba al 12% y al 15% si su valor superaba los 4 pesos (*Ibíd.*).

Durante la década de 1950 el Estado volvió a decretar un nuevo impuesto de venta, que fluctuaba entre 3 y 6%, a todos los vinos vendidos a los comerciantes minoristas. De acuerdo con la Ley Orgánica de Alcoholes de 1938, que limitaba la producción de vinos a solo 60 litros por habitante, los impuestos anuales con cargo a la sobreproducción aumentaron un 50%. Sin embargo, este impuesto se aplicaba de manera selectiva puesto que aquellos producidos en las cooperativas de cualquier región del país y las viñas ubicadas en las regiones de Constitución y Cauquenes quedaban exentos del mismo. El propósito general de esta franquicia fue una medida proteccionista para apoyar, favorecer y estimular a los productores de vino de las pequeñas y medianas empresas que, indudablemente, no agradaba al resto de los productores (*Ibíd.*). Esta disposición tributaria se mantuvo hasta el final del periodo de la Unidad Popular.

Asociaciones de la industria del vino

Siguiendo la tradición ya establecida el año 1930, los productores de vino, sobre todo los más significativos en el rubro, se mantuvieron organizados. Entre el 2 y 4 de enero de ese año se llevó a cabo el Primer Congreso Nacional del Vino. El Sindicato Nacional Vitivinícola, una importante organización que agrupaba a los productores nacionales de vino de la época, publicó todas las conclusiones alcanzadas en el evento. Durante la celebración del congreso se registraron ácidas intervenciones reclamando por la excesiva oferta de vinos considerando que el consumo de la población era bastante elevado y alcanzaba a 90 litros por habitante (Alvarado, *óp. cit.*).

En 1948 se creó la Asociación Nacional de Viticultores (ANV) que reemplazó al Sindicato Nacional Vitivinícola. El objetivo de esta nueva organización fue representar los intereses de los viñateros del país, dentro de las diferentes instancias gubernamentales y otras instituciones similares. En términos reales, se trataba de un tipo de organización de cabildeo (*lobbys*) para negociar con el Estado.

En 1951 la Asociación Nacional de Viticultores tenía 556 miembros asociados, mientras que dos años antes, es decir, 1949, se habían reducido solo a 251. La mitad eran de Santiago o regiones alrededor de la misma, mientras que solo 3,6% de sus miembros provenían de Concepción y 13,9%, de Ñuble en el sur de Chile (Del Pozo, *óp. cit.*). La Asociación Nacional de Viticultores estuvo operativa hasta el Golpe de Estado de 1973. Sin embargo, sus funciones habían sido ya sustituida por una nueva organización: la Asociación de Embotelladores y Exportadores de Vinos, creada en 1968 y que agrupaba solo a productores que exportaban vinos embotellados[13]. Entre 1971 y 1973, durante el gobierno de Salvador Allende, esta organización fue la que representó a los propietarios de las Empresas Vitivinícolas Integradas en el Comité Industrial de CORFO y autoridades agrarias en las negociaciones acerca de la integración de las mismas al área social o mixta de la economía.

Otra organización fue la Cámara del Vino, que reunió a gran número de productores minoristas, tales como la Asociación de Corredores de Vino y la Federación de Cooperativas Agrícolas y Viticultura, fundada en 1966. A pesar de las tentativas de trabajar todos juntos en una misma organización denominada Corporación Vitivinícola de Chile, no fue posible debido a las enormes diferencias y rivalidades existentes entre sus dirigentes y miembros.

Sintetizando este periodo, a pesar de los avances alcanzados por la industria del vino nacional, iniciado durante la etapa anterior y continuada durante el siglo siguiente, debió enfrentar algunos serios inconvenientes. El primero de ellos fue la promulgación de la ley de alcoholes de 1938, que prácticamente prohibió las nuevas plantaciones de viñedos. La medida, sin embargo, contó con el beneplácito de la mayoría de los grandes productores, quienes entendían que si la producción continuaba aumentando los precios declinarían ostensiblemente.

Otro inconveniente fue la ley de 1938, que intentaba estimular las exportaciones basada en la sobreproducción nacional, lo que no ocurrió debido a que el mercado nacional absorbía casi su totalidad. La producción promedio se mantuvo un poco por encima de los 300 millones de litros durante todo el periodo y la superficie plantada presentaba patrones similares.

Más tarde, el inicio y desarrollo de la Segunda Guerra Mundial cerró definitivamente las puertas a las múltiples necesidades de importaciones industriales nacionales que, entre otras, incluían la adquisición y reemplazo de maquinaria

---

[13]   El 11 de noviembre de 1949 los principales productores de vino de Chile se reunieron para dar un paso decisivo en el crecimiento de esta industria. Presidido por Julio Subercaseaux-Aldunate, el grupo formó la Asociación de Embotelladores de Vino de Chile, que años más tarde, en 1968, se fusionó con el Consorcio de Exportadores de Vino, consolidando la intención de promover esta actividad vigorosamente a través de unir sus fuerzas. Los resultados observados actualmente confirman el éxito de la gestión sindical. Los productores hoy día se agrupan bajo el nombre de Viñas de Chile, una organización que reúne a 45 viñas que representan el 90% de las exportaciones de vino embotellado y el 90% del mercado nacional.

obsoleta por equipos modernos para elaborar y procesar vino. Esta situación detuvo la modernización y renovación de las empresas agroindustriales y viti-vinícolas del país. Sin embargo, una característica importante de este periodo fue el desarrollo e impulso a las cooperativas de vino en las regiones central y sur del país, apoyadas por el Estado. Sin embargo, su porcentaje productivo a nivel nacional fue bajo, entre el 10 y el 15%.

Otro aspecto importante fue observar que durante la década de 1960 ocurrieron transformaciones en algunas empresas vitivinícolas que funcionaban como industrias familiares, pero que se transformaron en sociedades anónimas. Sin embargo, como comentamos anteriormente, la casi totalidad de estas empresas permaneció en manos de los mismos grupos familiares, puesto que la mayoría o totalidad de los principales accionistas eran miembros de las mismas familias.

La Reforma Agraria provocó transformaciones radicales en la posesión de la tierra y las organizaciones de los trabajadores agrícolas del país, especialmente entre 1964 y 1973. Este escenario facilitó la creación de un gran número de sindicatos y federaciones campesinas, alcanzando niveles de organización y combatividad nunca antes vistos en Chile. Con la excepción de la Viña Concha y Toro, que fue ocupada por sus trabajadores y luego intervenida por el Gobierno, en mayo de 1972, el resto de las Empresas Vitivinícolas Integradas no fue intervenido ni mucho menos expropiado ya que las autoridades de gobierno consideraban que dichas empresas resultaban más próximas a la estrategia de gobierno permaneciendo en el área mixta, iniciativa que tampoco prosperó.

Finalmente, el gobierno de la Unidad Popular debió enfrentar una variedad de conflictos, presiones y confrontaciones políticas entre sectores que exigían la expropiación de tierras y viñedos, mientras que otros promovían la asociación entre el Estado y las Empresas Vitivinícolas Integradas. La discusión terminó, como ya señaláramos, con el Golpe de Estado de septiembre de 1973, iniciándose de esta manera una nueva y decisiva etapa para la industria del vino nacional.

Capítulo VI
APERTURA DEL MERCADO Y PRODUCCIÓN DE VINOS 1974-1990

La coyuntura

El proyecto económico y el programa de liberalización del mercado y la economía nacional impulsado por el gobierno militar a partir de 1974 tuvieron efectos sustanciales en la productividad y el comercio de algunos sectores de la economía nacional. Los cambios adoptados incluyeron profundos ajustes operativos, de acuerdo al diseño económico, modificando drásticamente la estructura productiva tradicional del país.

Con algunas excepciones, las autoridades militares eliminaron los controles de precios, relajaron la economía externa y removieron el pago de aranceles a los insumos importados. Como resultado del estricto y rígido proceso de ajuste y reorganización neoliberal del país, se puso en marcha un nuevo patrón productivo que incorporó diversas ventajas comparativas que beneficiaron a algunos grupos económicos nacionales y abrió las puertas a los inversionistas y capitales extranjeros.

La situación en el agro no fue diferente. La aplicación del modelo neoliberal de mercado trajo consigo nuevos procedimientos que permitieron a los terratenientes contratar a trabajadores temporales en lugar de trabajadores permanentes, factor que en los periodos anteriores había tenido un fuerte impacto económico, social y político. En última instancia, esta estrategia afectó la composición laboral, principalmente debido a que los trabajadores rurales comenzaron a ser empleados en base a contratos, "tratos" u otros mecanismos similares, en vez de un sueldo base con sus respectivos beneficios sociales[1].

Entre 1960 y 2002 el porcentaje de personas ocupadas en la agricultura chilena se redujo de 30% a 12%, mientras que durante el mismo periodo la población rural también disminuyó de 40% a menos de 13% (Bellisario: 2009). Como resultado, el antiguo y tradicional sistema de inquilinaje desapareció, para ser

---

[1]   Según A.C. Bellisario-Kramm (2009), a pesar que el descenso de la fuerza de trabajo agrícola como el de la población rural en Chile son similares al resto de América Latina, desde mediado de los ochenta las exportaciones agrícolas de Chile han continuado su crecimiento, fenómeno que no ocurre en el resto de los países del continente.

sustituido por un nuevo tipo de trabajador agrícola asalariado. Lo anterior nos lleva a concluir que durante el último cuarto del siglo xx Chile experimentó una serie de cambios fundamentales, los que como resultado comenzaron a mover hacia adelante su atrasado desarrollo capitalista (*Ibíd.*).

La producción de la industria del vino también adquirió un notable crecimiento, posicionándose a sí misma dentro de los sectores más dinámicos en el ámbito de las exportaciones nacionales. A partir de la década de 1980 un vertiginoso proceso de innovaciones en la industria vitivinícola comenzó a tomar lugar, transformando drásticamente su actividad productiva orientada casi exclusivamente al mercado interno hacia otro muchísimo más dinámico, moderno y agresivo.

Visibles transformaciones caracterizadas por una gran expansión y dinamismo productivo, nuevos canales de distribución, y el surgimiento de nuevas empresas que establecieron atractivas alianzas internacionales, pero que, a la vez, provocaron una fuerte concentración de este mercado, ocurrieron en el país. Algo similar sucedió con otros sectores agrícolas de exportación, como el mercado de frutas frescas, productos forestales y la industria pesquera. En general, es posible caracterizar este periodo como una etapa de crecimiento accesible, especialmente para algunos grupos económicos nacionales e internacionales, incluyendo a quienes apostaron por la industria vitivinícola del país.

En efecto, las variaciones en la industria del vino comenzaron a principios del año 1974, cuando las nuevas autoridades militares derogaron la ley que restringía los viñedos y que más tarde, durante la década siguiente, continuaría con la introducción de nuevas tecnologías para elaborar vinos, la apertura económica neoliberal y las modernas estrategias de exportaciones. Otro importante factor que también contribuyó a la renovación de la industria del vino fue la alianza o venta de algunas viñas familiares a grupos económicos nacionales y extranjeros, junto al retorno a la democracia en 1990 (Caro, 2006).

Hasta alrededor de 1988 algunos vitivinicultores aún se quejaban que la rentabilidad del vino nacional se mantenía muy por debajo de otros productos agrícolas como el trigo, las verduras o las frutas. Sin embargo, con el inicio de la década de 1990 se produjo un auge en las exportaciones de este producto, que convertiría a Chile en un modelo del progreso económico y exportador en América Latina. Según la cepal (2001) durante el periodo 1974-2000 la inversión extranjera en la industria vitivinícola nacional alcanzó a US$ 114,1 millones, una cifra nunca vista antes en el país. ¿Cómo se explican estos cambios repentinos ocurridos en la industria del vino del país? Analicemos sus factores más relevantes.

Transformaciones en el agro

El régimen militar que gobernó a Chile entre 1973 y 1990 introdujo cambios profundos en la economía, cuyos efectos perduran hasta hoy día. Las autoridades militares no solo eliminaron la casi totalidad de las medidas e innovaciones implementadas en la etapa anterior, incluyendo los numerosos programas económicos, sociales y políticos iniciados antes que Salvador Allende asumiera su mandato, especialmente la Reforma Agraria. Las nuevas estrategias económicas aplicadas en este periodo tuvieron consecuencias trascendentales para el nuevo tratamiento no solo del sector agrícola sino que de todo el país.

El objetivo principal del nuevo proyecto agrario del gobierno militar fue anular los efectos de la Reforma Agraria; no obstante, tampoco contemplaba un retorno a la antigua estructura oligárquica agraria del pasado, bajo ninguna circunstancia. Recordemos que al amparo de la Ley de Reforma Agraria, hasta septiembre de 1973, un total de 2.400.000 hectáreas de tierras habían sido expropiadas e incorporadas al área de propiedad social de la economía. Al año siguiente, aproximadamente en un 57% los terrenos confiscados y distribuidos entre alrededor de 50.000 beneficiarios fueron retenidos por el gobierno o subastados públicamente (Belisario: 2007).

Bustamante (1998) señala que al invalidarse los decretos de expropiación promulgados durante el gobierno del presidente Allende, 1.521 propiedades expropiadas fueron regularizadas y 2.161 de ellas fueron parcialmente restituidas a sus antiguos propietarios por las nuevas autoridades. De esta forma, el 62,23% de las tierras incautadas por la Corporación de la Reforma Agraria (CORA) fueron total o parcialmente restituidas a sus antiguos propietarios[2] y alrededor del 25% de los predios expropiados se redistribuyeron entre algunos que habían sido beneficiados por la reforma agraria.

Algunos campesinos que habían sido favorecidos con terrenos expropiados por la CORA durante los gobiernos de Frei y Allende debieron finalmente venderlos al no poder explotarlos por falta de recursos económicos y apoyo técnico (Jarvis: 2004). Aproximadamente el 40% de estos beneficiarios lo hicieron durante la década de 1980 y casi el 100% de los que vivían en las diferentes áreas de la zona central de Chile debieron hacer lo mismo durante la década siguiente (*Ibíd.*). Lo anterior ocurría mientras el país se envolvía en un plan de

---

[2]   Según Pablo Bustamante (1998), el 28,36% de las tierras expropiadas por la Reforma Agraria se devolvió a sus antiguos propietarios, 33,08% se asignó en forma de parcelas a casi 40.000 campesinos, 6,94% fue trasferido a otras instituciones y 31,62% de las propiedades en manos de la Corporación de Reforma Agraria (CORA) fue subastado públicamente en los años siguientes.

privatizaciones a todos los niveles, incluyendo una nueva orientación y liberalización de la economía nacional y sus instituciones.

La nueva estrategia económica del país creó un contexto favorable tanto para las compañías privadas nacionales como las internacionales, a expensas del Estado, quien al liberalizar la economía privatizó gran parte de empresas, organismos, instituciones y programas sociales estatales como salud, educación, obras públicas, fondos de pensiones, entre otros. Conjuntamente, el país también se abrió al comercio internacional, abandonando todas sus barreras proteccionistas del pasado. Mercancías y materias primas que se producían internamente como textiles, vestuario, calzado y otros productos industriales, podían ahora importarse exentos de impuestos y gravámenes, a diferencia del pasado, cuando tanto la producción y exportaciones nacionales eran estimuladas y protegidas fuertemente por el Estado.

Entre las primeras medidas adoptadas por el gobierno militar se incluyó la autorización para adjudicar individualmente tierras pertenecientes a los mapuches y que posteriormente también se transfirieron a privados, desconociendo el sistema de propiedad colectiva de la misma forma que existía en el pasado[3]. Como resultado, se creó un atractivo "mercado de tierras" y un nuevo grupo de empresarios e inversores comenzó a adquirir los terrenos agrícolas[4] (Silva, 1999).

Lo anterior había sido posible gracias a la reforma agraria iniciada por Eduardo Frei y continuada por Salvador Allende, que permitió eliminar la existencia del latifundio improductivo. Esta gestión le evitó al régimen militar un conflicto político de enormes proporciones con los grupos agrarios tradicionales, puesto que no hubiese sido posible iniciar un proceso de expropiaciones para racionalizar la estructura de la tenencia de la tierra en el marco de esta nueva modernización capitalista. Todo ello habría contradicho los postulados primordiales de la defensa de la propiedad privada y, a la vez, enemistarse po-

---

[3]   La raíz del conflicto en los territorios mapuches fue y sigue siendo la tierra. Los mapuches tienen una larga historia de enfrentamientos por el control y manejo de sus territorios. En primer lugar, luchando contra los conquistadores españoles, luego con la nueva república independiente de Chile y más tarde con el gobierno militar de Pinochet. Su último adversario, durante este periodo, se manifestó de una manera más comercial, bajo la forma de empresas forestales, que comenzaron a explotar tierras mapuches para suplir el auge exportador de las maderas chilenas. Con el retorno a la democracia el conflicto aún continúa y no se observan soluciones cercanas.

[4]   La fragilidad económica, la falta de apoyo, y la escasa capacidad productiva de los campesinos favorecidos por la Ley de Reforma Agraria, obligó a sus beneficiarios a vender casi el 35% de las tierras asignadas. Desde otro ángulo, aproximadamente 94.000 familias favorecidas por la reforma agraria, entre 1974-1980, solo 29.600 o el 31% aún conservaban sus tierras. En este sentido, el país experimentó un verdadero *boom* de los mercados agrarios (Bustamante, 1999).

líticamente con uno de los actores sociales que si bien no era el aliado principal del gobierno militar, los apoyó resueltamente desde el primer día.

El proyecto de las autoridades militares consistió en implementar la vía liberal de desarrollo de una "economía de mercado", donde este regularía el uso de los factores de la producción, y en particular el de la tierra. Para ello era preciso acrecentar al máximo la porción mercantil de los intercambios de tierra, muy reducida anteriormente por las características mismas del latifundio, forma de propiedad muy poco comercial según los mecanismos del mercado libre (Kay: 2002).

La reforma agraria facilitó el retiro del mercado de aquellas tierras confiscadas y como resultado su venta estuvo estrictamente prohibida entre 1967 y 1973. Sin embargo, las nuevas autoridades militares autorizaron la venta de aquellas tierras asignadas en forma individual o los derechos de las tierras concedidas en copropiedad, meses después del golpe, a partir de diciembre de 1973. Gómez (2006) indica que no existe una evaluación precisa del resultado de estas medidas, debido a que numerosas ventas de parcelas no fueron registradas. Se estima que la superficie vendida de tierras asignadas por la reforma agraria entre 1974 y 1979 alcanzó a un 30% del total, según datos proporcionados por ICIRA (*Ibíd.*).

El periodo comprendido entre 1974 y 1983 fue una década difícil para Chile debido principalmente a una sucesión de errores políticos y económicos internos, no atribuibles necesariamente a los cambios que venían aconteciendo en la economía global y el escenario internacional. Esta crisis tuvo fuertes repercusiones sobre la población activa del país, expresadas a través de imponentes problemas económicos, políticos y sociales, que originaron un fuerte descontento, resistencia y oposición hacia las autoridades militares y civiles empoderados ilegítimamente en el gobierno.

A pesar del panorama anterior, las exportaciones de productos nacionales comenzaron a aumentar gradualmente, logrando un 14,5% de crecimiento anual, equivalente a US$ 300 millones, durante este periodo, hasta alcanzar a US$ 780 millones a finales de 1980. Ellos provenían principalmente de las exportaciones de frutas, productos forestales y agroindustriales. Sin embargo, la severa crisis que afectó a Chile entre 1980 y 1983 provocó que las exportaciones nacionales perdieran el dinamismo mostrado anteriormente, reduciéndose a US$ 70 millones (Portilla: 2000).

Entre 1984 y 1989 las autoridades militares y sus asesores civiles establecieron un modelo modificado de exportaciones, dirigido hacia un mercado globalizado y para atraer inversiones privadas. Lo anterior fue acompañado por un conjunto de medidas para reducir y eliminar las barreras fiscales, mantener una baja tasa de inflación, aumentar las reservas fiscales y las exportaciones. Como resultado, las exportaciones de bienes aumentaron 96% y las agrícolas, once veces, suma equivalente al 13% (Jarvis: 2004).

Insistamos, la ampliación de las exportaciones agrícolas se centró en las frutas, principalmente uva de mesa y manzanas, representando el 81% del total de las exportaciones frutícolas. La producción de frutas, únicamente, subió del 5 al 30% del total de la producción agrícola (Cerón: 1987). Por su parte, las exportaciones de vino en gran escala solo se iniciarían unos años más tarde. Sin embargo, a pesar que el total de hectáreas destinadas a la producción de este producto se mantuvo relativamente constante, el rendimiento y la calidad aumentaron en la medida que se fueron introduciendo técnicas productivas más eficientes y modernas (Jarvis, *óp. cit.*).

Evolución de la industria del vino nacional

El año 1974 el gobierno militar promulgó el decreto ley (DL 261) que eliminaba la antigua ordenanza de 1938, que prohibía plantar nuevas viñas. Del mismo modo, todos los obstáculos para producir vino también fueron derogados y sus precios liberados. Como resultado, hasta el final de la década de los setenta, la producción de vinos fue bastante elevada debido a la supresión de las restricciones y limitaciones del pasado.

En 1979 se autorizó la producción de vinos, esta vez empleando uvas de mesa, lo que produjo una fuerte competencia con el resto de los productos nacionales que se comercializaban en el mercado. El panorama se complicó al comienzo de la década de los ochenta, ante la fuerte crisis que afectaba al sector vitivinícola del país. Entre los factores que explican esta situación podemos señalar el sensacional aumento de la producción de vinos en los años precedentes, una progresiva reducción del consumo interno, y la crisis económica general ya mencionada, que afectó a la economía nacional durante los primeros tres años de la década de los ochenta.

Otro de los elementos que aumentaron las dificultades para la industria del vino fue la eliminación de los programas de ayuda financiera de la Corporación de Fomento de la Producción (corfo), creados en el pasado para apoyar a los pequeños y medianos productores, junto a la decisión de las autoridades militares de liberalizar los precios (Del Pozo: 1999). Sin embargo, la crisis del sector y la implementación de un nuevo marco regulatorio[5] alteraron el panorama general de la viticultura e impulsaron un cambio substancial en la

---

[5]   En 1985 se estableció la Ley 18.455 sobre producción de bebidas alcohólicas. Esta ley fijó las normas sobre producción, elaboración, comercialización de alcoholes etílicos, bebidas alcohólicas y vinagres.

conducta empresarial de los fabricantes nacionales de vino. No olvidemos que la producción vitícola en aquel entonces se destinaba, en su gran mayoría, al mercado nacional y las exportaciones apenas alcanzaban los US$ 9 millones (Vergara: 2001).

Como resultado, se produjo una significativa reestructuración en la producción de vinos del país. En primera instancia, desapareció una variedad de pequeños y medianos productores, incluyendo diversas cooperativas tales como las de Linares, Quellón y Coelemu. Del mismo modo, los grandes productores nacionales entendieron que debían salir a buscar e instalarse en el mercado externo, para colocar sus productos. Esta nueva estrategia también requería que se modificaran los diversos tipos de vinos producidos en el país, para atraer y captar los paladares de los consumidores de otros países. Esta situación exigió a los viticultores criollos modificar las diversas etapas productivas de sus mostos, incluyendo el uso y aplicación de nuevas y modernas tecnologías para asegurar la producción de vinos de alta calidad.

La nueva estrategia fue adoptada por las principales empresas vitivinícolas del país, y gran parte de las mismas se trasformaron en empresas corporativas, favoreciendo la consolidación de nuevos grupos económicos y propietarios de viñedos. Más aún, varias de ellas comenzarán a cotizarse en la Bolsa de Comercio. Este fue el caso de las viñas Santa Carolina y San Pedro, sumándose a la Viña Concha y Toro, empresa que se había transformado en Sociedad Anónima en 1933 y que luego, en 1994, ingresó a la Bolsa de Nueva York.

Enfrentados a la coyuntura anterior, los pequeños productores intentaron obtener recursos de diversas maneras, a la vez que se esforzaban por adecuarse a las nuevas condiciones regulatorias, comerciales y económicas del periodo. Algunos viñateros dejaron de actuar como productores que vendían sus uvas o vinos a las viñas más grandes y se embarcaron en la tarea de adquirir mayor poder de negociación y/o ingresar directamente a los mercados de exportación. A partir de la segunda mitad de los setenta también aparecieron nuevos inversionistas que se convirtieron en empresarios de viñas de alta calidad, quienes, desde la primera mitad de los ochenta, comenzaron a mirar hacia los mercados internacionales como estrategia principal de desarrollo. Este grupo de pequeñas viñas que integraron sus actividades y emprendieron directamente en el mercado externo, nacidas de nuevos inversionistas nacionales y/o inversionistas extranjeros, pasó a denominarse viñas emergentes o boutiques[6].

---

[6]   Así aparece la Viña Santa Mónica, creada por Emilio de Solminihac, en 1976. Roberto Echeverría hizo lo propio en las cercanías de Curicó, cuando en 1979 formó el viñedo Torreón de

Durante este periodo también acontecieron algunas atractivas circunstancias en el mercado internacional que fortalecieron la tendencia anterior. En primer lugar se produjo un importante aumento del consumo de vinos en Estados Unidos, generando un cambio radical en la industria vitivinícola. En efecto, los productores pasaron a privilegiar el proceso y variedad del vino sobre la preferencia del territorio o región donde eran elaborados. Hasta ese instante el mercado estaba acostumbrado a la comercialización de vinos de ciertas áreas específicas de Europa, por lo que este cambio de conducta de la población estadounidense abrió la posibilidad para que otros países se introdujeran en el mercado vitícola. Del mismo modo, el ciclo de crisis que afectaba a la mayoría de países europeos generó un comportamiento mucho más sensible por parte de los consumidores de vinos, enfocada en la relación precio-calidad. Este fue el terreno donde Chile comenzó a asentarse como un verdadero productor de vinos[7].

Entre los años 1985 y 1989 las exportaciones de vinos chilenos hacia el mercado norteamericano experimentaron un sostenido crecimiento, que facilitó el impulso definitivo que se produciría a partir de 1990. Rápidamente, el vino nacional también se insertó en la región de los Países Bajos[8], como resultado de los altos precios alcanzados por los vinos europeos a raíz de las malas cosechas obtenidas en ese periodo. Corto tiempo después se expandió hacia el Reino Unido, región que se convertiría rápidamente en el principal mercado para los vinos chilenos. De este modo, se aprecia que los impulsos exportadores de vinos nacionales se orientaron en primera instancia hacia el mercado norteamericano y luego al europeo (Vergara: 2001).

En un comienzo los exportadores chilenos adoptaron la estrategia de exportar vinos de bajo precio relativo y una favorable relación entre precio/calidad del producto. Sin embargo, gradualmente se fue privilegiando a los vinos embotellados de mayor calidad. La oferta de un vino bueno y barato posibilitó

Paredes. Aurelio Montes, en tanto, inicia un proyecto vitivinícola a mediados de los ochenta, y junto a otros socios formó el viñedo Discover Wine en Curicó. Más tarde paso a llamarse Montes S.A. y con el tiempo ha adquirido un gran prestigio y desarrollo como viña productora de vinos finos. Actualmente exporta el 95% de su producción a más de 52 países y mantiene el 100% de propiedad en manos nacionales.

[7] La difusión de las propiedades curativas y preventivas del vino chileno también ha sido importante para su imagen y promoción. En efecto, científicos de la Universidad de Glasgow demostraron que los tintos chilenos, en comparación con otros 64 vinos de todo el mundo, tienen mayor cantidad de Flavonol, un antioxidante que ayuda a prevenir las enfermedades cardíacas, embolias cerebrales y algunos tipos de cáncer (Vergara: 2001).

[8] Los Países Bajos están situados en el noroeste de Europa y limitan al norte y oeste con el Mar del Norte, al sur con Bélgica y al este con Alemania. El país constituye una de las zonas más densamente pobladas del mundo y es uno de los Estados más desarrollados.

su ingreso a varios mercados, situación que con el tiempo se fue transformando en un problema debido a la tendencia del mercado internacional de consumir vinos de mayor calidad (Del Pozo: 1999)

La ampliación y diversificación de las exportaciones constituyeron una de las cualidades más sobresalientes de los productores/exportadores nacionales, situación que se consolidaría durante la década siguiente[9]. Otra conquista fue la ampliación y expansión de las actividades productivas hacia distintas zonas vitivinícolas del país, de las cuales, hasta la década de los setenta, la generalidad de las empresas presentaban una fuerte centralización productiva, solo en una o dos regiones del país.

Sintetizando, las empresas productoras de vinos comenzaron a diferenciarse entre sí por su posicionamiento y penetración en los mercados internacionales utilizando diversas formas. Más allá de lo anterior, estas empresas también comenzaron a diferenciarse por la sofisticación de su gestión empresarial, sus sistemas productivos, la estructura organizacional y la capacitación de su personal.

A partir del golpe militar la industria del vino nacional también comenzó a promover una decisiva pero paulatina evolución hacia las variedades de cepas finas. El auge exportador que precedió a este periodo intensificó nuevamente la plantación de viñedos, en particular las cepas cabernet, sauvignon, merlot y chardonnay. La razón principal fue que tanto las viñas tradicionales como las nuevas viñas emergentes privilegiaron el cultivo de estas variedades finas de exportación, especialmente en las zonas de Aconcagua y Curicó (Vergara: 2001).

En definitiva, durante esta evolución de la industria del vino se pueden observar dos fases: una de inversión en tecnología, entre 1981 y 1986, y otra de desarrollo exportador propiamente tal, a partir de 1987. En la primera el vino chileno se presentó al mercado internacional con una favorable correlación entre precio y calidad. En la segunda, gradualmente fue elevando su inserción en el mercado internacional con la elaboración y exportación de vinos con productos de mayor precio/calidad, que incluían vinos Premium y ultra Premium. Sin embargo, esto fue y continúa siendo un proceso lento, debido a la necesidad de ir ganando prestigio y reputación internacional para penetrar los competitivos mercados foráneos, situación que al mismo tiempo estuvo ligada al mejoramiento de una imagen-país vitícola.

---

[9]   Como veremos en el capítulo siguiente, durante la década de los noventa el vino chileno se exportaba a 54 países, mientras que durante el año 2000 se hizo a más de 100 destinos diferentes. Más aún, las exportaciones se desarrollaron en el contexto de una significativa apreciación cambiaria.

De empresas familiares a empresas internacionales

En el capítulo anterior sostuvimos que la primera parte de un conjunto de transformaciones en la industria del vino en Chile se inició en 1979. Sin embargo, la adopción generalizada y el impacto real de dicha renovación vinieron a prosperar casi una década después. Desde entonces las características de la industria vitivinícola chilena se modificaron substancialmente a medida que los productores nacionales comenzaron a cambiar la composición varietal de sus viñedos. Simultáneamente, capitales nacionales se invirtieron en algunas antiguas viñas para modernizarlas y/o crear otras nuevas.

A partir del arribo de los militares al poder y su apertura neoliberal de la economía, Chile pasó rápidamente a ser, en el ámbito mundial, una atractiva región para la expansión de grandes consorcios y viñas, a la vez que aumentó su producción mundial de vinos nobles de alta calidad. Sin embargo, estas empresas vitícolas extranjeras que comenzaron a instalarse en el país no llegaron a competir con los productores y empresarios nacionales. Por el contrario, su estrategia era elaborar vinos de calidad, ya fuera en forma separada o asociada con los productores locales, para posesionarse y competir en los mercados internacionales en que ellos operan. Así, los vinos chilenos pasaron rápidamente a ganar prestigio internacional debido a sus precios asequibles y elaboración de productos de alta calidad, estrategia que le permitió ampliar la demanda por parte de las grandes cadenas de supermercados y restaurantes extranjeros, especialmente a ciertas marcas como Casillero del Diablo, Santa Rita, Gato Negro y Blanco de la Viña San Pedro y otros (Caro *et al.*).

En el primer capítulo de este trabajo señalamos una variedad de atractivos factores que llevaron, tanto a empresarios nacionales como extranjeros, a aventurarse e invertir en la producción, diversificación y comercialización del vino chileno en los mercados mundiales. En primer lugar destacamos su privilegiada ubicación geográfica, que permite una combinación de dos elementos fundamentales, como son los suelos y el clima. Ambos elementos forman microclimas privilegiados que proporcionan una combinación ideal de luz, temperatura y humedad apropiada para la producción de uvas de calidad. Agreguemos, además, que los suelos del país poseen excelente condiciones fitosanitarias, al estar enclavado entre la cordillera de los Andes y el océano Pacífico permitiendo mantenerlos alejados de contagiosas y voraces plagas como la *phylloxera vastatric*. En segundo término, coexiste una larga trayectoria histórica, cultural y empresarial, reflejada en la imagen internacional de Chile como país del vino. En tercer lugar, el mercado mundial resalta la creciente presencia y prestigio de Chile, como nueva zona vitícola internacional de vinos. En cuarto lugar, Chile cuenta con recursos humanos calificados, con experiencia y costos más bajos que los europeos. Lo anterior también se extiende al valor de la tierra y otras materias, permitiendo que los costos productivos sean mucho menos dispendiosos que los de Europa o Estados Unidos. Finalmente, Chile también presenta un marco legal favorable a la inversión extranjera, instituido para atraer y facilitar la presencia de capitales extranjeros[10].

Debido a las razones anteriores, empresas vitivinícolas extranjeras comenzaron a mostrar un gran interés por invertir en Chile. Así, inversionistas individuales o asociados con empresarios nacionales procedieron a crear viñedos nuevos, insistamos, con el claro objetivo de insertarse en los mercados mundiales y cuyo patrón común era realizar la mayor parte de sus ventas en el exterior. En términos del origen de las inversiones en la industria del vino, los países con mayor presencia fueron EE.UU. (55,3%), Francia (28,5%), y España (4,2%) (Vergara: 2001).

El arribo de empresas extranjeras a la industria del vino chilena se había iniciado con el empresario español Miguel Torres, quien el año 1979 marcó una nueva etapa en la industria del vino del país: construyó una moderna bodega en el Valle del Maipo, introdujo nuevas tecnologías productivas de alta calidad, a la vez que montó recipientes de acero inoxidable para la fermentación del vino (Del Pozo: 1999). Fuera de Chile, sus actividades vitícolas también se han diversificado principalmente hacia Estados Unidos y China, entre otros lugares.

Durante los años ochenta no arribaron nuevas empresas vinícolas al país, pero a principios de los noventa la empresa Kendall Jackson –una de las grandes compañías de EE.UU. y con operaciones comerciales en Italia, Argentina, entre otros– inició el viñedo La Calina. Del mismo modo, Magnotta Winery es otro caso de una empresa norteamericana que se instaló en Chile. Si bien se inició solo para vender uvas a terceros, no descartaba integrarse más adelante y producir vinos propios. Otras de las viñas de origen extranjero fueron Cuvee Mumm (Canadá) y Domaine Oriental (Francia). Canandaigua Brands –segundo mayor proveedor de vino en Estados Unidos– adquirió mediante la compra de Fransciscan State, la viña Veramonte. Esta viña surgió de la alianza entre empresarios locales y Franciscan Vineyards (véase el Cuadro 1). También llegaron al país empresas dedicadas a la producción de uvas y construcción de parronales para la elaboración de vinos, como William Stevens Cole (EE.UU.).

---

[10]   Para mayor información acerca de las condiciones favorables para la inversión extrajera en Chile y su cuerpo legal, ver CEPAL: *Unidad de Inversiones y Estrategias Empresariales, División de Desarrollo Productivo y Empresarial.* También, ver Comité de Inversiones Extranjeras (2000), *Trayectoria de la Inversión Extranjera en Chile, 1974-1999.* Vicepresidencia Ejecutiva, Comité de Inversiones Extranjeras República de Chile.

Propietarios y productores tradicionales de grandes viñedos y/o empresas vitivinícolas nacionales se asociaron y/o transfirieron sus haberes a otros grupos económicos nacionales e internacionales, al mismo tiempo que impulsaron la modernización y apertura de sus empresas. Como resultado, nuevos y poderosos consorcios económicos se consolidaron. Algunos viñedos cambiaron de propietarios, otros se transformaron en empresas corporativas, y varias de ellas comenzaron a transar sus acciones en la bolsa de valores (Vergara: 2001).

Una parte de los pequeños y medianos productores abandonó la antigua práctica de vender sus uvas y vinos a los grandes productores para fusionarse entre ellos y de este modo adquirir mayor poder de negociación y, también, para exportar directamente sus productos hacia los mercados internacionales. Del mismo modo se observa el avance de un nuevo e interesante grupo de productores vitivinícolas, quienes comenzaron a establecer las llamadas viñas emergentes o viñas boutique, y que comentaremos más adelante.

Las actividades agrícolas de Chile, hasta antes de este periodo, se caracterizaban por una economía rural en que predominaban las plantaciones de cereales, leguminosas, oleaginosas y ganadería orientadas al consumo interno. El nuevo modelo económico facilitó la formación y afianzamiento de importantes grupos económicos nacionales. Industriales vitivinícolas foráneos y financista atraídos por el impulso productivo de Chile comenzaron a invertir fuertemente en la industria del vino. Esta fue la primera vez que productores o empresarios de la industria del vino invirtieron y/o asociaron o adquirieron terrenos para establecer empresas vitícolas o para ampliarlas para expandirse e insertarse en el mercado internacional. Este escenario transformó radicalmente las formas históricas de producción, procesamiento y comercialización de los vinos elaborados en el país.

Insistamos entonces en que, durante la década de 1980 y especialmente 1990, las inversiones extranjeras se masificaron y empresarios vitivinícolas con amplia experiencia en organización y gestión de viñedos a nivel internacional se envolvieron en la tarea de mejorar y ampliar la viticultura nacional. Algunos consorcios extranjeros también adquirieron viñedos e instalaron pequeñas bodegas, bien implementadas tecnológicamente, con conocimientos y estrategias para operar conjuntamente en los mercados internacionales, totalmente orientadas a la exportación –*joint ventures*[11].

---

[11] Una empresa conjunta (a menudo abreviado JV) es una entidad formada entre dos o más partes para llevar a cabo la actividad económica conjuntamente. Las partes acuerdan la crea-

Gran parte de los inversionistas internacionales procedían de Francia, tales como la empresa Chateau Lafitte Rothschild (adquirió el 50% de Viña Los Vascos); Les Vignobles, Domain Orientale, en Viña Casa Donoso, Vinos Villard Fine; GE Massenez en el Chateau Boldos, Viña Aquitania, Viña William Fevre, Casa Lapostolle, Viña de Larose y Baron Philippe de Rothschild.

Inversiones norteamericanas procedentes de EE.UU. y Canadá también arribaron a Chile, tales como Kendall Jackson de California (Viña del Haze), Caliterra en Viña Errázuriz, Mondavi, Mildara Blass en la Viña Santa Carolina, entre otros. De Canadá llegaron Mumm Cuvée propiedad de Seagram, Canandaigua Brands, que adquirió el Franciscan State para controlar Viña Veramonte, y Magnotta Winery (Zamora y Bravo: 2005).

La siguiente tabla resume y ofrece una mejor visión de algunas de las inversiones extranjeras instaladas en la producción de vinos del país.

TABLA 1. VIÑAS EXTRANJERAS INSTALADAS EN CHILE

NOMBRE	PROPIETARIOS	PAÍS
Cuvee Mumm	Seagram	Canadá
La Calina	Kendall Jackson	Estados Unidos
Miguel Torres	Miguel Torres	España
Magnotta Chile	Magnotta Winery Corp.	Canadá
Domaine Central	M. Paoletti, Robert & Louis Wan	Francia
Los Boldos	Familia G.E. Massenez	Francia
Tierra Andina	Grupo Pernod Ricard	Francia
La Colina	Odfjell Vineyards S.A.	Noruega

Fuentes: http//www.eclac.cl/publications/DesarrolloProductivo9/LCL1589/LCL1589pdf

Insistamos en que algunos grupos económicos nacionales también participaron activamente en el proceso de fusión o compra de empresas. A mediados de 1970 Viña Santa Rita había comenzado a experimentar problemas financieros, siendo finalmente adquirida por el grupo de Ricardo Claro[12] el año 1982.

---

ción de una nueva entidad equitativamente y contribuir de la misma forma en la participación de los ingresos, gastos y control de la empresa.

[12] Ricardo Claro tenía intereses económicos en transportes marítimos, embalaje, puertos, minería y medios de comunicación. En 1980 adquirió la histórica Viña Santa Rita, invirtiendo fuertemente en su modernización y establecimiento de sus productos como una connotada marca internacional. Otras adquisiciones incluyeron Viña Carmen (1987) y Tierra Andina (2001), ambas en Chile. En 1997 adquirió la viña argentina Doña Paula.

En 1981 el Grupo Larraín[13] adquiere Viña Santa Carolina y Alfonso Chadwick compró Viña Errázuriz. Del mismo modo, Viña San Pedro pasó a ser parte de la Compañía Cervecerías Unidas S.A. (ccu), controlada por el grupo Luksic (Caro, 2006). De las 15 empresas listadas en la Tabla 3 (pág. 172) y que producían casi el 70% del vino chileno, solo siete de ellas continuaron manteniendo la propiedad y control de sus empresas durante este periodo (Zamora, 2005).

La renovación y modernización de las grandes empresas vitivinícolas también promovieron la apertura de nuevas zonas agrícolas plantadas con uvas viníferas en otras regiones del país. En el pasado solo Viña Concha y Toro producía vino en tres diferentes regiones de Chile. Como resultado de la diversidad productiva iniciada durante la década de los ochenta esta política de adquirir otras viñas, terrenos o crear nuevas marcas se convirtió en algo común, situación que les permitió iniciar o ampliar su producción.

En su mayoría estas empresas no solo se transformaron en empresas corporativas sino que, a la vez, comenzaron a transar sus acciones en el mercado de valores. Como indicáramos anteriormente, Viña Concha y Toro fue la primera en tomar la iniciativa, para más tarde ser, también, la primera viña en buscar recursos económicos en el extranjero uniéndose a la bolsa de valores de Nueva York. La operación se llevó a cabo mediante la conversión de sus acciones en depósitos, más conocido como American Depositary Receipt[14] (ADR), por un valor de US$ 50 millones (*Ibíd.*). En 1997 Viña Concha y Toro y la empresa francesa Barón Philippe de Rothschild firmaron un *joint venture* para organizar Viña Almaviva y producir el vino Primer Orden, equivalente a un Bordeaux Premier Grand Cru Classe (Vinos de Chile: 2009).

Entre 1974-1989 la inversión a través de *joint ventures* ascendió a US$ 5 millones y entre 1990-1994 aumentó a US$ 8 millones, encumbrándose a US$ 38

---

[13]   El Grupo Larraín es uno de los mayores conglomerados económicos de Chile. Fernando Larraín Peña, empresario chileno, desde 1970 encabeza el grupo. Además de Viña Santa Carolina, el Grupo Larraín cuenta con inversiones en las áreas de alimentos a través del holding Watt, la matriz financiera del grupo, muebles, pinturas y servicios financieros. Entre otras ramas en Chile está Loncoleche, Laive SA en Perú y Láctea Conosur en Argentina. Otras empresas conocidas en Chile son calo, Margarina Sureña, aceites y mayonesa Belmont Superior, Click, embutidos y alimentos preparados felco Gastronómico (*La Tercera*: 2004).

[14]   Los *American Depositary Receipts* (ADR) representan la propiedad de acciones de una empresa extranjera operando los mercados financieros de ee.uu. Las acciones de muchas compañías extranjeras se tranzan en las bolsas de valores de ee.uu. a través de ADRs, permitiendo a los inversionistas de ese país comprar valores de empresas extranjeras sin tener que salir fuera de sus fronteras. Los ADRs se tranzan en dólares y pagan los dividendos en la misma moneda. Igualmente, pueden ser negociados como acciones de empresas de cualquier otra compañía norteamericana.

millones entre 1995-1998. Durante el periodo 1974 a 1998 las inversiones de empresas extranjeras que iniciaron sus propios viñedos o compraron otros, ascendieron a US$ 50,1 millones. Sin embargo, la inversión total extranjera en la industria del vino chileno en ese periodo (1974-1998) alcanzó a US$ 101 millones. Inversionistas estadounidenses constituían más del 50% de los capitales foráneos, seguido por financistas franceses y canadienses (Agosin: 1999). Según Vinos de Chile, de la CORFO, las inversiones extranjeras en la industria del vino chileno durante el periodo 1974-2000 totalizaron US$ 114,1 millones.

A fines de la década de 1980 y especialmente durante la siguiente, se incorporó el promisorio Valle de Casablanca[15] como nueva zona productora de vino, ocasionando una importante y dinámica actividad vitivinícola por parte de algunas viñas bastante prestigiosas, junto a reconocidas empresas e inversionistas extranjeros. Este fue el caso de la Viña Veramonte, que se ensambló con la empresa norteamericana productora de vinos Canandaigua Brands[16] y su sucursal Franciscan State, el segundo exportador internacional de vinos. Canandaigua Brands se asoció con Agustín Hunneus compartiendo el 70% y el 30% de la viña, respectivamente, con una extensión de 3.000 hectáreas (Cádiz, 2004).

Algunas otras empresas vitivinícolas que emergieron en esa región incluyen una variedad de nombres bastante conocidos en el ámbito internacional y que enunciamos brevemente.

- Seagram de Chile y Cuvee Mumm, dedicada especialmente a la producción de vinos espumosos y suaves. Tiempo después fue adquirida por la Viña Tarapacá S.A. (Vinos de Chile: 2009).

- Villard Fine Wines, propiedad de Thierry Villard de Francia, adquirió terrenos en el Valle de Casablanca el año 1989 en los cuales plantó sus pri-

[15]   El Valle de Casablanca se encuentra situado entre la cordillera de la Costa y la cordillera del Pacífico, cerca de Santiago. Los primeros viñedos fueron plantados en los años ochenta, seleccionados para plantar variedades de vides de uvas para producir vinos blancos, debido al clima frío. En la actualidad la zona es conocida por sus Sauvignon Blanc, Chardonnay y Pinot Noir. Los siguientes viñedos puede ser localizado en dicha zona: Viña Casas del Bosque, Catrala, Mumm Cuvee, Indómita, Matetic, Veramonte, Viña Mar, William Cole, Carmen, Casablanca, Casa Lapostolle Morandé Kingston, Quintay, Santa Rita, Ventisquero y Viñedos Orgánicos Emiliana (The Grapevine).

[16]   En 1996 esta empresa comenzó a importar vinos de la Viña Santa Carolina desde los EE.UU.

meras parras de la variedad Sauvignon Blanc, Chardonnay y Pinot Noir (*Ibíd.*).

- Viña Errázuriz, vinculada a la familia Chadwick junto a la Robert Mondavi Winery Corporation, de Estados Unidos, establecieron la Viña Caliterra en 1996. El viñedo cuenta con aproximadamente 1.085 hectáreas, de las cuales 280 están plantadas con viñedos y cuentan con aproximadamente 75% de terrenos vírgenes y clima mediterráneo situada en los valles de Casablanca, Maipo y Rapel. El año 2004 Viña Errázuriz adquirió la Robert Mondavi Winery y el 50% de las acciones de la Viña Caliterra (*La Tercera* 23/1/2004).

- Viña Concha y Toro, actualmente bajo el control de la familia Guilisasti, fue comprada a finales de 1970. También es propietaria de la zona de viñedos cultivados en el Valle del Maipo; además posee 450 hectáreas de viñedos en la provincia de Mendoza, Argentina. Igualmente, este grupo está asociado con la empresa francesa Less de Domaines Barons de Philippe de Rothschild-Mouton (Cádiz, *óp. cit.*). Las filiales principales de este *Holding* incluyen Comercial Limitada, Comercial Peumo S.A., Concha y Toro UK Limitada (Reino Unido), Distribuidora Peumo Argentina S.A., Industria Corchera S.A. (49,6%), Maipo Limitada, Sociedad Exportadora y Comercial Viña Maipo Limitada, Transportes Viconto Limitada, Villa Alegre S.A. (75%), Viña Almaviva S.A. (50%), Viña Cono Sur S.A., Viña Patagonia S.A. (Argentina).

- Viña San Pedro, de la Compañía Cervecerías Unidas (ccu), fue adquirida por el grupo Luksic[17], que también posee una planta enológica en Molina y 660 hectáreas de viñedos en Mendoza, Argentina (segundo exportador de vinos en esa región). En total, Viña San Pedro cuenta con más de 2.500 hectáreas plantadas a lo largo del Valle Central de Chile. Desde 1990 la compañía ha comprado viñedos en otros valles vitivinícolas de Chile, principalmente en Leyda, Colchagua, Maipo, San Antonio, Casablanca,

---

[17]   El Grupo Luksic es propietario de la mayor fábrica de cerveza de Chile, la Compañía Cervecerías Unidas, la industria Madeco, una compañía elaboradora de productos de cobre y una cadena productora de alimentos, siendo la principal Empresas Lucchetti. Los activos del Grupo también incluyen ferrocarriles, dos grandes bancos –Banco O'Higgins y Banco de Santiago– una empresa de telecomunicaciones, varias minas y predios. En la actualidad, el Grupo Luksic aglutina más de 50 empresas con activos de US$ 9 mil millones. En 2010 el grupo adquirió 2/3 de las acciones del Canal 13, una estación televisiva perteneciente a la Universidad Católica de Chile (http://www3.babson.edu/eship/).

Elqui y Limarí (wine.com). El Grupo Luksic opera en diversas actividades que incluyen procesamiento de metales, empresas manufactureras, distribución de energía eléctrica, transporte, agricultura, pesca, procesamiento de alimentos y silvicultura. También posee inversiones en la distribución de vehículos, telecomunicaciones, banca, alimentos y bebidas, hoteles y actividades ferroviarias y realiza operaciones en Argentina, Colombia y Brasil. La empresa fue fundada en 1954 y tiene su sede en Chile.

- Viña Santa Carolina fue adquirida por el *holding* Watts[18] en 1974, controlado por el grupo Larraín, así como Viña Casa Blanca Limitada. También son propietarios de Licores Fehrenberg S.A. y Viña Ochagavía S.A. y en Argentina, Bodegas y Viñedos la Esperanza Limitada. Este grupo económico estableció una alianza estratégica con Mildara Blass de Australia, cuyo propietario es el grupo norteamericano fabricante de cerveza Fosters (Cádiz, *óp. cit.*).

- Bodegas y Viñedos Santa Emiliana también relacionada con la familia Guilisasti y se asoció con la francesa Thierry Villard, empresario de la Viña Villard Fine y Vinos Viña Morandé (36% de esta viña fue adquirido por Juan Yarur que hasta ese momento se había concentrado en el rubro financiero de Chile y la compañía Financial Solutions en Perú). Bajo la marca Walnut Crest, Viña Morandé ingresó al mercado de Estados Unidos. Actualmente Bodegas y Viñedos Santa Emiliana ocupa el primer lugar en la venta de vino embotellado en Chile. Este holding también posee la propiedad Casablanca de 85 hectáreas, Cordillera, con 143 hectáreas y el Rincón de Peña con 43,66 hectáreas, todas ellas localizadas en el Valle de Casablanca, entre Santiago y el Puerto de Valparaíso (*Ibíd.*) (Tabla 2).

---

[18] El holding Watts es producto de un proceso de fusiones y adquisiciones de una serie de empresas de alimentos y bebidas que incluyen la Cooperativa Agrícola y Lechera de Osorno (Calo), Loncoleche, Alimentos Watt, Industria Nacional de Alimentos (INAL), Coia Industrias, Collico Lácteos Valdivia (COVAL), Alimentos Il Gastronómico, Alimenticios Felco y Viña Santa Carolina. Watts cuenta con una amplia diversificación de productos en el sector de la alimentación (con productos lácteos, grasa, derivados de frutas, pastas y carnes) y la industria vitivinícola de Chile. Además, a través de sus diversas empresas desarrolla actividades comerciales en países como Perú, Argentina y Paraguay (Fitch Ratings: 2009)

TABLA 2. ALIANZA ENTRE EMPRESAS CHILENAS Y EXTRANJERAS SECTOR VITÍCOLA

NOMBRE	EMPRESA CHILENA	EMPRESA EXTRANJERA	PAÍS
Veramonte	A. Hunneus	Franciscan Vineyards	Estados Unidos
Caliterra	Viña Errázuriz	The Robert Mondavi Corporation	Estados Unidos
Los Vascos	Viña Santa Rita	B. Philippe de Rothschild-Lafite	Francia
Casa Lapostolle	Familia Rabat	Marnier Investissement S.A.	Francia
De Larose	Familia Granella	Soc. Fermiere du Chateau Larose T.	Francia
Almaviva	Concha y Toro	B. Philippe de Rothschild-Mouton	Francia
William Fevre	Víctor Pino	Soc. Du Vignoble William Fevre	Francia
Aquitania	F. de Solminihac	B. Prats, P. Pontallier y otros	Francia
Dallas Conté	Santa Carolina	Mildara Blass	Australia
Selentia	A. Mayol Bouchon	Bodegas y Bebidas (BBV)	España
Villard Estate	Santa Emiliana	Thierry Villard	Francia

Fuente: Datos tomados de recuadro elaborado por Sebastián Vergara. *Óp. cit.* (2001).

Producción de vinos

La producción nacional de vinos durante esta coyuntura afrontó varios obstáculos antes de alcanzar la forma moderna y dinámica actual. Ello fue el resultado de la fuerte contracción ocurrida durante la década de los setenta, impulsada por la situación política creada por el arribo de los militares al poder y el término abrupto de la Reforma Agraria. Sin embargo, con anterioridad al Golpe de Estado en 1973, la producción anual de vinos había alcanzado altos niveles, especialmente entre el periodo 1958 y 1972, los cuales fluctuaron entre 350 y 500 millones de litros (Crowley, 2000). No obstante, sus precios experimentaron un fuerte descenso, especialmente durante la crisis económica que comenzó a afectar al país a principios de la década de 1980, y que tuvo un desastroso efecto en la industria vinícola y la economía del país.

Recordemos que la vieja ley de 1938, que limitaba las superficies de terrenos plantados con vides, fue eliminada en 1974, y la producción de vinos aumentó considerablemente debido a la falta de restricciones. Sin embargo, en 1976 se importaron veinticuatro millones de litros de vino desde Argentina, argumentándose que era más barato y que la producción nacional de ese año había sido inferior a la del año anterior. Los productores nacionales protestaron a través de sus asociaciones, pero las importaciones continuaron hasta 1980. A lo anterior agreguémosle que en 1979 el gobierno ya había autorizado la elaboración de vinos con uvas de mesa para producir vinos suaves (Caro: 2006).

El impuesto a los vinos, por su parte, también era muy alto: 19% de IVA (impuesto al valor agregado), además de otro impuesto adicional del 15% y que en conjunto sumaban 34%. Estos factores incidieron en que una importante cuota de vinos, casi el 50% de la producción nacional de Chile, se produjera clandestinamente, situación que solo comenzó a cambiar, muy lentamente, a fines de los años 1980 (*Ibíd.*).

Durante la crisis de 1980-1983 la hacienda pública del país mostró tasas negativas de crecimiento económico en la agricultura, principalmente aquellos cultivos para el mercado interno, alcanzando a –2,1 y –3,6%, respectivamente (*Ibíd.*). Los precios de un gran número de productos se fueron abajo drásticamente y los agricultores debieron enfrentar una situación insoportable.

Después de dos años de profunda incertidumbre política y económica el país pudo retomar nuevamente la senda del crecimiento. Medidas para consolidar los avances logrados en materia de liberalización microeconómica se complementaron, esta vez, con un estricto manejo macroeconómico, sobre todo para implantar una regulación financiera más completa, para controlar los flujos de corto plazo de capitales, y para mantener en curso la promoción de las exportaciones a través de un régimen de una paridad variable en el tipo de cambio o *crawling peg*[19] (Crowley: 2000).

A pesar de la crisis, la producción de vinos se amplió rápidamente y entre 1982 y 1983 alcanzó un aumento histórico de 610 a 650 millones de litros, respectivamente (Pszczólkowski: 1991). En 1985 se promulgó una nueva ley que incluyó algunas modificaciones importantes que permitieron organizar un entorno más favorable para su elaboración. Durante el año 1990, sin embargo, más de 20 mil hectáreas de vides fueron arrancadas y la superficie nacional plantada con viñedos se redujo a 58.300 hectáreas (Caro: 2006). Estas medidas fueron en respuesta para atenuar la crisis económica de los ochenta, instante en que algunos viticultores decidieron reemplazar sus antiguas plantaciones de vides viníferas por variedades de uvas de mesa o con plantaciones de árboles frutales, cuyas exportaciones aseguraban utilidades más rentables.

---

[19]   *Crawling peg* es un sistema de ajuste del tipo de cambio que permite que una moneda con un tipo de cambio fijo fluctúe dentro de una banda de precios. El valor nominal de la moneda establecida se ajusta también a menudo debido a factores de mercado como la inflación. Este cambio gradual del valor nominal de la moneda se realiza como una alternativa a una devaluación abrupta y significativa de la misma (Investopedia: 2009).

A la tendencia anterior se sumó el auge exportador de frutas que invadió a Chile durante ese periodo[20]. Del Pozo (1999) nos indica que una hectárea plantada con kiwis era 50 veces más rentable que una hectárea de viñedos. De este modo, los vitivinicultores comprendieron rápidamente que para sobrevivir económicamente con sus empresas deberían buscar nuevos destinos para sus productos, principalmente en los mercados internacionales.

Otro elemento que afligió a la producción nacional de vinos fue el desplome del consumo interno en el país. Así, de 60 litros de consumo per cápita en 1960, se redujo a 30 litros en 1990 y a 15,5 litros en 1997 (*Ibíd.*). El brusco descenso se atribuyó a cambios en las preferencias del consumo de bebidas alcohólicas de la población, que hace ya un rato consumían más cerveza, pisco, whisky, ron y vodka, entre otros. La principal compañía cervecera de Chile puso en marcha una agresiva y exitosa campaña publicitaria y su demanda experimentó una rápida y favorable tendencia al alza, que aún perdura (*Ibíd.*).

A pesar de los excedentes de vinos y su bajo precio, las exportaciones continuaron siendo muy limitadas, hasta el final de la década de 1980. A mediados de los ochenta el vino exportado en sus mejores años (1979), apenas superó los US\$ 30 millones anuales (Portillas: 2000). Pero, desde el momento en que Chile retornó a la democracia en 1990, las exportaciones experimentaron una notable bonanza, ubicándose entre los principales exportadores de vinos del mundo, tal como se observa en la Tabla 3[21].

Como ya vimos, el sistema tradicional empleado por las familias viñateras del siglo xviii para producir vino también fue totalmente modificado durante este periodo. Comparativamente, el año 1978 la industria nacional exportaba 10 millones de litros. Sin embargo durante el año 2002 aumentó a la sorprendente cantidad de 355,5 millones de litros, por un valor de US\$ 600 millones.

[20]   A finales de la década de los setenta los exportadores de fruta de Chile ya habían alcanzado un gran éxito en los mercados extranjeros y las plantaciones de uva de mesa se habían ampliado notoriamente llegando casi a 5.000 hectáreas en 1975 y más de 50.000 hectáreas en 1996 (Servicio Agrícola y Ganadero, 1996).

[21]   El exilio chileno jugó un importante papel por los derechos humanos entre sindicatos, organizaciones estudiantiles, iglesias, y otras asociaciones en el extranjero. Sus acciones condenaban a la dictadura de Pinochet y apoyaban los esfuerzos de los exiliados por restaurar la democracia en Chile. En Canadá, por ejemplo, organizaciones como el Canadian Labor Congress, junto a la National Union of Students, el National Action Committee on the Status of Women, y el National Union of Farmers, se destacaron entre las instituciones que apoyaron el boicot a los productos chilenos, incluyendo el vino. Medidas similares fueron organizadas en América Latina, Europa y Estados Unidos (http://goliath.ecnext.com).

Hoy día estos vinos se venden en más de 90 países en los cinco continentes (BBIE: 2007).

TABLA 3. EXPORTACIONES VINOS CHILENOS: 1988-2000

Año	Volumen miles hectolitros	% Mercado mundial
1988	185	0,38
1989	286	0,61
1990	430	0,96
1991	646	1,48
1992	740	1,63
1993	866	1,82
1994	1.079	2,07
1995	1.254	2,32
1996	1.841	3,74
1997	2.163	3,57
1998	2.298	3,42
1999	2.299	3,53
2000	2.673	4,01
2001	3.100	4,47

Fuente: O.I.V. –SAG– CHILEVID

En sus inicios, un buen número de empresas vitivinícolas nacionales colocaba sus productos en América Latina. Posteriormente se expandieron hacia los mercados de EE.UU. y Canadá. Sin embargo, los consumidores canadienses y estadounidenses se caracterizan por ingerir vinos frescos, jóvenes y aromáticos, con un sabor muy diferente a los que se consumen en Chile y América Latina. Para elaborar este nuevo tipo de sabores fue necesario importar modernas tecnologías de fabricación, conservación, envasado y embalaje del vino, como a la vez, una fuerte inversión de capitales[22]. El paso siguiente fue penetrar el altamente sofisticado mercado europeo y en 1996 los vinos chilenos lograron finalmente ingresar al complicado mercado asiático (Silva: 1999).

---

[22] La remodelación económica del país iniciada a comienzos de la década de 1980 posibilitó la importación de maquinaria moderna y favoreció el perfeccionamiento de las tecnologías de riego y plantación de nuevos cultivos. El uso de barriles de roble francés para envejecer los vinos se popularizó del mismo modo que los sistemas de embotellamiento, características que permitieron comenzar a exportar vinos de calidad hacia el extranjero (BBIE: 2007).

Para abrirse camino hacia nuevos mercados de vinos los productos chilenos comenzaron a participar y exhibirse en diferentes eventos internacionales, en los que se destacaba su alta relación calidad-precio. Las empresas exportadoras pusieron en marcha una política de comercialización destinada a los medios de comunicación escritos, que de una manera sistemática comenzaron a dar a conocer las características más destacadas de los vinos chilenos. Estas campañas contribuyeron a amplificar exitosamente el volumen de las exportaciones de los vinos nacionales y los ingresos obtenidos (*Ibíd.*).

Otro elemento que contribuyó a las transformaciones de la producción de vinos del país fue la apertura de los mercados internacionales sobre la base de la llamada *teoría de las ventajas comparativas*; es decir, la presunción de que el comercio puede beneficiar a todos los segmentos involucrados (países, regiones, personas y así sucesivamente), en la medida que se elaboran productos con diferentes costos relativos. Los beneficios netos de este resultado se conocen como ganancias provenientes del comercio (*gains from trade*). Esta estrategia favoreció la exportación de algunos productos agrícolas tales como vinos, frutas, uvas y productos forestales, lo que permitió alcanzar precios internacionales pagados en dólares y que, de acuerdo con ciertos autores, han ayudado a la agricultura nacional a renunciar a su papel secundario tradicional en el aparato productivo del país (Del Pozo: 1999).

Sin embargo, esta estrategia también tuvo algunos efectos negativos. En efecto, la eliminación de las regulaciones para importar alimentos y otros productos agrícolas ocasionó que muchos productores nacionales no pudieran competir con los precios de las mercancías extranjeras. Como resultado, debieron endeudarse o simplemente quebraron, debido a que los costos elaborativos también eran negociados en dólares. Esta situación afectó principalmente a los pequeños productores, las cooperativas agrícolas y, en general, a todos aquellos que carecían de una capacidad exportadora o crediticia.

Una vez que el régimen militar fue reemplazado por gobiernos democráticos a partir de 1990, una economía cada vez más fortalecida permitió el restablecimiento de las viñas chilenas y posicionamiento en el mercado internacional. Desde entonces la afluencia del capital extranjero, la experiencia y la tecnología han dado lugar al renacimiento de la industria del vino chileno (*Ibíd.*).

Las zonas productivas

La transformación productiva de la industria vitivinícola, durante este periodo, mostraba resultados muy diferentes en los diversos territorios plantados con uvas viníferas. En efecto, la zona central del país, situada entre el Valle del Aconcagua y la región de Curicó, manifestó un ligero aumento en su producción. Ciertas áreas compensaron la disminución productiva de vino ampliando el cultivo de uvas de exportación para fabricar pisco.

Aconcagua, por su parte, experimentó un rápido auge, una vez que empresarios extranjeros y productores chilenos plantaron nuevos viñedos para elaborar vinos Chardonnay, los cuales ingresaron muy fuerte en el mercado chileno y también en otros países. El excelente resultado estimuló la expansión de los grandes viñedos hacia esas regiones productivas, para elaborar y exportar vinos Chadonnay. Este fue el caso de las Viñas Santa Rita, Concha y Toro, Casablanca y Santa Carolina (Del Pozo, *óp. cit.*).

La región al sur del Maule fue diferente por dos razones. Primero, la mayoría de los viñateros de la zona eran pequeños productores, con menos recursos y capitales para operar durante periodos críticos. Segundo, en esa región predominaba la cepa país, y casi todos los vinos elaborados con esta uva se comercializaban en el mercado para el consumo nacional. Así, el auge exportador con cepas francesas redujo las ventas de los vinos Semillón, Torontel y Moscatel y fueron reemplazados por los Chardonnays, Cabernets y Sauvignons, tal como se observa en la Tabla 4 (sag:1996).

Tabla 4. Variedades de vides viníferas: 1985 y 1994

Tipos de uva de vino	Superficie 1985 (Hectáreas)	Superficie 1994 (Hectáreas)	Variación
País	29.384	15.990	-46
Cabernet Sauvignon	8.134	11.112	+37
Sauvignon	4.961	5.981	+21
Moscatel	9.331	5.840	-37
Pinot Chardonnay	245	4.150	+1.6
Semillón	6.195	2.708	-56
Merlot	1.000	2.353	+135
Torontel	1.262	1.072	-15

Fuente: Servicio Agrícola y Ganadero, 1996.

La razón para modificar las variedades de vinos elaborados en el país se debió
a la evidente conveniencia de instalar estos productos en el mercado internacional en vez del nacional. Así, entre 1974 y 1990 se observan dos etapas. Durante la primera, la producción de vino aumentó desde el final de los años 1970
hasta el comienzo de los años 1980. Después experimentó un fuerte descenso y
a pesar que en 1985 comenzó a recuperarse, nunca alcanzó los niveles del pasado. La segunda etapa, al comienzo de los ochenta, la superficie cultivada con
uvas viníferas disminuyó constantemente. Como resultado, las exportaciones
de vino fueron inferiores, hasta 1989, cuando el país retornó a la democracia.
Desde ese instante la producción de vinos logró su más importante desarrollo
productivo, como se observa en la tabla siguiente.

Tabla 5. Evolución exportaciones de vinos 1978-1990

Años	Vino embotellado		Vino a granel	
	Litros	Valor us$	Litros	Valor us$
1978	8.847.460	8.778.020	1.890.705	533.036
1979	14.402.005	16.764.731	13.887.423	4.451.736
1980	12.491.187	17.563.574	1.857.309	895.791
1981	8.158.290	14.031.657	1.606.037	815.444
1982	5.898.160	9.862.609	2.022.204	1.016.159
1983	5.149.628	7.978.883	3.386.441	1.303.509
1984	4.790.950	7.294.927	3.358.331	1.497.053
1985	6.878.997	8.985.871	3.169.140	1.113.704
1986	8.914.583	11.444.714	1.929.556	748.522
1987	11.163.492	15.124.107	2.689.865	1.407.901
1988	12.755.589	19.181.993	3.905.259	1.847.900
1989	19.966.869	30.540.485	7.154.281	3.081.617
1990	27.900.342	44.300.831	14.668.786	6.168.368

Fuente: Oficina Económica y Comercial de la Embajada de España en Santiago de Chile 2005.

Sintetizando, la transformación productiva de la industria vitivinícola de Chile presentaba resultados muy diferentes a lo largo de sus diversos territorios
plantados con uvas viníferas. En efecto, la zona central del país, situada entre
el Valle del Aconcagua y la región de Curicó, mostró un ligero aumento en
su producción. Algunas de sus áreas periféricas compensaron la disminución
productiva de vino ampliando la producción de uvas de exportación y uvas
para fabricar pisco.

206

La región de Aconcagua, por su parte, experimentó un rápido auge una vez que se establecieron nuevos viñedos por parte de empresarios extranjeros asociados con productores chilenos, dando comienzo a la elaboración de una gran variedad de Chardonnay que entraron muy fuerte no solo en Chile sino que, también, en otras regiones del mundo. El excelente resultado de este experimento estimuló la expansión de las grandes viñas nacionales hacia esas zonas productivas para elaborar y exportar vinos Chadonnay, tal como ocurrió con las viñas Santa Rita, Concha y Toro, Viña Casablanca y Santa Carolina (Del Pozo, *óp. cit.*).

Cooperativas y pequeños productores

Las bases del modelo económico aplicado en Chile a partir de 1974 favorecieron a las grandes empresas vitivinícolas, pero excluyeron a los pequeños y medianos productores y también a las cooperativas. La situación se complicó, aún más, durante la crisis económica de 1980-1983, momento cuando se autorizó la elaboración vinos con uva de mesa para fabricar "vinos suaves". Como resultado, se desató una formidable competencia entre pequeños y medianos productores, causando que la oferta de vinos aumentara considerablemente y los precios se redujeran a niveles mínimos, situación que llevó a la quiebra a un gran número de ellos.

Insistamos, una vez más, en que las cooperativas agrícolas, incluyendo las del vino, creadas entre los años 1960 y 1973, fueron fuertemente afectadas por las nuevas disposiciones de las autoridades militares. La disposición gubernamental que dispuso la cancelación de los programas de apoyo que favorecían los proyectos productivos, la asistencia técnica y financiera proporcionados por el Estado y establecidos por los gobiernos anteriores no les permitió sobrevivir. Así, las nuevas determinaciones económicas y productivas, junto a la crisis de los ochenta ya aludida, complicó severamente a las cooperativas como a los pequeños productores. Como resultado, varias cooperativas dedicadas a la producción de vinos no pudieron continuar operando y simplemente se disolvieron. Las pocas que lo hicieron tampoco fueron capaces de captar nuevos miembros[23] (Caro: 2006).

---

[23]   Según la CEPAL (1989), entre 1976 y 1989 un total de 1.258 cooperativas fueron disueltas. Otras organizaciones similares experimentaron los mismos problemas y de 42 cooperativas que existían en 1976 se redujeron a 22 en 1985 (Caro: 2006).

Las nuevas condiciones laborales de los pequeños productores y aquellos afiliados a cooperativas forzaron a un buen número de ellos a tener que salir a trabajar sus propios terrenos y cultivos. Más aún, otros debieron emplearse en otras faenas o rubros, fuera de sus predios, para así complementar sus ingresos. Los programas agrícolas financiados o apoyados por organismos estatales como CORFO, INDAP, CORA o SAG, disponibles anteriormente, y que fueron esenciales para el desarrollo de sus planes productivos, se eliminaron, situación que obligó a muchos de sus miembros no solo a cambiar de rubro o, simplemente, a vender sus tierras.

Algunas pequeñas asociaciones productoras de vinos, tales como las cooperativas Linares, Quellón y Coelemu, desaparecieron, y las que sobrevivieron tuvieron que realizar diversas transformaciones para continuar operativas, aunque en general no pudieron aumentar el número de integrantes. De ellas, solo subsistieron tres: Lomas de Cauquenes, Curicó y cooperativas de Loncomilla, todas ellas ubicadas en la Región del Maule. Respecto a las Cooperativas Agrícolas Vitivinícolas relevantes, se encuentran las Cooperativas Cauquenes y Loncomilla, ubicadas en la VII Región y agrupaban un total de 461 socios, siendo ambas las de mayor importancia económica. (Departamento de Cooperativas, 2007).

Viña Lomas de Cauquenes

Localizada en el Valle del Maule, fue fundada el 23 de diciembre 1939, bajo el nombre comercial de la Cooperativa Agrícola Vitivinícola de Cauquenes (COVICA Ltda.). La primera cosecha se realizó en 1940, cuando la cooperativa contaba con 30 miembros afiliados y producía solo 762 litros de vino y 100 litros de vino asoleado. En 1946 contaba con 115 asociados y su producción de vino alcanzaba a 3.600.000 litros y 200.000 litros de vino asoleado (Ministerio de Economía, 2007).

La configuración de los terrenos de esta cooperativa incluía un conjunto de valles y colinas cercanas al océano Pacífico, los cuales proporcionan un microclima bastante apropiado para el cultivo de vid. Lluvias abundantes durante el invierno, veranos cálidos, fuertes diferencias de temperatura entre el día y la noche, cielos despejados y tierras soleadas, que en conjunto con las excelentes características del suelo, aún continúan suministrando una producción de vinos de primer nivel, características que perduran hasta hoy día (Winedown: 2009).

Tras el terremoto de 1939 que afectó a Chile, la mayoría de los habitantes que residían al sur de Santiago sufrieron muchas pérdidas de vidas y graves daños materiales. Un grupo de 150 campesinos propietarios de pequeñas viñas, tomó la iniciativa de asociarse para fundar la Cooperativa Vitivinícola Los Robles, en el valle de Curicó y que más tarde adopto el nombre Cooperativa Vitivinícola de Curicó. La necesidad de reorganizarse después de la trágica situación por la que atravesaba el país los llevó a agruparse en alrededor de 800 hectáreas para trabajar, producir y cosechar, conjuntamente. Su primera vendimia se realizó el año 1940. En ella participaron 30 pequeños viñateros, que elaboraron 762.000 litros de vino y 100.000 litros de vinos asoleados (Los Robles: 2002).

El año 1945 la Cooperativa inició la construcción de nuevas bodegas, tomando en cuenta las exigencias modernas de la vinificación de ese periodo. Los planes contemplaban dotarla con cubas de cemento con una capacidad de 300.000 arrobas y un sistema con moderna maquinaria para el proceso de vinificación. Hasta esa fecha, la Cooperativa llevaba invertido alrededor $ 4.500.000 en sus instalaciones y esperaba que el Gobierno destinara alrededor de $ 10.000.000 a la zona, basado en un empréstito de $ 70.000.000 que habían sido autorizados para el fomento de las cooperativas vitivinícolas. El empréstito sería financiado con un impuesto de 1 (un) centavo por litro de vino vendido y una contribución de $ 100 por hectárea de viña a cargo de los cooperados. Fuera de la vinificación y la guarda de vinos, la Cooperativa también planificaba poner a disposición de sus asociados servicios técnicos para la utilización de los subproductos del proceso de vinificación, tales como orujos y borras, y para la venta de los vinos elaborados y su posterior exportación, entre otros beneficios[24].

Para el año 1946 la cooperativa contaba con 115 miembros y su producción había aumentado a 3 millones seiscientos mil litros de vino y 200 mil litros de vino asoleado. Durante la década de los cincuenta empezó a exportar vinos de calidad producidos en sus propios viñedos (http://www.cauquenesguia.cl/detalle.php?empresa=1209).

La Cooperativa Vitivinícola de Curicó fue una de las pocas que sobrevivieron los drásticos cortes de subvenciones estatales que financiaban el desarrollo y funcionamiento de las cooperativas y asentamientos, después de la insta-

---

[24] Información tomada de la *Revista En Viaje*, de la Empresa de Ferrocarriles del Estado: *La Empresa*, 1933-1973. Volumen # 138 (abril 1945), página 57.

lación del gobierno del general Pinochet, el año 1973. Como primera medida para sobrevivir, la cooperativa debió acomodarse y empezar a moverse dentro de las nuevas reglas del mercado para de este modo hacerse más competitiva. De este modo debió abandonar sus aspiraciones sociales y adaptarse al nuevo modelo neoliberal de mercado.

En 1979 contaba con 156 miembros afiliados y para el año 1987 se había reducido a 120. Más tarde, en 1995, aumentó a 140 miembros, que en conjunto poseían 1.000 hectáreas, equivalentes a 7 hectáreas promedio por cada asociado, pero que operaban bajo la marca comercial de Viña Los Robles.

Cooperativa Loncomilla

La Cooperativa Vitivinícola Loncomilla se constituyó el 14 de enero del año 1959 y fue formada por un grupo de pequeños viticultores de la zona de San Javier y Villa Alegre. Aunque la mayoría de los pequeños productores utilizaban sus cosechas de uvas para fabricar vino en las instalaciones que poseía, no todos vendían su producción a través de la organización. La cooperativa reservaba una cuota equivalente al 12% del vino de cada afiliado, el cual se comercializaba en el mercado nacional bajo su propia marca. Sin embargo, cada miembro podía decidir libremente qué hacer con el restante 88% (Caro, *óp. cit.*). No más del 30% de los miembros afiliados vendía su producción total a través de la cooperativa, puesto que el resto prefería hacerlo directamente a las grandes viñas.

En 1995 se tomó la decisión que la mitad de la capacidad de almacenamiento de la cooperativa se alquilaría a la Viña Concha y Toro, situación que puso de relieve su incapacidad para atraer nuevos afiliados (Bobadilla: 2001).

A diferencia de las dos asociaciones anteriores, la cooperativa de Loncomilla ejecutaba un mínimo embotellamiento de sus vinos y la mayoría de su producción (unos 15 millones de litros) se vendía "a granel". La cooperativa atravesó múltiples dificultades y solo pudo recuperarse una vez que las nuevas autoridades civiles reemplazaron a las militares, después de las elecciones presidenciales democráticas celebradas en diciembre de 1989.

Si consideramos que el mercado interno chileno fue y aún continúa siendo bastante limitado y esquivo, la situación para los pequeños productores y las cooperativas no ha sido nunca fácil. Durante este periodo el país contaba con una población de alrededor de 13 millones de habitantes y el consumo individual de vino alcanzaba a los 30 litros promedio per cápita al año (Nuevoagro: 2008). Evidentemente, se trataba de un mercado muy reducido comparado con el de exportación, el cual es enormemente más amplio. La situación, sin embargo, era aún más preocupante para los productores criollos debido a que entre el 85% y el 90% del vino usualmente consumido en el país costaba menos de dos dólares (*Ibíd.*). Esta situación afectaba tanto a las cooperativas como a los pequeños productores.

Los pequeños productores

Junto al resto de los productores de vino también existía en el país un significativo sector que elaboraba y aún elabora vinos a partir de las tradicionales cepas País e Italia, ubicados primariamente en las sureñas regiones del Maule y Biobío. Dichos productores todavía se encuentran emplazados en terrenos de secano y en muchos casos sus suelos presentan fuertes limitaciones que incluyen baja fertilidad, excesivas pendientes y escasez de agua, lo cual dificulta sus ciclos productivos. Como resultado, a partir de las últimas dos décadas del siglo pasado, comenzaron a experimentar una notable disminución de sus terrenos productivos como consecuencia de problemas ecológicos, carencia de recursos técnicos y económicos, entre otros.

Los motivos de dichas contrariedades fueron múltiples, aunque sus orígenes venían acumulándose desde hacía ya algunas décadas, situación que los llevó a reducir gradualmente la superficie de los terrenos que venían cultivando desde hacía ya un tiempo. También empezaron a experimentar un notable retraso tecnológico, como resultado de las fuertes restricciones de capital, escaso financiamiento, recursos, carencia de apoyo técnico e insuficiente capacidad de gestión e innovación, y que hasta antes de 1974 les fueron proporcionados en gran medida por el Estado, a través de instituciones como INDAP, el SAG y la CORFO.

A pesar de las numerosas dificultades que debieron enfrentar, aún existían 15.000 hectáreas de terreno plantadas con cepas nacionales y que continuaban siendo manejadas utilizando las mismas formas tradicionales atrasadas, con escaso acceso a canales de regadío, aplicación de fertilizantes y plaguicidas apropiados y tecnología moderna. Sus productos se comercializaban principalmente en el mercado local de vinos a granel y se estima que un porcentaje significativo de su producción se distribuía por vías informales[25].

---

[25]   Barría C. 2000b. "Cauquenes como zona ecológica protegida". En www.chilevinos.com.

Tabla 6. Distribución por tamaño y zona geográfica de los predios
productores de uva para vino año 2000

Región/Tamaño Predios (ha)	Menos de 5 Hectáreas	5 a 20 Hectáreas	20 y más Hectáreas	Total Hectáreas
Aconcagua (V)	51	38	48	137
Metropolitana y O'Higgins (VI)	363	459	322	1.144
Maule VII y Biobío VII	9.038	1.295	491	10.824

Fuente: Bobadilla, R. 2001. *Análisis de la Industria Vitivinícola Chilena, Periodo 1990-1999.* Tesis, Universidad de Chile, Facultad de Ciencias Agronómicas. Santiago.

Destacamos del cuadro anterior la enorme concentración de viñas de pequeños productores de uva para vinos, menores de cinco hectáreas, en las regiones VII y VIII, las que además, como comentáramos anteriormente, se concentraban en zonas de secano. En la misma región del Maule, particularmente en sus zonas de riego, también había una gran cantidad de productores de vinos finos, con predios superiores a 20 hectáreas, situación que se repetía de forma más o menos semejante hacia el norte, hasta la Región Metropolitana y el valle de Casablanca, en la V Región del país.

Sintetizando, hasta aquí, enfrentados a un contexto adverso, tanto las cooperativas como los pequeños productores debieron realizar enormes esfuerzos políticos, comerciales y económicos para sobrevivir en uno de los sectores más dinámicos y competitivos de la agricultura chilena. El 70% de la producción nacional de vinos se concentraba, y aún se concentra, en un número muy reducido de grandes empresas vitivinícolas lo que veremos más adelante.

Viñas emergentes o *boutique*

La aparición de una serie de pequeños y medianos viñedos nacionales y/o extranjeros, más conocidos como viñas emergentes o viñas *boutiques*, comenzaron a asentarse durante este periodo. Aunque el término "emergente" es discutible, el concepto se vinculó a las nacientes viñas que comenzaban a abrirse un espacio en el exigente mercado internacional. De cualquier forma, el término emergente ha sido ampliamente utilizado y en lo esencial conlleva una diferenciación importante en términos de marketing al separar las grandes viñas de aquellas de menor producción. Según Rodrigo Alvarado, de Chile Vid, se estima que la producción de las 42 viñas asociadas en dicha organización corresponde a un tercio de la producción de la Viña Cocha y Toro[26].

Viñas pequeñas, bastante numerosas y muy jóvenes, desarrollaron un potencial propio y diferenciador. Sus pretensiones eran establecer y potenciar sus propias marcas en los mercados más exclusivos, con precios ventajosos para sus vinos, en vez de competir con las grandes cadenas de supermercados o contra las poderosas viñas establecidas. En general, constituyeron empresas muy dinámicas, con un fuerte sello empresarial y con capacidad de innovación permanente. Actualmente abarcan más de 200 pequeñas y medianas empresas, bien establecidas bajo nombres de marcas novedosas, que exportan sus propios y exclusivos productos hacia otras regiones en el exterior (Bobadilla, *óp. cit.*). Se encuentran ubicadas en zonas de suelos de muy buena calidad, con abundante riego y climas muy aptos para la viticultura. Esta característica es una ventaja comparativa fundamental, pues permite obtener altos rendimientos de uvas capaces de producir vinos de alta calidad y a un relativo bajo costo.

A pesar de que la idea original se gestó inicialmente en Francia, otros países como Argentina y Uruguay también han desarrollado sus propios viñedos para exportar sus mejores vinos a restaurantes, comerciantes de vinos, hoteles exclusivos y cadenas de supermercados, en varios centros mundiales. Insistamos en que el concepto de viñas emergentes o boutique es bastante común, especialmente en términos de la comercialización de sus productos (Chilevid: 2007).

El origen de las viñas emergentes o viñas boutiques en Chile se remonta hacia finales de los ochenta, aunque solo lograron consolidarse durante la década siguiente, cuando un grupo de enólogos y pequeños productores dedicados por muchos años a la elaboración de vinos en las grandes empresas vitivinícolas tomaron la iniciativa de emprender sus propias empresas.

Una de las primeras iniciativas abordadas por estas viñas fue seleccionar y adquirir superficies pequeñas de terrenos y plantar variedades muy selectas de uvas viníferas. De este modo, abundantes hectáreas plantadas con parras tradicionales de la cepa País y otras, fueron sustituidas por vides finas de Carménère y Syrah para elaborar productos de altísima calidad (*Ibíd.*). Este fue el caso de Emilio De Solminihac, quien fundó Viña Mónica en 1976; Amado Paredes, creador de la Viña Torreón de Paredes, y Aurelio Montes, quien, a principios de la década de 1980 organizó Montes S. A. (Del Pozo: 1998).

---

[26]   Información extraída de un artículo de Mónica Nanjar y M. José Vilches en siguiente conexión internet: http://www.periodismo.uchile.cl/contintanegra/2003/mayo/reportajes/economia2.html

Las viñas boutiques, de tamaños mediano y pequeño, nacieron enfocadas y aún se concentran alrededor de los mercados de exportación, en vez de producir grandes volúmenes de vinos, y sus productos son exclusivos y especiales. Insistamos en que estas viñas nacieron y se dedican a producir vinos de alta calidad para comercializarlos únicamente en objetivos preferencialmente internacionales como hoteles, restaurantes, ciertas cadenas de supermercados, entre otras.

Al interior de la cadena comercial del país las viñas boutique se han transformado en importantes productores y en la actualidad, de un total de 200 exportadores que existen, 180 pertenecen a esta categoría de empresa, conocidas como Pymes[27] (Najari y Vilches, *óp. cit.*). De las 200 empresas exportadoras que existen en el país, por lo menos la mitad de ellas tiene menos de 30 años operando en este rubro y desde sus inicios comenzaron rápidamente a destacarse por sus innovadores productos, obteniendo premios y posicionamiento en los mercados internacionales y proyectándose como una interesante alternativa comercial a las grandes viñas consolidadas del país (Agronuevo: 2008).

Las viñas emergentes o boutique también se caracterizan por tener una activa participación en cada una de sus etapas productivas: siembra, cosecha, elaboración y comercialización de sus vinos. Este atributo no es algo menor ya que las grandes empresas producen parte de sus caldos y el resto lo mezclan, procesan y comercializan con vinos a granel que compran a pequeños y medianos productores (Gilbert: 1978).

En resumen, los vinos exclusivos y de alta calidad elaborados en cantidades limitadas para un mercado muy selecto por estas viñas boutiques, han sido un gran éxito internacional. El auge de estas empresas en Chile ha originado que existan en el país alrededor de 200 nuevas marcas. Lo mismo sucedió en Argentina, con empresas tales como Altos Las Hormigas, Renacer Bodega, y Viñedos Altocedro. En la actualidad exportan entre el 50% y 90% de su producción a países tan dispares como Estados Unidos, Bélgica, Brasil y Sudáfrica, entre otros (Induslatin: 2008).

---

[27]   Pequeñas y medianas industrias.

La fuerza laboral

Recapitulando hasta aquí, desde el momento conocido como sustitución de importaciones de los años treinta, en el siglo pasado hasta los primeros años de la década de los setenta, la agricultura chilena mostró un rendimiento bastante bajo, impulsada principalmente por la demanda interna del país. A partir de 1973 se inició una nueva dinámica neoliberal, orientada hacia la exportación, principalmente en el rubro de las frutas y forestales, pero, a la vez, con una notoria disminución del rol del Estado. Esta estrategia productiva se expandió más tarde hacia otros espacios abarcando también a la industria nacional del vino. El nuevo enfoque de la economía implicó un reordenamiento del sistema agrario y contrario a los periodos anteriores, en donde el Estado pasó a cumplir un simple rol subsidiario. Como resultado, las políticas agrarias se convirtieron en el reflejo de una estrategia macroeconómica que substituyó al viejo sistema de latifundio-minifundio por una nueva estructura agroindustrial (Armijo: 1996).

Entre 1958 a 1972 la superficie de tierra destinada a los cultivos tradicionales era de 1.263.000 hectáreas. En 1983 solo alcanzaba a 877.000 hectáreas. (Gómez y Echeñique: 1988). Sin embargo, los cultivos tradicionales comenzaron a recuperarse una vez que las autoridades militares implantaron ciertas medidas levemente proteccionistas, situación que estimuló a los agricultores criollos a mejorar su productividad e introducir prácticas administrativas y comerciales más eficaces (Kay: 1996). Como resultado, las innovaciones agrarias pasaron a formar parte de la modernización productiva, tecnológica y empresarial de un nuevo tipo de agricultura, orientada exportar sus productos a los mercados internacionales. En efecto, organizada ahora en torno a empresas industriales agroexportadoras, la agricultura chilena también comenzó a alterar la composición de la población agraria debido a que los habitantes rurales comenzaron a disminuir considerablemente, a diferencia de lo que ocurría con el viejo sistema latifundio-minifundio que los retenía. De esta manera los campesinos comenzaron a ser reemplazados por trabajadores temporeros, que no necesariamente provenían de esas regiones.

Todo lo anterior implicó que las nuevas empresas agrícolas se volvieran un nuevo mecanismo migratorio, que eliminaba y suplantaba a la población rural tradicional. Como consecuencia, se produjo una fuerte demanda de mano de obra, sobre todo temporal, para realizar las diversas tareas agrícolas, especialmente durante las temporadas de cosecha, originando que el mercado pasara a ser el elemento regulador de los empleos rurales y de la movilidad de sus trabajadores (Armijo: 1996). La demanda de mano de obra para laborar en las zonas rurales, pasó a ser un mecanismo migratorio que implicó una reubicación de la población rural en zonas urbanas, en áreas marginales de ciertas ciudades y, del mismo modo, en campamentos provisorios dentro del mundo rural (Ramírez, 2001).

Entre 1974 y 1983 el empleo agrícola del país se redujo de 17 a 14% como resultado de un conjunto de factores, tales como cambios en la estructura productiva, la legislación laboral, y la reorganización de las relaciones de trabajo existentes durante el periodo anterior (Portilla: 2000). Estos elementos reestructuraron la demanda de mano de obra de acuerdo con las necesidades estacionales de las tareas agrícolas, especialmente las frutas, incluidas las uvas y otros cultivos, situación que poco a poco aumentó la demanda de trabajadores temporales, principalmente durante los periodos de cosecha y poda (*Ibíd.*).

De acuerdo con los censos de 1965 y 1976, durante el periodo 1966-1972 la tasa de desempleo agrícola fluctuaba entre 1 y 2%; en 1983 se elevó a 10%, mientras que la tasa global osciló entre 25 y 30%. Como resultado, para el año 1983 los salarios agrícolas se comprimieron entre 40 y 60%, en comparación con 1975 (Cox: 1983).

Referente al empleo rural, Portilla (2000) sostiene que a partir de 1985 es posible identificar dos subperiodos. El primero, que abarca hasta 1990, en el cual el trabajo agrícola creció 8,5% durante las estaciones de temporada alta (noviembre-enero) y 7,8%, en temporada baja (mayo-julio). El segundo subperiodo comprende los años 1990-1998, momento en que el empleo agrícola creció a una tasa del 2,8% durante las temporadas de cosecha y 2,4% para el resto del año. Como resultado, alrededor de 66.000 a 80.000 empleos agrícolas se perdieron durante las temporadas bajas[28] (*Ibíd.*).

Los cambios en el sistema de la propiedad agrícola como consecuencia de las recetas neoliberales que siguieron a la eliminación de la reforma agraria alteraron profundamente la estructura de los sectores rurales. Del mismo modo, la eliminación de los grandes latifundios también produjo transformaciones importantes en el campo y los viñedos situados en las zonas urbanas más ex-

[28]   Un documento presentado a la Organización Internacional del Trabajo (OIT) por la organización RAP-AL, el 20 de enero de 2005, indicaba que en Chile había alrededor de 800.000 trabajadores rurales, de los cuales aproximadamente 400.000 eran temporales y de ellos, alrededor de 250.000 eran mujeres, la mayoría jefas de hogar, además de adolescentes y niños. Alrededor del 60% de los trabajadores estacionales hombres y mujeres no tenían contratos de trabajo, lo que generaba innumerables abusos como incumplimiento de las fechas de pago, cancelación de cantidades inferiores de los salarios pactados verbalmente o simplemente falta de pago y carencia de otros beneficios sociales y de salud.

tensas. En efecto, los trabajadores agrícolas reemplazaron a los inquilinos tradicionales, dando paso a un sistema salarial y semisalarial que se tradujo en la proletarización y la semiproletarización de la fuerza laboral del agro (Caro: 2006). Es decir, mientras una parte de los trabajadores agrícolas pasó a ser asalariados permanentes, el resto debió conformarse con trabajar bajo las formas de temporeros estacionales u ocasionales.

Ahora bien, ser contratado en calidad de trabajador agrícola permanente tampoco significaba necesariamente lograr seguridad de empleo, especialmente cuando durante los 17 años que duró el gobierno militar los trabajadores estuvieron impedidos de organizar sindicatos o cualquier tipo de representación laboral para defender sus derechos o negociar colectivamente. Tampoco podían quejarse o exigir mejores condiciones laborales, la no utilización de contaminantes y otros elementos dañinos a la salud como plaguicidas y productos químicos de origen industrial (Gómez: 1982).

Ocasionalmente, algunos trabajadores de las grandes viñas disfrutaron de algunos privilegios respecto a otros operarios regulares, debido a sus niveles de especialización y conocimientos y experiencia requeridos en ciertas etapas de la elaboración del vino. De todas formas, este fue un momento bastante duro para los trabajadores debido a las estrictas y casi inexistente regulaciones laborales, las condiciones de trabajo y la fuerte represión que caracterizó este periodo de Chile (1973-1990).

Los trabajadores agrícolas temporales, incluidos los de la industria del vino, ejecutaban y aún ejecutan labores y tareas propias de un periodo agrícola específico, incluyendo poda, raleo, cosecha, clasificación, limpieza, desinfección y empaque. Los "temporeros", como se les conoce en el país, han sido el grupo que ha experimentado el mayor crecimiento cuantitativo entre los trabajadores rurales. Muchos de los problemas y las injusticias se producían y aún se producen en el proceso de contratación ya que algunos eran empleados directamente por los viñateros, productores de frutas y empresas, quienes, por lo general, ofrecían mejores condiciones laborales, salarios y beneficios que los contratados o "enganchados" por "contratistas" e intermediarios[29].

---

[29]   Las grandes empresas agrícolas, principalmente frutas, vegetales y exportadores de vino recurren frecuentemente a reclutadores (*enganchadores*) o contratistas para emplear mano de obra temporal, necesaria para la cosecha y otras tareas similares. El *enganchador* ofrece servicios de transporte y paga a los trabajadores, y casi siempre sin que medie un contrato de trabajo. Este sistema ayuda a diluir las responsabilidades por accidentes de trabajo, acciones ilagales, irregularidades, abusos y perjuicios en contra de los trabajadores (RAP-AL, 2005).

El sistema del "enganche" fue y continúa siendo ampliamente utilizado en el agro durante las temporadas de cosecha, las cuales requieren abundante mano de obra para recolectar los productos estacionales. Insistamos en que entre los trabajadores temporales existían y continúan existiendo enormes diferencias en materia de salarios, beneficios sociales, salud y seguridad personal, incluso entre aquellos que realizan el mismo tipo de faenas. Estas divergencias son absolutamente más evidentes entre trabajadores hombres y mujeres (*Ibíd.*).

Los "temporeros" fueron y continúan siendo uno de los sectores laborales más pobres, desprotegidos y afectados por las leyes laborales del país. Debido a su condición laboral temporal, el Código del Trabajo no les permitía negociar colectivamente con sus empleadores. Insistamos: el 95% de estos trabajadores eran subcontratados por reclutadores particulares. La ley les negaba la posibilidad de negociar directamente con sus potenciales empleadores nacionales o internacionales, dejándolos totalmente desprotegidos y al simple arbitrio de los "enganchadores", quienes, a su vez, negociaban directamente con los agricultores. Este grupo de temporeros, en donde casi el 50% eran mujeres, con el tiempo pasó a ser la fuerza laboral más importante de la agricultura y las empresas productoras y elaboradoras de vino (Silva: 2008).

TABLA 7. FUERZA DE TRABAJO: VALLE DE ACONCAGUA 1964-1975

Años	Total trabajadores		Permanentes		Temporeros	
	Hombres	Mujeres	Hombres	Mujeres	Hombres	Mujeres
1964	89%	11%	96%	4%	88%	12%
1975	84%	16%	98%	2%	75%	25%

Fuentes: Tabla compilada por Heidi Tinsman (2002) con datos obtenidos del Censo Agropecuario 1964-1965 y 1975-1976.

Los pequeños agricultores o minifundistas propietarios de reducidas parcelas de tierras (minifundios) han sido otro sector agrícola que aún reside en diversas áreas y regiones de bajo rendimiento productivo y económico. También se les conoce como minifundios, es decir, lo contrario de los latifundios y continúan siendo otro componente histórico clásico de la estructura agraria de Chile. Estos pequeños propietarios agrícolas no han sido nunca un sector homogéneo y se ubican en diferentes áreas, en pequeñas parcelas familiares, que no ofrecen empleo a más de una persona (Furtado: 1976).

Otro grupo de pequeños agricultores poseía parcelas con terrenos de muy bajos niveles productivos, que a pesar de sus escasos ingresos y altos niveles de pobreza, sobrevivían vendiendo sus productos a comerciantes y distribuidores. Repetimos: en el caso de la industria vitivinícola, las parcelas plantadas con viñedos vendían y aún venden sus uvas y vinos a las grandes empresas de sus regiones.

Finalmente encontramos a un número revelador de agricultores minifundistas que se han transformado en trabajadores rurales o semi-rurales, pero que aún conservan pequeños terrenos a pesar que obtienen gran parte de sus ingresos familiares a través del trabajo asalariado estacional o como temporeros en otros lugares. Estos grupos de campesinos fueron los más propensos a abandonar sus pequeñas parcelas de tierra para emigrar a las ciudades y convertirse en trabajadores asalariados urbanos ya que eran demasiado pobres para cultivar sus predios (Belisario: 2007).

En síntesis, los pequeños productores de vino, durante este periodo, trataron de adaptarse y sobrevivir a las nuevas condiciones de mercado implementadas a partir de 1973, con escasos resultados positivos. Este sector fue uno de los más afectados por el modelo económico impuesto por las autoridades militares, originando que muchos pequeños viñedos desaparecieran y, los que persistieran, se estancaran. La apertura del mercado chileno entre 1974 y 1990, que transformó radicalmente la vitivinicultura chilena, influyó fuertemente en la decadencia de los pequeños viñedos durante la década de los ochenta, debido a la sobreproducción de uvas, bajo precio de los vinos, reducción del consumo interno cuando la producción del país se orientaba totalmente al mercado nacional, y la apertura del mercado a otro tipo de bebidas alcohólicas no disponibles hasta ese momento, haciendo la competencia aún más dura.

Concluyendo, los diversos productores de vino durante este periodo debieron reflexionar y tomar conciencia de la necesidad de llevar a cabo profundas transformaciones para adaptarse a las tendencias internacionales y penetrar en un mercado cada vez más atractivo, pero altamente competitivo. Por su parte, los grandes productores nacionales comprendieron, finalmente, que el futuro de la industria no iba por la producción de vinos de baja o mediana calidad, sino que, por el contrario, la elaboración de mostos de selección de alta calidad. Del mismo modo, también entendieron que este proyecto requería importantes inversiones económicas e innovaciones tecnológicas. En consecuencia, equiparon sus empresas con moderna maquinaria, perfeccionaron las técnicas de plantación, riego y guarda, e introdujeron tanques de acero inoxidable y toneles de roble francés.

Los productores nacionales de vinos y sus viñedos, tradicionalmente propiedades de larga data controladas por familias aristocráticas, las transfirieron o incorporaron a otras empresas y/u holdings. Capitales internacionales se sumaron a este proceso, acelerando la modernización del sector vitivinícola nacional. El arribo de capitales extranjeros atraídos por las condiciones naturales del país y otras ventajas fue otro factor importante en el desarrollo del nuevo comienzo de la industria vitivinícola. Del mimo modo, nuevas empresas extranjeras llegaron al país y a través de *joint ventures* se asociaron con productores chilenos que además de capitales también proporcionaron nuevos conocimientos, modernas tecnologías de producción y sistemas de comercialización en los atractivos pero altamente competitivos mercados internacionales.

Los esfuerzos de modernización permitieron incorporar las tecnologías necesarias para desarrollar una nueva línea de producción de vinos de calidad como estaba previsto. En consecuencia, a finales de la década de 1980 y principios de los años 1990 se comenzó a adquirir nuevas maquinarias y tecnología que ayudaron a recuperar y mejorar el sector vitivinícola. A lo largo del periodo siguiente la industria vitivinícola chilena comenzó a emerger exitosamente en un mercado del cual se había mantenido marginado durante mucho tiempo.

El enorme éxito económico alcanzado por el sector agroexportador en general y la industria vitivinícola, en particular, sin lugar a dudas proporcionó y aún suministra empleos para muchos trabajadores. Sin embargo, la bonanza productiva de esta época no se reflejó en los salarios, condiciones laborales y beneficios para los trabajadores. Sin lugar a dudas, la industria del vino comenzó a generar empleos especialmente a dos grupos sensibles, tradicionalmente afectados por altos niveles de cesantía, como son las mujeres y los jóvenes. Pero también es evidente que aún persisten muchas deficiencias respecto a los salarios, la igualdad entre el valor del trabajo femenino y masculino, la calidad y condiciones de trabajo, sobre todo cuando por razones estructurales no se trataba de empleos permanentes.

La falta de prestaciones sociales y de salud, la utilización de plaguicidas, el incumplimiento de los contratos acordados en la subcontratación con los *enganchadores* y las condiciones laborales impuestas por el gobierno militar, hicieron posible la disponibilidad de mano de obra barata que en términos reales actuaron más como subsidio a los empresarios del vino y a otros sectores de la agricultura. El crecimiento de esta nueva forma de trabajo agrícola impulsaría a los nuevos gobiernos democráticos, durante el periodo siguiente, a promulgar ciertas leyes para proteger a los trabajadores, aunque, sin lugar a dudas, aún resta mucho por hacer.

Capítulo VII

EL AUGE EXPORTADOR ACTUAL

La coyuntura

Actualmente Chile opera con una economía abierta, prácticamente libre de obstáculos para las exportaciones y otras barreras arancelarias. Como resultado de la economía de libre mercado adoptada por las diversas autoridades políticas a partir del retorno a la democracia, desde 1990 hasta hoy día se ha firmado una serie de Tratados de Libre Comercio con Estados Unidos, la Unión Europea, Corea del Sur, Canadá, México, China, Japón, India y otros países de América Central y del Sur. En varios de dichos tratados el vino es el único producto que cuenta con un capítulo separado y ha sido incluido en todos los acuerdos comerciales negociados por los diversos gobiernos, con más de 40 países en todo el mundo. Las principales características del modelo exportador chileno denotan su capacidad para adaptarse a las condiciones de cada mercado, aportar valor agregado a sus productos y a la diversificación de sus exportaciones. Actualmente Chile es reconocido como un importante productor y exportador mundial de vinos. La estrategia comercial ha ido acompañada de esfuerzos para proporcionar una gestión eficiente de los puertos de Valparaíso y San Antonio, lo que hace posible que los productos del país estén bien posicionados en los principales destinos de exportación como son el Reino Unido, Estados Unidos, Canadá, la Unión Europea, Japón, Brasil, India y los países asiáticos.

La renovada industria vitivinícola chilena se inició como consecuencia de un clima exportador favorable, bajos costos de mano de obra, terrenos baratos y una agresiva campaña de marketing que ayudó a la nación a capturar una porción creciente del mercado global del vino a partir de la década de 1980. Al parecer, el mérito debería corresponder a las autoridades militares (1973-1989) por "abrir" la economía de Chile al mundo, facilitando la inversión extranjera y por la supresión de barreras al comercio internacional; en otras palabras, el modelo económico implantado por el régimen militar sería el elemento clave que reinventó la industria del vino chileno. Sin embargo, esta interpretación requiere un poco más de atención para observar los verdaderos efectos de dichos factores en la industria vitivinícola del país.

221

Sin lugar a dudas la reducción y eliminación de barreras y aranceles a las importaciones fueron factores favorables, pero solo para ciertos productores nacionales que contaban con los capitales necesarios para importar maquinarias y equipos que facilitaron la modernización tecnológica del país. Numerosas publicaciones internacionales coinciden en que la apertura política y económica de Chile, durante el régimen militar, tuvo un impacto favorable sobre las exportaciones de vino. Sin embargo, las circunstancias indican que la comercialización de los mostos nacionales y otros productos en el extranjero durante este periodo no fue una tarea fácil. En efecto, los viticultores locales debieron enfrentar innumerables boicots por parte de grupos de chilenos en el exterior y otros que denunciaban las atrocidades y la violación sistemática de los derechos humanos cometidas por el general Pinochet y su gobierno. Esta situación que ha sido reconocida por empresarios e inversores lleva a concluir que el verdadero auge del vino comenzó solo a partir del retorno a la democracia durante la década de 1990.

Tras el acuerdo firmado por Chile con la Unión Europea, el año 2002, el país obtuvo, por primera vez, la posibilidad de convertirse en un serio competidor en ese mercado. Bajo dicho tratado comercial, Chile y la Unión Europea acordaron respetar el uso exclusivo de las marcas de los vinos europeos, como Champagne, Bordeaux y Borgoña. Los productores nacionales de vino habían utilizado por mucho tiempo dichas marcas en sus productos y, por lo tanto, el gobierno chileno se comprometía a eliminarlas progresivamente del mercado nacional en un periodo de cinco años, y en doce años, de sus exportaciones. Por su parte, la Unión Europea accedió a abrir sus mercados a los vinos chilenos. Cuatro años más tarde los aranceles se redujeron de aproximadamente 5% y 6% a cero, una vez que el Tratado de Libre Comercio fue firmado en el año 2002 (*Diario del vino*: 2008).

Como señaláramos en el capítulo anterior, otra pieza importante en la historia reciente de la industria vitivinícola de Chile fue la sorprendente asociación de inversionistas extranjeros con conocidos productores nacionales. El empresario Robert Mondavi, de Estados Unidos, se asoció con Eduardo Chadwick, propietario de Viña Errázuriz, ubicado en el Valle de Aconcagua, para producir Caliterra, un vino blanco y tinto de bajo precio, y Seña, un tipo de vino tinto de alta calidad. En 1999 Eduardo Chadwick también se asoció con la Maison Louis Jadot de Borgoña de Francia para producir Viña Chadwick, un vino tinto fino del Valle del Maipo. La familia Grand Marnier, también de Francia, emprendió la Viña Casa Lapostolle en el valle de Colchagua; Château Lafite-Rothschild invirtió en los Vascos; Château Mouton-Rothschild se asoció con la Viña Concha y Toro para crear Almaviva, y Paul Pontallier de Château

Margaux se unió con Bruno Prats, el propietario anterior de Cos d'Estournel, para fundar Viña Aquitania, cerca de Santiago, entre otros (BBIE: 2007).

Tengamos presente que la superficie plantada con vides en el país, entre los años 1970 y 1986, se había reducido considerablemente, tendencia que continuó hasta 1995, momento en que comenzó a crecer nuevamente. El arribo de inversiones extranjeras y el énfasis en el aumento de las exportaciones produjeron que la superficie plantada con vides viníferas casi se duplicara entre 1996 y 2000 (Visser, 2004). Según el catastro vitícola[1] de 2004 preparado por el Servicio Agrícola y Ganadero (SAG), la superficie nacional plantada con viñas aumentó rápidamente de 53.093 hectáreas, en 1994, a 112.056 hectáreas en 2004; es decir, más que se duplicó. En 2005 las viñas de Chile constituían el 2,4% de la superficie total mundial plantada con variedades de uvas (Van Tienhoven: 2008).

Los altos precios obtenidos por los productores de uvas durante los primeros años de la nueva década del siglo XXI dieron lugar a plantaciones adicionales o replantación de viñedos y continuar con las operaciones existentes para ampliar las variedades de mayor demanda. En la actualidad, el Ministerio de Agricultura estima que la superficie total plantada con vides viníferas alcanza a 117.000 hectáreas. De la superficie total plantada, cerca del 76% son variedades tintos, es decir, 20 variedades, de las cuales casi la mitad es Cabernet Sauvignon. Además, alrededor del 75% de todas las superficies cultivadas corresponde a terrenos de regadío. Como resultado, se esperaba que el volumen total de vinos de exportación continuara aumentando en los años venideros (GAIN: 2007). Los vinos tintos siguen siendo el producto principal de la industria. Las variedades de uva más importantes pasaron a ser el Cabernet Sauvignon, Merlot, Carménère y Syrah. En 2007 Cabernet Sauvignon constituyó el 42,4% de la producción, seguido por los vinos Merlot con un 14,3%, Carménère el 8% y 3,8% de Syrah (SAG: 2008).

En 1994 el enólogo y académico Jean Michel Boursiquot, de Montpellier, Francia, confirmó que un vino chileno que se comercializaba como Merlot no era tal, sino que correspondía a la desaparecida variedad Carménère de Bordeaux, de Francia. En 1998 el Departamento de Agricultura de Chile reconoció oficialmente a Carménère como una variedad diferente y actualmente se cultiva, principalmente, en los valles de Colchagua, Rapel, y la provincia de Maipo. Del mismo modo, Carménère se identifica actualmente como producto chile-

---

[1]	Registro oficial que contiene información sobre el valor, la extensión y propiedad de la tierra para efectos de los impuestos.

no, del mismo modo que el Zinfandel se identifica con California, Malbec con Argentina y Pinotage con Sudáfrica. Sin embargo, Carménère también ha sido introducido recientemente en el norte de Italia, el Valle de Napa y el Estado de Washington, en Estados Unidos (Van Casteren, 2006).

Aunque la imagen de Chile como país vitivinícola se basaba principalmente en los vinos tintos, en la actualidad también produce y exporta vinos blancos de calidad, siendo Sauvignon Blanc el más popular, seguido por Chardonnay. En 2007 los vinos Sauvignon Blanc representaron el 13,2% de la producción, y el Chardonnay el 9,1%, ocupando la tercera y cuarta posición respectivamente, antes de Carménère y Syrah (Van Tienhoven: 2008).

La producción nacional

La producción actual de vinos chilenos se concentra principalmente en las regiones de O'Higgins, que corresponde a la VI Región, la del Maule, ubicada en la VII Región, y la Región Metropolitana, las cuales concentran el 92% de la zona vitivinícola del país. Solo la región del Maule produce el 47% de la producción total del país (SAG: 2009). Profesionales de calidad que incluyen ingenieros agrónomos, especialistas y expertos universitarios en la elaboración de vinos, acuerdos comerciales con las regiones comerciales más grandes del mundo, se presentan generalmente como las claves para explicar el desarrollo del modelo actual de exportación del país.

Según el Servicio Agrícola y Ganadero (SAG), la expansión de terrenos plantados con parras viníferas a partir de 1995 aumentó notoriamente la zona de producción de vinos. La misma fuente indicaba que el 80% de la producción nacional en 2005 provenía de las regiones VI (O'Higgins) y VII (Maule), con un 48% y 32%, respectivamente (SAG, 2005). Durante el año 2007 el país produjo 73,5% de vino tinto y 26,5% de vino blanco, en donde las seis variedades de uvas más importantes, Cabernet Sauvignon, Merlot, Carménère, Syrah, Sauvignon Blanc, Chardonnay, aportaron el 91% del total del vino elaborado en el país (SAG: 2008).

La producción actual está íntimamente ligada a la creciente demanda externa, característica estrechamente vinculada con las modificaciones tecnológicas, de producción, comercialización y distribución, a fin de suministrar un producto de calidad, haciendo coincidir las principales tendencias en el comercio minorista y la demanda de los consumidores en el extranjero. Según A. van Tienhoven (2008) esta situación podría ser el resultado de la llegada de inversiones extranjeras y los *joint ventures* que tuvieron lugar en Chile durante este periodo.

Aparte de recursos financieros, los inversionistas extranjeros también trajeron consigo sus conocimientos técnicos (*know-how*), comercialización, información del mercado de consumo, su prestigio y las economías de escala como la distribución de costos y contactos. Las viñas que empezaron a operar como empresas mixtas fueron las primeras en exportar hacia una amplia gama de mercados, bajo nuevas formas. El año 2002 representaban el 15% del valor de las exportaciones de vinos chilenos, y el 12% del volumen total de las exportaciones. También sirvieron de modelos a otras viñas locales, a menudo relativamente pequeñas y jóvenes, promoviendo, así, la internacionalización de la industria vitivinícola chilena (Visser: 2000).

En términos de volúmenes de producción, las tres mayores viñas del país fueron Concha y Toro, Santa Rita y San Pedro. El año 2006 estas tres empresas controlaban el 73% del mercado interno del país, en términos de volúmenes de ventas, y más del 65% en términos del valor de las ventas. Concha y Toro tuvo una cuota de mercado del 28% en volumen, Santa Rita el 25% y San Pedro el restante 19% (*Ibíd.*). Los productores de vinos locales informaban que entre el 1 de julio del 2008 y 30 de junio de 2009 se había producido un poco más de mil millones de litros de vino, un incremento del 14,5% con respecto al año anterior.

La producción durante el año 2009 también mostró un fuerte incremento de vinos clasificados bajo el rótulo de "Denominación de Origen" (DO); o sea, vinos que cumpliendo con estrictas directrices de calidad, permiten a sus productores etiquetar sus productos como provenientes de una región específica del país[2]. Bajo esta regulación los productores nacionales se encuentran limitados a las regiones geográficas indicadas en la etiqueta. Los vinos que especifican su origen deben satisfacer ciertas condiciones para obtener la Denominación y suelen ser los de mayor calidad. Los vinos sin declaración de origen generalmente son de menor calidad, en donde los "vinos de mesa" ocupan el nivel inferior en dicha escala (SAG: 2009).

El año 2008, tanto los vinos con Denominación de Origen como los vinos de mesa representaban el 19,2% y el 6,3%, respectivamente, y el 13,4% y 2,96% en el siguiente año 2009 (*Ibíd.*). Hasta el 29 de julio de 2009 el 85,9% de todos los vinos producidos se catalogaron con DO, mientras que el año anterior solo

---

[2]	El sistema de clasificación DO trabaja en una línea similar al estadounidense, conocida como American Viticultural Areas (AVA), de acuerdo con la oficina encargada de los impuestos al tabaco, el alcohol y el comercio de Estados Unidos, una rama del Departamento del Tesoro: Alcohol and Tobacco Tax and Trade Bureau (TTTB), United States Department of the Treasury.

alcanzaron al 79,6% (MercoPress 29/07/2009). De los vinos con Denominación de Origen, Cabernet Sauvignon lideró el grupo con un 39,1% de la producción total, con casi 335 millones de litros. Sauvignon Blanc fue segundo con un 14,3% y alrededor de 122,4 millones de litros. Los seguían en la lista los vinos Merlot, Chardonnay y Carménère con 13,3%, 11,2% y 8,7% de la producción total, respectivamente (*Ibíd.*).

Una estabilización de la cifra récord lograda el año 2012 se reflejó en el Informe sag de Producción de Vinos 2013, que ratificó un total de 1.282 millones de litros producidos en el país, incluyendo los vinos con Denominación y sin Denominación de Origen, y los de mesa. La cifra fue 2,1% superior a lo registrado en 2012, cuando la producción alcanzó a 1.255 millones de litros.

Según las cifras del sag, durante los últimos 10 años Chile prácticamente ha duplicado su producción vitivinícola. Los que siguen prevaleciendo son los vinos con Denominación de Origen, que en el año 2013 alcanzaron un 83% del total, es decir 1.074 millones de litros. Cabe señalar que esta categoría ha mostrado un incremento constante durante los últimos años, debido a su mayor valor agregado de cuerdo con la variedad y el origen geográfico del cual proviene. Por su parte, los vinos sin Denominación de Origen alcanzaron los 136 millones de litros y los provenientes de uva de mesa 71 millones de litros (Tabla 1).

Tabla 1. Evolución de la producción de vinos años 1997-2013 (Hectolitros)

Año	Vinos con do	Vinos sin do	Vinos de mesa	Total
1997	2.489.287	1.330.057	490.905	4.310.249
1998	2.996.983	1.443.082	825.438	5.625.503
1999	2.395.729	1.318.548	565.874	4.280.151
2000	3.748.213	1.956.098	715.063	6.419.374
2001	4.460.397	583.290	408.098	5.451.785
2002	4.430.500	834.463	358.267	5.623.230
2003	5.460.865	947.611	273.745	6.682.221
2004	5.474.888	577.173	248.675	6.300.736
2005	6.303.212	1.047.796	534.503	7.885.511
2006	7.163.043	861.365	424.370	8.448.778
2007	7.038.874	879.062	359.524	8.277.460
2008	6.927.908	1.318.511	436.551	8.682.971
2009	8.665.659	1.152.065	275.198	10.092.922
2010	7.445.528	1.271.633	435.221	9.152.383
2011	8.286.392	1.180.010	997.406	10.463.809
2012	10.159.853	1.716.869	676.985	12.553.710
2013	10.746.399	1.31.019	713.532	12.820.952

Fuente: sag. Producción de vinos 2013. Informe Ejecutivo.

En relación a las zonas del país con mayor producción, el ranking lo lidera-
ba la región del Maule, con 593 millones de litros producidos y que equivalían
al 46,3% del total del país. Más atrás venían las regiones de O'Higgins y Metropolitana, con 399 millones de litros y 184 millones de litros, respectivamente
(*Ibíd.*).

Respecto a los tipos de cepaje, el Cabernet Sauvignon alcanzó el 34,6% de
la producción total de vinos con DO., seguido por el Sauvignon Blanc con un
14,9%, Merlot con el 11,9%, Carménère con un 8,9%, Chardonnay con un 8,7%,
y la variedad Syrah con un 7,4%. Así, actualmente la producción en Chile está
segmentada en un 70% de cepaje tinto y un 30% de vinos blancos.

Cooperativas vitivinícolas y pequeños productores

Un estudio realizado por *CampoCoop*[3], el año 2010, indicaba que la superficie
de vides para producir vinos en Chile alcanzó a 117.525 hectáreas. Un estudio
anterior, a cargo del Ministerio de Agricultura del año 2008, mostraba que la
superficie vinífera del país era de 104.716 hectáreas, lo que representaba un
aumento del 6,5% de la superficie de este tipo de vides en el territorio nacional. La mayoría de las vides para vinificación se encuentra mayoritariamente
localizada en las Regiones del Maule, del Libertador Bernardo O'Higgins y la
Metropolitana, las cuales abarcan más del 90% de la producción nacional de
este rubro. El 72% de los viñedos corresponde a cepajes tintos y el 28% a cepajes blancos (Nayan: 2012).

Las cooperativas vitivinícolas, por su parte, continúan estando conforma-
das por las mismas tres entidades ya señaladas en el capítulo anterior, ubicadas en la VII Región, en las provincias de Cauquenes, Curicó, Linares y Talca.
Ellas son la Cooperativa Cauquenes, la Cooperativa o Viña Lomas de Cauquenes y la Cooperativa Loncomilla, todas afiliadas a la Federación de Cooperativas Agrícolas de Vino (FECOVIT: 2009).

Hasta 1991 existían seis cooperativas activas, pero en la década siguiente
una de ellas fue disuelta y las otras dos se volvieron inactivas. El espectacular
aumento de la producción de vino a partir de 1980 con aportes de privados, no
les permitió obtener los recursos necesarios para continuar operando. La situación se agravó una década más tarde, momento en que la producción nacional

---

[3]   Análisis de producto y unidades productivas, con prospección de mercados. Para uva
Moscatel y Flame en la IV Región. Estudio desarrollado por CAMPOCOOP, 2010.

se duplicó y como consecuencia de la sobreproducción de vinos los precios se redujeron notablemente, afectándolos manifiestamente.

Dentro del entorno productivo y comercial señalado hasta el año 2001, las grandes viñas controlaban el 90% de la producción del vino nacional, mientras las tres cooperativas que aún permanecen activas mantenían los mismos niveles de producción de 1991; es decir, 31.152.216 millones de litros, equivalente al 5,7% de la producción nacional (Radrigán *et al.*, 2003). El resto simplemente desapareció y las que continuaron activas tuvieron que realizar enormes esfuerzos económicos para permanecer en uno de los sectores más dinámicos y competitivos de la agricultura chilena. El mayor desafío fue, entonces, mantenerse en el mercado perfeccionando sus procesos productivos, encontrar nuevas opciones de industrialización, modificar sus formas de comercialización y obtener su propio financiamiento, para aumentar su presencia tanto a nivel nacional como internacional.

La perspectiva productiva para aquellas cooperativas que resistieron el primer momento fue continuar con el mismo sistema productivo y comercialización anterior. Es decir, una vez concluidas sus cosechas, estas se venden a granel a las cuatro grandes empresas vitivinícolas que controlaban y aún controlan el mercado nacional: Viña Concha y Toro, San Pedro, Santa Carolina, y Viña Santa Rita, las cuales, en conjunto, compran el 70% de la uva vinífera que se elabora en el país (Nayan: 2012). Es decir, las cooperativas exportan a través de terceros, aunque anhelan hacerlo directamente en el corto plazo. Sin embargo, como aún producen un vino estándar, no han llegado todavía a seleccionar las uvas por categorías de calidad. El pago que reciben los cooperados depende del tipo o la variedad de uvas entregadas. Las cepas Chardonnay o Sauvignon Blanc, por ejemplo, tienen un precio superior al de la uva tipo País. El pago se realiza bajo la forma de posventa, y para controlar la entrega de la uva disponen de un departamento técnico que posee un historial de cuánto y qué produce cada cooperado. Este grupo que actualmente encabeza un enólogo está permanentemente preocupado del manejo de cada predio, desde la poda hasta la cosecha.

Viña los Robles

Viña los Robles (ex Cooperativa Vitivinícola de Curicó), que después de experimentar varias dificultades, similares a las del resto de las cooperativas, reorganizó exitosamente su funcionamiento y producción de vinos. A partir del año 2002 la cooperativa comenzó a aplicar una rigurosa política de restablecimiento interno, cambios en la estrategia de comercialización, de sus sistemas productivos y la incorporación de nuevas tecnologías.

Los Robles posee actualmente 967 hectáreas plantadas con vides finas en la provincia de Curicó, y cuenta con 68 miembros afiliados y sus viñedos producen anualmente aproximadamente 8,5 millones de kilos de uva (Mori y Malo: 2001). Entre los miembros[4], 42 de ellos poseen menos de 10 hectáreas y 19 menos de cinco hectáreas (Ministerio Economía, 2007). En sus inicios la totalidad de la producción se vendía a granel. Últimamente el 73% de los ingresos proviene de sus propias exportaciones a destinos como el Reino Unido, China, Bélgica, Alemania, Irlanda, Japón, Holanda, Israel, Estados Unidos, Suecia, Venezuela, Costa Rica, España, Italia y Francia (SAG : 2009).

La cooperativa cuenta, además, con bodegas que pueden almacenar y envejecer hasta 20 millones de litros de vino. También posee tanques de acero inoxidable en donde se acopian los vinos hasta que son reasentados en barriles de roble noble. La cooperativa también es propietaria de instalaciones de embotellado y etiquetamiento para completar el proceso. Con el paso de los años los aromas, sabores, tonalidades, cada grado de temperatura y acidez de sus productos, son cuidadosamente monitoreados para producir productos de calidad (Winedown: 2009).

Cooperativa Loncomilla

La Cooperativa Loncomilla actualmente está compuesta por 97 pequeños propietarios de terrenos que fluctúan entre las 3 y 10 hectáreas. El 71% de sus asociados produce alrededor de 330.000 kilos de uva y la totalidad de los productores dependen de los ingresos que obtienen de dicha actividad. El 50% de sus miembros son beneficiarios de la agencia gubernamental INDAP y el restante 30% corresponde a medianos propietarios que atraviesan por un proceso de transformación desde que empezaron a cosechar y elaborar vinos con uvas finas para los exigentes mercados europeos, y que equivale a un tercio de su producción anual.

Los primeros contenedores de vino fueron fabricados durante la década de 1960. En la actualidad la cooperativa posee una capacidad instalada de 19,5 millones de litros, distribuidos en cubas que almacenan entre 15.000 a 500.000 litros. La Cooperativa también cuenta con una bodega situada en la parte oeste del río del mismo nombre. Sus instalaciones le permiten recepcionar hasta

---

[4]   Respecto al número de miembros y sus diversas categorías no siempre coinciden entre las diversas fuentes consultadas, por lo que resulta bastante difícil obtener información precisa al respecto. Lo anterior se explicaría por los diversos tipos y/o años de afiliación, tamaños de los predios de los afiliados, situación o tipo de sus membresías, fallecimiento, etc.

700.000 kilos de uva diariamente durante la temporada de cosecha, que posteriormente fermentan en contenedores especiales de cemento y cubas de acero de última generación. Los tipos de vinos producidos incluyen Cabernet, Sauvignon Blanc, Pinot Noir, Chardonnay, Merlot, Gewürztraminer, Carménère, Syrah y Late Harvest (www.cooploncomilla.cl).

La producción habitual actual de la Cooperativa promedia entre 10 a 12 millones de litros y realiza un embotellado mínimo (no más de 20 mil botellas al año), que se destina a sus asociados y para regalar. Insistamos, la mayor parte de sus ventas son de vino a granel que venden a las viñas más grandes. El pago a los cooperados se realiza de acuerdo a las variedades, en donde las cepas Chardonnay, Sauvignon Blanc y otras, tienen un precio superior al de la uva País. La cancelación es a posventa (Nayan: 2012).

Para controlar la recepción de las uvas la cooperativa cuenta actualmente, con un departamento técnico que mantiene una relación con lo producido por cada cooperado. Dicho equipo está encabezado por un enólogo, quien está a cargo del manejo de cada predio, desde la poda hasta la cosecha. Actualmente la cooperativa cuenta con 109 miembros activos, aunque en otra época llegaron a ser cerca de 300. En su mayoría son pequeños propietarios de terrenos de entre 3 y 10 hectáreas y la superficie total que dispone la sociedad es de alrededor de 1.000 hectáreas (*Ibíd.*) (Tabla 2).

TABLA 2. COOPERATIVA LONCOMILLA MIEMBROS AFILIADOS Y PRODUCCIÓN

N° DE MIEMBROS	% DE MIEMBROS	PRODUCCIÓN EN KILOS	N° DE KILOS
69	71,13%	0 a 150.000	30,94%
18	18,56%	151.000 a 300.000	28,47%
6	6,19%	301.000 a 500.000	16,70%
4	4,12%	501.000 a 1.000.000	23,89%
97	100.00%	TOTAL	100.00%

Fuente: http://www.cooploncomilla.cl/Quienes.htm

Cooperativa Cauquenes

Actualmente Viña Lomas de Cauquenes cuenta con 260 miembros afiliados y cultivaba una superficie de 2.400 hectáreas plantadas con uvas de vino que producen hasta 13 millones de litros, los cuales se comercializan en el mercado nacional e internacional bajo sus marcas La Tentación de Lomas, Lomas de

Cauquenes y Las Lomas. Una vez que el vino es elaborado, una cuota se vende a granel a las viñas tradicionales, tales como Concha y Toro, Santa Rita y San Pedro. Sin embargo, otra gran cantidad se comercializa en la región y a lo largo del país (http://www.risa.cl/?a=9644).

En conjunto con el Instituto Nacional de Investigaciones Agrícolas y la Universidad Católica del Maule, la cooperativa también participa en algunos proyectos de investigación, relacionados con la producción de vinos y otras materias similares. Igualmente, los miembros de la cooperativa reciben asesoría técnica de ambas instituciones.

La cooperativa también cuenta con 60 hectáreas plantadas con vides de uva fina orgánica y estaques de almacenamiento con una capacidad total de 5.811.785,2 galones. En términos laborales, emplea a más personas que varias de las viñas modernas de los alrededores, entre los que se cuentan 50 trabajadores permanentes y 100 trabajadores temporales. Conforme con el tamaño de los terrenos, los miembros afiliados a la cooperativa ofrecen generalmente empleos temporales, cuando resulta necesario (Viña Lomas de Cauquenes: 2009).

Sintetizando, el mayor desafío para las cooperativas vitivinícolas y pequeños fabricantes de vinos ha sido continuar mejorando sus procesos productivos para incrementar su presencia en el mercado nacional e internacional, situación que les ha resultado bastante complicada para sobrevivir. Los sectores viñateros más afectados han sido aquellos que continuaron cosechando y produciendo con la cepa País, especialmente durante el gobierno militar, junto a la legalización que autorizó la elaboración de vinos suaves con uvas de mesa. En 1995 la producción de vinos suaves alcanzó a 25,9 millones de litros; es decir, alrededor del 12% del total del vino elaborado con uvas viníferas y que en total alcanzó a 290 millones de litros (SAG: 1992) (Tabla 3).

TABLA 3. COOPERATIVAS DE VINOS Y PRODUCCIÓN NACIONAL AÑO 2001
(EN LITROS Y PORCENTAJES)

COOPERATIVAS	PRODUCCIÓN	% TOTAL
Cooperativa de Cauquenes	13.151.971	2,4
Cooperativa Curicó	6.082.140	1,1
Cooperativa Loncomilla	11.918.105	2,2
Total Cooperativas	31.152.216	5,7
Producción Total Chile	545.178.556	100

Fuentes: Aroca *et al.* Información tomada de SAG 2002 y ODEPA 2002.

A partir de los años ochenta un significativo número de las grandes empresas vitícolas tradicionales, fundadas a partir de la segunda mitad del siglo xix, han conseguido llegar a controlar en forma casi exclusiva la producción y distribución de vinos del país. No obstante que estas grandes empresas siembran y cultivan sus propios viñedos, en sus propios terrenos, también compran, regularmente, las cosechas de otros pequeños y medianos productores independientes de uvas y/o vinos, característica que les ha permitido controlar este mercado, su producción y distribución de vinos en el país, de una forma casi monopólica. Para realizar sus transacciones estas grandes viñas recurren a agentes especializados más conocidos como "corredores de uvas" (Mori y Malo: 2003).

La contratación de "corredores de uvas" por parte de las grandes empresas ofrece diversos beneficios, puesto que, de esta forma, aseguran de un modo bastante ventajoso la venta de las cosechas de los pequeños productores y cooperativas. En efecto, para evitar asumir los riesgos que envuelven las cosechas, los "corredores de uva" compran a los campesinos al menos el 80% de sus uvas, mucho antes que realicen la vendimia. Al mismo tiempo, proporcionan asistencia técnica durante el proceso que toma completar el cultivo de la uva, para así asegurar la calidad de la cosecha; finalmente, también se encargan de recolectar las uvas en las propias viñas.

A menudo los "corredores de uva" otorgan avances de dinero para llevar a cabo el proceso de recolección de las mismas, una vez concluida la vendimia, actividad en la cual normalmente participan los miembros de la familia. Sin embargo, los precios finales solo se establecen al último momento, es decir, una vez que se ha completado la vendimia (*Ibíd.*). Se supone que el precio a pagar por las uvas será el que determine el mercado, pero las grandes empresas compradoras se encargan de que sea lo más bajo posible y de este modo el productor debe laborar todo el año sin saber el pago que va a obtener hasta completar su cosecha. Más aún, tampoco puede hacer nada si el "corredor de uvas" con quien pactó la entrega y le anticipó hasta el 80% del dinero decida, por una u otra razón, no comprar las uvas cosechadas. En este caso, el campesino acabará endeudado con el "corredor de uvas" por los dineros adelantados, perderá su trabajo más todo lo invertido en el proceso productivo (*Ibíd.*).

La situación de los pequeños productores que no están en posesión de contrato alguno con los "corredores de uvas" puede resultar mucho más complicada. En efecto, una vez finiquitada la vendimia, no existe ningún tipo de seguridad que podrán encontrar compradores para su cosecha. Más aún, debido a que las uvas son productos de corta duración, deben ser comercializadas lo antes posible, a cualquier precio, para evitar sufrir una pérdida total. Como es fácil de suponer, la venta de un producto enfrentado a tales circunstancias se realizará muy por debajo de los precios del mercado, que, como sostuviéramos anteriormente, suelen ser manipulados por los "corredores de uvas" y/o las grandes empresas. En caso que el negocio funcione, tampoco garantiza la obtención de utilidades que les permitan sobrevivir el resto del año y financiar la próxima cosecha. Más aún, los pequeños productores con o sin contratos no solo no reciben el pago bajo la forma de posventa y no necesariamente al contado, ya que es común que este se realice en 5 a 10 cuotas a lo largo del año.

Generalmente los pequeños productores suelen no disponer de recursos para cosechar uvas con las características requeridas por las grandes viñas, debido a que tampoco pueden contratar técnicos agrícolas y enólogos, adquirir fertilizantes, pesticidas y nutrientes para sus viñas, a pesar que, a lo menos en teoría, el gobierno cuenta con un programa que permite subvencionar hasta el 70% de este tipo de gasto. El resultado, entonces, no se deja esperar: en ciertas ocasiones la cosecha ni siquiera alcanza para cubrir los gastos para producirla, generando graves y constantes problemas de endeudamiento que al final terminan atrapando al pequeño productor. El último recurso es abandonar la producción, arrendar o vender la viña y emigrar a la ciudad en busca de una nueva forma de subsistencia.

Asociaciones chilenas de vinos

En la actualidad Chile cuenta con varias asociaciones e instituciones que apoyan el desarrollo de la industria del vino. Entre ellas, las más destacadas son Viñas de Chile AG, organización que afilia a 48 de las viñas chilenas más importantes, y Chilevid AG, una asociación de productores de vino que incluye a otro grupo de 42 viñas. Los productores de ambas asociaciones en conjunto exportan el 90% de vinos Premium y proveen alrededor del 90% del mercado nacional.

"Viñas de Chile" (ex Asociación de Exportadores de Vinos) se constituyó en 1950 y agrupaba a los grandes viticultores tradicionales. Las más grandes empresas exportadoras afiliadas representaban el 90% de las exportaciones del vino embotellado. Chilevid AG, por su parte, se formó solo en 1993, cuando pequeños y medianos productores privados (viñas boutiques) comenzaron a explorar diversos mercados de exportación. En 1997 se convirtió en una asociación comercial independiente y actualmente representa a viticultores que producen vinos finos elaborados en sus propios viñedos.

Chilevid AG, por su parte, se organizó para realizar todo tipo de actividades asociativas y comerciales, con el apoyo económico de sus miembros, fuentes nacionales e internacionales. En julio de 2002 se estableció oficialmente con el fin de aunar esfuerzos para posicionar la imagen de sus vinos en todo el mundo, a través de una comprensión unificada estratégica de marketing y actividades promocionales. Sus promotores esperaban a través de esta cooperación comercial establecer una imagen favorable de sus productos, para lograr un mejor posicionamiento en la mente de los consumidores internacionales, obtener mejores precios ofreciendo productos de calidad, junto a un conjunto de atributos diferenciadores respecto a sus competidores.

Con el paso del tiempo se fue desarrollando una cierta animosidad entre ambas organizaciones. La razón de las discrepancias fue la negativa inicial de Vinos de Chile AG para incorporar a los propietarios de viñedos pequeños y favorecer diferentes estrategias de marketing. Después de años de divisiones y luchas internas, el inicio del año 2007 trajo consigo el anuncio que ambas asociaciones vitivinícolas se fusionaban. De este modo, el 20 de abril de 2007 se constituyó la Asociación Gremial de Vinos de Chile, con el objetivo de unificar los esfuerzos corporativos de la industria vitivinícola, hasta entonces representada por Viñas de Chile AG y Chilevid AG.

Actualmente la organización se encuentra compuesta por cinco miembros de Viñas de Chile AG y tres miembros de Chilevid AG, y su objetivo principal es fortalecer la visión que los consumidores en el extranjero tienen de los vinos chilenos. Para lograr este objetivo la asociación organiza y participa en ferias internacionales, a menudo con el apoyo de la oficina gubernamental ProChile, dependiente del Ministerio de Relaciones Exteriores. Ambas asociaciones están actualmente representadas en el extranjero (Estados Unidos y Gran Bretaña) por Vinos de Chile S.A. y su misión consiste en fortalecer la imagen País, para estimular las ventas de vinos chilenos selectos en el extranjero (Najari y Vilches, 2003).

Fundada en 1998, la Corporación Chilena del Vino es otra asociación orientada a mejorar la cooperación y competitividad de las empresas vinícolas nacionales en todos los ámbitos productivos. Su misión principal es representar al sector vitivinícola en aspectos técnicos con instituciones gubernamentales y privadas. Actualmente reúne a empresas del rubro, que en conjunto poseen 135.908 hectáreas de terrenos plantados con uvas viníferas, y que unidas producen 300 millones de litros anuales de vino (CCV: 2009). Entre otras funciones, también realiza transferencias de fondos para promocionar al sector vitivinícola y otras actividades, proporcionados por la Agencia de Desarrollo Económico de Chile (CORFO).

Otra organización es la Dirección de Promoción de Exportaciones, más conocida como ProChile, que, como ya dijéramos, es un organismo gubernamental dependiente del Ministerio de Relaciones Exteriores, creado con el propósito de profundizar y proyectar las políticas comerciales del país a nivel internacional. Para lograr sus propósitos, ProChile ha creado una red de oficinas en todo el país y los principales mercados internacionales. Además, ha implementado una serie de servicios para los exportadores en tres áreas específicas: Direcciones, Acciones de Promoción Comercial y Tecnologías de la Información. Las oficinas y representaciones comerciales de ProChile están ubicadas estratégicamente en más de 40 países y cuentan con equipos de trabajo especializados en el *know how*, y técnicas de marketing para apoyar a las empresas exportadoras chilenas en la gestión internacional. Además, también es responsable de posicionar la imagen de Chile a nivel internacional (Gobierno de Chile: 2009).

La producción de vinos y las exportaciones son reguladas y certificadas por el Servicio Agrícola y Ganadero (SAG), del Ministerio de Agricultura. Todos los vinos producidos en el país, tanto para el mercado nacional e internacional son muestreados periódicamente por este organismo fiscalizador, quien también emite los certificados de exportación, incluyendo la Denominación de Origen de los vinos (DO), y la calidad de los mismos. El SAG ha contribuido a garantizar la calidad de los vinos y licores que se producen, comercializan y exportan, coordinando la supervisión y control de los mismos. Además, el SAG establece las normas y el control de los orígenes de vinos y piscos, de acuerdo con las necesidades y requerimientos de los países importadores (*Ibíd.*).

El Gobierno de Chile no entrega subsidios directos para apoyar la producción de vinos o para subvencionar las exportaciones. A pesar de todo, se ha implementado una exitosa campaña de promoción de mercado conocido como "Sabores de Chile" para promover las frutas y los vinos del país. Las campañas promocionales son organizadas por Vinos de Chile, cofinanciadas por ambas asociaciones, y cuenta con un presupuesto anual menor al uno% del valor total de las exportaciones del vino embotellado, cuyos fondos se utilizan para la promoción de productos genéricos. El Gobierno aporta el 15% del presupuesto total a través de su agencia de promoción de exportaciones Pro Chile.

Vinos de Chile AG utiliza la mayor parte del presupuesto asignado en actividades promocionales en Canadá, Inglaterra, Alemania y Estados Unidos y los temas utilizados consisten en escenas e imágenes que resaltan la belleza natural de Chile y la calidad de sus productos. Otro de los eventos publicitarios es la denominada "Feria del Vino y la Cata", actividad que se lleva a cabo normalmente una vez al año y consta de seminarios y degustaciones de vino (Reporte GAIN: 2009).

Producción de vinos y desarrollo regional

Desde 1990 hasta la actualidad, tanto las viñas modernas como algunas agroindustrias se encuentran ubicadas en determinadas regiones del país. Dichas empresas utilizan las ventajas climáticas de las diversas zonas, así como la presencia de mano de obra barata para producir y exportar sus productos a los mercados internacionales. Algunos estudios, sin embargo, señalan que la dinámica productiva-exportadora no se refleja ni mucho menos contribuye al desarrollo de sus regiones[5]. Se argumenta que los flujos de bienes y servicios de las actividades productivas de estas modernas industrias vitivinícolas han producido escasos niveles de desarrollo en las regiones donde estas se encuentran localizadas. El informe cuestiona la afirmación de que la operación de plantas procesadoras o elaboradoras de productos agrícolas localizadas en áreas rurales, son elementos que contribuyen verdaderamente al desarrollo de las regiones agrícolas (Nogar y Posada: 1996).

La viticultura moderna se caracteriza por estar en manos de empresas que cuentan con empresas mixtas de capitales extranjeros y nacionales, que cultivan sus propias uvas y elaboran sus vinos en el mismo lugar. Cifras más recientes sugieren que las inversiones extranjeras se han ido estabilizando (Muñoz *et al.* 2005). Las relaciones más estrechas entre la viticultura y las zonas en que se concentran consisten en el uso de los recursos naturales como las tierras, el riego y el clima, además de la fuerza de trabajo. Sin embargo, se puede observar una relación bastante precaria con los pequeños y medianos productores, que solo venden sus uvas a las viñas más grandes. Recordemos que una gran parte de los viñedos modernos producen solo una porción de las uvas que utilizan para elaborar sus vinos, mientras que el resto proviene de pequeños y medianos productores localizados en los alrededores. Más aún, la mayoría de otros ingredientes utilizados en este proceso, tales como etiquetas, botellas y corchos, herramientas, máquinas y otros, provienen de Santiago.

Empresas y comercios locales ubicados en las zonas o regiones cercanas a las industrias viníferas proporcionan muy pocos de los insumos empleados en el proceso productivo. Es más, maquinarias y tecnología, tales como contenedores de acero inoxidable, equipos utilizados para la recolección de uvas y poda, embotellamiento, instrumentos climáticos, vehículos y barriles de ma-

---

[5]   Ver, *La vitivinicultura moderna en Chile: caracterización de su evolución reciente y dificultades para el desarrollo local* de Leslie Muñoz, Hugo Romero y Alexis Vásquez, Departamento de Geografía, Universidad de Chile (2005).

dera noble de origen extranjero y muchos otros, son fabricados y adquiridos principalmente en Estados Unidos, Francia y otros países (*Ibíd.*). Los escasos productos que se fabrican en Chile son adquiridos en Santiago o sucursales localizadas en algunas de las pocas provincias industriales.

De acuerdo con el SAG (2008), el 70% de los vinos elaborados por los viñedos y empresas modernas se exportan a los mercados internacionales y el resto se distribuye a través del territorio nacional a botillerías, supermercados, hoteles y restaurantes de gran prestigio. Sin embargo, la distribución nacional y el transporte de los vinos de exportación hacia los puertos de embarque se encuentran localizados en Valparaíso y San Antonio y utilizan los servicios de transportistas no establecidos en las regiones donde las viñas están ubicadas. Esta situación demuestra que los canales de distribución de la moderna viticultura del país no tienen conexión alguna ni mucho menos benefician a las regiones productoras (Muñoz *et al., óp. cit.*).

Una situación diferente ocurre con los pequeños y medianos productores. Las viñas pequeñas recurren a los mercados locales o regionales para adquirir sus materiales y elementos productivos y cultivo de sus productos. Los canales de comercialización también son muy diferentes puesto que el 95% de la producción se vende en el país, sobre todo en la misma región, a través de mercados formales e informales. El restante 5% se exporta a través de intermediarios como las agencias de comercio agrícola, quienes compran las uvas a los pequeños y medianos productores y a las cooperativas para producir buen vino (*Ibíd.*).

Uno de los sectores más perjudicados son los pequeños productores de uvas viníferas, quienes no pueden producir sus propios mostos y por lo tanto deben vender sus cosechas o fabricar vinos con instalaciones rudimentarias y comercializarlas de cualquier forma, incluso ilegalmente. Estos son productores que no poseen más que unas pocas hectáreas de terrenos, localizados en diferentes lugares geográficos y plantados con variedades comunes, en donde el volumen de vino que pueden producir nunca supera más de los 2 mil litros (SAG: 2008).

Las condiciones productivas de los viñateros varían de región a región. El estudio realizado por Muñoz, Romero y Vásquez (*óp. cit.*) indicaba que los pequeños productores de la región de Talca, una de las zonas vitivinícolas más desarrollada del país, cultivan solo variedades finas que luego venden a empresas de corretaje que las revenden a las grandes viñas. Otra modalidad es trabajar con una empresa de comercio agrícola que asesora a pequeños productores en temas técnicos para transferir sus uvas a empresas vitícolas medianas a través de un sistema conocido como *maquila,* y que incluso exportan vinos a los mercados internacionales (*Ibíd.*). Por otro lado, la región de Cauquenes, que aún presenta niveles muy reducidos de transformación de la viticultura, muestra diversos tipos de productores, con muy escaso acceso al agua para regar, situación que limita la plantación de variedades finas.

Una de las empresas medianas más avanzadas es la cooperativa Lomas de Cauquenes que, como señaláramos anteriormente, posee depósitos de acero inoxidable y genera algunos puestos de trabajo permanentes y contrata trabajadores temporales. La región de Cauquenes también incluye a una cantidad de economías de subsistencia de pequeños agricultores que producen vinos clandestinos o tienen contratos con viñas o bodegas de otras zonas. Sin embargo, no existen bodegas conocidas para almacenar uvas y vinos en la zona (*Ibíd.*). Según la misma investigación, la situación no es diferente en la comuna de San Javier, donde un importante número de pequeños productores coexiste en un mismo ámbito territorial, con bodegas de guarda totalmente disociadas de la población local y que, similar a otras grandes empresas, operan desde Santiago o del extranjero (*Ibíd.*).

Consumo doméstico

Hasta el año 2012 Chile era el tercer mayor mercado latinoamericano de consumo de vinos, con un total de más de 212 millones de litros. Si a esto le agregamos las exportaciones, se exceden los 1.060 millones de litros, lo que lo convierte en el tercer mayor mercado de este producto a nivel regional, después de Argentina y Brasil. Sin embargo, esta cifra presenta una caída de 15,3% en cinco años, ya que en 2007 superaba los 251 millones de litros (ODEPA: 2013).

Los chilenos consumen menos vino que hace diez años. Sin embargo, sus exigencias se han reorientado a productos de mayor valor. El año 2012 el segmento Premium facturó US$ 110 millones. No obstante, la demanda actual de vino doméstico nacional se encuentra más o menos estancada respecto a otros periodos. Las estadísticas indican que el consumo medio por habitante se redujo más del 70%: de 52 litros por persona en 1982 a solo 13 litros en 1994. Una explicación parcial de su descenso se debe a que a partir de la década de 1990 el consumo de cerveza superó ampliamente los 27 litros per cápita y aumentó la demanda del pisco y otros licores importados, como Ron, Tequila y Vodka, entre otros. Sin embargo, hasta 1990, gran parte de los vinos producidos en el país continuaban consumiéndose internamente y solo el 7% era exportado. En 1994 el consumo de vino comenzó nuevamente a expandirse, lentamente, y entre 2001 y 2005 aumentó de 14 a 16 litros, totalizando 2,25 millones de hectolitros en 2001 y 2,5 millones de hectolitros en el 2005; es decir, un incremento de 11,1% (GAIN: 2007). Actualmente Chile presenta el consumo de vinos más bajo por habitante, entre los mayores países productores y exportadores, en contraste con 55 litros en Francia y 40 litros en Argentina (Informe GAIN: 2009).

A partir del año 2002, aproximadamente el 60% de la producción nacional pasó a ser canalizado hacia el mercado externo. La producción de vinos prácticamente se dobló, aumentando de 2,6 a 5,9 millones de hectolitros, al mismo tiempo que el valor de las exportaciones se incrementó de US$ 80 millones a US$ 608 millones (Industry Report: 2003). El año 2003 la industria del vino fue uno de los productos del agro que más aportó al comercio exterior chileno, con un 11% del valor total de las exportaciones agrarias, ganaderas y forestales (*Ibíd.*).

Estudios realizados durante los primeros años del nuevo siglo mostraban que el consumo nacional de vino se mantuvo constante en los 16 litros por persona (SNA: 2009). De acuerdo con el SAG (2009), el consumo interno durante el año 2007 aumentó en un 23%, equivalente a 17,9 litros per cápita, comparado con 14,5 litros en 2006. Sin embargo, el mismo informe mostraba que en abril de 2009 el consumo interno había disminuido un 2%, siendo reemplazado por otras bebidas como el champán o espumantes, la cual tuvo un incremento de 6% (SAG: 2010) (Tabla 4).

TABLA 4. CONSUMO DE VINO EN CHILE: 1982-2009

Año	Consumo per cápita (Litros)
1982	52
1990	25
1994	17
1996	13
1998	16
2000	15
2002	15
2004	16
2006	15
2007	18
2008	16
2009	16

Fuente: Sociedad Nacional de Agricultura (SNA) y Banco Central de Chile (2009).

El presidente de la asociación Vinos de Chile, René Araneda, confirmaba que durante el año 2012 los vinos Premium representaron el 20% del total de vinos consumidos por los chilenos, equivalentes a ventas por US$ 110 millones o un millón de cajas de vino. Para demostrar su importancia, expresaba que las exportaciones de la industria vitivinícola nacional habían alcanzado a 6,5 millones de cajas anuales. En tres años, agregaba, la industria nacional creció 10% en valor. Considerando que durante este periodo solo el 25% de la producción de vino se comercializaba localmente en el país, este mercado aún continúa siendo un buen negocio para muchas viñas. Sin embargo, insistamos, los grupos que controlan los mercados nacionales son los mismos viñedos que lideran las exportaciones, al mismo tiempo que controlan sobre el 70% de las ventas nacionales. Más del 75% de los vinos comercializados en el mercado nacional son productos de bajo valor y corresponden a botellas y productos en cajas de 1 a 2 litros cuyo precio promedio no sobrepasa los U$ 5 por unidad. Aunque los productos en cajas tienen una mayor demanda, los consumidores han ido cambiando sus gustos hacia productos más caros. Un buen ejemplo es el caso de Viña Concha y Toro, cuyo volumen de ventas en el mercado nacional en 2007 representó el 37% del total de sus ventas y la categoría Premium aumentó 17,2%, de acuerdo con el *Diario del vino* (julio 21 de 2008).

Respecto a los costos, si observamos el consumo interno de vinos, en comparación a otros licores, aún continúa decayendo entre los chilenos. Según la agencia Vinos de Chile (2013) el consumo de vinos bajó de 13 litros per cápita en 2011 a 12 litros en 2012. Incluso, si se compara la última década, el consumo promedio de vino se redujo 3,4%. La existencia de un precio doméstico relativamente alto en relación con otros sustitutos podría explicar el bajo consumo per cápita de vino del país. La misma agencia Vinos de Chile señala que entre 2007 y 2010 el vino se habría encarecido en relación con su sustituto más cercano, la cerveza, y detalla la estrategia que la industria vitivinícola pretende utilizar en el mercado nacional, justamente para elevar su ingesta y volver a niveles de 17 litros per cápita que había en el año 2000. El panorama señalado ha llevado a países como Argentina y Uruguay a que prácticamente dupliquen el consumo per cápita local, con 23 litros por persona cada uno. En España la ingesta asciende a 19 litros por habitante, mientras que en Australia llega a los 23 litros promedio[6] (*Ibíd.*).

6   Ver *Economía y Negocios* (on line), miércoles 27 de marzo de 2013. http://www.economiaynegocios.cl/noticias/noticias.asp?id=107204

Aunque la disminución del consumo per cápita parezca ser una constante en Chile, este continúa siendo el país que gasta más dólares per cápita en vinos de América Latina. Lo anterior no incluye a los vinos importados, pues representan un valor ínfimo que no afecta las participaciones. Del mismo modo, es importante destacar la gran distancia que las tres mayores viñas, Concha y Toro, Santa Rita y San Pedro, presentan en el mercado nacional con aportaciones de mercado entre el 20% y 30% mientras que la viña que los sigue en el cuarto lugar solo alcanza un 1,8% (SAG: 2013).

La comercialización a través de los canales de ventas depende del tipo de producto y del consumidor al cual va dirigido. Para ello existe el conducto tradicional, a través de grandes clientes o distribuidores, botillerías y minimarkets. Lo siguen los supermercados, los cuales hace un buen rato han aumentado su participación en cerca de un 45%. También está el consumo que se realiza en establecimientos como restaurantes, hoteles, bares y pubs. Finalmente, está la comercialización que se realiza mediante tiendas especializadas y supermercados, donde el acceso para pequeños operadores se hace muy difícil dado el nivel de fortalecimiento de la industria. Todo esto se basa principalmente en la centralización de las compras y el acceso al crédito que otorgan las tarjetas comerciales. En otras palabras, el consumo del vino también contribuye al endeudamiento de los chilenos.

Pese a las dispares participaciones en el mercado, los viñateros nacionales desarrollan distintas estrategias para ganar presencia en el mercado local. Hace algunos años ya que las viñas han desarrollado nuevos formatos de empaques, con cambios en materiales y volúmenes, con el fin de ofrecer vinos a distintos precios y calidades. Así, los vinos nacionales se venden en diferentes formatos que, entre otros, incluyen el *tetrapak*, el más utilizado de los envases en el mercado chileno debido a que presenta algunas ventajas tales como la asepsia[7] de los envases, su fácil reciclaje, poco peso, la maximización del espacio requerido para su almacenaje y traslado, y su extremada resistencia a los golpes. También están los formatos botellín (350 ml), botellas de ¾ y 1,5 litros. Si bien estos dos tipos de envases representan el 94% de las ventas totales, han aparecido formatos más económicos, tales como el plástico, categoría donde también se encuentra el formato BIB o Bolsa en Caja, cuyo acrónimo nace de sus sigla en Inglés: Bag in Box. Esta se usa en vinos de baja calidad que no presentan denominación de origen (DO), fecha de cosecha ni tipo de cepa.

---

[7]   Falta o inexistencia de microbios y bacterias que pueden causar infecciones.

Finalmente es importante destacar que los precios de los vinos en el mercado nacional han mantenido una relativa estabilidad, debido a la fuerte competencia que ha caracterizado al mercado local y la necesidad de las viñas de colocar los excesos de producción de menor calidad que no tienen cabida en el exterior. Si bien la disponibilidad de formatos y precios hace que sea más accesible para todos, no se debe perder de vista que pese a todo, el gasto en vino comparado con el gasto a nivel mundial es bastante bajo, ya que apenas sobrepasa los US$ 100 por hogar en el segmento acomodados y los US$ 50 en el promedio nacional (SAG: 2012).

Consumo mundial de vinos periodo 1986-2003

Durante el periodo 1980-1986 el consumo mundial de vinos alcanzó un promedio de 240 millones de hectolitros (OIV: 2002). En el periodo siguiente la producción y el consumo disminuyeron hasta el inicio de la década siguiente, cuando entre 1991 y 1995 la producción mundial fue de 223,9 hectolitros y más tarde 224,8 hectolitros entre 1996 y el año 2000. El año 2003 era de 234.732 millones de hectolitros (DIRECOM: 2004). La Tabla 5 muestra los volúmenes de producción alcanzados a nivel mundial.

TABLA 5. MERCADO INTERNACIONAL DE VINOS VOLUMEN EN MILES DE HECTOLITROS

País	1986	1990-1991	1995-1996	2000-2003
África	6.038	6.288	6.289	6.043
USA	48.453	43.459	43.505	48.042
Asia	4.583	7.325	13.641	15.195
Europa	177.363	163.147	157.299	160.495
Australia	3.808	3.656	4.070	4.957
Chile	3.499	2.350	2.410	2.552
Mundo	240.244	223.877	224.804	234.732

Fuente: International Organization of Vine & Wine (OIV).

La tendencia productiva, sin embargo, no fue la misma en todos los mercados. Mientras que el continente australiano y Asia aumentaron su consumo significativamente, en Europa se redujo a 68,4% en 2003. Asia, por su parte, aumentó su consumo en un 1,9% durante el quinquenio 1986-1990 y 6,5% en 2003, mostrando un crecimiento medio anual de 8,3% en el periodo comprendido entre

1986-2003. Australia, por su parte, mostraba un crecimiento de solo un 1,8% anual. Finalmente, Estados Unidos mantuvo una participación relativamente estable con un 20% del consumo mundial, durante el mismo periodo (DIRE-COM: 2005) (Tabla 6).

TABLA 6. CONSUMO MUNDIAL DE VINOS POR MERCADO
PARTICIPACIÓN CONSUMO MUNDIAL

PAÍS	1986	1990-1991	1995-1996	2000-2003
África	2,5%	2,8%	2,8%	2,6%
USA	20,2%	19,4%	19,4%	20,5%
Asia	1,9%	3,3%	6,1%	6,5%
Europa	73,8%	72,9%	70,0%	68,4%
Australia	1,6%	1,6%	1,8%	2,1%
Chile	1,5%	1,0%	1,1%	1,1%
Mundo	100,0%	100,0%	100,0%	100,0%

Fuente: International Organization of Vine & Wine (OIV).

Otros indicadores muestran que el comercio internacional de vinos aumentó considerablemente. En efecto, en el periodo 1986-1990 solo el 14,3% de la producción mundial correspondía a exportaciones, mientras que en 2003 la cantidad destinada a los mercados externos alcanzaba al 27,4%. Esto ocurre en casi todas las regiones, a diferencia de Asia, territorio donde las exportaciones de vino se redujeron más de un 8,3% entre 1986-1990 y 2,4% en 2003 (*Ibíd.*). A pesar de todo, el consumo de vinos en China aumentó de 0,6 litros per cápita en 1996 a 0,9 litros en 2003, mientras que en Japón se redujo a -6.3% durante los primeros años del siglo 21 con respecto al periodo 1990-1996 (OIV).

El consumo de vino per cápita en Estados Unidos comenzó a recuperarse a mediados de los noventa, específicamente entre 1995 y 1996, aumentando de 6,5 litros por persona en 1993 a 8,5 litros en 2004 (*Ibíd.*). Por otra parte, el consumo de vino en Japón en 1999 fue de 2,6 litros per cápita, mientras que en 2003 se redujo a 2,0 litros por habitante. Durante el mismo periodo, el consumo mundial de vinos en Europa representaba el 68,4%, mostrando un pequeño aumento debido a las nuevas demandas procedentes de Rusia y otros países de Europa central y oriental, además de otras naciones más pequeñas, como Irlanda, Islandia y Finlandia. Sin embargo, los tres principales productores y consumidores de vino, España, Francia e Italia, también sufrieron una reducción en su consumo per cápita. Según la OIV entre 2000 y 2003 España redujo

243

su consumo de vino 4,9%; Francia 5,4% entre 1996 y 1999; Italia 8,5% durante igual periodo (*Ibíd.*) (Tabla 7).

TABLA 7. TASA ANUAL CRECIMIENTO CONSUMO DE VINO POR MERCADO

País	1991-1995	1996-2000	2003	1986-2003
África	-0,8%	0.0%	0,8%	0,0%
USA	2,2%	0,0%	0,2%	0,1%
Asia	9,8%	13,2%	2,2%	8,3%
Europa	-1,7%	0,7%	0,4%	-0,7%
Oceanía	-0,8%	2,2%	4,0%	1,8%
Chile	-7,7%	0,5%	1,2%	-2,1%
Mundo	-1,4%	0,1%	0,9%	0,2%

Fuente: International Organization of Vine & Wine (OIV).

Durante el periodo 1997 y 2006 el consumo de vino aumentó 10% en volumen, cantidad inferior al experimentado por el mercado mundial de cerveza, que a partir de 1997 había crecido 35% (*Wine Spectator:* 2007). De acuerdo con el informe producido por *The Global Drinks Market: Impact Databank Review and Forecast*, el consumo mundial de vino en 2007 había aumentado solo un 0,5%.

En el año 2008 la vinicultura en general registró los primeros efectos de la crisis económica mundial (subprime) y su consumo se redujo dos millones de hectolitros en comparación al año anterior. Según *BKWine*, solo el 37% de los vinos producidos mundialmente después de la crisis se exportaron hacia otros destinos. Este descenso global se produjo debido a la reducción del consumo de vinos en los grandes países productores tradicionales y consumidores europeos como Francia, Italia, España y Alemania, según la OIV (2009). La misma fuente sostiene que durante el año 2008 el consumo mundial de vino fue de 2.621 billones de cajas de 9 litros o 31.452 billones de botellas. Esta cifra significó un 5,64% de aumento respecto a 2007. El informe también estimaba que el consumo de vino crecería 3,57% entre 2009 y 2013, para alcanzar 2,7 mil millones de cajas de 9 litros (*Ibíd.*).

En 2009 Italia continuaba siendo el principal consumidor de vinos en el mundo. El mismo año 2009 Estados Unidos, con un consumo regular de alrededor del 2% anual se había convertido en el segundo consumidor mundial seguido por Francia, que entre 2004 y 2008 disminuyó su consumo en 8,31% (*Ibíd.*). Otro informe, esta vez preparado por The International Wine and Spirit

244

Record (IWSR: 2010) indicaba que durante el año 2008, China pasó a ser el octavo mayor consumidor de vinos, con más de 74,58 millones de cajas de 9 litros. El consumo de vinos en China aumentó entre el periodo 2004-2008 un 80% y el mismo informe indicaba que alcanzaría a más de 100 millones de cajas de 9 litros para el año 2013 (*Ibíd.*).

Por último, el año 2007 la Federación Rusa pasó a integrar el grupo de los 10 mayores países consumidores de vino mundial. Entre 2004 y 2008 experimentó un sorprendente 59% de crecimiento en su consumo y se pronosticaba que para el periodo 2009-2013 aumentaría otro 6,41%, alcanzando a los 74,91 millones de cajas de 9 litros. Tanto Canadá como Brasil y Rusia se espera que aumenten su consumo de vinos 6,51%, 4,23% y 5,63%, respectivamente. El mismo informe de la IWSR pronosticaba que la India pasaría a ocupar la décima posición con un aumento previsto de más de 1,47 millones de cajas de 9 litros en el periodo 2009-2013 (*Ibíd.*) (Tabla 8).

TABLA 8. CONSUMO MUNDIAL DE VINO MILLONES DE HECTOLITROS

AÑO	2001	2002	2003	2004	2005	2006	2007	2008	2009	2010	2011	2012
MHL	228	230	237	239	239	247	255	251	243	242	244	243

Fuente: International Organization of Vine and Wine 2013 (OIV).

Mercados preferenciales

Hasta el año 2007 el vino embotellado chileno mostró una importante dinámica en todos los mercados mundiales, tanto en valor como en volumen. Insistamos en que hasta ese momento 39 millones de cajas de vino, por un valor de US$ 1.065 millones, habían sido exportadas a 121 países, en diferentes regiones del mundo (Vinos de Chile: 2008). Las regiones más dinámicas fueron Asia y Oceanía, con un incremento del 42 y 49% en volumen y valor respectivamente. Las exportaciones a Japón totalizaron US$ 30 millones en 2006, un crecimiento del 26%, seguido por Corea del Sur, mercado que también ha aumentado rápidamente, alcanzando a US$ 26 millones, lo que significa un incremento del 124% durante el mismo periodo.

El año 2006 China se convirtió en otro mercado de destino preferencial para los vinos a granel chilenos, por un valor de US$ 32 millones. Durante los periodos siguientes pasó a ser el tercer mercado asiático del país, con un crecimiento del 86%, por un valor de US$ 8,8 millones, y un precio promedio de US$ 28 dólares por cada caja de nueve litros (*Ibíd.*).

245

Europa, otro mercado preferencial, importaba 52% del vino embotellado chileno, por un total de US$ 556 millones, de los cuales US$ 200 millones correspondían solo al Reino Unido. Las exportaciones hacia ese país, durante el año 2007, aumentaron 31% en volumen y 47% en valor. El mercado alemán creció 39% en volumen y 41% en valor, totalizando US$ 49 millones, de acuerdo con *Noticias Vinos y Vitivinicultura* (2008).

Los mercados de Estados Unidos y Canadá crecieron 32% durante la primera década del siglo xxi, mientras que el de América Latina mostró un crecimiento del 30%. El principal mercado de destino en la región ha sido Brasil, con exportaciones que alcanzan a US$ 46 millones, equivalente a un 42% de crecimiento. Las exportaciones de vino a México sumaron US$ 28 millones y a Venezuela US$ 25 millones (*Ibíd.*) (Tabla 9).

Tabla 9. Exportaciones vino chileno embotellado por país
(us$ millones: a junio 2007)

Países	U.S. Dólares
Reino Unido	175.5
Estados Unidos	162.5
Canadá	54.5
Alemania	47.4
Holanda	43.8
Brasil	43.7
Irlanda	41.1
Dinamarca	38.7
Rusia	28.5
Japón	27.5
Otros	284.3
Total	947.5

Fuente: Vinos de Chile (2008).

Hasta mediados del año 2012 Corea del Sur no aparecía en el mapa de los 10 destinos más relevantes para la exportación de vino chileno embotellado. El ranking lo encabezaba Reino Unido, con envíos por US$ 111 millones y lo cerraba Alemania, con US$ 19,6 millones. Un año más tarde el panorama aparecía reconfigurado. Corea del Sur había pasado a ocupar la posición de Alemania, instalándose como el décimo mercado más relevante dentro de los siete primeros meses de 2013, según cifras de Vinos de Chile (2013). En efecto, las exportaciones a Corea del Sur alcanzaron a US$ 21,3 millones, con un total de

520.901 cajas. Los envíos subieron 22% y 23%, respectivamente, marcando las variaciones más altas entre los 10 principales destinos. El precio del vino chileno en ese país fue el más alto de todos los mercados, con un valor promedio por cada caja de nueve litros de US$ 40,94, superando los US$ 40,62 de Canadá (*La Tercera* 05/09/2013).

Exportaciones chilenas de vino

Como hemos sostenido hasta aquí, el auge de las exportaciones chilenas de vino es el resultado de una compleja situación, con muchos elementos que influyen en su funcionamiento entre sí. Reiteremos que el impacto de la crisis económica y política que afectó a Chile durante la década de 1980 produjo graves problemas para la producción de vino y su comercialización.

Su reducido tamaño del mercado nacional, los bajos precios alcanzados por este producto y la disminución del consumo interno, llevó a los productores criollos a buscar nuevos rumbos, esta vez en el extranjero. Para lograr sus objetivos las viñas nacionales comenzaron a elaborar nuevos tipos de vinos, diferentes a los que se venían produciendo tradicionalmente. Del mismo modo, los viñateros comenzaron a entender que el vino nacional tenía un sabor más "pesado" para el paladar de los consumidores europeos y de Estados Unidos, quienes preferían mostos más afrutados y aromáticos. Lo anterior, sin embargo, requería de un cambio tecnológico y, en consecuencia, mayores inversiones, aunque algunos viñedos ya habían introducido algunas innovaciones durante la década de 1980, que fructificarían años más tarde (Chilevid: 2007).

El tipo de vino que se comenzó a exportar desde Chile no siempre fue el mismo. Hasta el final de la década de 1980 la mayoría eran vinos a granel y solo a partir de la explosión exportadora iniciada durante la década siguiente empezaron a embotellarse, modificación muy importante que permitió exportar productos de mejor calidad y a precios más bajos. Esta particularidad, sin embargo, se convirtió en un obstáculo para el mercadeo de vinos más finos y de mayor costo a nivel internacional, según Chilevid (2008). Del mismo modo, también varió la comercialización de las exportaciones de vino nacional hacia otros mercados. Hasta finales de la década de 1980 América Latina constituía el principal mercado de los vinos chilenos; en la actualidad solo representa el 7,1% de las exportaciones, al mismo tiempo que las de Europa crecieron de un 2% a un 57%, durante el mismo periodo (Müller, 2007).

Durante el año 1990 Chile exportó tan solo US$ 50 millones en vinos. Sin embargo, para el año 2005, las exportaciones alcanzaban los US$ 900 millones. Esta transformación incluyó una profunda reorientación en todos los planos que incluyeron nuevas tecnologías de producción, fuerte impulso de productos y canales de distribución, calidad de envases, nuevas empresas productoras y alianzas internacionales[8]. Del mismo modo, se duplicó la superficie plantada pasando de 50 mil a poco más de 100 mil hectáreas, y con más de la mitad de la producción orientada a las exportaciones. A partir de ese momento la participación de las exportaciones chilenas en el mercado mundial del vino comenzó a aumentar significativamente. Con una participación de solo un 0,38% en 1988, logró alcanzar el 5,45% del mercado mundial el año 2003, ubicándose en el quinto lugar después de Francia, Italia, España y Australia. La evolución del precio por botella exportada también ha sido positiva, variando de 1 dólar por botella en 1987 a valores cercanos a los US$ 2 en los cuatro años siguientes.

El destino de las exportaciones de vino chileno alcanza a más de 109 países, dentro de los cuales los más importantes son Estados Unidos y Gran Bretaña. Cabe destacar que la distribución de los países de destino de las exportaciones de vino chileno ha variado de forma importante en los últimos 25 años (Brown *et al*,. 2008). En efecto, durante la década de los noventa las exportaciones de vino sobrepasaron los US$ 500 millones. El año 1993 se exportó por un valor de US$ 128,42 millones y en 1995 aumentó a US$ 187 millones de dólares (*Ibíd.*).

En términos del volumen comercializado durante el año 1985, se exportaron 11 millones de litros; diez años más tarde (1995), aumentó a 129 millones. Al término de siglo (1999) las ventas de vino en el exterior crecieron a 229,8 millones de litros, por un valor de US$ 514,9 millones, equivalentes al 13% de un total de 38,1 millones de cajas de nueve litros de vino de mesa importadas por Estados Unidos. Esta cifra fue superior al total de las exportaciones de Alemania, España, Argentina, Portugal y media docena de otros países. Durante el mismo año 1999 solo Italia y Francia exportaron al mercado norteamericano más vino que Chile: 37,6% del total y 24,6% respectivamente (Chilevid: 2002).

---

[8]   Resulta interesante agregar que en la bonanza alcanzada por los vinos chilenos en los mercados internacionales a partir de la década de los noventa también influyó el fin del gobierno militar y la restauración de los gobiernos democráticos. Esta situación puso fin a los boicots a los productos chilenos en los mercados europeos y norteamericanos entre 1973 y 1989, para protestar y exigir el término del régimen encabezado por Augusto Pinochet, el retorno a la democracia y respeto por los derechos humanos.

Durante los primeros cinco meses del nuevo siglo XXI se exportaron 98 millones de litros, por un valor de US$ 219,5 millones (*Ibíd.*). Sin embargo, resulta importante precisar que no siempre las empresas que exportaban las mayores cantidades de vino eran las que obtenían los mayores dividendos. En efecto, en 1995 Concha y Toro, la principal empresa exportadora de vinos del país, comercializaba en el mercado internacional el 18% de su producción, o el 23%, si se incluyen las exportaciones de la Viña Santa Emiliana, una de sus filiales nacionales; sin embargo, solo obtuvo US$ 1,5 por litro. Esta suma era 9% menos que el valor recibido por Viña Santa Rita, la segunda mayor exportadora, y 3% más bajo que el cancelado a Viña Carmen, equivalentes a US$ 2,6 por litro y US$ 3,3 obtenidos por Viña Cousiño Macul, número 11 en la escala de exportadores (Del Pozo: 1998) (Tabla 10).

TABLA 10. DIEZ MAYORES EXPORTADORES DE CHILE ENERO-JUNIO 2007

VIÑAS	MILLONES U$	MILLONES DE LITROS
Concha y Toro	117.7	45.6
San Pedro	29.7	13.4
Cono Sur*	25.1	10.5
Santa Rita	21.9	5.2
Via Wines	16.6	15.7
Montes	14.8	2.5
Maipo*	14.0	6.6
Errázuriz	13.4	3.7
Santa Carolina	13.0	5.0
Santa Helena**	10.6	4.6

Fuente: Vinos de Chile
* *Propiedad Viña Concha y Toro*
** *Propiedad Viña San Pedro*

Otro aspecto del auge exportador vitivinícola chileno fue la diversificación de sus ventas en los mercados de ultramar. Recordemos que hasta antes de 1973 las exportaciones de vino embotellado se comercializaban principalmente en los países de América Latina y el vino a granel en Europa. Entre 1986 y 1990 el 4,4% de los vinos nacionales se vendió en los mercados internacionales, mientras que el 95,6% restante se consumía internamente (Chilevid: 2008). Para el año 1997 la situación de las exportaciones varió significativamente y 129 millones de litros se vendieron en mercados extranjeros por un valor de US$ 446 millones (*Ibíd.*). ¿Cómo se explica este cambio?

Después del retorno a la democracia en 1990 los nuevos gobiernos de la Concertación de Partidos por la Democracia[9] firmaron exitosamente una serie de Tratados de Libre Comercio (TLC) con Estados Unidos, la Unión Europea, Corea del Sur, Canadá, México, China, Japón, India y otros países de América Central y del Sur. La principal característica del modelo exportador chileno fue su capacidad para adaptarse a las condiciones de cada mercado para ofrecer un valor agregado a sus productos y diversificar sus exportaciones (*Ibíd.*). Como resultado, el 60,3% del vino producido en el año 2003 fue canalizado hacia el mercado externo y solo el 39,7% hacia el consumo nacional, transformándose, de este modo, en uno de los países con mayor proporción de su producción destinada a la exportación (*Ibíd.*). El valor del total de las exportaciones en 2003 alcanzó a US\$ 671 millones y un volumen de 395 millones de litros. De los vinos producidos ese año, 58% se exportó embotellado y el 42% restante a granel, por un valor de US\$ 671 millones, correspondientes a 395 millones de litros (SAG: 2004) (Tabla 11).

TABLA 11. VOLUMEN VINOS DE EXPORTACIÓN Y DESTINACIÓN VOLUMEN
EN MILLONES DE HECTOLITROS

PAÍS	1986	1990-1991	1995-1996	2000-2003
África	6.038	6.288	6.289	6.043
América	48.453	43.459	43.505	48.042
Asia	4.583	7.325	13.641	15.195
Europa	177.363	163.147	157.299	160.495
Oceanía	3.808	3.656	4.070	4.957
Chile	3.499	2.350	2.410	2.552
Mundo	240.244	223.877	224.804	234.732

Fuente: International Organization of Vine and Wine (OIVW: 2004).

[9]   La concertación de partidos por la democracia fue constituida el 2 de enero de 1988, y en ese momento se llamó Concertación de partidos por el NO, y se estableció con 16 partidos y agrupaciones políticas opositoras al régimen militar imperante en el país desde 1973. Participaron en ella elementos democratacristianos, radicales, socialistas, socialdemócratas, liberales, sectores de la izquierda cristiana, humanistas y el recientemente creado –en 1987– Partido por la Democracia. Esta coalición gobernó por cuatro periodos consecutivos, hasta el año 2009, cuando fue reemplazada por un gobierno de derecha encabezado por Sebastián Piñera Echenique.

El consumo mundial de vino de mesa había presentado cifras bastante estables durante las últimas dos décadas anteriores, con una producción de alrededor de 215 a 230 millones de hectolitros por año. Durante el periodo 2004-2005 se observa una reducción del consumo de vino en países productores tradicionales como Francia, Italia, España, Portugal y Argentina, situación que fue compensada por un aumento en otros países tales como Estados Unidos, Inglaterra, China, Brasil, Holanda y Bélgica. También se advertía un alza en el consumo de vinos de mayor calidad y valor, en desmedro de aquellos menos cotizados. Los consumidores se mostraban cada vez más exigentes y exhibían un mayor conocimiento de marcas o viñas.

El primer semestre de 2004 el volumen total de las exportaciones chilenas aumentó 14%, pasando a ocupar el noveno lugar en la escala de productores mundiales de vinos, con 6.479.000 hectolitros, situándose por debajo de Italia, Francia, España, Estados Unidos, Australia, Alemania y Portugal (OIV: 2004). A finales del mismo año 2004 Chile pasó al quinto lugar como país exportador de vinos, después de Francia, Italia, Australia y España, con una participación de 4,9% en el mercado mundial. Sus exportaciones, ese año, sumaron US$ 712,9 millones, mientras que las del mercado mundial totalizaron US$ 14.591 millones. La participación de Chile en los atractivos mercados de Estados Unidos y Japón fue de 5,5% y 3,5% respectivamente (Chilevid: 2006).

El vino consumido en Japón proviene principalmente de Europa, especialmente Francia, país que junto a Italia eran responsables del 76% de las importaciones de vino a ese país, mientras Estados Unidos y Australia ocupaban, respectivamente, el tercer y cuarto proveedor de dicho mercado. Ese mismo año 2004 Chile pasó a ser el sexto proveedor mundial. De acuerdo con la International Organization of Vine and Wine (IOVW: 2005), durante los 3 años anteriores el mercado japonés había experimentado una contracción del consumo de vino. Sin embargo, los productores chilenos apostaron a que ese mercado experimentaría una recuperación en los próximos años. Estaban convencidos que aún había espacio para una participación más activa en dicho atractivo mercado, tal como había venido ocurriendo desde 1990. Y no estaban equivocados.

El mismo año 2004 la Unión Europea pasó a ser el principal mercado del vino chileno embotellado (59%), a pesar que el consumo per cápita también había comenzado a declinar en esa región. La tendencia se revirtió, en parte, debido a la demanda de otros países europeos como Rusia y Europa del Este, en general. Los principales competidores de los vinos chilenos eran Estados Unidos, quinto proveedor de ese mercado, seguido por Sudáfrica y Chile, que ocupaba el séptimo lugar con un 5,2%. Europa hacía esfuerzos para recuperarse en su propio mercado, que en total consumía vinos por un valor de US$ 1,6 billones anuales del presupuesto de la Unión, razón por la cual consideraban como amenazas las importaciones de vinos provenientes de Estados Unidos, Sudáfrica, Chile, Australia y otros países exportadores (oivw: 2008).

A fines de 2005 la superficie de viñedos destinados a vinificación en Chile alcanzaba a 114,448 hectáreas (sag, 2006), localizados principalmente en las Regiones del Maule (43%), del Libertador B. O'Higgins (28%), del Biobío (12%) y Metropolitana (9%). La producción nacional se elevó a 7.885.510 hectolitros y entre los meses de enero a noviembre de ese año las exportaciones alcanzaron a US$ 817.5 millones, un incremento del 7,6%, de acuerdo con Vinos de Chile (2006). El volumen total de vino exportado fue de 391 millones de litros, un descenso del 8,3%, como resultado de un aumento del 17% del precio promedio del vino, cuyo valor alcanzó los US$ 2,09 por litro (*Ibíd.*). El vino embotellado representaba el 85% del valor del vino exportado y el 64% del volumen total; es decir, un aumento de 7,6% y 3,7%, respectivamente, con un precio promedio de US$ 24,9 por caja o US$ 2,77 por litro. Por otro lado, el vino a granel correspondió al 11% del valor exportado y el 30% del volumen total (*Ibíd.*). Por otra parte, las exportaciones de vinos con do, se consignaron principalmente al Reino Unido y Estados Unidos, y que constituían el 19% y el 16% de ese valor. Otros mercados destacados fueron Alemania, Irlanda, Dinamarca, Canadá y Holanda, cada uno con valores en torno al 5% del valor exportado (sag: 2006)

Durante los primeros 11 meses del mismo año 2005 el valor de las exportaciones de vino a granel también aumentó un 6,9%, mientras que su volumen disminuyó 25,8%, alcanzando un precio promedio de 0,75 centavos de dólar por litro. Esto representó un aumento del 44,2% en comparación con el año anterior (*Ibíd.*). En noviembre de 2005 el valor de las exportaciones cayó 11,4% y su volumen 16,8%. El vino embotellado disminuyó 13,4% en valor y un 14,1%, en términos de volumen. Con respecto al vino a granel su valor se incrementó un 6,7%, mientras que los envíos al exterior disminuyeron un 21,6%. En consecuencia, el precio promedio aumentó 6,5%, alcanzando US$ 2,13 dólares (Vinos de Chile: 2006).

Geográficamente, durante el mismo periodo de enero a noviembre de 2005, los mercados de Estados Unidos, Reino Unido, Alemania, Canadá e Irlanda, los principales destinos de las exportaciones de vino embotellado de Chile, representaban el 54% del total de sus exportaciones, mostrando la siguiente tasa de crecimiento: Estados Unidos, 4,0% en valor y 0,3% en volumen; Reino Unido, -6,1% en valor y -8,3% en volumen; Alemania, 22,8% en valor y 30,3% en volumen; Canadá, 11,9% en valor y 1,4% en volumen; Irlanda, 2,5% en valor y -2,1% en volumen (*La Segunda*: 01/05/2006).

Para el año 2006 la producción nacional alcanzó un volumen de 844,9 millones de litros (ODEPA, 2007), un aumento de 7,1% con relación a 2005. De este volumen, 84,8% correspondía a vinos con Denominación de Origen (716,4 millones de litros), 10,2% a vinos sin Denominación de Origen, y el 5% restante a vinos elaborados de uva de mesa. La fabricación de este producto se concentraba fuertemente en la Región del Maule, con una producción correspondiente al 49% del volumen total. Le seguían en importancia las regiones del Libertador Bernardo O'Higgins y Metropolitana, con el 32% y el 12% respectivamente (*Ibíd.*).

Durante el mismo año 2006 Chile exportó vinos por un valor total de US$ 967,9 millones (ProChile: 2007), mostrando un crecimiento de 9,4% en relación a 2005. Estas exportaciones constituyeron el 1,7% del valor total de las exportaciones del país y situaron a los vinos como el quinto producto (agrupados) de las exportaciones más connotadas. Hasta ese instante los vinos chilenos se vendían en más de 110 países de todo el mundo, a los cuales se exportó durante el año 2006 un volumen de 468,5 millones de litros (*Ibíd.*)

Entre noviembre de 2006 y noviembre del 2007 las exportaciones de vinos nacionales totalizaron US$ 1.239 millones correspondientes a 608 millones de litros. Esta cifra representaba un aumento de 31,8% en volumen y 30,4% en valor, pero con una ligera desaceleración respecto a noviembre de 2006 y octubre de 2007, cuando el volumen exportado aumentó 37,5%, mientras que el valor de las mismas lo hizo un 32%, de acuerdo con cifras proporcionadas por Vinos de Chile (2009). Esta misma fuente informaba que las exportaciones de vino embotellado durante este periodo crecieron 23% comparado con 25% durante el año anterior, totalizando 352 millones de litros o 39 millones de cajas de vino embotellado, comparado con 230 millones de litros de vino a granel. Sin embargo, en términos de valor, las exportaciones de mostos embotellados fueron casi nueve veces superiores a las de granel, constituyendo el 86% del total del vino exportado (*Ibíd.*).

El precio del vino elaborado experimentó una moderada expansión de 5,9% en 2006 y 6,4% en 2007. El precio promedio por caja fue de US$ 27,3 mientras que el vino embotellado aumentó 30,5%, por un total de US$ 1.065 millones (*Ibíd.*). El precio medio de US$ 3,03 por el vino embotellado contrastaba con los 0,54 centavos de dólar cancelados por el vino a granel, productos que durante el año 2006 aumentaron 50% y 67% en 2007 (*Ibíd.*).

A partir de agosto de 2007 el volumen mensual de las exportaciones de vino a granel decayó y fue inferior al de agosto de 2006. Esto último fue compensado por un aumento en el precio promedio de este producto, que en noviembre de 2007 alcanzó los 0,60 centavos de dólar por litro. La venta de 622 millones de litros ese año produjo US$ 1.297 millones, momento en que el gobierno de Chile afirmaba que las exportaciones a Estados Unidos habían aumentado 8% en volumen y 15% en valor (Vinos de Chile: 2008). Como resultado, la industria vinífera chilena creció 112% durante la primera década del nuevo siglo, alcanzando un nivel de exportación del 62% de su producción en mercados localizados en 90 países diferentes (*Ibíd.*).

Periodo 2008-2009

Durante el año 2008 las exportaciones de vino se redujeron ligeramente en volumen, pero aumentaron en valor. Los precios más altos obtenidos, principalmente por los vinos espumosos y el volumen de los mismos, explican el mayor rendimiento de las exportaciones de ese año. Datos industriales mostraban que Chile continuaba siendo el décimo mayor productor de vino y el quinto exportador mundial. A pesar de la severa crisis económica mundial (subprime) del año 2008 la industria vitivinícola del país esperaba que las exportaciones continuaran siendo similares a las de los años previos.

Los principales motivos de este optimismo fueron el desplome de la producción de vino en Francia, por segundo año consecutivo, y los esfuerzos llevados a cabo por los viticultores chilenos para abrir nuevos mercados en China e India. Mejoras en la calidad de los productos y precios convenientes ayudaron a mantener los mismos niveles de facturación. Sin embargo, Chile continuaba exportando vino embotellado y a granel, aunque esta vez un número creciente de viñas realizaba esfuerzos para impulsar exportaciones de vinos Premium embotellados. En consecuencia, la producción de vinos embotellados continuó creciendo a lo largo de ese año mientras que las exportaciones de vino a granel se redujeron significativamente (Reporte GAIN: 2009) (Tabla 12).

Sin lugar a dudas la industria vitivinícola nacional había experimentado un periodo positivo de expansión. Hasta ese momento existían más de 90 viñas chilenas exportadoras y más del 60% de la producción anual se comercializaba en el extranjero, en más de 100 países. Sin embargo los viticultores continuaban preguntándose, ¿qué faltaba por hacer si Chile pretendía ser más competitivo con respecto a los vinos de Francia, Estados Unidos, Argentina y Australia? ¿Cuál sería la estrategia más efectiva en la relación precio/calidad? Por último, pero no menos importante: ¿cuál sería el pronóstico del futuro de la industria chilena del vino? Observemos este panorama.

TABLA 12. EXPORTACIONES VINOS CHILENOS POR PAÍSES DE DESTINO

PAÍSES	CANTIDAD VALOR (1.000 HECTOLITROS)			(MILES DE U$)		
	2007	2008	2009	2007	2008	2009
Reino Unido	1.016.8	967.1	1.134.2	230.584	223.046	216.364
Ustados Unidos	612.2	967.1	1.390.8	185.770	199.788	241.914
China	705.7	698.9	555.9	40.196	51.357	54.306
Alemania	590.9	479.8	463.1	70.886	65.091	65.752
Canadá	298.2	321.6	380.7	67.905	80.572	77.789
Dinamarca	286.1	300.7	295.1	55.624	69.829	61.882
Noruega	224.7	253.1	271.1	54.233	67.492	72.028
Japón	186.8	226.0	273.3	42.376	54.861	64.036
Brasil	189.0	182.7	218. 6	50.947	52.210	62.572
Francia	196.7	168.9	183.4	21.979	21.984	21.859
Rusia	184.1	150.0	145.3	30.636	30.555	27.601
Otros	1.636.0	1.691.4	1.653.4	184.034	667.161	424.344
TOTAL	6.127.2	5.913.7	6.965.7	1.035.170	1.383.946	1.390.446

Fuente: ODEPA (Ministerio de Agricultura).

El mercado de Estados Unidos recibía el 23% de las exportaciones chilenas de vino embotellado, aunque sus niveles de consumo eran inferiores a los de la Unión Europea. Sin embargo los estadounidenses venían mostrando un claro aumento del consumo de vino por habitante, el cual debería continuar expandiéndose en el futuro, de acuerdo con las tendencias observadas en los últimos años. Chile, en ese instante, se había convertido en el cuarto proveedor del mercado norteamericano, pero a una distancia considerable de sus tres principales proveedores: Italia, Francia y Australia. Cada uno de estos países exportaba más del 20% de los vinos y los tres juntos controlaban el 77,9% del total de las exportaciones, mientras que Chile solo alcanzaba a un 5,5% (Vinos de Chile: 2009).

Según Vinos de Chile (2009), la industria vinífera nacional exportó 7,7% de vino embotellado, durante el año 2008, por un valor de U$ 1.164 millones, exhibiendo una menor dependencia de los mercados de Estados Unidos y el Reino Unido. Sin embargo, las exportaciones de vinos a granel a dichos dos países durante ese mismo año 2008 correspondieron al 34%, es decir, 3% menos respecto al año anterior 2007 (*Ibíd.*). Fuentes del sector señalaban a la crisis económica mundial como una de las causas principales del deterioro de esos mercados. Como resultado, los viñedos nacionales comenzaron a implementar una nueva estrategia basada, ahora, en la diversificación de sus exportaciones hacia otros países tales como Holanda, Dinamarca, Japón, Corea y Bélgica, cuyas compras aumentaron de 20 a 25% (*Wine Spectator*: 2009).

255

Ese mismo año 2008 las exportaciones chilenas, principalmente cobre, frutas, pescado, papel, productos químicos y vinos generaron US$ 69,1 mil millones en ganancias. Sin embargo, el sector de la agricultura, incluyendo la industria del vino, solo contribuyó con un 4,8% al Producto Interno Bruto, mientras que el sector industrial y servicios un 50,5% y 44%, respectivamente. Según la Asociación de Vinos de Chile, las exportaciones de este producto durante 2008 habían aumentado en 29,1% en valor y 22,7% en cantidad, con respecto al año 2007 (Fabiano: 2009).

Insistamos en que la crisis financiera mundial de 2008 se hizo sentir fuertemente en la industria vitivinícola chilena por lo que durante los primeros meses de 2009 los envíos al exterior se redujeron casi un 10%. En efecto, en enero de 2009, solamente, las exportaciones cayeron 9% y generaron U$ 86,6 millones comparados con los más de U$95.1 millones obtenidos durante el año 2008 (www.diariodelvino.com). La razón principal fue la mengua de los mercados de sus dos principales clientes, el Reino Unido y Estados Unidos, especialmente este último, que continuaba siendo el destino predominante de las exportaciones nacionales, con el 21% de los envíos, situación que permitió mantener la tasa de exportaciones casi sin alteraciones. El Reino Unido, por su parte, tuvo un retroceso notorio y en enero de 2009 sus importaciones de vino chileno descendieron 20%, con respecto al mismo periodo del año anterior, cuyas adquisiciones habían alcanzado un valor de US$ 13,7 millones, mientras que en enero de 2008 obtuvieron US$ 17,1 millones. Otro mercado que sufrió una fuerte contracción fue el holandés y las importaciones de vino se redujeron un 35% con respecto al volumen del año anterior (*Ibíd.*).

Los efectos de la crisis subprime mundial de 2008 también provocaron una importante caída del precio promedio de las exportaciones del vino embotellado. Así, durante el mes de mayo de 2009 el precio promedio de los diez principales mercados de vinos embotellados chilenos se redujo desde un 2,8% en Brasil, 25,5% en Irlanda. Estados Unidos, por su parte, principal mercado de destino, creció 14,4% en volumen y 13,4% en valor, correspondiente a 3 millones de cajas de vinos por los que se cancelaron US$ 83 millones.

La cifra acumulativa de los 12 meses del año 2008 mostró tasas de crecimiento en volumen y valor de 9,5% y 9,1%, respectivamente, correspondientes a 7,2 millones de cajas exportadas por un total de US$ 203 millones. El precio promedio fue de US$ 28,06/caja, un 0,4% más bajo, a pesar que entre enero y mayo del mismo año 2008 las exportaciones a Inglaterra disminuyeron 14,3% en valor, pero aumentaron 21,6% en volumen, con 3,7 millones de cajas exportadas por un total de US$ 68 millones (www.todovinos.cl).

En suma, durante 2008 las exportaciones de vino sufrieron una caída de 9,7% de su valor, pero su volumen trepó un 8,5% generando US$ 194 millones, después de exportar 9.400.000 cajas. El precio promedio fue 16,8% más bajo, comparado con el mismo periodo del año 2007 y un valor de US$ 20,62/caja. Similarmente, las exportaciones a Canadá descendieron 6,6% en volumen y 22,7% en valor, correspondiente a 688.000 cajas de vino por un total de US$ 22 millones. El índice acumulado durante estos 12 meses aumentó 4,9% en volumen, pero su valor experimentó un crecimiento negativo de menos 4,1%, con 1,8 millones de cajas por las cuales se obtuvieron US$ 63 millones (www. todovinos.cl).

Para el año 2009 un nuevo informe de Vinos de Chile mostraba que los envíos de vino al extranjero durante los primeros siete meses de 2009 habían aumentado 9% en volumen, con 359 millones de litros, pero cayeron 3,4% en valor, por una suma de US$ 733,8 millones. En total, el precio promedio descendió 11,4% por litro. De este modo, a pesar que las exportaciones de vino del año 2009 aumentaron en volumen, el promedio de sus precios disminuyó 11%. La desaceleración de las exportaciones parecía reflejar el desempeño de los distribuidores y minoristas que prefirieron reducir sus existencias a la espera de evaluar el funcionamiento del mercado en los siguientes periodos y los efectos de la recesión económica mundial (*Ibíd.*). Recapitulemos todo esta información a partir del año 1982 hasta 2009 a través de la Tabla 13.

TABLA 13. CHILE: PRODUCCIÓN DE VINOS Y EXPORTACIONES: 1982-2009

AÑO	ÁREA PLANTADA	PRODUCCIÓN MILLONES LITROS	CONSUMO PER CÁPITA	EXPORTACIONES	
				MILLONES LITROS	MILLONES US$
1982	105	603	52	8	11
1990	65	398	25	43	52
1992	62	370	17	74	119
1994	53	411	13	111	143
1996	56	481	16	185	294
1998	75	547	17	251	540
2000	104	679	15	276	585
2002	109	574	15	356	610
2004	112	655	16	474	845
2006	115	845	15	520	965
2007	117	828	16	613	1.262
2008	118	869	16	591	1.384
2009	118	987	16	695	1.390
2010/1	119	888	16	700	1.400

Fuente: Sociedad Nacional de Agricultura y Banco Central de Chile.

Durante el año 2010 las exportaciones de vinos chilenos crecieron 11,5% en valor y 5,0% en volumen, registrando un alza respecto al año 2009, de acuerdo con un informe oficial de ODEPA (2011), del Ministerio de Agricultura de Chile. Los principales vinos exportados en 2010 fueron los tintos mezclas (US$ 282 millones), Cabernet Sauvignon (US$ 276 millones), Sauvignon Blanc (US$ 151 millones), Chardonnay (US$ 108 millones) y Carménère (US$ 74 millones). Los principales destinos del vino chileno fueron Estados Unidos (16%), Reino Unido (15%), Canadá (6%), China y Japón (5%), entre otros (www.cooperativa.cl del 21 de enero de 2011) (Tabla 14).

TABLA 14. PRODUCCIÓN, CONSUMO EXPORTACIONES E IMPORTACIONES
(MILES DE HECTOLITROS)

	2008	2009	2010
Producción	8.690	9.870	8.883
Consumo	2.680	6.950	6.250
Exportaciones	5.910	6.950	6.250
Importaciones*	42	34	40

Fuente: ODEPA *(Ministerio de Agricultura).*
** Importados principalmente de Argentina.*

La Unión Europea destinaba el monto más alto de dólares FOB[10] por vinos importados desde Chile, correspondiente al 45,6% del monto total importado de otras regiones del mundo. El Reino Unido, entonces, fue el principal destino de los envíos chilenos, con remesas que escalaron los US$ 140,2 millones y una participación a nivel individual de un 21% de las exportaciones totales de vino nacional, durante el año 2011.

Respecto a Estados Unidos, se exportaron 6 millones de cajas, cantidad 3,5% más baja que las enviadas entre enero y octubre del año 2010, pero que en valor totalizaron US$ 176,5 millones de dólares; es decir, 3% más que en 2010 (*El Mostrador*: 6/11/2011). En términos relativos, sin embargo, los principales aumentos ocurrieron con las remesas a China, las que se dispararon a 63,1%

---

[10] FOB, literalmente significa Franco a Bordo, y es el precio de un bien exportado en el punto de salida del país exportador, cargado en la nave o sobre otros medios de transporte que lo llevarán al país importador. Equivale al precio CIF en el puerto de destino menos el costo del flete y de los seguros internacionales y el costo de descarga en el muelle.

en volumen (13,1 millones de litros) y 83,8% en valor (US$ 49,4 millones de dólares) (*Ibíd.*).

Durante el año 2011 el volumen exportado fue 8,7% menor respecto del año 2010. Esta disminución se explica por la fuerte caída en volumen de las exportaciones de vino a granel durante ese año. El aumento del precio medio de exportación de 20,8% en 2011, logró contrarrestar la caída del volumen exportado, alcanzando la meta fijada para 2011, de US$ 1.700 millones en exportaciones. De este modo, dadas las dificultades económicas enfrentadas por varias de las principales economías mundiales, el panorama futuro para el sector vitivinícola chileno parecía no ser tan optimista de cara al año 2012, como lo había sido desde principios del año anterior (Banco Central Chile, DIRECON, ODEPA) (Tabla 15).

TABLA 15. EXPORTACIÓN MUNDIAL VINOS PRINCIPALES PAÍSES DE ORIGEN (2011).

PRINCIPALES PAÍSES DE ORIGEN	LITROS	MONTO (MILES US$)	% PARTICIPACIÓN MERCADO
Francia	540.713	5.034,6	35,1
Australia	537.822	2.603,9	18,1
Italia	313.334	2.368,8	16,5
EE.UU.	184.990	816,9	5,6
Chile	242.073	790,6	5,5
TOTAL	2.421.893	14.350,5	100

Fuente: ProChile 2012.

Periodo 2012-2013

El recuento anual de la agencia Vinos de Chile mostraba que entre enero y diciembre del año 2012 el vino embotellado aumentó 0,38% en valor (US$ 1.420 millones), 0,18% en volumen (49 millones de cajas) y 0,2% en precio promedio, equivalente a US$ 29,9 por caja. Mientras que las exportaciones totales alcanzaron a US$ 1.790 millones, correspondiente a 749 millones de litros y un precio promedio que se redujo en 6,1%, alcanzando un precio de US$ 2,39 por litro. Según la misma agencia chilena Vinos de Chile (2013), *esta situación [fue] consecuencia del difícil escenario de precios, la importante alza de costos y un desfavorable escenario cambiario, que afecta la relación precio dólar, euro y real brasilero. En efecto, frente a la pérdida de competitividad que está experimentando la industria, las viñas han debido reorientar sus embarques hacia mercados de mayores precios y menos volúmenes.*

El año 2012 la situación del mercado presentó variaciones importantes. Según los mercados de destino, Reino Unido y Estados Unidos mostraron comportamientos negativos y un tanto planos, respectivamente. Los envíos hacia Reino Unido registraron una caída de 4,7% en valor, 6,6% en volumen y una leve alza de un 2% en el precio promedio. En el caso de Estados Unidos se redujo en 7,4% en facturación, 7% en volumen y 0,13% en valor. Brasil, país de destino que aparece en el tercer lugar, experimentó un alza anual del 5,8% en facturación (US$ 95 millones), 11,2% en volumen (3,4 millones de cajas) y una caída de un 4,97% en precio promedio (US$ 27,5 por caja). Respecto a Japón, cuarto mercado de destino para las exportaciones de vinos, aumentó 26,2% en valor y 24,5% en volumen, alcanzando a los US$ 92,5 millones correspondientes a 3,4 millones de cajas, transformándolo en el mercado con el mejor comportamiento anual (CAV: 14/02/2013).

Según cifras de la empresa consultora en comercio exterior, COMEX Intelligence, durante julio de 2013 las exportaciones chilenas de vino habían alcanzado la suma de US$ 155.731.457 millones, correspondientes a la exportación de 76.181.043 litros. Si esta cifra se extiende al periodo enero-julio de 2013, según la misma agencia, se estimaba que alcanzaría la suma de US$ 1.056.192.796, equivalentes a 529.553.699 litros, lo que representa un crecimiento de 7,4% (FOB) y un aumento de 33,29% respecto al mismo periodo del año anterior. Durante los meses comprendidos entre enero y julio de 2012 la cifra de vinos exportada alcanzó los US$ 983.485.764 correspondiente a 397.290.649 litros. Los resultados son, sin lugar a dudas, impresionantes y promisorios.

Inversiones chilenas en Argentina

Inversionistas chilenos, norteamericanos y europeos también han indagado tanto marcas como viñedos de Argentina, donde operan alrededor de 400 importantes productores de vinos. El Consejo Empresario Mendocino estimaba que entre 1999 y 2005 hubo inversiones por un monto de US$ 1,8 mil millones (*Wine Time in Mendoza*: 2010). Sin duda, el panorama vitivinícola argentino ha cambiado con la llegada de inversionistas chilenos que han invertido en las regiones de Mendoza, San Juan, La Rioja y Patagonia. Según Caucasia Wine Thinking, las bodegas argentinas de propiedad chilena representaban el 18% de las exportaciones de vino argentino embotellado (*El Mercurio* 2010). Dicho porcentaje continuará aumentando en los años siguientes, según un informe de AndesWines.com, una publicación multilingüe (inglés, alemán, portugués y español), dedicada a la información vinífera y el turismo (Morales: 2008).

Desde su arribo a Argentina los inversores chilenos se embarcaron en actividades comerciales orientadas a conseguir una mayor cuota de mercado a través de varias estrategias, tales como la compra de uvas, inicialmente o más tarde, asociándose con viñas de prestigio (*joint ventures*), y en la producción de vinos en pequeña escala para tantear el mercado antes de embarcarse en la producción de vinos.

Entre 1994 y 1998 los empresarios chilenos invirtieron alrededor de US$ 132 millones en la región de Mendoza. En 1999 tres importantes viñedos chilenos, Concha y Toro, Santa Carolina y Santa Rita, habían invertido en dicha provincia. Ciertamente, Chile poseía ya una arraigada industria vitivinícola y mostraba un aumento de su demanda internacional. Sin embargo, el país contaba, y aún cuenta, con una limitada disponibilidad de tierras: 123.000 hectáreas plantadas de viñedos en 1999 contra 140.000 hectáreas en la zona de Mendoza, durante el mismo periodo. Este factor, como a la vez quedar ubicados estratégicamente a ambos lados de los Andes, llevó a los inversionistas chilenos a visualizar el potencial de ambos mercados (Paredes, 2004).

En 1994 Viña San Pedro, perteneciente al Grupo Luksic, adquirió 600 hectáreas de tierra en Mendoza. En 1996 Agrícola Comercial Lourdes compró Bodegas Vaschetti y Rossi; Viñas Patagonia perteneciente a Concha y Toro adquirió 300 hectáreas y una pequeña bodega; el mismo año Viña Santa Carolina compró el 70% de Santa Ana, que incluía 1.700 hectáreas de terrenos. El año 2000 vendió 500 hectáreas, pero aún conserva las restantes 1.200 hectáreas (*Ibíd.*). Un año más tarde, 1997, la viña Doña Paula, perteneciente a Viña Santa Rita, adquirió 780 hectáreas, mientras que el año 2000 Viña San Pedro adquirió Finca La Celia (*Ibíd.*).

Paredes (*óp. cit.*), sostiene que estas fueron inversiones a largo plazo, que no incluían la opción de aliarse con los productores locales del país. La devaluación del peso argentino y el final de la crisis económica que afectó a esa nación, durante ese periodo, motivó a los empresarios chilenos a comprar activos fijos, como terrenos, fincas y bodegas. Durante el periodo 2001 a 2002 Chile era el segundo país con mayores inversiones en Mendoza, después de Estados Unidos. En 2003 las inversiones chilenas en esa región estaban en alrededor de US$ 60 millones que incluían bodegas y dos mil hectáreas de viñedos, es decir, el 1,4% de la tierra cultivada de la provincia (*Ibíd.*)

Actualmente Chile continúa siendo uno de los mayores inversores, ocupando el cuarto lugar detrás de Francia, España y Estados Unidos. Después del año 2005 viñas como Concha y Toro, San Pedro, Santa Rita, Montes y Tarapacá comenzaron a operar en diferentes valles de la provincia, permitiéndoles diversificar su oferta de productos y convertirse en importantes actores en la industria vitivinícola de esa región argentina (Brethauer: 2006). En todos los casos el perfil ha sido muy similar: compra de tierras sin cultivar, plantación de variedades finas y exportación de productos aprovechando los canales de comercialización que ya conocen y controlan. A pesar de estas ventajas, las viñas mendocinas operadas con capitales chilenos están muy conscientes de las oportunidades presentes y futuras que proporciona la industria vitivinícola argentina. Tanto inversionistas como productores chilenos reconocen no solo la oportunidad que han tenido para penetrar un mercado interno más sólido y numeroso que el de Chile, sino, al mismo tiempo, poder pasar a formar parte de una cultura del vino que hace ya un tiempo comenzó a dar exitosamente sus primeros pasos en el mercado internacional (*Ibíd.*).

De acuerdo con Andes Wines (2009), el 18% de los casi US$ 381 millones exportados por Argentina en el periodo comprendido entre enero a agosto de 2008 provino principalmente de las bodegas Trivento (en manos de Concha y Toro), Kaikén (Montes Viña), Bodega Renacer (Patricio Reich), Doña Paula (Viña Santa Rita), Finca del Origen (Viña Santa Carolina), Bodega Universo Austral (vc *Family Estates*), Finca la Celia y Tamarí (Viñas San Pedro y Tarapacá, recientemente fusionados). Observemos rápidamente algunas de estas viñas o bodegas que operan en Argentina con capitales chilenos.

Bodega Trivento

Esta viña constituye la inversión chilena pionera en la producción de vinos en la región de Mendoza. La empresa fue iniciada por Viña Concha y Toro en 1996, atraídos por el potencial exportador de Argentina, las favorables tarifas arancelarias y la atractiva posibilidad de colocar sus productos en el atractivo mercado brasilero y de otros países de la región pertenecientes al mercosur, una zona de libre comercio integrada por Argentina, Brasil, Uruguay y Paraguay. Esta importante organización comercial regional fue creada en 1991, con la firma de sus participantes en el llamado Tratado de Asunción. Más tarde, en 1995, el tratado original fue modificado, actualizado y sustituido por el Tratado de Ouro Preto, firmado esta vez en Brasil. Entre otras cosas, el tratado adoptó los instrumentos básicos que caracterizan actualmente la institución política comercial común que rige la zona de libre comercio y aduanera, regido por un arancel externo común.

El año 2006 Trivento se convirtió en el segundo mayor exportador de vino embotellado de Argentina, y sus productos se comercializan en 93 países (Colman, 2007). Hoy en día Concha y Toro es uno de los tres mayores exportadores de vinos de Argentina, proveyendo más de 750.000 cajas al año. Los terrenos de Trivento, ubicados en las zonas de Maipú, Tupungato, Rivadavia y San Carlos cuentan con 635 hectáreas de las cuales 500 están plantadas con viñedos y en donde laboran más de 700 empleados (conchaytoro.com).

Bodega Tamari

Este viñedo opera en la región vitivinícola de Mendoza desde el año 2002 y actualmente es una filial del grupo Southern Wine Sun, con sede en Chile, que también agrupa a Viña Tarapacá, Viña Misiones de Rengo y Viña Mar, entre otras empresas. La propiedad tiene 12 hectáreas plantadas y una bodega de almacenamiento con capacidad para 2,2 millones de litros en la provincia de Maipú, Argentina. El año 2008 se fusionó con Finca La Celia, propiedad de la viña chilena San Pedro que a la vez se había unido a Viña Tarapacá (Vinoaldia.com).

Entre los viñedos en Argentina y Chile este conglomerado controla una superficie de 4.000 hectáreas que producen un total de 120 millones de litros de vino anualmente. Debido a que Bodega Tamari no elabora sus propios vinos, estos le son suministrados por Finca La Celia, una rama de la empresa ubicada en el Valle de Uco. Los vinos elaborados por la Bodega Tamari incluyen principalmente Malbec y Chardonnay, los cuales reúnen todas las características de la zona (www.tuvino.cl).

Finca La Celia

Esta bodega se encuentra situada a más de mil metros sobre el nivel del mar, en el centro del Valle de Uco, fundada en 1890 y adquirida por Viña San Pedro el año 2000. La viña cuenta con 600 hectáreas de las cuales 400 están plantadas con Cabernet Sauvignon y Malbec, y sus instalaciones fueron restauradas y equipadas con tecnología francesa e italiana (fincacelia.com.ar). Bajo el uso de las marcas Celia y La Consulta, la viña produce actualmente más de 6 millones de litros de vino anuales y alrededor del 70% de la producción se exporta a otros mercados internacionales. En efecto, Finca La Celia despacha sus productos a más de 35 mercados de los cinco continentes, incluyendo marcas como Celia Reserva, Consulta, Furia, Magallanes y Angaro.

Las principales variedades de vinos tintos son Cabernet Sauvignon, Malbec, Cabernet Franc, Merlot, Pinot Noir y Syrah. Entre las variedades blancas Chardonnay, Sauvignon Blanc, Pinot Grigio y Semillón. Por último, existen variedades rosadas como el caso de Gewürztraminer. El año 2008 Viña San Pedro, propietaria de Finca La Celia y Viña Tarapacá propietaria de Tamari acordaron fusionarse, creando así un importante nuevo conglomerado exportador de vinos en Argentina (*Wines of Argentina*: 2009).

Bodega Kaiken

Atraídos por las cualidades de las uvas de Mendoza, en especial el Malbec, el empresario chileno Aurelio Montes adquirió el año 2001 los terrenos ubicados en el área denominada Zona Alta del Río Mendoza, la región más austral en el Valle de Uco. El año siguiente la viña lanzó su Kaiken Ultra Malbec y Cabernet Sauvignon, ambos muy diferentes de sus homólogos chilenos. El año 2008 introdujo en el mercado el vino Malbec Rosé y en 2010 el Court of Malbec/Bonarda/ Petit/Verdot. La selección de la viña está conformada por Kaiken Rosé of Malbec, Kaiken Cabernet Sauvignon, Kaiken Malbec, Kaiken Ultra Malbec y Kaiken Ultra Cabernet Sauvignon.

En la actualidad Bodega Kaiken es propietaria de 100 hectáreas sembradas con viñedos que representan la mitad de su producción anual, que en 2010 alcanzó a 3 millones de kilos y produce 2,3 millones de litros de vino (*Revista Vitis*: 2010). El resto de las uvas se compra preferentemente en Uco a diferentes viñedos situados en la zona de Tupungato, provincia de Mendoza. Los vinos son elaborados en un establecimiento alquilado, ubicado en la misma región. Además se construyó una nueva bodega en Mendoza. Actualmente Bodega Kaiken exporta a aproximadamente 60 mercados, principalmente Estados Unidos, Canadá, Inglaterra y Alemania.

Bodega Doña Paula

Esta bodega se inició en 1997 después de que el Grupo Claro, de Chile, que también es propietario de las Viña Santa Rita, Viña Carmen, Sur Andino, y el 43% de la Viña Los Vascos, decidiera ampliar sus operaciones e incursionar en la industria del vino de Argentina. La primera inversión del Grupo Claro fue la adquisición de la Finca de Ugarteche, que posee alrededor de 140 hectáreas de viñedos plantadas con Malbec y Chardonnay, una iniciativa que contribuyó a expandir Doña Paula. A pesar de algunas dificultades en sus inicios, finalmente fue capaz de insertarse con sus productos en el mercado internacional del Reino Unido, Europa continental y Estados Unidos.

Doña Paula abarca 760 hectáreas de viñedos situados en las regiones de Ugarteche y Tupungato, Mendoza, a 3.200 y 3.400 metros de elevación, respectivamente, dos zonas ubicadas al lado de la cordillera de los Andes. Mientras que en Ugarteche se encuentran los viñedos que producen los mejores vinos, el clima más fresco de Tupungato permite concentrarse en la elaboración de Merlot y Sauvignon Blanc (donapaula.com.ar). El estilo, la calidad y sus precios están orientados directamente hacia los mercados de exportación.

Entre los años 2006 y 2007 Doña Paula adquirió y plantó con vides los terrenos de Altamira, de 80 hectáreas, y Gualtallary, de 120 hectáreas. La adquisición de estos bienes aseguró que los vinos producidos por Doña Paula consistieran exclusivamente de uvas cultivadas en sus propias viñas. A finales de 2006 Doña Paula se ubicaba en el doceavo lugar entre más de 300 exportadores de vinos argentinos (*Ibíd.*).

Bodega Renacer

Bodega Renacer es una viña boutique ubicada en Perdriel, Luján de Cuyo, en las estribaciones de la cordillera de los Andes, provincia de Mendoza, una buena zona para el cultivo de uvas Malbec. Renacer inició sus operaciones en 2004 con la construcción de una bodega y la compra de 20 hectáreas de tierra. Uno de los inversores fue el ex socio y director de Viña San Pedro, Patricio Reich, quien en 2003 inició la Bodega Renacer. Hoy en día la viña ha ampliado sus horizontes y es propietaria de más de 35 hectáreas; las uvas para producir vinos se adquieren a pequeños y medianos productores locales ubicados en diferentes zonas de la región (Vinos de Argentina: 2009).

La capacidad total productiva de la viña es de 1.822.500 litros que se almacenan en depósitos de acero inoxidable de 550.000 litros, tanques subterráneos de cemento de 1.081.000 litros y barriles de roble que contienen 22.500 litros. En total, la bodega tiene la capacidad para almacenar 100.000 botellas (bodega-renacer.com.ar). Los vinos se venden en 32 países, incluyendo Estados Unidos, Brasil, Canadá, México, Reino Unido, Irlanda, Noruega, Bélgica, Italia, Suiza, Suecia, Alemania, Holanda, Francia, Rusia, Luxemburgo, Polonia, República Checa, Corea del Sur, China y Taiwán (*El Mercurio* 05/07/2008). El año 2007 la viña se unió en un *joint venture* con la prestigiosa bodega italiana Allegrini para fabricar un vino llamado Enamore, que reproduce las técnicas utilizadas para la fabricación de Amarone de Valpolicella, Italia (Vinos de Argentina, *óp. cit.*).

Finca El Origen

Esta empresa comenzó a operar en 1996, cuando la viña chilena Santa Carolina (Carolina Wine Brands) decidió extender sus actividades viticultoras hacia Argentina. Finca El Origen posee actualmente terrenos localizados en las montañas del Valle de Uco, más conocidas como Las Pintadas, de 90 hectáreas, y La Esperanza, con 120 hectáreas.

Ambos viñedos se encuentran ubicados a más de 1.000 metros sobre el nivel del mar y están sembrados con una selección de variedades nobles tales como Malbec, Cabernet Sauvignon, Syrah, Viognier y Chardonnay (Wines of

Argentina: 2008). El otro terreno se encuentra localizado en Cafayete y en donde se cultiva la uva Torrontés. El año 2002 la bodega comenzó a comercializar su primer vino bajo la marca Finca El Origen. Las uvas para la elaboración de los vinos Reserva y Gran Reserva provienen de La Esperanza. Otras viñas de los alrededores también compran uvas de sus viñedos, para elaborar vinos ultra Premium (*Ibíd.*).

Finca El Origen exporta vinos a varios mercados, como Estados Unidos, Canadá, Brasil, Suecia, Ecuador, Holanda, Bélgica, República Checa, Noruega, Corea del Sur, China, Colombia, Venezuela, Perú, México, Irlanda y Puerto Rico. Durante el primer semestre de 2009 también entró en el mercado de Kazajstán, Suecia, Turquía, Singapur, Nigeria, Vietnam y Nueva Zelandia (*Ibíd.*).

Bodega Universo Austral

Anteriormente Bodega Universo Austral se conocía como Viñedos y Bodegas Córpora, y fue fundada en 1989 por la familia Ibáñez, de Chile, y que, desde entonces, pasó a llamarse vc Family Estates. Actualmente posee 1.500 hectáreas plantadas y 1.000 se encuentran en plena producción. La empresa cuenta con viñedos en Chile en los valles de Aconcagua, Maipo, Alto Cachapoal, Colchagua y Biobío. También están presentes en Argentina, en los valles patagónicos de Neuquén y Río Negro. El año 2007 vc Family Estates adquirió Bodega Universo Austral, junto con 700 hectáreas de viñedos y una bodega con capacidad para almacenar 2,2 millones de litros. La región de Neuquén produce vinos desde el año 2000, en 125 hectáreas sembradas con Malbec y Pinot Noir, en la provincia de Río Negro, e incluye algunos viñedos con más de medio siglo de existencia.

Estates vc pagó un total de US$ 15 millones por la propiedad y fue la primera viña chilena en adquirir tierras en la Patagonia (*Wine Spectator*, 2008). La nueva inversión incluye 617 hectáreas de viñedos en la provincia de Neuquén y solo comenzó a producir vinos el año 2000. A la vez, también posee 125 hectáreas de Malbec y Pinot Noir en la provincia de Río Negro (Wine Spectator: 10/23/08).

Actualmente la viña posee negocios en 48 países en el área agroindustrial, turismo, contenedores metálicos y conservas (vc *Family Estates*: noviembre 2008). De acuerdo al periódico chileno *El Mercurio*, vc *Family Estates* facturó un total de US$ 23.367 millones y el año 2007 vendió alrededor de 70.000 cajas (todovinos.cl / *El Mercurio*).

Espíritu de Argentina

Iniciada en 2007, la empresa Espíritu de Argentina es un esfuerzo conjunto con Espíritu de Chile, un vino producido por la empresa chilena Viña Aresti, que opera en Argentina conjuntamente con la distribuidora alemana Racke y la Bodega Monte Real, una conocida empresa familiar que se encuentra entre los productores de vino más importantes de Argentina. Espíritu de Argentina fue introducida para ampliar su experiencia vitivinícola en América del Sur y se encuentra disponible en su gama Classic, que incluye tres vinos tintos, uno rosé y dos blancos, así como una línea Premium que ofrece un Malbec Reserva, entre otros (Andesone.com 2009).

Veramonte

La Viña Veramonte, ubicada en el Valle de Casablanca en Chile y cuyo propietario es un viticultor chileno que reside en California, Agustín Huneeus, lanzó un vino argentino con el fin de conquistar y ampliar su portafolio en el mercado internacional (Andesone.com 2009). Agustín Huneeus se asoció con Carlos Pulenta, un viñatero de tercera generación de la familia mendocina Pulenta y el enólogo Álvaro Espinoza para producir Cruz Andina Malbec. Este vino proviene principalmente de las viñas Pulenta Vistalba en Luján de Cuyo, Mendoza, y fue plantada en 1948. Además se producen vinos Merlot y Cabernet Sauvignon en el viñedo Los Álamos, ubicado en el Valle de Uco, al sur de Luján de Cuyo y a 80 kilómetros de Mendoza.

Bodegas Lourdes

Viña Morandé de Chile pertenece a Empresas Juan Yarur SAC, quien también controla el Banco de Créditos e Inversiones (BCI), un importante banco chileno. El año 2006 adquirió la viña argentina, ubicada en la región de Mendoza y de la cual controla casi el 90% de las acciones. Bodegas Lourdes cuenta con capacidad para almacenar 240.000 hectolitros de vino en la región de Guaymallen, Mendoza. Esta inversión no era algo nuevo para Viña Morandé, puesto que durante la década de 1990 ya había adquirido las bodegas mendocinas Vaschetti, pertenecientes a dos grupos locales (Rozzi y Greco). Sin embargo, poco tiempo después decidió desprenderse de ellas (*La Nación*: www.vitivinic-cultura.com.).

El mercado asiático

China, con una población de más de 1.300 millones de habitantes, es actualmente el mayor mercado de vino en Asia y el único país de ese continente ubicado entre los 20 principales países consumidores de ese producto y que el año 2007 alcanzaba a 74 millones de cajas, un aumento del 35% con respecto a 2006. En este sentido, se puede afirmar que China es el mercado que más ha crecido globalmente. Mientras en países como Francia e Italia el consumo de vino muestra una tendencia a la baja debido a las transformaciones en el estilo de vida y las regulaciones a la industria del vino, China se ha convertido en una nación consumidora de productos mundiales, aunque aún continúa siendo un mercado muy joven.

De acuerdo con A.T. Kearney (2010), las ventas de vino en China durante el año 2009 alcanzaron a US$ 6,44 mil millones (44 mil millones de yuanes) precio retail, un aumento del 12% o 40 mil millones de yuanes con respecto al 2008. Basado en un estudio realizado por el iwsr, Christopher Runckel (2010) afirma que China es uno de los mercados de vinos que muestra el más rápido crecimiento en el mundo. Se esperaba, entonces, que para el año 2012 esta nación pasaría a ocupar el séptimo lugar mundial, con un consumo total de 103,5 millones de cajas de nueve litros al año. Esta cifra indicaría un asombroso aumento de 36% en su consumo de vinos.

Los chinos aún beben menos de una botella por persona al año comparado con los más de 50 litros en Francia, pero debido al tamaño de población se considera que existen apreciables oportunidades para las grandes empresas vitivinícolas internacionales. *Wine Spectator* (2008) indicaba que entre 2004 y 2007 China representó dos tercios del crecimiento mundial del vino, aunque solo el 6% del vino consumido en ese país el año 2007 era vino embotellado importado (menos de 5 millones de cajas). El resto era vino nacional o vinos a granel importados, lo que permitía concluir que el auge de este producto en China no ha alcanzado aún los niveles más convenientes para las grandes empresas exportadoras. En términos de ingresos, Japón continúa siendo el país más importante para el mercado del vino en Asia, a pesar que consume menos de la mitad del volumen de los chinos (Chi: 2008).

En la actualidad China registra una tasa de crecimiento de sus importaciones de vino que fluctúa entre un 35% y 120%. Sin embargo, insistamos, el 85% de los vinos consumidos en ese país son nacionales y solo el 15% son importados (China Wine Online: 2009). Hasta hace algunos años muy pocos chinos bebían vinos importados. Entre sus vinos nacionales existe una gran cantidad de marcas fabricados con productos chinos, pero mezclados con vinos a granel importados, debido a que sus mostos no saben muy bien (*Ibíd.*). Más aún, el 90% del vino que se consume en China es de variedad tinto y solo el 10% de variedad blanca; el 70% del consumo es en restaurantes y hoteles y el 30% restante se comercializa en centros comerciales tales como supermercados y tiendas (*Ibíd.*). China está consciente de que no será un gran país exportador de vinos, pero sí un gran centro de consumidores de vinos, especialmente los importados. Aunque las primeras empresas exportadoras de vinos en China aparecieron durante la década de 1990, fue solo a comienzos del nuevo milenio el momento cuando esta gigantesca nación asiática comenzó a mostrar un marcado interés por el mundo del vino (Chi, *óp. cit.*).

Los chinos no tienen el hábito de comer con vino, pero como en muchas partes de Occidente y América Latina, beber algo con las comidas no está fuera de lo común, costumbre que facilita el aumento de su consumo. Francia, el mayor consumidor de vino del mundo con su promedio anual de más de 50 litros por habitante, contrasta notoriamente con los chinos, que solo beben un promedio de medio litro por persona, según China Wine Online (2009). La conexión entre vinos y comidas siempre ha existido entre los chinos, pero se realiza con diferentes tipos de té en lugar de vinos. La misma fuente indica que desde 1996 el gobierno chino empezó a utilizar el vino tinto en lugar del vino amarillo (bebida tradicional hecha de arroz, trigo o cebada), como la bebida oficial en las reuniones y recepciones. Esta medida había sido adoptada para promover y difundir el uso de granos para fines alimenticios y dinamizar la economía. Insistamos, entonces, en que a partir del 2007 China fue el mercado de vinos que más creció. Sin embargo, la característica más atractiva de este mercado no es su consumo actual, pero sí su potencial crecimiento. Las empresas vitivinícolas exportadoras chilenas están muy conscientes de esta situación y aunque las inversiones promocionales son caras, es un paso necesario que deben tener en cuenta en un futuro próximo.

Al final de la primera década del siglo xxi los países sudamericanos habían exportado casi cinco millones de litros de vino, representando un 10% de ese mercado. Los envíos argentinos de vino a China se triplicaron y Chile pasó a ser el quinto mayor exportador, mientras que Uruguay también inició sus primeras incursiones en dicho atractivo mercado. El resto del vino continúa siendo aportado por productores tradicionales de vinos europeos y otros países en el siguiente orden, de acuerdo con datos proporcionados por el gobierno chino:

1. Francia
2. Australia
3. Italia
4. España
5. Chile
6. Estados Unidos
7. Alemania
8. Argentina
9. Portugal
10. Sudáfrica

Fuente: Wine-Info.

En octubre del 2006 entró en vigor el Tratado de Libre Comercio (TLC) entre Chile y China, que exime gradualmente los aranceles de importación al 97% de los productos de ambos países. Hasta 2007 China fue el segundo socio comercial de Chile y el tercer destino más importante de sus exportaciones en América Latina. Como resultado, después del primer año del TLC el comercio bilateral entre China y Chile registró un crecimiento del 47% en valor y 58% en volumen. El mismo año 2007 China importó vinos chilenos por un valor de US$ 21 millones (ProChile, 2008).

Las exportaciones chilenas de vino embotellado a ese país, después de 2007, aumentaron 110% y los aranceles se redujeron de 14% a 11,2%. De acuerdo al mismo Tratado de Libre Comercio, los impuestos sobre el vino disminuyeron un 1,4% en 2008, factor que favoreció la expansión de las exportaciones chilenas, convirtiéndose en el quinto proveedor de vino más grande de China, y un 8% de presencia en ese mercado asiático (Chilevid: 2008). El mismo año 2008 China pasó a ser el socio comercial número uno de Chile, desplazando a Estados Unidos, con transacciones por un valor de US$ 17 mil millones (ProChile: 2008). Una década antes era solo un cuarto de esa suma.

En total, China ocupa el octavo lugar entre los países a los cuales Chile exporta vino. En la actualidad existen alrededor de 88 diferentes marcas de vinos chilenos que se comercializan en esa nación y el primer vino chileno fabricado en China comenzó su producción el año 2009 (China Wine Online).

Información proporcionada por la aduana china indicaba que el vino importado chileno aumentó un 15% en 2008 con respecto al año anterior, mientras que el vino embotellado tuvo un crecimiento del 70% y el vino espumoso 140%, en el mismo periodo (*Focus Wine*: 2009). Respecto al vino embotellado, Chile es el cuarto exportador a ese país, con 4,2 millones de litros en 2008, con un valor de US$ 14,39 millones, lo que representa un 7,3% del total del mercado. Esta característica ubicó a Chile solo detrás de Francia, Australia e Italia, y frente a competidores como Estados Unidos, con 6,71% del mercado, España, con 5,45%, y Argentina con 2,65% (Agro Carne: 2009).

Chantal Chi, del *Meininger's Wine Business International* (2008), afirma que los vinos a granel de Chile aumentaron a más del doble en 2007, representando el 70% de la cuota de mercado; sin embargo, muy poco del vino a granel se envasa en China. Mientras que los vinos chilenos han experimentado un 133% de crecimiento respecto a 2006, las exportaciones a granel australiano y español se redujeron en un 27% y 66%, respectivamente. A pesar de su precio más bajo por litro (0,47 centavos de dólar), los vinos españoles a granel solo ocupan el tercer lugar detrás de Chile y Australia (*China Wine Online*).

Sin lugar a dudas, China constituye uno de los mercados prioritarios para la industria vitivinícola chilena, que ha visto crecer sus exportaciones en un 300% entre 2006 y 2010, convirtiendo a Chile en uno de los principales proveedores de vino de ese país, tanto embotellado como a granel, pasando de US$ 20 millones el 2006 a US$ 83 millones 2010. Actualmente, insistamos, Chile es el principal proveedor de vino a granel de China, cerrando 2010 con embarques valorados en US$ 40 millones, lo que equivale al 35% de las importaciones chinas de vino en envases de más de dos litros.

En la misma línea, durante 2010 Chile fue el cuarto mayor proveedor de vino embotellado, con operaciones por US$ 37 millones, especialmente ensamblajes de cepas y variedades específicas como Cabernet Sauvignon, Merlot y Carménère. Durante 2011 los embarques de vino a China, hasta el mes de septiembre, totalizaban más de US$ 67 millones, de los cuales US$ 59 millones eran a China continental y poco más de US$ 9 millones constituían envíos a Hong Kong, con una proyección superior al desempeño de 2010 (*El Mostrador*, 4 noviembre 2011).

En resumen, China continúa siendo un mercado relativamente joven y difícil de evaluar. Sea cual sea el tamaño real de su mercado, presenta un gran potencial a largo plazo, como se puede prever. De todas formas, Asia representa actualmente el principal destino de las exportaciones chilenas. Según el U.S. *Wine Institute* (2009), a pesar que solo el 8,3% de la población puede permitirse el lujo de beber vino en China, esta cifra incluye a 100 millones de personas. Este mercado asiático también adquiere mayor interés debido a un cambio de actitud de sus consumidores: más mujeres beben ahora vino que antes. Además, numerosas revistas populares y periódicos ensalzan los beneficios de beber vino. El crecimiento potencial del mercado también podría ser impulsado por posible reducción prevista a los impuestos de importación, especialmente debido a su afiliación a la Organización Mundial del Comercio (OMC), así como por las oportunidades de mercado creciente en las ciudades situadas en la parte más desarrollada del este de China.

Mientras que el consumo de vinos ha penetrado a China y otros países asiáticos, otros grandes mercados exportadores como el de Estados Unidos, Canadá, Sudáfrica, Australia y Chile han experimentado un crecimiento más estable. Sin embargo, el vino francés aún continúa teniendo una gran influencia en dicho mercado. Abundantes sectores de su población consideran al vino francés como uno de los más destacados. No obstante, más allá de esta visión, destacan los enormes esfuerzos promocionales llevados a cabo por el gobierno francés conjuntamente con productores y exportadores para la promoción y comercialización de sus productos en el exterior. Dicha gestión y la excelencia de sus productos han logrado asentar fuertemente el vino francés en el mercado chino. En este sentido, los productores vitivinícolas chilenos deberán evaluar sus estrategias promocionales para hacer sus productos más conocidos y aceptados por los consumidores locales, si pretenden compartir o competir en este atractivo mercado. Insistamos, una vez más Chile necesita trabajar fuertemente para construir su propia imagen como país productor de vinos y continuar ofreciendo productos de calidad.

El mercado en India

Con una población de 1.100 millones de habitantes, el sector consumidor de este mercado se estima en 320 millones de habitantes y se presume que durante la próxima década se agregarán otros 20 millones de consumidores, anualmente. Esta característica del mercado Indio lo convierte en una seductora plaza para alimentos y otros productos chilenos que, entre otros, incluyen vinos, frutas deshidratadas, jugos concentrados, conservas de frutas y vegetales, aceite de oliva, vinagre, salmón y trucha, productos ahumados, conservas productos del mar, semillas y hortalizas. Además presenta oportunidades en madera aserrada, papel y cartones, fertilizantes, productos químicos, equipos e insumos mineros.

La expansión de la economía chilena hacia el mercado de India se inició a comienzos de la década de 1990, situación que generó un gran incentivo para los productores de vinos chilenos. Cuando en 1999 el gobierno de la India abrió definitivamente las puertas de su país, uno de los 10 más poblados del mundo, y permitió la libre importación de vinos y otras bebidas alcohólicas, se transformó en un lugar enormemente atractivo para la industria mundial de ese producto, en términos de valor y volumen. El consumo de vino el año 2008 alcanzó a 1.449 millones de cajas de 9 litros, equivalente a 17,38 millones de botellas, un incremento del 372% respecto al año 2004.

El informe de Vinexpo/iwsr (2010) pronosticaba un aumento significativo del consumo e importaciones de vinos en dicho mercado, durante los próximos años. El número de importadores de vinos, quienes no eran más de 35, comenzó a aumentar lentamente y aún continúa haciéndolo, si se tiene en cuenta que muchos son recién llegados y otros antiguos, que habían dejado de importar vinos debido a las estrictas leyes existentes, los elevados derechos del pasado y un mercado restringido, que hoy día se ha expandido bastante rápido (Indian Wine Academy: 2008). Se estima que el consumo del vino ha crecido a una tasa anual del 35% al aumentar de 4,6 millones de litros en 2008 a 14,7 millones de litros en 2012. Respecto al tamaño de mercado del vino en general, se asevera que aumentó de US$ 160 millones en 2008 a usd 560 millones en 2012 (ProChile 2012).

Hasta el año 2006 India producía 400.000 cajas de vino anualmente y el país consumía 5,5 millones de litros (iwa: 2008). Un hecho poco conocido es que las tres cuartas partes del vino que se consumía en India eran producidas por 30 viñas, de las cuales las tres más grandes eran Chateau Indage, Sula Vineyards y Grover Vineyards (*Ibíd.*). En términos de calidad, el 41% del vino consumido era Premium nacional, mientras que el 37% eran Premium internacional, 18% corresponde a vinos embotellados importados y un 4% a vinos a granel también importados. De acuerdo al tipo de vino comercializado, el 45% de las ventas eran vinos tintos y 40% blancos, 13% eran vinos espumosos y 2% vinos rosé (*Ibíd.*). Cifras estimadas indicaban que el mercado de vinos tendía a expandirse rápidamente, mostrando un gran potencial para los años venideros (*Wines & Vines*: 2007).

Efectivamente, durante los últimos años, el crecimiento del consumo de vinos se ha incrementado en alrededor de un 20% (*Ibíd.*). Comparados con el consumo de otros licores, el de vino ha sido insignificante, aunque los expertos auguran un fuerte incremento a pesar de ser este un mercado muy complejo. Observemos algunos de los principales obstáculos que dificultan la entrada en este mercado.

Aranceles nacionales

Uno de los principales problemas enfrentados por los vinos extranjeros son los altos aranceles que deben cancelar al ingresar a India. En efecto, los vinos en dicho país cancelan tres tipos de impuestos aduaneros para todos los vinos extranjeros. El primero es el llamado arancel básico y que corresponde a un 150% sobre el valor del CIF[11], o sea el valor que el vendedor aporta, para cubrir los costos que produce el transporte de la mercancía, ya sea por vía marítima al puerto de destino, o por vía terrestre a un hito determinado que puede ser un paso fronterizo o un punto terminal. Un segundo impuesto llamado Central Excise Education Cess es de un 3% sobre el valor CIF, y finalmente el Custom Education Cess, también de un 3% sobre el arancel básico. Lo anterior limita el consumo de vinos solo a los turistas y sectores con altos ingresos, quienes constituyen los principales canales de comercialización de este producto. En julio de 2007, sin embargo, las autoridades Indias disminuyeron los impuestos sobre vinos, cervezas y licores importados, medida que fue muy bien recibida por las empresas extranjeras, aunque aún continúan considerándolos excesivos (*Indian Wine Academy*: 2008).

ARANCELES ESTATALES

India es un país dividido administrativamente en 32 Estados, donde algunos de ellos cuentan con franquicias para importar y comercializar vinos, mientras que en otros sus transacciones están simplemente prohibidas. Al mismo tiempo, la publicidad de vinos y licores en los medios de comunicación locales también está prohibida y solo puede efectuarse de una manera encubierta.

EXCISE DUTY O IMPUESTO ESTATAL

Los diferentes estados de India aplican adicionalmente un arancel estatal diferenciado a vinos y licores, conocido como *excise duty*. En otras palabras, ciertos Estados cobran un impuesto adicional que fluctúa desde un 35% sobre el precio máximo de venta a otros que no aplican ningún impuesto.

EXCISE BONDS

Las empresas distribuidoras de vinos y licores también se encuentran sujetas a una ley de impuestos especiales, denominada *excise bonds* y deben estar en posesión de una licencia para comercializar los productos y que es requerida en los diferentes Estados del país. Cada marca comercial debe estar registrada

---

[11]   Abreviatura del inglés Cost Insurance and Freight, o Costo, seguro y flete.

individualmente y pagar una onerosa tarifa anual para mantenerla. En Delhi solamente, la licencia para comercializar vinos, cervezas y licores tenía un costo de 8.000 euros por cada año fiscal comenzando en abril de cada año y que expira en marzo del próximo. Más aún, si una licencia está activa únicamente por un mes, se debe cancelar la misma cantidad antes que una sola botella de vino o licor sea vendida; es decir, no existen licencias separadas y menos onerosas para comerciar exclusivamente vinos (*Indian Wine Industry Report:* 2009).

Estas medidas restrictivas incluyen suficientes barreras para los nuevos viticultores, quienes, por lo general, suelen utilizar los servicios de agentes contratistas en posesión de dichas licencias. La comisión a pagar por estos dos servicios solamente varía entre 10 y 20% del costo del vino. La regulación afecta la viabilidad de los pequeños importadores, quienes se ven obligados a alquilar los servicios de los agentes establecidos. A pesar de todo, nuevos importadores de vinos están intentando hacer un lugar para ellos a la espera de una eventual expansión futura.

REGULACIONES DE INGRESOS DE LOS PRODUCTOS

Los vinos importados que ingresan a India se guardan en los almacenes de aduana hasta que el importador cumpla con todos los requisitos solicitados para liberar los vinos, que incluye: el registro de la marca en los Estados donde se va(n) a vender el(los) producto(s); pago de aranceles, exceptos los para uso del cuerpo diplomático; mostrar que los vinos cumplen con los requisitos del Bureau of Indian Standards, permiso para transportar los vinos desde la aduana hasta el destino declarado.

El Departamento de Excise es el que finalmente otorga el permiso de entrada en un Estado, el registro de cada marca y el permiso de transporte de vinos. Sin embargo, como dijimos anteriormente, hay Estados que imponen sus propios impuestos y condiciones.

Finalmente, el etiquetado de las botellas también tiene ciertos requerimientos. Este puede ser el mismo de origen, incluso la misma información e idioma; sin embargo, deberá incluirse en el mismo etiquetado o en otro adicional la siguiente información (en inglés): contenido de unidades, nombre del producto, nombre y dirección completa del importador, lugar de embalaje o embotellado, país de origen, grado de alcohol, precio máximo al consumidor minorista, y otros detalles. Esta responsabilidad recae en el agente distribuidor, dependiendo del Estado donde se va a comercializar (ProChile: 2012).

Dentro de este panorama, India es un mercado prometedor para los productores de vino y exportadores chilenos. Desde que el 8 de marzo de 2006, cuando Chile firmó con India un Acuerdo de Tratado Parcial de Comercio (PTA), que luego se convirtió en el Acuerdo de Cooperación Económica (EPA), varias empresas chilenas del sector privado, incluyendo la industria vitivinícola, esperaban ansiosas la materialización de este convenio. De acuerdo con la agencia gubernamental ProChile (2006), durante el periodo 2004-2005, el comercio total de Chile con India fue de US$ 447,5 millones. *The Economic Times* (junio de 2009), indicaba que el comercio bilateral entre ambas naciones durante el periodo 2007-2008 alcanzó a US$ 2,1 mil millones, equivalente a un 0,50% del total del comercio en India. Una gran suma para Chile, pero insignificante para la gigantesca en India. El año 2008 el comercio bilateral aumentó en un 600%, ingresando al país alrededor de US$ 2,3 mil millones comparado con los US$ 300 millones en 2004, previo a la firma del tratado (*Financial Express* 27/3/2009).

Las exportaciones de vinos chilenos durante el año 2004 sumaron US$ 600 millones anuales, de un total de US$ 20 mil millones correspondientes al total de las exportaciones nacionales, donde el cobre por sí solo aportaba casi US$ 8 mil millones, y US$ 2 mil millones por concepto de frutas frescas (Padmanabhan: 2004). En el año 2007 el valor de las exportaciones de vino chileno a India alcanzó a US$ 1.250 millones, representando un crecimiento del 35% con respecto al año anterior, según datos facilitados por Vinos de Chile (2008).

Las viñas que actualmente han conseguido mantener una presencia activa y regular en el mercado de India incluyen a Viña Concha y Toro, con un 12,1%, seguido por la Viña Tarapacá, con un 10,2%, Viña Montes y un 8,5%, Viña Casa Lapostolle, con un 8,2%, Miguel Torres con un 8%, Anakena con un 5,1%, Rothschild con un 2,5%, Viña Valdivieso con un 1,9% y Viña Santa Ema con un 0,9% de la cuota de ese mercado (todovinos.cl).

Concluyendo, el tamaño de mercado del vino en India se ha incrementado notoriamente. La estrategia chilena seguramente continuará siendo la de promocionar vinos de calidad, orientado a los segmentos medio altos, puesto que no es necesario competir con el vino local, sin tradición vitivinícola, y el vino a granel, embotellado localmente.

El mercado japonés

El mercado del vino en Japón se encuentra en pleno desarrollo, ya que aún presenta una alta complejidad, principalmente porque este no es una bebida habitual en Japón. Su consumo es más bien reciente (Arahata, 2004). Las bebidas alcohólicas consumidas ancestralmente por los japoneses incluyen a la cerveza (39%); el *happoh-shu* (14%), una especie de cerveza japonesa; el *sake* (13%), el *shochu*, bebida alcohólica destilada de cebada, camote y arroz (12%), y el vino (2%) (ProChile, 2009). Según cifras de ICEX (2011:5), el consumo de vino por adulto al año en ese país es de 2,4 litros. En consecuencia, ingresar al mercado del vino de los japoneses constituye un gran cometido y beneficio debido al enorme volumen de su población y el elevado poder adquisitivo[12].

Según ProChile (2009), el auge del vino en Japón se inició alrededor de 1998 como resultado de algunos estudios científicos que indicaban la presencia de ciertos elementos antioxidantes debido a la alta composición de taninos que contiene el vino tinto chileno. Unos pocos años más tarde el auge por este producto comenzó a declinar y los japoneses retornaron a su rutina habitual de consumo. Sin embargo, el mercado aún muestra una abundante oferta de vinos chilenos que ha originado un descenso sostenido en los costos de los vinos importados por Japón.

Respecto a la composición de la oferta de vinos extranjeros, los productos franceses llevan lejos la delantera, a pesar que el mercado japonés no se caracteriza por su sofisticación. Los consumidores de vino aún no diferencian muy bien entre la variedad de vinos, ni tampoco entre las diversas cepas (*Ibíd.*). Si se agrega el factor valor por unidad de los vinos en este mercado, las cifras indican que los más costosos son aquellos más demandados por los japoneses, a pesar de la continuada caída de sus precios. Así, entonces, los vinos más caros son aquellos que tienen mayor demanda y circulación en el mercado japonés.

Dingemans (2012) sostiene que una posible explicación a este contrasentido sería la forma de inserción de las viñas chilenas en dicho mercado. En efecto, consciente de que los vinos nacionales no pueden competir (aún) en estatus y prestigio con los vinos franceses, se ha optado por exportar vinos que poseen una buena relación precio-calidad. Esto indica que dentro de la categoría precio el vino chileno sería la mejor opción para el consumidor japonés. Sin

---

[12] Tomado de Alfonso Dingemans. *La necesidad de una estrategia exportadora chilena. El caso de la exportación de vinos chilenos a Japón.* AKADEMIA, Revista Digital, Universidad UCINF.

embargo, la señal de bajo precio para un consumidor japonés insinúa que el vino chileno no posee la misma calidad del vino francés. De este modo, Dingemans concluye, correctamente, que la estrategia de aumentar la participación en el mercado con precios comparativamente más bajos, a largo plazo, no es productivo si el objetivo es establecerse como un vino de calidad con alto valor agregado.

En el caso de los vinos argentinos, estos presentan ciertas inconsistencias en la estabilidad de su calidad. Sin embargo, como el volumen de sus exportaciones a Japón es bastante menor, han preferido centrarse en la solidez de su calidad y de este modo han logrado conseguir un mejor precio y venta en esa plaza. Este factor explica por qué los vinos argentinos son más apreciados que los vinos chilenos en ese difícil entorno. Así, entonces, más que basar la estrategia chilena en precios más bajos, resultaría quizás más conveniente aplicar la fórmula argentina de exportar vinos Premium para posesionarse en dicho mercado (*Ibíd.*).

La premisa anterior también incluye otras complicaciones. En efecto, si bien las agencias chilenas como ProChile y otras han llevado a cabo intensas campañas por posicionar el vino chileno como un producto de alta calidad, algunas grandes empresas chilenas entran al mercado con vinos en el rango de precio más bajo y deben competir con algunas viñas chilenas pequeñas con sus excelentes productos Premium o boutique. Dado que la imagen país de Chile es débil y que el consumidor japonés no es aún muy sofisticado en materia de vinos y no diferencian bien la diversidad entre las viñas chilenas, ambas estrategias de inserción en el mercado compiten entre sí.

Otro problema de la estrategia chilena para establecerse no tan solo en el atractivo mercado japonés, ha sido la casi nula consideración, sensibilidad y desconocimiento cultural de los consumidores internacionales por parte de las agencias privadas y gubernamentales como ProChile. En efecto, sus programas y estrategias promocionales de los productos chilenos son "envasados" con un contenido único y se aplica por igual en cualquier país, como un todo. Es así como las actividades promocionales consisten en la organización de ferias internacionales, seminarios, muestras, envío de misiones, distribución de folletos, degustaciones, entre otros. Sin embargo, este "empaquetamiento" unilateral no incluye ni considera los hábitos, costumbres y valores culturales propios, de los potenciales consumidores de nuestros vinos[13]. Lo mismo ocurre

---

[13]   Uno de los grandes problemas de la cultura chilena, fuertemente incrustada incluso en sus propias instituciones de gobierno, es no entender su propio carácter multicultural, situación

con otros mercados tan disímiles, pero importantes, como el japonés, indio, chino y europeo, entre otros.

Otro problema con el ingreso y comercialización de los vinos chilenos en el mercado japonés se debe a la falta de elementos que permitan evaluar los programas promocionales. En general, más allá del control financiero-contable, dichos mecanismos han sido básicamente informales. Digimans (2012), sostiene que ello se debe a que los funcionarios de las oficinas locales de Pro-Chile consultan tanto con las empresas chilenas como las locales en los países envueltos en dichas actividades, información que posteriormente es remitida a Santiago. Este sistema entorpece la clasificación de las actividades promocionales, debido a que no es posible analizarla de una manera sistemática en base a objetivos definidos anteriormente por medio de una estrategia sectorial o nacional. Una vez más, entonces, la falta de coordinación dificulta el posicionamiento de los vinos chilenos como productos de calidad.

Concretamente, la implementación de un programa estratégico, con métodos precisos de evaluación, debería resolver las deficiencias observadas en el proceso de inserción del vino chileno en el mercado japonés. Esto haría posible ordenar los objetivos de los participantes con los de largo y mediano alcance. Sin embargo, también serviría para perfeccionar la aplicación de dicha estrategia para alcanzar los objetivos trazados.

Limitaciones del modelo exportador chileno

A lo largo de los años se ha desplegado una complicada red de instituciones que participan y brindan apoyo a la función exportadora. Sin embargo, lo que más llama la atención en la institucionalidad exportadora chilena es la falta de coordinación formal. No existe ninguna entidad que centralice y supervise las actividades de las diferentes instituciones, ni una estrategia explícita, con objetivos de corto y mediano plazo claramente definidos y verificables, que las orienten y evalúen. En su más reciente visita a Chile, Michael Porter –conocido por el desarrollo del concepto de competitividad a nivel de naciones (Porter: 1990)– afirmó que una de las principales debilidades del modelo económico chileno es precisamente la falta de una estrategia competitiva (Castro: 2011, 17 de mayo).

---

que los lleva a operar y a relacionarse con su propia realidad de una manera monocultural: el europeo. El mejor ejemplo es el tratamiento histórico a sus pueblos indígenas y a sus vecinos.

Sin lugar a dudas, el exitoso modelo exportador de vinos nacionales ha sido difícil. Sin embargo, su rápida expansión ha enfrentado una serie de limitantes que requieren una pronta atención para no quedarse atrapados en la competitiva red del mercado internacional. Examinemos algunas de las dificultades que los viticultores criollos deberán enfrentar y resolver en el futuro cercano.

ALMACENAMIENTO DE LA PRODUCCIÓN DE VINOS

Durante la última década del siglo xx y primera del xxi la irrupción de productores de vino chileno en el mercado internacional inquietaron, hasta cierto punto, el dominio de los exportadores internacionales tradicionales de vinos de Francia, Italia, España y Alemania, entre otros. Sin duda, Chile ha jugado un papel importante en este proceso con una industria vitivinícola en rápida expansión. En solo diez años (1992-2002) las exportaciones nacionales de vino se encumbraron de US$ 30 millones a US$ 600 millones anuales, a la vez que el número de productores-exportadores aumentó de 12 a 170 (BBC: 2002). A finales de la primera década del nuevo siglo, sin embargo, aparecieron algunas señales indicando que el potencial alcanzado por los productores chilenos en el mercado internacional se estaba debilitando o estancando. La producción de vino se había elevado a 900 millones de hectolitros cuando el mercado nacional e internacional solo podía absorber 600 millones, lo que pareció ser una advertencia de que el país podría convertirse en una víctima de su propio éxito (Enever: 2012).

El escenario anterior evidenciaba que los productores chilenos carecían de una estrategia conjunta para planificar y promover la industria vinícola nacional, lo que podría crear un problema de sobreproducción y perjudicarla seriamente. En otras palabras, debido al exceso de producción, tanto en Chile y el mundo, podría ocurrir una fuerte caída de los precios. La situación se complicaba y aún se complica, cuando se consideran los efectos de la recesión económica mundial de 2008, la cual se ha venido prolongando por un largo rato.

En este escenario, los productores chilenos han enfrentado un problema complejo, ya que el país carecía y aún carece de facilidades necesarias para el almacenamiento de la producción excedente de vinos. Un estudio realizado por el Ministerio de Agricultura, el año 2002, estimó que se necesitarían alrededor de US$ 700 millones en nuevas inversiones para construir sitios de almacenamiento (Lagman: 2002). Durante toda la primera década del siglo 21 no se hizo nada al respecto. Sin lugar a dudas, esta situación requiere atención inmediata, pero la pregunta obvia es: ¿quién va a tomar la iniciativa en este asunto? ¿Es el sector privado el más indicado para acometer esta empresa, o el

Estado, o una empresa mixta con fondos públicos y privados, o los inversionistas extranjeros? Este dilema requiere una pronta respuesta ya que el asunto está, aún, muy lejos de ser resuelto.

POSICIONAMIENTO DE UNA IMAGEN INTERNACIONAL

Contrariamente a que Chile se ha situado muy alto en la liga mundial de los exportadores de vinos, aún no ha sido capaz de establecer una fuerte imagen internacional de sus productos. Una clara y potente marca o cuño CHILE aún no existe. El país es todavía desconocido para los numerosos consumidores internacionales y los que han oído algo, lo primero que se les viene a la mente son el ex "dictador Pinochet", terremotos y maremotos (Van Tienhoven: 2008). Últimamente podríamos agregar el rescate de los mineros de Copiapó, el año 2010.

La marca CHILE, como región productora de vinos por parte de los consumidores internacionales, sin dudas requiere de una estrategia y mecanismos más agresivos para penetrar nuevos mercados con mayor eficiencia. También pareciera ser más beneficioso invertir en promover la figura global del país, en vez que las distintas regiones productoras compitan entre sí, tal como lo muestran algunos contenidos *on line* y otros materiales promocionales. Chile es un país pequeño y no puede permitirse el lujo de fragmentar su representación de productor de vinos en el extranjero. Los viticultores nacionales han comenzado a darse cuenta de que si la industria no actúa para hacer frente a esta carencia de una "imagen país", caerán por detrás de otros competidores como Argentina, Australia, Sudáfrica y Nueva Zelanda y otros.

Argentina, nuestro principal competidor en la región, exterioriza atributos muy propios y atractivos para los consumidores internacionales, que incluyen sus tradiciones ganaderas, el tango, el fútbol, la pampa, Buenos Aires, la Patagonia y, últimamente, el papa Francisco I. Estos son iconos con que los consumidores internacionales identifican a Argentina como país, y dicha imagen contribuye a fijar el posicionamiento de sus productos, incluyendo, ahora, sus vinos. En este sentido, los hechos sugieren que Chile pierde terreno frente a sus competidores. En efecto, entre 1999 y 2000 las exportaciones de vino chileno a Estados Unidos aumentaron un 15%. Las mismas cifras, sin embargo, también indican que las exportaciones de vino de Australia aumentaron un 37%, Argentina 51%, Nueva Zelanda 39% y Sudáfrica 36%, durante el mismo periodo (GAIN: 2004).

Concluyendo este punto, Chile necesita mejorar y profundizar su imagen de país vitivinícola, de forma que adquiera una denominación de origen propia, más consistente y de mayor prestigio en el ámbito internacional, tarea para lo cual se requiere de una estrategia integral que oriente los esfuerzos que realizan los diferentes agentes del sector.

PROMOCIÓN Y ESTUDIOS DE MERCADO

Una de las grandes dificultades enfrentadas por los viticultores nacionales en el pasado para captar el mercado internacional fue el fraccionamiento que existía entre las dos asociaciones vitivinícolas nacionales, Viñas de Chile y Chilevid. En un intento por hacer frente a las dificultades y divisiones del pasado, las dos asociaciones acordaron, finalmente, restablecer conjuntamente el organismo de promoción, Vinos de Chile, cuyas actividades habían sido suspendidas debido a prolongadas discrepancias.

Después de un largo periodo ambas entidades comprendieron la necesidad de trabajar unidas para enfrentar los desafíos de un nuevo mercado, esta vez más competitivo internacionalmente y diferente a los del pasado. De esta manera, se logró un acuerdo respecto a la necesidad y formas de constituir un frente común entre los productores de vino, sus asociaciones y el gobierno chileno, tanto en materias de promoción como desarrollo de estudios de mercado. Los productores chilenos necesitan posicionar sus vinos en el mundo; necesitan identificar, promocionar e instalar sus diferentes variedades y competir en un mercado voraz y altamente competitivo. Australia, Sudáfrica, Argentina y otros emergentes países productores de vino han establecido organizaciones especiales y comités de exportación, para observar estudiar y evaluar los mercados internacionales, para incorporar nuevas estrategias que les permitan promover y colocar sus productos fuera de sus fronteras.

Realizar un mayor esfuerzo promocional requiere estudios que faciliten una significativa intervención, participación y atrevimiento, para fortalecer la inserción en los mercados internacionales. Simultáneamente, las tecnologías de desarrollo de la industria vitivinícola deben orientarse a continuar profundizando la producción de vinos finos, planificación estratégica y posicionamiento de mercados, unidos simultáneamente a la implementación de activas campañas de marketing y publicidad.

DISTRIBUCIÓN DE VINOS

Otro de los mayores apremios y desafíos de la industria vitivinícola chilena ha sido participar más activamente en los procesos de distribución de los productos. De acuerdo con expertos, la distribución de vinos constituye una etapa en donde el exportador alcanza su mayor poder negociador y margen de precios. Sin embargo, por el momento, la distribución de vinos nacionales solo se ha usado como mecanismo para establecer alianzas estratégicas ofreciendo producción y calidad.

En esta etapa, entonces, se requiere una mayor intervención, participación y atrevimiento, como mecanismos para fortalecer la inserción en los mercados internacionales. Simultáneamente, los métodos de desarrollo de la industria vitivinícola deben orientarse a profundizar la producción de vinos finos, planificación estratégica y posicionamiento de mercados, a la vez que la implementación de activas campañas de marketing y publicidad. Los exportadores necesitan profundizar su conocimiento sobre los nuevos cambios que están ocurriendo en los diversos canales de distribución, donde, en la mayoría de los países, el poder de los distribuidores minoristas ha ido en aumento. En este contexto, la industria vitivinícola chilena necesita aproximarse más a retailers o agentes distribuidores y a los consumidores.

PERFECCIONAR EL SISTEMA DE INNOVACIÓN Y DESARROLLO

Según la agencia del Ministerio de Agricultura, ODEPA (2013), el actual sistema de innovación y desarrollo en materia vitivinícola que existe en el país muestra una capacidad muy limitada para impulsar un desarrollo tecnológico propio. En efecto, históricamente Chile ha estado y aún continúa fuertemente influenciado y acostumbrado a imitar a los grandes productores internacionales, situación que restringe fuertemente la posibilidad de desplegar un liderazgo en la implementación de nuevos productos. En este contexto, es necesario perfeccionar el sistema, para lo cual se está dando pasos muy interesantes con la creación de un Consorcio Tecnológico-Empresarial del Vino. El desarrollo de este nuevo organismo se sostiene en una alianza entre empresas y entidades tecnológicas, donde el sector productivo, desde su visión de negocios, converge con el mundo académico en las prioridades de la investigación.

Mirando hacia el futuro

1. A partir de 1990 la industria vitivinícola chilena aumentó considerablemente, tanto en calidad, valor, volumen de producción y exportaciones de vinos. A fines de la primera década del siglo XXI Chile continuaba posicionado como el quinto mayor exportador mundial de vinos, una perspectiva bastante fa-

vorable para un país pequeño y demasiado lejos de los principales mercados internacionales.

El crecimiento de la industria vitivinícola chilena incluye la modernización de sus procesos productivos, aplicación y estandarización de las normas internacionales que lo enmarcan en ese contexto y las exigencias de los acuerdos comerciales suscritos con varios países, como Estados Unidos, Canadá, Unión Europea, Rusia, China, Japón, India, entre muchos otros. Un aspecto positivo, por ejemplo, es que hoy en día más del 80% del valor total de las exportaciones de vino chileno corresponde a envíos de productos embotellados, algo que no ocurría hace algunos años. En consecuencia, la industria vitivinícola chilena actualmente exporta más vino embotellado que a granel.

Sin embargo, existen algunos aspectos a tener en cuenta, que podrían afectar la consolidación de los vinos chilenos en los mercados internacionales, y es ahora cuando estos elementos podrían pasar a ser un factor clave para el fortalecimiento de sus exportaciones futuras. La forma en que el mercado mundial del vino funciona actualmente muestra la necesidad de reforzar la singularidad, la novedad y la identidad de los vinos chilenos, explicitando los elementos fundamentales que lo diferencian de otros productores extranjeros, que operan en un mercado internacional cada vez más competitivo.

El crecimiento constante de las exportaciones nacionales en este periodo ha puesto en marcha un importante proceso en la industria del vino, con nuevos productores ingresando al mercado y cuyo objetivo principal es unirse a esta industria que factura más de mil millones de dólares en exportaciones al exterior. Sin embargo, las continuas fluctuaciones del dólar han afectado a los nuevos productores, reduciendo algunas de sus expectativas. La situación ha sido compensada, parcialmente, por el aumento del precio promedio del vino embotellado exportado, el creciente prestigio internacional alcanzado por sus productos y los nuevos mercados abiertos a través de la firma de importantes tratados comerciales internacionales.

Algunos productores de vino vendieron sus viñedos, mientras que otros los han reemplazado con nuevos cultivos y algunos continúan trabajando con el objetivo de ingresar en mercados alternativos como China, Japón y demás países asiáticos que están empezando a consumir vino. También mencionamos el mercado de India, en el cual un porcentaje de sus habitantes empieza a irrumpir en la cultura del vino y donde la densidad de su población promete muchísimos millones de nuevos y potenciales clientes. Sin dudas, esta es la parte más promisoria de la industria vitivinícola chilena: producir para vender vinos embotellados y, en el mejor de los casos, en grandes cantidades y al mejor precio posible.

Comercialmente hablando, parece que no existe nada malo y todo se ve muy bien, desde una perspectiva donde el vino es considerado únicamente como otro producto de exportación; es decir, cuando la producción promedio predomina sobre la búsqueda de un mayor nivel y singularidad del producto ofrecido. Sin embargo, esta estrategia o conformismo podría resultar perjudicial para el futuro de la industria vitivinícola chilena, enfrentada a una competencia cada vez más fuerte con los grandes productores mundiales de vino. En el corto plazo, entonces, las exportaciones chilenas de este producto deberían seguir creciendo sin problemas. Sin embargo, las ventas a mediano y largo plazo en el extranjero solo podrán continuar y aumentar siempre y cuando las vides chilenas ofrezcan vinos que denoten en sus aromas y sabores las particularidades de los cultivos de los cuales son el resultado. En otras palabras, las viñas chilenas necesitan realzar, valorar, respetar y acentuar las particularidades de los productos de sus viñedos; el lugar y el clima donde crece y madura su uva; la experiencia y la familiaridad de la gente que trabaja en esos viñedos y las instalaciones en que producen el vino. De una vez por todas, las empresas chilenas de vino deben valorar, revelar y hacer que los consumidores en el extranjero comprendan los elementos y las características especiales de sus tierras, frutas, clima y población.

Los vinos chilenos necesitan consolidarse mundialmente como un producto de calidad y no como una mercancía más que se puede elaborar en cualquier país productor de vino. Como indicáramos anteriormente, el nombre de la marca Chile no debe ser solo una cuestión de marketing sino que, además, un elemento diferenciador que va incluido en su envase. Vinos pueden elaborarse en cualquier lugar, tanto en Chile como Nueva Zelandia, Sudáfrica, Australia o Argentina. La originalidad consiste en refundar la industria vitivinícola chilena, tarea fundamental para reconocer e identificar sus productos sin tener que parecerse o imitar modelos extranjeros, como suele ocurrir[14]. Es decir, Chile debería alejarse de la homogeneización productiva y su globalización. El país tiene los elementos para ubicarse por delante de modelos extranjeros y no ser un simple imitador de iniciativas productivas extranjeras, sin tener en cuenta

---

[14]   La casi totalidad de las páginas Web, publicidad y publicaciones acerca de los vinos chilenos, por ejemplo, insisten majaderamente acerca del origen, características y bondades de las uvas y vinos franceses que se cultivan y elaboran en Chile, como si esto fuera el elemento crucial para medir la calidad de un producto. En este sentido, se continúa el sentido imitativo tradicional utilizado desde el siglo XIX (efecto espejo), sin que se logre desarrollar una imagen país autóctona y original de sus productos, que no necesariamente tengan como reflejo los de Europa u otras regiones.

las particularidades y necesidades específicas que posee, además de su gran potencial innovador. Insistamos, los productores chilenos deben aventurarse a ocupar un papel de liderazgo internacional en la producción de sus vinos y comprobar que poseen todos los elementos para proyectar la industria hacia el futuro. Los elementos están, solo se debe tomar la iniciativa y continuar adelante.

2. A partir del año 1975, cuando la economía chilena enfrentó drásticas y prologadas transformaciones en su estructura bajo la supervisión de los "Chicago Boys", el sector privado, y muy especialmente el sector exportador, pasaron a ser considerados el eje central del desarrollo económico. Este nuevo modelo económico impuesto por los militares desmanteló totalmente al anterior, más conocido como el "modelo de desarrollo hacia adentro", o como la "industrialización sustitutiva" o industrialización por "sustitución de importaciones", centrado en una fuerte injerencia del Estado, y que estuvo vigente durante el periodo 1929-1973.

A lo largo de los años, sin embargo, y a partir del retorno a la democracia en 1989, se ha desplegado una compleja red de instituciones que intervienen, participan y brindan un fuerte apoyo a la actividad exportadora. Sin embargo, lo más notorio en esta intrincada institucionalidad exportadora chilena, tanto privada como pública, es la manifiesta falta de coordinación entre ellas. No existe ni una entidad que centralice y supervise las actividades de las diferentes instituciones. Tampoco se observa una estrategia determinada, con objetivos de corto, mediano o largo plazo, claramente definidos y verificables, que orienten y evalúen dichas instancias. Las razones parecen ser que el factor más relevante para explicar tal insuficiencia es el estancamiento del desarrollo del sector exportador chileno en sus diversas acciones, siendo la más importante la falta de innovación y valor agregado en los productos transables (Dingemans: 2012). El problema pareciera ser que una de las principales debilidades del modelo económico chileno es precisamente la falta de una verdadera estrategia competitiva[15] (Castro: 2011, 17 de mayo).

3. Finalmente, otro aspecto a destacar es que el número de extranjeros que visitan Chile aumenta cada año. La mayoría de los turistas viene de lejos, porque quieren conocer este país del vino ubicado en el extremo más al sur del

---

[15]   Castro C. (2011: 17 de mayo). "Michael Porter alaba políticas macro de Chile pero afirma que el país no tiene estrategia competitiva", *Diario Financiero*. En http://w2.df.cl/michael-porter-alaba-politicas-macro-de-chile-pero-afirma-que-pais-no-tiene-estrategia-competitiva/prontus_df/2011-05-17/100726.html. Obtenido el 30 de junio del 2011, por Alfonso Dingemans (*óp. cit.*).

continente sudamericano. Vienen a conocer una región enclaustrada entre la cordillera de los Andes y el océano Pacífico, entre el fin del mundo en el sur y el desierto más seco del planeta en el norte, lo que constituye una de sus características distintiva más notable.

Una vez en Chile los visitantes extranjeros observan que el consumo de vinos nacionales es muy escaso. En un país productor como Chile sus habitantes beben muy poco vino (16 litros per cápita al año) y en general también beben vinos de baja calidad, teniendo en cuenta que el promedio de ventas de los vinos chilenos en el mercado externo comienza alrededor de unos pocos dólares la botella. Fuera de escasas excepciones, la selección de vinos que ofrecen la mayoría de los hoteles, bares y restaurantes nacionales no es de las mejores. Esta situación no tiene sentido considerando que Chile es el quinto mayor exportador de vino del mundo. Los productores de vinos necesitan congraciar al mercado nacional con los consumidores locales, quienes pueden convertirse, potencialmente, en importantes agentes de promoción de los vinos chilenos.

Algo similar ocurre fuera del país. En el pasado, los chilenos que vivían en el extranjero, en gran parte exiliados, fueron capaces de poner en marcha campañas increíbles para boicotear los productos nacionales, incluidos sus vinos, para así expresar su repudio a la junta militar que gobernó Chile entre 1973 y 1989. Una vez que la democracia fue restablecida, hace ya varias décadas, y el país se transformó en un modelo internacional en materias económicas y políticas, los chilenos residentes en el exterior también deberían ser atraídos, esta vez, para convertirse en agentes de promoción de los productos nacionales. Actualmente no existen razones para no hacerlo y en la mayoría de los países con chilenos avecindados en algún rincón del planeta lo realizan, sin coordinación e interacción con los productores nacionales.

4. El trabajo realizado por las viñas chilenas durante este periodo, con resultados gratificantes, el prestigio alcanzado por los vinos chilenos internacionalmente, las características singulares de las tierras de este país del vino, el clima y las personas que laboran en su industria, son, ciertamente, algunas de las herramientas primordiales para mover esta actividad algunos pasos adelante. Más aún, a pesar de la utilización de nuevas tecnologías y fórmulas de comercialización, la industria del vino aún requiere de nuevas formas, prácticas y enfoques para promover lo que Chile realmente es: su geografía, su clima, sus peculiares formas de cultivo y cosecha de la uva; es decir, un poco más de las singularidades del país.

Para concluir, digamos, con pesar, que el sector agrícola nacional, incluyendo la producción de vinos, frutas y hortalizas, no representa más del 4,8% del Producto Interno Bruto (PIB) del país. A pesar de todo, la industria vitivinícola nacional es cada vez más importante para la economía nacional, por dos razones: en primer lugar, el vino es una de las principales exportaciones del país y, en segundo lugar, otros habitantes del planeta están empezando a conocer Chile por su producción de vinos. Es muy probable que cuando la recesión económica mundial concluya, la industria vitivinícola nacional pueda alcanzar una gran popularidad internacional y convertirse en uno de los segmentos más importante de la economía del país. Sin embargo, hasta el momento, Chile y los chilenos aún seguimos en deuda para ser apreciados realmente como el país del vino.

Bibliografía

Abate Molina. *Ensayo sobre la historia natural de Chile* (1782).

Affonso Alamiro (1971). Movimiento Campesino Chileno. icira, 1971.

Agosin M. R. (1999), "Comercio y crecimiento en Chile". Revista de la cepal. Agosto 1999.

Alvarado-Moore Rodrigo. *Consumo de Vino en Chile: Visión Histórica.* Enero 2006.

Alvarado-Moore Rodrigo. *Historias de Chile en Blanco y Tinto.* Santiago: Editorial Universitaria, 2008).

Alvarado-Moore Rodrigo. *Sinopsis de la Vitivinicultura chilena.* Santiago, Asociación Nacional de Viticultores, Boletín de divulgación #1 Mimeo. 1967.

Alonso de Ovalle. *Historica relacion del Reyno de Chile y de las missiones y ministerios que exercita en él la Compañía de Jesús,* Roma, 1646.

Andes Wines. 2009.

AgroMeat. *Vino chileno apunta al consumidor joven en China* (27 de mayo 2009).

Arahata K. (2004). "The wine market in Japan: Market competition among exporting countries and the strategy of US wine." Trabajo presentado en American Agricultural Economics Association Annual Meeting, Denver, Colorado, agosto 2004.

Asociación de Exportadores y Embotelladores de Vino de Chile (aeev).

Araya Pochet Carlos. *Historia de América en perspectiva latinoamericana,* p. 52, euned, 1995. Fuente: Rolando Mellafe.

Aránguiz Donoso, Horacio y Rodríguez Salas Cristián. Tradicionalismo y cambio agrícola en Aconcagua: Elementos para su compresión. En *Historia,* Vol. 29, 1995-1996:5-42. Instituto de Historia, Universidad Católica de Chile.

Archivo Nacional, Intendencia de Coquimbo (en adelante anic), Vol. 309, Parroquia de Mincha, Censo de Población de 1854.

Armijo Gladys *et al. La actual urbanización del mundo rural de la R. M (Área sur y sus efectos sobre el hábitat a campesino, Actas* xvii *Congreso de Geografía, Chile.* Universidad de La Serena, Chile, 1996.

Arocas Pérez Ernesto; Martini Armengol Gabriela; Radrigán Rubio Mario. *Situación Actual del Cooperativismo en Chile.* Pro-Asocia, Facultad de Ciencias Sociales, Universidad de Chile 2003.

Arroyo Gonzalo S.J. *Reforma Agraria del Arzobispado de Santiago.* Revista Mensaje # 112, septiembre, 1962, Santiago, Chile.

Asselot Pierre. El paisaje del vino. arq, Universidad Católica de Chile, # 54, julio 2003.

Barría C. 2000b. *Cauquenes como zona ecológica protegida*. En www.chilevinos.com

Barros Arana Diego. *Historia General de Chile* I. Linkwua S.L. 2007.

Barros Arana Diego. *Historia General de Chile*. Editorial Universitaria. 2000.

Barrowclough Solón. "Reforma Agraria. Historia y Perspectivas", en *Cuadernos de la Realidad Nacional*, ceren Universidad Católica de Chile, Centro de Estudios de la Realidad Nacional, N° 7. 1971.

Bravo Acevedo Guillermo. "La administración económica de la hacienda jesuita San Francisco de Borja de Guanquehua". En: Sandra Negro y Manuel M. Marzal, *Esclavitud, economía y evangelización: las haciendas jesuitas en la América Virreinal*. Lima, Perú, Editorial Pontificia Universidad Católica del Perú, 2005: 377-394.

Bellisario Kramm Antonio Cristián. *La cuestión de la tierra y la transición chilena al capitalismo*. Desarrollo. Vol. 40, N° 156, enero-marzo, 2009.

Benavente José Miguel. "Wine Production in Chile" in *Technology Adaptation and Exports*. Edited by Vandana Chandra, Washington DC: World Bank, 2006.

Bauer Arnold J. Chilean *Rural Labor in the Nineteenth Century*. The American Historical Review, Vol. 76, N° 4 (Oct., 1971).

Bauer Arnold J. *Chilean Rural Society from the Spanish Conquest to 1930*. Cambridge University Press, 1975.

Bauer Arnold J. *Expansión económica en una sociedad tradicional: Chile Central en el Siglo* XIX.

Bellisario Antonio. *The Chilean Agrarian Transformation: Agrarian Reform and Capitalist 'Partial' Counter-Agrarian Reform, 1964-1980*. Journal of Agrarian Change, Vol. 7 N° 2, April 2007, pp. 145-182.

Bengoa José. *Haciendas y Campesinos, Historia Social de la Agricultura Chilena*, Tomo 2, Editorial Sur, 1990.

Brethauer Toque. *Chilenos en Argentina: Unidos por la cordillera*. Wine Writer's Web 2006.

Bobadilla R. *Análisis de la industria vitivinícola chilena, periodo 1990-1999*. Tesis de la Facultad de Agronomía, Universidad de Chile. 2001.

Boletín de la Sociedad Nacional de Viticultores: 1897.

Boletín de la División de Alcoholes y Viñas. Noviembre 1969. sag, Ministerio de Agricultura.

Briones-Quiroz Félix. *Los inmigrantes franceses y la viticultura en Chile: El caso de René F. Le Feuvre. Universum* [online]. 2006, Vol. 21, no. 2, pp. 126-136.

Briones-Quiroz Félix. La industria Vitivinícola en Chile en el siglo xix. Universidad de Santiago, 1995.

Briones-Quiroz Félix. *La escuela de viticultura de Cauquenes: 1895-1905*. Revista de Historia. ISSN 0716-9108, Vol. 17, #. 2, Año 2007.

Briones-Quiroz Félix. *Misiones de estudio y vitivinicultura chilena: 1875-1900*. Tiempo y espacio, Año 17 Vol, 20 / 2008.

Bobadilla R. *Análisis de la industria vitivinícola chilena, periodo 1990-1999*. Tesis de la Facultad de Agronomía, Universidad de Chile. 2001.

Cádiz Fernando. El "milagro económico" chileno y su dependencia política de las empresas transnacionales. *Revista Economía Crítica y Desarrollo*. Enero 2004.

Camus Pablo. *Tenencia de la tierra y agricultura en Chile post Reforma Agraria*. Santiago de Chile 1998.

Caro Molina Pamela. *La industria del Vino y el Desafío de la Responsabilidad Social Empresarial*. Ediciones CEDEM: Julio 2006.

Carvallo y Goyeneche Vicente. *Descripción Histórico-Geográfica del Reino de Chile*, Colección de historiadores de Chile y de documentos relativos a la historia nacional. Impr. del Ferrocarril, Volumen 8-10. Santiago: 1861.

Castro Romero M.; Lardiés Bosque R. Movilidad espacial y trabajo agrícola de la población residente en el distrito de la laguna de Aculeo, Chile. Scripta Nova, Revista Electrónica de Geografía y Ciencias Sociales, Universidad de Barcelona, Vol. VI, n° 119 (40), 2002. [ISSN: 1138-9788] http://www.ub.es/geocrit/sn/sn119-40.htm

Cerón Irene. *Oferta exportable de productos agrícolas. Evolución y perspectivas*. CEP Estudios Públicos: N° 28, 1987. Santiago, Chile.

Centner C. W. "Relaciones comerciales de Gran Bretaña con Chile, 1810-1830, *Revista Chilena de Historia y Geografía* (RCEG), N9 103~(1943), p. 106.

Centner C. W. "Great Britain and Chilean Mining, *1830-1914", Economic History Review, XII (1942)*, 778 págs.

Comité de Inversiones Extranjeras (2000). *Trayectoria de la Inversión Extranjera en Chile, 1974-1999*. Vicepresidencia Ejecutiva, Comité de Inversiones Extranjeras República de Chile.

Cibbs J.A. The History of Antony and Dorothea Gibbs and the early years of Antony Gibbs and Son (Londres, 1922), pp. 393-4.

Colman Tyler. *The Sales Potential of Argentine Wine*. Wine Business Monthly: January 16-2007.

Collier Simon. *Chile: The Making of a Republic, 1830-1965*. Cambridge University Press, 2003.

Cortés Olivares Hernán F. *El origen, producción y comercio del pisco chileno, 1546-1931*. Revista Universum (Universidad de Talca) 20(2):48. 2005.

Contintanegra. Santiago, Chile: 2003.

Corvalán Luis. *El Gobierno de Salvador Allende*. Ediciones lom, Santiago de Chile 2003.

Correa Soledad y otros. *Historia del Siglo xx Chileno*. Ediciones lom, Santiago de Chile, 2007.

Corporación Chilena del Vino (ccv). Reporte 2009 (On line).

Coydan T. Iván, Rojas M. Álvaro y Díaz O. José. *El cambio estructural en la agricultura chilena: Tenencia de la tierra y empleo agrícola*. Universidad de Talca, Chile.

Crowley William K. *Chile's Wine Industry: Historical Character and Changing Geography*. Department of Geography Sonoma State University. 2000.

Cucumides Medina, Karla. *Temporeros: el lado oscuro de los tratados de libre comercio en Chile*. 08 / 2005.

Couyoumdjian Juan Ricardo. *Vinos en Chile desde la Independencia hasta el fin de la Belle Époque*. Instituto de Historia. Pontificia Universidad Católica de Chile. Historia N° 39, Vol. I, enero-junio 2006: 23-64.

Cunningham Graham R. B. (Robert Bontine), *Pedro de Valdivia, conqueror of Chile*, Westport, Conn.: Greenwood Press, 1974.

Chi Chantal. *Chile leads bulk wine charge to China*. Meinniger's Wine Business International: February 5th 2008.

De Blij Harm J. *Geography of Viticulture*. Miami Geographical Society, 1981.

De Ramón Armando y Larraín José M. Orígenes de la vida económica chilena. Editorial cep. Santiago, Chile, 1982.

Del Pozo José. *Historia del Vino en Chileno: Desde 1850 hasta hoy*. Editorial Universitaria. Santiago: 1998.

Del Pozo José. *Los empresarios del vino en Chile y su aporte a la transformación de la agricultura, de 1870 a 1930*. Universum [online]. 2004, Vol. 19, N° 2, pp. 12-27.

Diario del vino. Julio 21 de 2008.

Díaz Bahamonde José Gregorio. *Agricultura chilena, 1928-1960: productividad y exportaciones*. Instituto de Economía Universidad Católica, Chile, 2002.

Dickenson John. *Viticulture in Colonial Latin America: Essays on alcohol, the vine and wine in Spanish America and Brazil*. University of Liverpool. Institute of Latin American Studies. Working Paper #13.

Dingemans Alfonso. *La necesidad de una estrategia exportadora chilena. El caso de la exportación de vinos chilenos a Japón*. Akademia. Revista Digital Universidad ucinf.

Domínguez Oscar. *Sociología Rural*. Santiago de Chile, Editorial del Pacífico, 1965.

Duijker Hubrecht. *Wines of Chile*, Mitchell Beaxley 2000.

El Mercurio, 28 de Julio de 2001. *Con Pasta para bautizar*.

El Mercurio, 5 de Junio 2008, Santiago, Chile.

Enever Andrew. *Chile's wine industry revamps its image.* bbc News, 2002.

Exportaciones de vinos chilenos crecieron 7,6% entre enero y noviembre de 2005. –*La Segunda* Internet– Chile – 5/1/2006.

Fabiano Elena. *Informe Del Sector: La industria del vino en Chile.* 24 de febrero de 2009.

Fernández Labbé Marcos. *Rivalidades de aldea y gran sociedad vinícola: las organizaciones de productores vitivinícolas en Chile, 1870-1930. Universum* [online]. 2006, Vol. 21, n. 2.

Fernández Labbé Marcos. *Las comunidades de la sobriedad: la instalación de zonas secas como método de control del beber inmoderado en Chile, 1910-1930.* Scripta Nova. Revista electrónica de geografía y ciencias sociales. Barcelona: Universidad de Barcelona, 1 de agosto de 2005, Vol. IX, núm. 194 (59).

Fernández Labbé Marcos. *Los usos de la taberna: Renta fiscal, combate al alcoholismo y cacicazgo político en Chile:* 1870-1930. Instituto de Historia Pontificia Universidad Católica de Chile. *Historia* N° 39, Vol. 2, julio-diciembre 2006: 369-429.

Figueroa Virgilio. *Diccionario histórico, biográfico y bibliográfico de Chile, 1800-1928.* Santiago, Imprenta La Ilustración, 1928.

Focus Wine. 2009.

Furtado Celso. *Economic Development of Latin America: Historical Background and Contemporary Problems.* Series: Cambridge Latin American Studies (N° 8), 1976.

gain Report Number. ci90usda Foreign Agricultural Service: 3/3/2009. Global Agriculture Information Network (on line).

gain Report. *United States Department of Agriculture.* Foreign Agricultural Service (2007).

Gandarillas Manuel José. *Su Primera Vendimia en Chile.* El Censor, 1820.

Gallego José Andrés (2005). *La esclavitud en la América española,* Encuentro.

Gay Claudio. Vol. 45 (ex 54) pp. 12-24.

Gilbert Jorge. *Empresas Vitivinícolas Integradas y la cuestión del poder popular durante la Unidad Popular.* Department of Sociology, oise, University of Toronto, Canadá, 1978.

Global Agricultural Information Network. World Wine 2007; ReportCI6014. www.usda.gov

Goicovic Donoso Igor. *Estructura Familiar y Trabajo Infantil en el Siglo xix Mincha, 1854.* arcis. Revista de Historia Social y de las Mentalidades N° 5, invierno 2001, pp. 59-78.

Gómez Cerda Juan. *Canonizado el Padre Hurtado.* Fraternidad Maranatha, opl, República Dominicana, 2005.

Gómez Juan Carlos. *La frontera de la democracia. El derecho de la propiedad en Chile 1925-1973*. LOM Ediciones, Santiago de Chile, 2004.

Gómez-Olivares Mario. *El estado de la agricultura chilena y sus transformaciones de modernización*. Observatorio de la Economía Latinoamericana 62, junio 2006. Texto completo en www.eumed.net/cursecon/ecolat/cl/

Gómez Sergio. *Estructuras de clases en el campo. Chile.* Documento de Trabajo Programa FLACSO-Santiago de Chile. Número 169, diciembre 1982.

Gómez Sergio y Echeñique J. C. La agricultura chilena: Las dos caras de la modernización. FLACSO, Santiago 1988.

González-Fernández Rodrigo. *Historia de la Agricultura Chilena Siglo XIX*. Santiago, Chile 2003.

Guerra Martiniere Margarita. *La Ocupación de Lima (1881-1883) Aspectos económicos del Gobierno de García Calderón*, Tomo II, Lima, Pontificia Universidad Católica del Perú, 1996.

Guinand Laurent & Marti Rafael. *Wines & Vines.* January 1, 2007.

Heath B. Dwight (Editor). International Handbook on Alcohol and Culture. Greenwood Press. 1995.

Investopedia: 2009.

Induslatin. *Boutique Wineries, Elite Wine Travels the World.* October 2008 (on line).

Jara Álvaro. "El salario de los indios y los sesmos del oro en la Tasa de Santillán". En *Trabajo y salario indígena. Siglo XVI.* Ed. Universitaria. Santiago, 1987.

Jarvis S. Lovell. *The Long Term Agricultural Effects of Economic and Land Reforms in Chile, 1965-2000.* Center for Latin American Studies. University of California, Berkeley, 2004.

Johnson S H. *Vintage: The Story of Wine.* Simon and Schuster 1989.

Kay Cristóbal. *Globalización, agricultura tradicional y reconversión en Chile.*

Kearney A.T. Article in *China Daily*: Feb 2010.

Keeble T. W. *Comercial Relations between British Overseas Territories and South Anwrica*, 1806 1914 (Londres, Institute of Latin American Studies, Monographs N° 3, 1970).

Lacoste Pablo. *Complejidad de la industria vitivinícola colonial: Crianza biológica de Vino (Reino de Chile Siglo XVIII)* Latin American Research Review-Volume 42, Number 2, 2007, pp. 154-168.

Lacoste Pablo. *Viticultura y Política Internacional: El intento de reincorporar a Mendoza y San Juan a Chile (1820-1835).* Historia, 2006 enero-junio, año/Vol. I, número 39. Universidad Católica de Chile, Santiago, Chile, pp. 155-176.

Lacoste Pablo. *La Vid y el Vino en América del Sur: El Desplazamientos de los Polos Vitivinícolas (Siglos XVI al XX).* Revista Universum #19 Vol. 2, 2004.

Lacoste Pablo. *Viñas y vinos en el Maule colonial (Reino de Chile, 1700-1750)*. Revista Universum V. 21 N° 1:48-67, 2006.

Lacoste Pablo. *Instalaciones y equipamientos en el Reino de Chile, vasijas, pipas, lagares (Siglo XVIII)*. Revista de Historia Social y de las Mentalidades N° X, Vol. 1, 2006: 93-118.

Lacoste. 2006. La vitivinicultura en Mendoza. Mendoza. Crónica de nuestra identidad. 2006.

Langman James. *Wine Business Monthly*. February 2002 (winebusiness.com).

Larenas Salvo Pablo. La Hacienda Macul, tesis de ingeniero agrónomo, Instituto Agronómico, Universidad de Chile, Santiago, 1910, citado por Bengoa, *Historia social*, Tomo. II, pp. 52-58.

Mamalakis Markos. *The Growth and Structure of the Chilean Economy; From Independence to Allende*. New Have and London, Yale University Press, 1976.

Mamalakis Markos. *Historical statistics of Chile. Vol. VI, Government Services and Public Sector and a Theory of Services*. Greenwood Press, NY, Connecticut, London, 1989. 374-375.

Mellafe Rojas Rolando y Salinas Meza René. *Sociedad y población rural en la formación de Chile actual: La Ligua 1700-1850*. Ediciones Universidad de Chile 1988.

Morel-Astorga Paulina. Patterns of Entrepreneurship Development of Chilean Wine Industry 1850-2000 in *Lund Papers in Economic History* No. 74, 2002.

Mishkin David Joel. *The American colonial wine industry an economic interpretation* published by Arno Press, Volume I, New York, 1975.

Molina Juan Ignacio. *Ensayo sobre la historia natural de Chile* (Bolonia, 1810). Traducción de Rodolfo Jaramillo, Santiago, Ediciones Maule, 1987.

Mori Tonia y Malo Marie-Claire. *Impactos del comercio justo del vino. Tres casos de empresas colectivas de productores en Chile*. ciriec-España, Revista de Economía Pública, Social y Cooperativa, n° 46, noviembre 2003, pp. 265-289.

Müller Katrina. *Chile vitivinícola en pocas palabras*. Facultad de Ciencias Agronómicas. Departamento de Agroindustria y Enología Universidad de Chile.

Muñoz Leslie; Romero Hugo y Vásquez Alexis. *La vitivinicultura moderna en Chile: caracterización de su evolución reciente y dificultades para el desarrollo local*. Departamento de Geografía, Universidad de Chile.

Muñoz Juan Guillermo. "Las viñas y el vino en Colchagua en el siglo xvii" en: *Boletín de la Academia Chilena de la Historia*. Santiago, 2000-2001, pp. 165-204.

Nanjarí Mónica y Vilches M. José. *Viñas emergentes: El peso de los nuevos nombres*. www.periodismo.uchile.cl/contintanegra2003/mayo

Nava David. Historia de los vinos mexicanos. Gestiopolis.com. México: February 2004.

Nayan S. Patricio. *Situación actual del cooperativismo agropecuario en Chile*. Santiago: 2012.

Nazer Ahumada, Ricardo. "José Tomas Urmeneta (1808-1878). Un empresario Minero del Siglo xix". En *Ignacio Domeyko, José Tomás Urmeneta, Juan Brüggen: tres forjadores de la minería nacional* por Julio Pinto Vallejos, Javier Jofré Rodríguez, Ricardo Nazer Ahumada. 1a. ed. [Santiago]: Instituto de Ingenieros de Minas de Chile, 1993 (Santiago: Claus von Plate).

Nogar G, Posada M. (1996). *El ámbito local como escenario y motor del desarrollo*. Revista Eure Vol. XXII, N° 66, pp. 27-43. Octubre. Santiago. Chile.

Noticias Vinos y Vitivinicultura. *Exportaciones de vinos chilenos crecieron 7,6 %*. Enero 5, 2008.

Nuevoagro. *Un mercado alternativo Nuevos vinos: una exclusividad*. Ediciones Empresariales Limitada, Santiago Chile (1 de octubre de 2008) www.nuevoagro.cl

Oyanguren, Palmira. *Los Vascos: Precusores de la viticultura chilena*. Kosmopolita: 2002.

Padmanabhan Mohan. *Chile keen on selling wine to India*. Business Line. Feb 03, 2004.

Paredes Alejandro. *Industria, política y relaciones internacionales en la frontera: el vino de Chile, hecho en Mendoza*. Revista Universum N° 19 Vol.2: 138-149, 2004.

Pérez Arocas, Ernesto; Martini Armengol, Gabriela y Radrigán Rubio, Mario. *El sector cooperativo en Chile: balance y desafíos*. Facultad de Ciencias Sociales, Universidad de Chile Vol. 1, # 2, 2003.

Pizarro, Delia. *The Chilean Wine: A history*. Salud # 34, 2005. Dirección de Bibliotecas, Archivos y Museos. Chile.

Portilla R. Belfor. *La política agrícola en Chile: lecciones de tres décadas*. cepal, División de Desarrollo Productivo y Empresarial Unidad de Desarrollo Agrícola. Santiago de Chile, 2000.

Poblete Troncoso, Moisés. *Organización Sindical en Chile y otros estudios sociales*. Editorial Ministerio de Higiene, Asistencia, Previsión Social y Trabajo. Santiago, Chile: 1945.

Pszczólkowski, Phillippo. (1991) Vitivinicultura: Crisis y Perspectivas. *Panorama Económico de la Agricultura* (Enero-Febrero) 12 (74): 27-31.

Radovic Pacheco, Iván. *Experiencia de la reforma agraria chilena*. Santiago, Fundación ocac: 2005.

Ramírez V. Eduardo. *Análisis de la Movilidad del Empleo Rural en Chile 1996-2001*. Debates y Temas Rurales N° 3. 2006. Santiago, Chile.

Ruiz Rodríguez, Carlos. *Revista de Historia Social y de las Mentalidades*. usach, Santiago 2003. N° X, Vol. 1, 2006: 55-92.

RAP-CHILE. *Alianza por una Mejor Calidad de Vida*. Red de Acción en Plaguicidas y sus Alternativas de América Latina y el Caribe (RAP-AL) Santiago de Chile, 20 enero 2005.

RUNCKEL CHRISTOPHER W. *Wine Industry in China*. (Runckel & Association: 2010.

SAG SERVICIO AGRÍCOLA Y GANADERO (2009). Ministerio de Agricultura de Chile.

SAG SERVICIO AGRÍCOLA Y GANADERO (2007). Ministerio de Agricultura de Chile.

SÁNCHEZ-ANDAÚR RAÚL. *Viticultores Jesuitas en el Obispado de Concepción (Chile)*. Revista Universum Volumen 21 N° 1: 92-103, 2006.

SAUER C.O. (1966). *The early Spanish Main*. University of California, Berkeley.

SAUTHERN HEMISPHERE. Huntington Beach, California, 2009 (on line).

SCHNEIDER TEODORO. *La agricultura en Chile*, Santiago, 1904.

SILVA COTAPOS CARLOS. *Don Rodrigo González de Marmolejo. Primer Obispo de Chile y apóstol de Chile*. Santiago, Impresora Universitaria, 1913.

SILVA TORREALBA FRANCISCA. *La Inversión en el sector agroindustrial chileno*. Serie Reformas Económicas. Santiago, Chile. Noviembre 1999.

SILVA SAMUEL. *Chile, Trabajadores Agrícolas de Temporada: Situación Actual y Proyecciones*. 2008. http://www.anarkismo.net/newswire.php?story_id=7408

SNA. Sociedad Nacional de Agricultura, 2009.

SOUTHERN HEMISPHERE. Huntington Beach, California, 2009 (on line).

SUBHASH AURORA. *Survey for Meininger Wine Business International*. Germany. Indian

THE BKWINE BRIEF. Posted June 03, 2009.

THE GRAPEVINE MAGAZINE. Mendoza, Argentina: 2009 (on line).

THE INTERNATIONAL ORGANIZATION OF VINE AND WINE (OIV) 2009.

TINSMAN HEIDI. Partners in Conflict: *The Politics of Gender, Sexuality, and Labor in the Chilean Agrarian Reform, 1950-1973*. Durham: Duke University Press. 2004.

TORRAS DANIEL y SAMPAYO CARLOS. *Enciclopedia de Chile. Tomo III. Historia, Instituciones y Sociedad*, Editorial Océano, 639 págs.

TODOVINOS.cl *Una mirada al futuro de la industria del vino en Chile*. Sábado, 02 de febrero de 2008 (on line).

UNDURRAGA FRANCISCO. *Recuerdos de ochenta años*. Santiago, 1943.

UNWIN TIM. *El vino y la viña. Geografía histórica de la viticultura y el comercio del vino*. Tusquets Editores. Barcelona. 2001.

UNWIN TIM. *Viticulture in Colonial Latin America*. Department of Geography, Royal Holloway College, University of London. 1992.

URETA C. FERNANDO y PSZCZOLKOWSKI, PHILIPPO. *El vino: Nobleza de Chile*. Editorial Kactus, Santiago: 1992.

URIBE L. NAIARA. *El mercado de la maquinaria vitivinícola en Chile*. Oficina Económica y Comercial de la Embajada de España en Santiago de Chile, 2005.

USDA. *United States Department of Agriculture*. Foreign Agricultural Service (2007). GAIN.

VALDÉS DE FERRARI SEBASTIÁN Y ZAVALA-HEVIA RICARDO. *El Mercado del vino. Historia de una industria regulada*. Santiago, Departamento Economía, Universidad de Chile, 1989.

VAN TIENHOVEN ALLARD. *The Global Wine Industry; How small Chilean Wineries should compete*. CEDLA Centre for Latin American Amsterdam, 2008.

VERGARA CORREA LUIS. *La industria vitivinícola en Chile* en: *En viaje*. Empresa de los Ferrocarriles del Estado. Santiago: *La Empresa*, 1933-1973. N° 138 (abril 1945), pp. 43-49.

VERGARA SEBASTIÁN. *El mercado vitivinícola mundial y el flujo de inversión extranjera a Chile*. Publicación de las Naciones Unidas, Santiago de Chile, 2001.

VICUÑA MACKENNA BENJAMÍN. *Historia crítica y social de Santiago. 1541-1868*, Santiago, Nascimento, 1924.

VINOS DE CHILE 2010. *Industria del Vino: Antecedentes Generales*.

VINOS DE CHILE 2010 (CORFO). Industria del Vino Inversión Extranjera. http://www.vinosdechile2010.cl

VIÑA SAN PEDRO. *Memoria Anual*, 2002.

VIÑA SAN PEDRO-TARAPACÁ. *Memoria Anual*, 2008.

VIÑA SANTA RITA. 2009.

VISSER EVER-JAN. (2004). *A Chilean Wine Cluster? The quality and importance of local governance in afast growing and internationalizing industry*. Utrecht.

VITALE LUIS. *Interpretación Marxista de la Historia de Chile*. Volumen 6. Ediciones LOM, Santiago de Chile 1998.

LA VITIVINICULTURA MODERNA EN CHILE. caracterización de su evolución reciente y dificultades para el desarrollo local http://www.wine.com

WEST ROBERT C. & AUGELLI JOHN P. *West Middle America: its lands and people*. Prentice-Hall (Englewood Cliffs, N.J), 1966.

WINES OF CHILE. *Importante alza de las exportaciones de vino chileno*. Economía y Negocios, 2007.

WINE ACADEMY. July 18 2008.

WINE OF CHILE. Statistical *Report: Chilean Wine Exports*. March 2007 - February 2008.

WINES CHILE 2010: FOREIGN INVESTMENT CHILE". Serie Desarrollo Productivo. CEPAL. Santiago de Chile, 2001.

WINE OF CHILE. Statistical *Report: Chilean Wine Exports*. March 2007 - February 2008.

Dirección General de Relaciones Económicas Internacionales (direcon). Chile: Report 2009.

Wine Services. *Global Wine Consumption Inches Ahead.* Tuesday, june 24, 2008.

Zamora Jorge & Bravo Mercedes. *Wine, product differentiation and tourism: exploring the case of Chile and the Maule region.* Universum [online]. 2005, vol. 20, N° 2.

Documentos

Archivo Nacional, Intendencia de Coquimbo (anic). Vol. 309, Parroquia de Mincha, Censo de Población de 1854.

Asociación de Embotelladores y Exportadores de Vino. Santiago de Chile: 1970.

Biblioteca del Congreso Nacional (bcn). *Reseñas Parlamentarias.*

Boletín de la Sociedad Nacional de Agricultura (bsna). Vol. XLV, N° 2, febrero 15 de 1914.

Boletín de la Sociedad Nacional de Agricultura (bsna). Siglo xx (años seleccionados).

China Wine Online website (2009).

Dirección General de Relaciones Económicas internacionales (direcon).

Chile: Reporte 2009.

Dirección General de Impuestos Internos; Santiago de Chile: 1945.

El Mostrador, 4 de Noviembre de 2011.

Grupo Mundial del Comercio del Vino (gmcv). Washington D. C.

Induslatin. *Boutique Wineries, Elite Wine Travels the World.* October 2008 (on line).

La vitivinicultura moderna en Chile. Caracterización de su evolución reciente y dificultades para el desarrollo local. http://www.wine.com

Memoriachilena (2004).

MercoPress (Office of Agriculture and Livestock (sag).

Southernwines.com

Vinos de Chile 2010 (corfo). *Industria del Vino. Inversion Extranjera.* http://www.vinosdechile2010.cl

VC Family States. November 2008 (on line).

Wines of Argentina 2008. http://www.argentinatasting.co.uk/

Wine Institute of California. *Wine Consumption in the U.S.* Report 2009.

WINESCORES.ca

WINE SERVICES. *Global Wine Consumption Inches Ahead.* Tuesday, June 24, 2008.

WINEDOWN: 2009.

WINE INSTITUTE OF CALIFORNIA. *Wine Consumption in the U.S.* Report 2009.

WINE SPECTATOR: 2009.

WINE SPECTATOR: 10/23/08).

WINE TIMES IN MEDOZA. Jun 22, 2010.

CHILEAN GOVERNMENT: 2009 GOBIERNOCHILE.

FUENTES

www.cooploncomilla.cl

www.scielo.cl/scielo.php?script=sci_arttext&pid=S071823762006000200010

http://urbatorium.blogspot.com/2012/03/un-acapite-sobre-la-estetica.html

www.scribd.com/doc/17615769/BENGOAHaciendas-y-Campesinos-Historia-Social-de-La-Agricultura-Tomo-II

www.chileoutdoors.com

www.memoriachilena.cl (La cultura del vino en Chile)

http://www.memoriachilena.cl/602/w3-article-3511.html

www.genealog.cl

www.santacarolina.cl/la-vina/historia.html

www.letsgochile.com

winedown.co.uk/default.php

www.cooploncomilla.cl/

www.hoy.com.ec

goliath.ecnext.com/

www.cooploncomilla.cl

www.ingramcontent.com/pod-product-compliance
Lightning Source LLC
Chambersburg PA
CBHW071731150726
47998CB00005B/1598